두번째
프레임
전쟁이
온다

새사연 지식숲 시리즈
3

두번째 프레임 전쟁이 온다

진보
vs보수
향후
30년의
조건

박세길 지음

추수밭

**"끌려다닐 것인가,
새로운 판을 짤 것인가"**

새로운 시대를 이끄는 프레임 혁명의 힘

아무리 잘나고 똑똑해 봐야 인간이 미래를 전망하고 기획할 수 있는 것은 기껏해야 30년이다. 다음은 후세대에게 맡겨야 한다. 그 이상은 오만이요 망상이다. 거꾸로 진정 새로운 시대를 열고자 하는 열망이 있다면 30년 앞은 내다볼 수 있어야 한다. 그런 점에서 촛불시민혁명을 성공시킨 2017년은 각별한 한 해였다.

1987년 민주화 대장정이 승리의 봉우리에 올라선 6월 민주항쟁 이후 2017년에 이르기까지 30년의 세월이 흘렀다. 숱한 곡절을 겪었지만 그사이 민주화는 돌이킬 수 없는 대세로 굳어졌다. '민주 시대 30년'이었다. 막판에 민주주의와 인권이 도둑질당할 위기가 닥쳤으나 촛불시민혁명이 멋지게 마무리했다.

촛불시민혁명은 민주 시대 30년의 마침표이자 새로운 30년을 기약하는 출발점이 되었다. 새로운 30년은 어떤 시대가 되어야 하는가? 역사 속을 사는 선각자라면 마땅히 고민해야 할 주제가 아닐 수 없다.

이미 답은 나와 있는 듯하다. 새로운 시대를 알리는 두 가지 모티브가 마련되었다. '사람 중심 경제로의 전환'과 '한반도 냉전체제 해체'가 그것이다. 결론적으로 새로운 30년은 '진보 시대 30년'이 되어야 한다.

엄격한 전제가 있다. 과거 이명박 · 박근혜 정부 경험에 비추어볼 때 진보와 보수를 오가는 널뛰기를 반복해서는 죽도 밥도 안 된다. 싫든 좋든 진보적 흐름으로 30년을 이어가야 한다. 정치 역시 마찬가지다. 촛불시민혁명으로 출범한 문재인 정부는 그 첫 테이프를 끊어야 한다. 문재인 정부가 이 지점에서 실패한다면 한국 사회는 헤어나올 수 없는 혼미 속으로 빠져들 공산이 크다.

하지만 임기 초반 높은 지지율과 달리 이면의 흐름은 불안하기 짝이 없었다. 진보는 정치 승패를 좌우하는 프레임 전쟁에서 패배하고 있었다. 민심 향배를 최종 결정짓는 경제정책에서 길을 잃고 헤매고 있었다. 좀 더 거시적 안목에서 보자면 그러했다. 진보는 허물어진 담벼락에 기대 녹슨 무기를 휘두르고 있었다. 과거 이명박 · 박근혜 정부 시절 밑천이 다 드러나며 붕괴로 치달았던 보수의 행보를 반복하고 있는 실정이다.

문제의 근원은 프레임 설정에 있다. 자신도 모르는 사이 의식의 밑바탕에서 작동하고 있는 프레임들이 제 기능을 하지 못하거나 낡아 있던 것이다. 낡은 프레임에 갇힌 상태에서 핑퐁 게임 아무리 열심히 해봐야 성공을 보장받을 여지는 거의 없다. 사고 틀을 바꾸지 않은 채 정책 갖고 백날 씨름해봐야 답을 찾기 어렵다는 이야기다.

무엇보다도 우리는 지금 프레임의 혁명적 전환이 불가피한 역사의 변곡점을 통과하고 있다. 진보 시대 30년을 열자면 전혀 새로운 '두 번째 프레임 전쟁'을 준비해야 하는 상황이다. 이 책은 그에 대한 총체적 진단과 응답을 담고 있다.

불가피하게 한국 사회가 진보와 보수로 나뉘어 갈등·대립하고 있는 것으로 묘사할 수밖에 없었다. 다분히 현실을 반영한 것이기는 하지만 상당한 신중함이 요구되지 않을 수 없었다. 무엇보다도 국민을 적대적인 두 진영으로 분열시킨 박근혜 정부의 오류를 답습해서는 결코 안 되었다. 보수에 대해 종종 대립각을 세웠지만 어디까지나 보수가 보수로서 제 몫을 다하기를 바라는 마음에서였음을 미리 밝혀둔다.

절박한 심정에 이끌리다 보니 본의 아니게 지나온 진보 여정에 대해서도 가혹하리만치 날선 비판의 칼날을 들이댔다. 불편함을 느낄 사람들이 꽤 있을 수 있다. 이 글을 쓴 나 역시 비판의 칼끝에 서 있기로는 매한가지다. 책임 있는 당사자 한 명으로서 감당하기 힘든 무거운 마음으로 글을 썼다. 필자 이름을 새기기조차 두렵다.

많은 사람들이 어떤 시스템을 대안으로 삼을 수 있을지 갈피를 잡지 못하고 헤매고 있다. 이 사람들이야말로 시대의 희망이다. 사실 헤매지 않고 확신을 가지고 있는 사람들이 더 이상한 것이다. 사태 파악을 제대로 하지 못하고 오만과 독선에 빠진 경우가 많기 때문이다. 근대 이후 한 시대를 마감하고 새로운 시대로 나아가는 역사적 과도기에서 빚어지는 다분히 필연적인 현상이라 할 수 있다.

이 책을 쓰며 시대의 전환을 정면으로 응시하고 지금 우리가 어떤 위치에 서 있는지를 알려주고자 노력했다. 어디서 어떻게 새로운 꿈을 길어 올릴 수 있는지를 알리고자 했다. 배가 고파도 꿈이 있으면 버틸 수 있다. 당장의 이익 증대 이상으로 우리 모두에게 절실한 것은 바로 그 꿈이다.

죽음의 기로에 선 한 고독한 인간이 있었다. 그에게 구원의 손길을 내밀어준 것은 절대적인 권능자도 아니요 의사의 진찰도 아닌 나무들이 더불어 이룬 숲이었다. 이 혼돈의 시대를 벗어나는 출구 또한 새로운 숲에서 열린다. 과연 어떤 성질의 숲일까? 그 해답을 찾아 이 책과 함께 긴 여행을 떠나보기를 제안한다.

2018년 5월 3일
박세길

■ 목차

대한민국
프레임
전쟁사

수상하다. 아니 불길하다. 한국 사회 전반이 기력을 잃어가고 있다. 창의성도 예전에 비해 한참 못하다. 열정을 불태울 비전도 뚜렷하지 않다. 가장 우려스러운 분야는 정치이다. 정치는 민주주의 원리가 가장 생동감 있게 살아 숨 쉬는 분야이다. 사회의 요구와 의사를 집약적으로 드러내야 하는 분야이다. 비전을 제시하고 선도적으로 치고 나가야 할 역할이 있다. 정치가 그 역할을 내팽개치고 있다. 주류 정당들은 자영업자 클럽으로 전락한 지 오래이다.

2016년 상반기로 기억한다. 당시 새누리당 중앙당사 벽면에는 "정신 차리자. 한 순간 훅 간다"는 경고 메시지가 걸려 있었다. 실제로 새누리당은 얼마 뒤 한 방에 훅 갔다. 박근혜 탄핵 폭풍에 휩싸이면서 궤멸적인 타격을 입었다. 오랜 기간 부식 작용이 진행되던 중 폭풍을 만나 한 방에 무너진 것이다.

촛불시민혁명 승리의 결과로 진보 정부가 출범했다. 진보 정부는 절대 실패를 반복해서는 안 된다는 역사적 소명을 안고 있다. 과연 진보 정부는 그에 응답할 충분한 준비를 갖추고 있는가? 1부에서는 냉철한 관찰자로서 드러난 현상의 이면을 살필 것이다. 매우 불안하고 우려스러운 지점을 찾아낼 것이다. 한 걸음 더 나아가 진보 정치가 궁극적으로 의지해야 할 지점이 무엇인지를 밝힐 것이다.

보수,
탄생에서 붕괴까지

1장

■

■

　폭풍에 휩싸이기 불과 얼마 전까지만 해도 보수 정당은 콘크리트 지지율을 자랑해왔다. 보수 세력은 한국 사회에서 절대 우위를 유지하고 있었다. '기울어진 운동장'이라고 표현할 만큼 언론 지형에서도 압도적 위치를 자랑했다. 혁신 역량에서조차 보수가 앞선다는 평가가 종종 나오기도 했다.

　그러던 보수가 한 순간에 무너졌다. 과연 촛불시민혁명 1년 전에 이런 사태가 오리라고 어느 누가 상상인들 했겠는가?

　도대체 보수 세력의 정체는 무엇인가? 그들은 어떤 역사적 배경을 안고 태동했는가? 그들이 강력한 힘을 발휘할 수 있었던 원인은 무엇인가? 그런 그들이 끝내 붕괴로 치달을 수밖에 없었던 요인은 무엇인가? 또 다른 질문이 그 뒤를 잇는다. 과연 보수 세력은 재결집할 수 있을까? 자력으로 재기 가능할까? 과거 위상을 회복할 수 있을까? 그간 역사가 모든 답을 품고 있다.

어느 날 보수를 자칭한 그들

한국 사회에서 보수 세력이 태동한 것은 언제쯤일까? 언제부터 지금의 보수 세력이 스스로를 보수라 생각하고 그렇게 표현했을까? 질문이 너무 뜬금없고 막연한가? 그러면 질문을 이렇게 바꾸어보자. 한국 보수 세력의 원조 격인 인물 한 명을 꼽는다면 과연 누구일까? 보수 세력이 산업화 지도자로 떠받들고 있는 박정희일까? 아니면 '자유 대한민국'을 세운 초대 대통령 이승만일까? 답은 박정희도 이승만도 아니다. 엉뚱하게 들릴지 모르지만 한국 사회 보수의 원조는 '김영삼'이다.

먼저 짚고 넘어가야 할 것은 보수와 진보는 서로를 전제로 하는 상대적 개념이라는 사실이다. 보수 없이 진보 홀로 존재할 수 없고, 진보 없이 보수 홀로 존재할 수 없다. 보수를 이야기하려면 그 맞은편에 진보가 있어야 한다. 그 반대도 마찬가지다. 보수, 진보는 마주보는 두 진영 중 한쪽을 표현하는 것이다.

1980년대까지 한국 사회는 두 진영으로 양분되어 있지 않았다. 주류 집단은 어느 한 진영이 아니라 전체로서 자유민주 세력을 대표한다고 생각했다. 야당은 다른 진영을 대표하는 것이 아니라 권력을 놓고 다투는 경쟁 세력일 뿐이었다. 그러한 조건에서 진보는 존재 자체가 허용되지 않았다. 반공주의가 기승을 부리면서 진보는 불순한 것으로 매도되었다. 진보가 없다 보니 보수도 있을 수 없었다.

그러다 어느 순간부터 한국 사회는 보수 대 진보 세력으로 양분되었고 대부분 사람들이 아무 거리낌 없이 보수와 진보를 입에 올리기 시작했다. 도대체 어떤 계기로 이런 변화가 일어났을까?

한국 사회 보수 세력의 탄생은 특정 정치적 사건과 관련이 깊다. 그 사건의 주역이 바로 김영삼이다. 이는 지난 몇십 년 동안 절대적인 힘을 행사해온 보수 세력의 정체를 밝히는 매우 중요한 실마리다.

민주화투쟁 시절 김영삼은 최대 라이벌이자 정치적 동반자인 김대중과 시종 협력 관계를 유지했다. 양 김씨는 모두 대통령을 꿈꾸었고 이를 위해 인생 전부를 걸고 있었다. 문제는 제도였다. 전두환 정권은 대통령중심제를 유지하고 있었으나 유권자들이 뽑은 선거인단이 체육관에 모여 대통령을 선출하는 선거 제도인 '간선제'를 채택하고 있었다. 집권 세력이 회유와 협박을 통해 대통령 선거인단을 얼마든지 매수할 수 있는 조건에서 간선제를 통해 양 김씨가 대통령에 당선될 가능성은 거의 없었다. 김영삼과 김대중, 양 김씨는 '직선제' 쟁취를 민주화의 핵심 과제로 제기했다.

1987년 6월 전국은 민주화투쟁의 열기로 뜨겁게 달구어졌다. 민심의 압력에 굴복할 수밖에 없었던 전두환 정권은 직선제 개헌 요구를 수용했다. 직선제를 바탕으로 같은 해 12월 대통령 선거가 치러졌다. 민주화 세력을 대표해 양 김씨 중 한 명이 후보로 출마했다면 누가 봐도 승리는 확정적이었다. 하지만 양 김씨는 이 절호의 기회를 살리지 못했다. 두 김씨 모두 후보로 출마한 것이다.

양 김씨 중에서 보다 유리한 위치에 있었던 인물은 김영삼이다. 김영삼은 영남 지역과 중산층 유권자 사이에서 김대중보다는 훨씬 많은 표를 모을 수 있었다. 호남 지역 유권자들은 김대중을 지지한 것과 마찬가지로 민주화 세력 후보인 김영삼에게 몰표를 줄 것이었다. 그런 점에서 김영삼은 당연히 자신이 후보가 되어야 한다고 믿었다. 반면 김대중은 전혀 다른 계산을 했다. 집권 여당 후보인 노태우, 과거 박정희 정권 출신인 김종필, 민주화 세력을 대표했던 김대중·김영삼 네 후보가 모두 출마해 경선을 하면 호남 유권자의 높은 결속력 덕분에 고정표가 많은 자신이 가장 유리할 것이라 판단했다. 이른바 '4자필승론'을 믿은 것이다. 김대중은 김영삼과 함께했던 당에서 떨어져 나와 별도의 정당을 결성한 뒤 독자 출마했다. 김영삼 역시 계획했던 대로 출마를 강행했다.

대선 결과는 군부 출신 노태우 후보의 당선으로 나타났다. 일각에서는 죽 쒀서 개 줬다는 자조 섞인 말들이 나돌았다. 그럼에도 대선 패배는 일시적인 것에 불과하다는 낙관론이 우세했다. 대선에서 분열이 얼마나 심각한 정치 지형 변화를 초래할지 예감한 사람은 거의 없었다.

다음 해인 1988년 낙관론을 뒷받침할 정치 사건이 발생했다. 4월에 치러진 총선에서 야권이 다수 의석을 차지하면서 승리를 거머쥔 것이다. 이른바 여소야대 국면에서 5·18 광주학살 진실과 전두환 정권 비리를 파헤칠 국회 청문회가 개최되었다. 생중계를 통해 청문회를 지켜본 국민들은 민주화 진전을 실감할 수 있었다. 대선 결과와 무관하게 민주화 세력 승리는 자명한 것처럼 느껴졌다.

낙관론이 지배하고 있던 그 무렵 몹시 곤혹스런 상황에서 머리를 쥐어뜯고 있던 인물이 있었다. 바로 김영삼이었다.

1988년 4월 총선 결과 4당 체제가 수립되었다. 의석 순으로 볼 때 집권 여당인 민주정의당, 김대중이 이끌고 있던 평화민주당, 김영삼이 이끈 통일민주당, 김종필의 신공화민주당이 국회를 분할 점령한 것이다. 김영삼은 이러한 4당 체제 아래서 대통령이 되는 것은 근본적으로 불가능하다고 판단했다. 김영삼 앞에 놓인 선택지는 대통령 꿈을 접든가, 정치 지형 자체를 바꾸든가 둘 중 하나뿐이었다.

김영삼은 후자를 선택했다. 결코 간단치 않은 선택이었다. 잘못 길을 들어섰다가는 그간 일군 모든 것이 물거품이 될 수도 있었다. 김영삼은 여러 가능성을 놓고 치밀한 계산을 했다. 대전제는 어디까지나 자신이 대통령이 되는 것이었다. 민주화 세력 재결집이라는 대의명분이 있음에도 김대중이 이끄는 평화민주당과의 합당 카드는 처음부터 배제되었다. 김대중이 대통령 후보를 양보할 가능성이 없다고 봤기 때문이다. 김영삼이 선택한 것은 민주정의당, 신민주공화당과의 '3당 합당'이었다.

3당 합당은 민주화 세력이 청산 대상으로 간주했던 군사독재 세력과 손을 잡는 과정이었다. 정치 야합으로 규정되기 쉬웠다. 실제 3당 합당이 추진되는 과정에서 정치 야합이라는 비난이 빗발쳤다. 정치의 생명이나 다름없는 대의명분 측면에서 3당 합당은 치명적 결함을 지니고 있었다.

김영삼이 이러한 약점을 극복하고 정치적 성공을 거두기 위해서는 세 가지 관문을 통과해야 했다. 결과적으로 김영삼은 그 모든 관문을 통과했다. 때로는 민주화 지도자로서 자신의 이력을 먹칠하는 '비열한 술책'을 동원하기는 했지만 정치인으로서 실력을 유감없이 발휘한 셈이다.

첫 번째 관문은 추종자들의 동참을 이끌어내고 지지자들이 계속 자신을 따르도록 만드는 것이었다. 김영삼과 동고동락했던 정치인들 대부분이 처음에는 3당 합당에 주저했으나 결국 의리론에 이끌려 합류했다. 이를 거부한 정치인은 노무현과 김정길 등 몇 명뿐이었다. 보다 어려운 과제는 전통적 지지층인 부산과 경남 지역 유권자들이 이탈하지 않도록 하는 것이었다. 이를 위해 '반호남 지역연합'이라는 퇴행적 지역 구도를 가동했다. 반호남 지역 구도는 1971년 대선 당시 박정희가 경쟁 후보인 김대중을 제압하기 위해 고안해낸 것이었다. 김영삼은 그러한 박정희에 맞서 치열하게 투쟁했던 인물이다. 김영삼 스스로 투쟁 대상이었던 박정희의 유산 상속자가 된 것이다.

두 번째 관문은 김영삼이 대선 후보 자리를 차지하는 것이었다. 1990년 3당 합당을 통해 새로이 민주자유당이 출범했으나 김영삼은 소수파 수장의 위치에 있었다. 구여권인 민주정의당 계열이 여전히 다수 의석을 차지하고 있었다. 김영삼은 본선 경쟁력에서 압도적 우위를 강조하면서 '김영삼 대세론'을 펼쳤다. 실제로 민주정의당 계열 정치인 중에서 상대 후보인 김대중과 겨루어 승리를 장담할 수 있는 인물은 존재하지 않았다. 민주정의당 계열 정치인 상당수가 김영삼은 정권 재창출의 가장 확실한 카드라는 단순명료한 사실에 이끌려 김영삼 쪽으로 합류했다. 김영삼은 가볍게 당내 경선을 통과한 뒤 1992년 대선에 출마했고 마침내 최종 승리를 거머쥐었다.

세 번째 관문은 3당 합당 이후 정치 여정에 정당성을 부여하는 것이었다. 김영삼은 자신의 지지자들 앞에서 3당 합당은 호랑이를 잡기 위해 호랑이굴에 들어간 것으로 묘사했다. 김영삼은 3당 합당이 군정 연장이 아니라 거꾸로 군정을 종식시키는 현명한 선택임을 입증하고 싶어 했다.

1993년 대통령에 취임한 지 얼마 안 된 시점에서 김영삼은 자신의 재산을 공개하면서 고위공직자 재산 공개를 전격 추진했다. 도리 없이 군사독재 시절 부정 축재를 일삼았던 민주정의당 계열 인사들이 대거 몰락할 수밖에 없었다. 곧이어 김영삼은 전두환 정권 탄생을 뒷받침했던 군부 내 사조직 '하나회'에 대해 거침없는 공격을 퍼붓기 시작했다. 125명의 하나회 회원 명단이 공개되었고, 군부 내 요직을 장악하고 있던 하나회 출신들이 대거 옷을 벗어야 했다. 군부 내 실세였던 하나회 조직은 완전히 뿌리가 뽑히고 말았다. 마침내 김영삼은 1980년 당시 5·17군사쿠데타 주역이었던 전두환·노태우 두 전직 대통령을 구속시킨 뒤 내란수괴죄로 유죄 판결을 받도록 했다.

이 모든 과정이 대통령 권한을 십분 활용한 김영삼의 작품이라는 사실에 대해 별다른 이견이 없었다. 김영삼은 군정 종식의 주역이 되었다. 국민들은 김영삼의 행보에 전폭적인 지지를 보냈다. 세상을 경악시켰던 하나회 척결 당시 김영삼 정부 지지율은 어느 누구도 넘지 못한 사상 최고 수준을 기록하기도 했다. 덕분에 김영삼은 정치 야합 시비에서 벗어나 자신의 행보를 정당화하는 데 상당 정도 성공할 수 있었다.

3당 합당은 역사적 뿌리를 달리하는 이질적인 세 집단의 결합이었다. 정체성에서 혼란이 빚어질 수밖에 없었다. 그러던 것이 김영삼 주도의 군정 종식 과정을 거치며 양상이 크게 달라졌다. 군사독재 잔재를 털어내는 '정치적 세탁' 과정을 성공적으로 거친 것이다. 그로부터 "북한의 위협으로부터 자유 대한민국을 지키고, 산업화를 주도하며, 민주화의 성과를 적극 흡수하는 것"을 정체성으로 삼는 새로운 정치 세력이 자리 잡았다. 이러한 정체성은 단 하나의 단어로 표현되었다.
'보수'.

새로운 정체성은 강력한 힘을 발휘했다. 3당 합당으로 탄생한 민주
자유당은 이후 신한국당, 한나라당, 새누리당 등으로 당명을 바꾸었지
만 보수 정당으로서의 정체성은 큰 혼란 없이 일관되게 유지할 수 있
었다. 정체성이 확립됨으로써 김영삼의 정치적 성공 이후 보수 세력은
별다른 이탈과 분열 없이 정치적 통일을 확보할 수 있었다. 새로운 정
체성은 외연 확장에도 기여했다. 정치적 반대자들은 보수 세력을 친일
과 독재, 정경유착의 혼합으로 간주하는 경향이 강했지만 정작 지지자
들 사이에서는 그로 인한 갈등을 찾아보기 어려웠다. 도리어 산업화와
민주화 세력을 아우르고 있다는 자부심마저 갖고 있었다. 덕분에 보수
정당은 오랫동안 40%에 가까운 안정된 지지기반을 유지할 수 있었
다. 정치 평론가들 사이에서 축복받은 정당으로 평가받기에 충분했다.

보수 맞은편에 있던 세력은 자신의 의지와 무관하게 진보 세력으로
간주되기 시작했다. 이 같은 타율적 규정은 당사자들이 자신을 진보
세력으로 간주하는 데 많은 시간이 걸리게 만들었다. 노무현 정부 출
범 이후인 2003년 무렵이 되어서야 비로소 진보를 매력적으로 보면
서 자신들을 진보 세력으로 간주하는 흐름이 퍼져나가기 시작했다. 그
마저도 매우 혼란스럽기 그지없는 것이었다.

민주화투쟁 역사를 공유하고 있다는 점을 제외하면 진보 세력의 정
체성은 상당히 모호한 편이었다. 정체성을 두고 심각한 충돌이 빚어지
기도 했다. 단적으로 김대중·노무현 정부 시기 진보 세력 다수는 진
보와는 거리가 먼 신자유주의를 추종하고 있었다. 그러다 보니 어디부

터 어디까지 진보인지 경계선을 놓고도 혼란이 지속될 수밖에 없었다. 정체성 혼란은 정치적 통일을 어렵게 만들었다. 비록 김대중·노무현이라는 정치 거목을 중심으로 다수가 결집하는 효과를 거두기는 했지만 다분히 불안정한 것이었다. 진보 세력의 정체성 확립은 오늘날까지도 해결하지 못한 과제이다.

지금까지 보수의 탄생 과정을 간략히 살펴보았다. 많은 독자 분들이 상당히 불편함을 느꼈을 것이라 생각한다. 김영삼이라는 한 개인의 선택이 정치 지형과 역사 흐름을 크게 바꾸어 놓았다는 서술은 고대 역사에나 있을 법한 영웅 사관 재현을 느끼게 한다. 어떻게 그토록 많은 사람들이 김영삼의 행보에 장단을 맞출 수 있었단 말인가? 군정 종식이라는 결과가 3당 야합이라는 과정을 정당화시켰다는 사실은 결과만 좋으면 모든 것이 합리화될 수 있다는 또 다른 불편함을 안겨다 준다. 그런 불편함을 수반하면서 태동한 보수 세력이 정체성 확립에서 보다 우월했다는 사실은 더욱 꺼림칙하다.

여기서 주목해야 할 것은 많은 사람들이 불편함을 느끼는 바로 그 지점에 중요한 진실이 담겨 있다는 사실이다.

우리가 그동안 익숙하게 여겼던 보수 세력은 역사의 흐름 속에서 자연스럽게 형성된 것이 아니었다. 그것은 특정 개인의 정치적 욕망으로부터 출발해 형성된 지극히 인위적이고 작위적인 결과물이었다. 이는 보수 세력이 특정 정치인 행보에 의해 균열과 붕괴에 이를 수도 있는 생래적 취약성을 안고 있음을 암시한다. 출발선의 김영삼과 마지막의 박근혜는 운명적으로 연결되어 있는 것이다.

생명 연장의 비책들

김영삼의 정치적 성과와 함께 보수 세력은 기세 좋게 출항의 닻을 올릴 수 있었다. 하지만 출항한 지 얼마 안 되어 외환위기 파고를 맞이해 좌초되는 운명을 겪고 말았다. 외환위기에 대한 정치적 심판은 진보 세력에게 10년간 권력을 내주는 계기가 되었다. 사상 최고 지지율을 기록했던 김영삼은 외환위기를 초래한 장본인으로 낙인찍히면서 모두가 기억하기 싫어하는 전직 대통령으로 전락했다.

오랜 기간 권력을 행사하던 세력이 권좌에서 밀려나면 의기소침해지면서 동요에 휩싸이기 쉽다. 일부는 대열에서 이탈해 새로운 권력자 앞에 투항하기도 한다. 하지만 야당 위치로 내몰렸음에도 보수 정당은 심각한 동요와 이탈을 겪지 않았다. 노무현 정부 시기 보수 정당 소속 일부 정치인들이 열린우리당 창당 과정에 합류했지만 대부분 민주화 운동 중심에 있던 인물들로서 제자리를 찾아간 경우였다.

신화의 끈으로 묶인 보수

보수 정당이 권력을 상실한 조건에서도 비교적 견고하게 대열을 유지할 수 있었던 요인은 무엇일까?

인류 역사를 되돌아보면 상상의 구조물이자 가상의 실재로서 '신화'가 특별한 기능을 수행했음을 알 수 있다. 신화는 오랜 세월 동안 흩어져 있던 개인들과 소집단을 서로 연결해주는 기능을 했다. 신화를 공유함으로써 낯선 사람들과도 교역할 수 있고, 공동의 적에 맞서 목숨을 걸고 함께 싸울 수 있었다. 신화는 인류가 단일한 정체성을 바탕으로 보다 큰 규모의 집단적 통일을 유지하는 힘이었다. 민족은 그러한 신화를 바탕으로 형성된 집단 중에서도 정점에 위치해 있다.

보수 세력은 현대 정치에서 신화가 수행하는 각별한 기능에 주목했다. 사람들을 매료시킬 신화야말로 어려운 시기에 정체성을 통일시킬 수 있는 강력한 기제라고 본 것이다. 보수 세력은 산업화 성공 신화를 갈무리하여 체계적이고 지속적으로 전파했다. 비교적 짧은 시간 안에 보수 세력 전체가 산업화 성공 신화를 공유함으로써 정체성 통일을 보다 높은 수준으로 끌어올릴 수 있었다.

산업화 성공 신화는 산업화라는 실제 역사를 근거로 만들어진 것이다. 그럼에도 우리가 그것을 신화라 부를 수 있는 것은 실제 역사와는 사뭇 다르게 구성되어 있기 때문이다. 산업화 신화는 실제 역사가 담고 있는 온갖 부정적 요소들을 제거한 뒤 기억하고 싶고 이야기하고 싶은 장면으로만 짜였다. 또한 대부분 신화들이 그렇듯이 영웅들의 무용담 위주로 스토리가 펼쳐졌다.

산업화를 주도한 기업인들은 지상을 무대로 활약한 영웅들이었으며, 무에서 유를 창조한 기적의 주인공들이었다. 박정희는 이 영웅들의 활약을 기획하고 연출한 핵심 인물이었다. 그런 점에서 박정희는 영웅을 넘어서는 신적 존재였다. 산업화 성공 신화는 박정희와 영웅들이 그려낸 대서사시였다.

산업화 성공 신화의 서사 구조를 이해하려면 산업화 출발 당시 환경과 이후 성취 사이의 극적인 차이에 주목할 필요가 있다.

산업화가 본격적으로 시작된 1960년대 초 한국은 세상에서 가장 가난한 나라에 속해 있었다. 자본과 기술이 전혀 갖추어져 있지 않은 조건에서 경제 건설에 성공할 수 있는 가능성은 거의 없어 보였다. 지하자원도 빈약했고 국내 시장은 협소하기 그지없었다. 분단으로 인해 북으로의 진출이 차단된 조건에서 교역 요충지로 기능할 수도 없었다. 타이완, 홍콩, 싱가포르 등 다른 아시아 용들을 떠받쳐주었던 막강한 화교 네트워크 같은 것도 없었다. 우방을 자처했던 미국이나 일본마저 결정적 순간마다 소극적 태도를 취했다. 한국의 산업화는 말 그대로 무에서 출발한 것이다.

그런 한국이 일련의 산업화 과정을 거치면서 믿기지 않을 정도의 놀라운 기적을 만들어냈다. 한국은 무역 규모가 1조 달러를 넘어서는 세계 8대 무역대국이다. 철강·조선·자동차·전자 등의 분야에서 기술력 세계 1위이거나 글로벌 강자로 떠오른 기술 강국이다. 대외 채무보다 채권이 1,000억 달러 이상 많은 유력 채권 국가이기도 하다. 2004년 이후 10년간 국내자본 해외 투자가 외국자본 국내 투자보다 1,300억 달러 이상 많았으며 해외에 설립한 법인 수도 줄잡아 6만 개에 이르는 유력 자본수출 국가 중 하나이다. '10대 경제대국'이라는 표현이 조금도 어색하지 않다.

도대체 그동안 어떤 일이 있었던 것일까? 산업화 성공 신화는 이 모든 것을 압축적으로 설명해주는 기적의 드라마들을 선보인다. 그 드라마들은 대체로 박정희로부터 이야기가 시작된다. 대표적인 예를 들어보자.

박정희 정부는 1967년부터 개시된 제2차 경제개발 5개년 계획의 일환으로 종합제철소 설립을 추진했다. 총괄 책임자로는 군사쿠데타에 동참했던 박태준을 임명했다. 축적된 자본이 빈약한 상황에서 관건은 해외 차관 도입이었다. 하지만 우리가 기대했던 미국 등의 나라들은 세계은행이 한국의 종합제철소 건립은 경제성이 없다는 보고서를 내는 바람에 차관 제공을 거부하고 말았다. 사실 주류경제학 시각에서 볼 때 한국의 종합제철소 추진은 도무지 말이 안 되는 황당한 이야기였다. 위기의 순간에 대일청구권 자금 중 농업지원용 8,000만 달러를 전용하는 것으로 가까스로 건설 자금을 조달할 수 있었다.

문제는 그다음이었다. 설비 판매로 한몫 잡은 일본 철강업체들이 가장 중요한 기술 이전을 거부한 것이다. 박태준은 일본 철강회사를 일일이 찾아다니며 끈질기게 기술 이전을 요청했다. 일본 철강회사 사장들은 박태준을 피해 일부러 휴가를 가기도 했는데 박태준은 휴가지까지 쫓아가는 집요함을 보였다. 마침내 신일본제철이 기술 이전을 결정하면서 포항종합제철 건설을 향한 대역사가 시작되었다.

1971년 4월 1일 착공식에서 박태준은 참석자 모두를 '우향우' 시킨 다음 "제철소 건설에 실패하면 전원 저 오른쪽에 보이는 영일만에 빠져 죽는다"고 선언했다. 그로부터 결사적으로 일을 밀어붙이는 포항제철 특유의 '우향우 정신'이 나왔다. 공사는 밤낮없이 진행되었고 박태준은 조금이라도 하자가 발생하면 처음부터 다시 공사를 시작하도록 했다. 심지어 70% 공정이 진척된 고로도 하자가 발견되자 주저 없이 다이너마이트로 폭파시켰다. 숱한 고비를 넘긴 끝에 1973년 6월 9일 제1고로에서 쇳물이 쏟아져나왔다. 포항종합제철(현 포스코)은 이후 시설 확장을 거듭했고, 최첨단 파이넥스 공법(포스코 고유 제철 기술로 기존 용광로에 비해 환경 친화적이고 쇳물 제조 원가가 낮다)을 독자 개발하는 등 세계 최고 수준 종합제철소로 발돋움했다.

1970년대 초 박정희는 조선 산업 육성에 강한 의지를 보였고 그 일환으로 신규 조선소 설립 책임을 현대그룹 회장 정주영에게 맡겼다. 정주영이 풀어야 할 첫 번째 숙제 역시 해외 차관을 도입하는 것이었다. 가장 가능성이 크다고 여긴 일본과 미국을 방문해 협의했으나 모두 한국은 조선 산업을 할 능력이 없다며 차관 제공을 거부했다. 그들 눈에 한국이 조선 산업에 눈독 들이는 것은 주제넘는 짓이었다.

박정희는 자포자기 상태에 빠진 정주영으로 하여금 유럽 쪽을 타진해볼 것을 강력히 종용했다. 실패하면 모든 관계를 끊겠다는 엄포도 놓았다. 숱한 우여곡절을 겪은 끝에 정주영은 영국 바클레이즈 은행으로부터 차관 제공 약속을 받아낼 수 있었다. 단, 배를 살 선주를 미리 확보해야 한다는 짓궂은 조건이 붙어 있었다. 있지도 않은 조선소 배를 살 사람이 어디 있겠는가? 사실상 에둘러 차관 제공을 거부한 것이나 다름없었다. 하지만 정주영은 이 어려운 과제마저 해결함으로써 차관 도입을 성공시켰다. 그렇게 해서 만들어진 조선소가 바로 오늘날의 현대중공업이다. 2000년대 이후 현대중공업은 오랫동안 기술 수준과 수주량 모두에서 세계 최고의 조선소로 군림했다.

1970년대 초 박정희는 현대자동차로 하여금 수출 가능한 국산 고유 모델을 개발하도록 압박했다. 당시 현대자동차는 합작사인 미국 포드사로부터 설계 도면과 주요 부품 거의 모두를 들여와 단순조립 판매하는 수준이었다. 그런 현대자동차가 고유 모델 개발에 착수하는 것은 꿈에도 생각하지 못한 바였다. 자칫 회사 전체가 날아갈 수도 있는 위험천만한 도박이었다. 하지만 최고 통치자의 명령을 거역하는 것은 더욱 불가능한 일이었다. 현대자동차는 최초의 국산 고유 모델 '포니'

개발에 착수했다. 필요한 기술은 세계 곳곳에서 사오는 방식으로 해결했다.

천신만고 끝에 포니 개발은 성공을 거두었다. 포니는 일순간에 국내 승용차 시장을 석권했다. 수출 주문이 밀려들었다. 그러나 안타깝게도 얼마 안 가 곳곳에서 하자가 발생했다. 포니는 문제투성이 차로 판명 났다. 그에 아랑곳없이 현대자동차는 포니 개발을 통해 자동차를 만든다는 것이 무엇인지 비로소 감을 잡을 수 있었다. 현대자동차는 독자적인 기술 축적을 향한 험난한 여정에 돌입했다. 끝없는 실패를 반복한 끝에 현대자동차는 기술력과 시장 점유율 모두에서 글로벌 선두 그룹에 진입할 수 있었다.

한국의 산업화 성공에서 결코 빼놓을 수 없는 장면은 삼성의 반도체 개발이었다. 세계경제가 불황의 늪에 빠져 있던 1975년 이건희는 파산위기에 내몰린 한국반도체를 인수하는 것으로부터 반도체 개발을 시작했다. 해외 시선은 말할 것도 없고 정부와 언론 분위기조차 냉랭하기 그지없었다. 고작 흑백 TV나 만들던 기업이 최첨단 반도체 사업에 뛰어들었으니 충분히 그럴 만도 했다.

주변 분위기에 아랑곳없이 이건희는 반도체 개발을 집요하게 밀어붙였다. 세계 반도체 산업이 극심한 불황에 시달리던 1987년 이후 삼성은 4년 연속 연평균 3억 9,600만 달러를 투자했다. 당시 일본 4대 반도체 업체 투자액을 합친 것보다 2.8배나 많은 액수였다. 마침내 1992년 삼성전자는 선두 주자였던 일본을 재치고 메모리 반도체 기술 세계 1위에 올라섰다. 반도체 개발에 착수한 지 꼬박 17년 만의 일이었다.[1]

이후 삼성전자는 메모리칩 분야에서 줄곧 세계 1위를 달렸다. 삼성의 질주는 여기서 그치지 않았다. 반도체에서 축적된 고도의 기술을 바탕으로 휴대폰과 TV 등에서도 세계 최고 수준의 기술력을 확보하는 데 성공했다. 덕분에 삼성전자는 매출액 기준 세계 최대 전자업체로 등극할 수 있었다.

보수 세력이 야권 위치에 있었던 2000년대 초는 산업화 성공 신화가 만들어질 수 있는 최적의 시기였다. 바로 그즈음 기업들의 주력 산업 기술력이 세계 최고 수준에 올라서면서 산업화 성공을 확증해주었던 것이다.

산업화 성공과 함께 그 주역인 기업 경영자들이 전례 없이 각광을 받았다. 가히 'CEO 전성시대'가 열렸다고 해도 과언이 아니었다. 보수 세력 사이에서 CEO는 모두가 따라 배워야 할 표상이 되었다. 보수 언론인들은 차기 지도자 또한 'CEO형 대통령'이어야 한다는 이야기를 거침없이 쏟아냈다. 경제학과의 그늘을 벗어나지 못했던 경영학과가 최고 인기학과로 급부상했다.

산업화 성공 신화는 보수 세력의 가슴을 뜨겁게 달구면서 강한 마력을 뿜어냈다. 여기에는 충분히 그럴 만한 요인이 하나 있었다.

한국인들의 정서 밑바닥에는 치욕적인 일본 식민 지배를 설욕하고자 하는 강한 열망이 들끓고 있었다. 한일 축구 대항전만큼은 절대 질 수 없다는 강박관념도 그런 열망이 빚어낸 것이었다. 기업인들을 자극한 가장 강한 열망 또한 콧대 높은 일본을 누르는 것이었다. 2000년대 초는 바로 그 지점에서 성공이 가시화된 시기였다. 일본이 철옹성을 구축하고 있던 조선·전자 등의 분야에서 한국이 기적과도 같은 대역전극을 펼치는 데 성공한 것이다. 특히 1980년대 이후 세계 시장을 쥐고 흔들었던 소니·파나소닉 등 일본 전자업체들을 재친 것은 과거 아무도 상상하지 못한 일이었다.

산업화가 본격화되던 시기 비판적 지식인들 사이에서 삼성 등 대기업을 두고 외국자본 앞잡이 역할을 하는 매판자본으로 규정하는 경우가 많았다. 산업화 초기 한국 기업들이 외국자본과 기술에 크게 의존했던 것은 사실이다. 삼성의 경우 특히 일본 자본에 대한 의존도가 매우 높았다. 보수 세력은 그러한 의존을 어쩔 수 없이 참고 견뎌야 하는 굴욕의 과정으로 기억했다. 그러면서도 안으로 실력을 키움으로써 대외 의존에서 벗어났을 뿐만 아니라 추월하기까지 했다고 보았다.

보수 세력은 외부 힘을 빌려 내부 힘을 키우는 전략의 출발점에 박정희가 있다고 믿었다. 보수 세력 사이에서 산업화 성공 신화의 공유 정도가 강해질수록 박정희 신격화 정도는 한층 강해졌다.

산업화 과정에 인생을 바쳤던 세대들에게 박정희 신격화는 곧 자신의 삶에 무한한 자부심을 가져다주는 것이었다. 자신을 신화 창조 무대의 주역으로 만들어주는 가장 선명한 서사 구조였다. 그런 사람들 입장에서 박정희에 대한 공격은 곧 자신의 삶에 대한 부정으로 다가올 수밖에 없었다.

실패한 산업화 재현

보수 세력은 10년 동안 야권에 머물렀음에도 불구하고 산업화 신화를 공유함으로써 굳건하게 대열을 유지할 수 있었다. 이를 바탕으로 보수 세력은 빼앗긴 정치권력을 되찾기 위해 절치부심했다. 그러한 보수 세력에게 기회가 다가오고 있었다. 무엇보다도 노무현 정부의 경제 성적이 매우 저조했다.

중요한 순간 보수 세력 앞에 신화 속에서 걸어 나온 듯이 보이는 차기 적임자가 나타났다. 그는 다름 아닌 이명박이었다.

이명박은 1970년대 약관 30대 나이에 굴지의 기업 현대건설의 사장이 된 인물이다. 산업화 성공 신화의 한 페이지를 장식하고 있었던 것이다. 그는 또한 신화를 현실로 바꿀 수 있음을 입증했다. 서울 시장 재직 중에 첨단 IT 기술을 활용해 세계에서 가장 혁신적인 것으로 평가받는 대중교통 시스템을 개발했다. 더불어 청계천 복원 사업을 통해 전통적인 토목공사를 친환경 요구에 맞게 재구성하는 안목을 과시했다(청계천 사업이 온전한 의미에서 생태 복원인지에 대해서는 이견이 있을 수 있지만 말이다). 보수 세력은 이명박이야말로 산업화 성공 신화를 재현하고 이어갈 최적임자라고 보았다. 보수 세력은 이명박을 차기 대통령 후보로 선택했다.

이명박은 17대 대선에서 경쟁자를 여유 있게 따돌리고 승리했다. 보수 언론인이 꿈꾸던 'CEO형 대통령'이 출현한 것이다. 비슷한 기대감을 갖고 16대 대선에서 노무현을 지지했던 유권자 중 40% 정도가 이명박에게 표를 던졌다. 이들이 과거 노무현에게 표를 던진 것은 오래전 민주화 투쟁에 동참하지 못한 것에 대한 부채의식 때문이었다. 이들은 노무현을 당선시킨 것으로 부채를 털어버렸다고 판단했고, 이번에는 실리(?)를 좇아 이명박을 선택한 것이다. 어느 모로 보나 유권자들이 이명박을 선택한 첫 번째 이유는 그가 한국 경제를 잘 살려내리라는 믿음에서였다.

이명박 정부가 출범할 무렵 한국 경제는 심각한 난관에 봉착해 있었다. 양극화 심화, 성장 동력 소진, 대외 경쟁력 약화, 저성장 장기화 등 갖가지 문제들이 한꺼번에 한국 경제의 숨통을 조이고 있었다. 앞으로 자세히 살펴볼 기회가 있겠지만 이러한 문제들은 한국 경제 틀과 기조를 바꾸지 않으면 해결할 수 없는 성질의 것이었다. 다시 말해 전통적 처방으로는 효과를 기대하기 어려운 문제들이었다.

바로 이 점에서 이명박은 치명적 약점을 드러냈다. 과거의 성공 신화가 그의 발목을 잡은 것이다. 이명박은 시종 "내 식대로 해서 안 되는 일 없었다"며 과거의 연장선에서 문제를 해결하려고 했다. 이명박이 내심 한국 경제 출구 전략으로 간주했던 '4대강 사업'은 이 모든 것을 압축적으로 보여준다.

청계천 복원 사업이 상당한 호응을 얻자 크게 고무된 이명박은 이를 '전국화'시키면 더 큰 성공을 거둘 것이라 믿었다. 그 결과로 나온 것이 '한반도 대운하 프로젝트'였다. 한강과 낙동강을 잇는 등의 방식으로 배가 한반도를 종단할 수 있도록 하자는 구상이었다. 하지만 한반도 대운하 구상은 민심의 격렬한 반발을 불러일으켰다. 정치인들이 반복해서 보여주는 장면이긴 하지만 이명박은 의외라는 생각이 들 정도로 민심을 잘못 짚었다. 청계천 복원 사업이 민심의 호응을 얻을 수 있었던 것은 콘크리트 더미에 갇혀 있던 도심에 숨통을 터 주었기 때문이다. 반면 한반도 대운하는 사람들에게 어머니 대지를 난도질해 한반도를 불구로 만든다는 인상을 주었을 뿐이다.

이명박은 한걸음 물러섰지만 고집을 꺾지 않았다. 이명박은 4대강 사업으로 방향을 틀었다. 2008년 글로벌 금융위기로 인한 경기 하강은 이명박으로 하여금 그러한 선택에 더욱 집착하게 했다. 이명박은

4대강 사업을 통해 청계천 복원에서와 같은 정치적 효과와 함께 공공 지출 확대에 따른 경기부양 효과를 함께 거둘 것으로 기대했다. 건설 업계의 전설 이명박은 자신의 감을 확고하게 믿었다.

이명박은 야당과 시민단체의 강한 반대에도 아랑곳없이 4대강 사업을 밀고 나갔다. 어쩌면 이명박은 경부고속도로 건설을 추진하던 시기 박정희를 떠올렸는지도 모른다. 1960년대 말 박정희는 야당의 격렬한 반대를 무시하고 경부고속도로 건설을 강하게 밀어붙였다. 결과는 박정희의 완승이었다. 이명박 역시 4대강 사업이 마무리되고 나면 민심은 이를 적극 지지하리라 믿었을 것이다.

이명박 정부는 수질 개선, 가뭄·홍수 예방 등으로 4대강을 살리겠다며 22조 2,000억 원에 이르는 천문학적인 예산을 투입했다. 16개 보를 포함해 각종 주변 시설을 군사작전 전개하듯 신속하게 만들었다.

4대강 사업은 얼마 가지 않아 냉엄한 심판대 위에 올랐다. 후임 박근혜 정부 출범 직후인 2013년에 감사원은 4대강 사업이 설계 부실에 따른 보의 내구성 부족, 보강 공사 부실, 수질 악화 등을 수반한 총체적 부실 공사라는 결론을 내렸다. 수질 악화는 매우 심각한 문제로 대두했다. 물 흐름이 막히면서 녹조가 창궐해 '녹조라떼'라는 신조어까지 등장했다. 물고기 떼죽음이 빈번해졌고 큰빗이끼벌레까지 번져나갔다. 일부 농업용수 확보와 홍수 예방에서 긍정적 효과를 봤음에도 불구하고 부정적 결과가 훨씬 커 보였다. 4대강 살리기 사업은 4대강 죽이기 사업이었다는 평가가 갈수록 우세해졌다.

경제적 관점에서 보더라도 이명박 정부 4대강 사업은 실패작임이 분명했다(여기서 진보 정부가 새겨야 할 세 가지 지점이 있다).

첫째, 기대했던 것만큼 경기부양 효과가 나타나지 않았다. 서울에 본부를 둔 1군 건설업체 위주로 시공업체가 선정되면서 지방 경제 활성화로 이어지지 않았다. 중장비 중심으로 공사가 진행되면서 일자리 창출조차도 제한될 수밖에 없었다. 그나마 인력의 3분의 1 정도는 중국인들로 채워졌다. 자금이 아래로 퍼져나가야 소비 확대로 이어지면서 경기부양 효과를 일으킬 수 있는데 그렇게 작동하기 어려운 구조였다.

둘째, 연쇄적 유발 효과가 없는 일시적 사업에 그쳤다. 최적의 사회간접자본(SOC) 사업은 연쇄적 효과를 낳는다. 먼 나라 예를 들어 보자. 2000년에 스웨덴 남부 도시 말뫼와 바다 건너 덴마크 수도 코펜하겐 사이를 잇는 길이 7.8km의 외레순 다리가 개통되었다. 그러자 하루 2만여 명이 이 다리를 오가면서 '외레순 클러스터'라는 이름의 단일 경제권이 탄생했다. 하지만 4대강 사업에서는 이런 효과를 찾아보기 어려웠다.

셋째, 이명박 정부의 4대강 사업은 인간이 자연의 흐름을 함부로 거역하면 얼마나 끔찍한 재앙을 겪을 수 있으며, 그로 인해 얼마나 많은 대가를 치러야 하는지를 여실히 깨우쳐 주었다. 4대강을 온전히 되살리자면 얼마나 많은 재원을 투입해야 할지 현재로서도 알 수 없다. 자칫 막대한 재원 낭비로 이어질지 모른다.

이명박은 한국 경제를 살리는 데 성공하지 못했다. 보수 세력의 기대를 모았던 그의 경륜과 안목은 별 도움이 되지 못했다. 도리어 과거 성공에 대한 병적 집착이 발상의 전환을 가로막았다. 이 모든 결과로 이명박은 4대강에서 삽질만 하다 시간을 다 까먹었다는 비웃음을 사야 했다. 개인의 불행이자 나라의 불행이었다.

보수 세력은 새로운 선택을 했다. 정확히 표현하자면 선택의 여지 없는 선택을 했다고 볼 수 있다. 2012년 18대 대선을 앞두고 보수 세력 내부에 박근혜와 대적할 만한 경쟁자가 달리 존재하지 않았기 때문이다.

박근혜는 엄연히 독립적인 인격체였다. 보수 세력이 박근혜를 선택하기까지 박근혜 스스로 유능한 정치인임을 입증하는 상당한 과정이 있었다. 2004년 노무현 탄핵 역풍 등으로 위기에 몰렸을 무렵 한나라당 대표로서 상황을 돌파하기도 했다. 녹록지 않은 상황에서 선거가 치러졌지만 연거푸 승리함으로써 '선거 여왕'이라는 칭호를 얻기까지 했다. 그럼에도 불구하고 보수 세력이 박근혜를 선택하도록 한 가장 중요한 요소는 의심할 여지없이 그가 '박정희의 딸'이라는 사실이었다.

보수 세력이 '박정희의 딸'을 통해 얻고자 했던 것은 매우 분명해 보인다. 이미 신격화 수준에 올라 있던 박정희 재림을 통해 산업화 성공 신화가 온전히 재현되기를 기대했던 것이다. 가히 종교적 신앙에 가까운 맹목적 믿음이 유능한 정치인으로서 박근혜에 대한 합리적 평가를 압도했던 것이다. 이러한 맹목적 믿음은 박근혜로 하여금 분별력을 잃도록 만드는 무서운 독소가 되었다.

임기 초반 박근혜는 나름대로 분별력을 유지하고자 애쓰는 모습을 보였다. 박근혜는 전임자인 이명박의 실패를 곱씹으면서 그로부터 교훈을 이끌어내기 위해 노력한 것으로 보인다. 박근혜는 과거의 연장이 아닌 새로운 시대에 맞는 화두가 필요하다고 느꼈다. 그래서 찾아낸 것이 '창조경제'였다.

임기 초반 '창조경제'는 박근혜의 발언 중 압도적으로 많은 비중을 차지한 가장 중요한 용어가 되었다. 그만큼 창조경제를 통해 상황을 돌파해보겠다는 의지가 강력했던 것이다. 박근혜의 창조경제는 용어만 놓고 보자면 맥은 정확히 짚은 것이었다. 3차 산업혁명을 거치며 가치 창출의 주요 원천이 지식 등 인간의 창조력으로 바뀌고 있었기 때문이다. 창조경제로의 전환은 엄연한 객관적 사실이었다.

그러나 문제는 박근혜의 창조경제가 사전에 충분히 준비되고 공유된 개념이 아니라는 데 있었다. 그러다 보니 개념 파악이 전혀 되어 있지 않았던 정부 부처 관계자들이 몹시 당혹스런 모습을 보일 수밖에 없었다. 보다 심각하게는 박근혜 자신조차도 창조경제 개념을 제대로 파악하고 있지 않았다. 창조경제로의 전환이 시대 추이임을 파악한 것까지는 좋았으나 정부 차원에서 어떻게 이를 뒷받침해야 할지 제대로 알지 못했다. 그 결과로 나온 기형적 작품이 바로 '창조경제혁신센터'였다.

창조경제혁신센터 건립은 박근혜가 창조경제 발전을 도모하기 위해 가장 역점을 둔 사업이었다. 지방 거점마다 창조경제혁신센터를 세우고 해당 지역에 연고가 있는 대기업이 나누어서 책임을 맡도록 했다. 창조는 미지의 영역에 뛰어들어 새로운 것을 일구어내는 과정인 만큼 창조경제의 속성은 모험일 수밖에 없다. 거대한 몸집으로 인해 모험을 기피할 수밖에 없는 대기업들에게 창조경제혁신센터 책임을 맡긴다는 것은 앞뒤가 맞지 않았다. 결과는 어느 정도 예고된 것이었다. 일부는 나름대로 의미 있는 성과를 내기도 했지만 대부분 파리 날리는 기관으로 전락했다.

임기 중반을 넘어서면서 박근혜가 역점을 둔 것은 그 자신의 표현을 빌리자면 '규제의 대못'을 뽑는 것이었다. 인식의 출발점은 불필요한 규제들이 경제 살리기를 가로막고 있다는 것이었다. 모든 규제는 저마다 만들어진 배경이 있으며 사안에 따라 달리 판단해야 했으나 그러한 차이는 간단히 무시되었다. 규제를 풀면 투자 활성화로 경제가 살아날 수 있다는 보수 세계 도그마의 포로가 된 것이다.

결국 박근혜는 규제 타파만 외치다가 실질적인 문제 해결에서 아무런 진전을 이룩하지 못한 채 탄핵 국면을 맞이했다.

특정 정부의 경제 성적은 정치나 사회 등 다른 분야와 달리 비교적 수치로서 냉정히 평가된다. 그런 점에서 볼 때 이명박 정부에서 박근혜 정부에 이르는 보수 정당 집권 시기 경제 성적은 형편없이 초라했다. 거의 모든 지표에서 보수 세력 스스로 '잃어버린 10년'으로 부른 김대중·노무현 정부 때보다 한참 못한 결과를 보여주었다. 장하성 교수가 언론 칼럼을 통해 발표한 수치는 이 점을 적나라하게 보여 준다.[2]

김대중·노무현 정부 10년 동안 누적 경제성장률은 60% 정도 된다. 그에 반해 이명박·박근혜 정부 8년 동안 누적 경제성장률은 그 절반에도 못 미치는 28%밖에 되지 않는다. 1인당 국민총생산은 김영삼 정부가 초래한 외환위기 여파로 1998년 4,000달러 이상 감소했음에도 김대중·노무현 정부 10년 동안 최종적으로 1만 1,000달러 늘어났다. 반면 이명박·박근혜 정부 8년 동안 1인당 국민총생산은 4,100달러 증가하는 데 그쳤다. 국민 살림살이는 어떠한가? 가계소득은 김대중 정부 시절 1998년 외환위기로 크게 감소했지만 이후 4년 동안 19%

늘어났다. 경제정책에서 혹독한 실패를 겪었다고 하는 노무현 정부 5년을 거치면서도 10% 증가했다. 하지만 이명박·박근혜 정부 8년 동안 가계소득은 누적 경제성장률의 3분의 1 수준인 10% 증가에 머물렀다.

이번에는 가처분소득 대비 가계부채 비율을 살펴보자. 해당 수치는 김대중 정부 마지막 해에는 97%, 노무현 정부 마지막 해에는 105%였다. 그러던 것이 이명박 정부 마지막 해에 125%로 크게 증가했고 박근혜 정부 4년째인 2016년에는 150%를 넘어서고 말았다. 액면 그대로 국민부채시대가 열린 것이다. 팍팍해진 것은 가계살림만이 아니었다. 나라 살림 또한 다르지 않았다. 노무현 정부 마지막 해인 2007년 정부 재정은 6.8조 원 흑자였다. 하지만 이명박·박근혜 정부 8년을 거치며 매년 재정적자를 기록해 누적 재정적자가 무려 166조 원에 이르렀다.

보수 세력이 이명박과 박근혜를 선택한 것은 그들이 산업화 성공 신화를 재현할 최고의 적임자라고 판단했기 때문이다. 하지만 이명박과 박근혜는 보수 세력으로 하여금 산업화 성공 신화 재현은 환상에 불과한 것임을 깨우쳐 주었을 뿐이다. 보수 세력은 뒤늦게 이 사실을 알아차렸다.

좌우 프레임의 가동

한국의 보수는 긴 역사를 통해 자연스럽게 형성된 것이 아니었다. 한국의 보수는 김영삼이 주도했던 3당 합당을 통해 인위적이고 작위적으로 형성된 것이었다. 그만큼 뿌리가 깊지 못하다는 이야기다. 보수는 이 같은 약점을 극복하기 위해 산업화 성공 신화를 철저하게 공유했다. 덕분에 외환위기를 맞이하며 야권 위치로 내몰렸음에도 심각한 동요와 이탈을 겪지 않았다.

문제는 보수 세력이 그토록 열망했던 권좌 복귀 이후에 불거지기 시작했다. 이명박·박근혜 정부 내내 산업화 성공 신화 재현에 실패한 것이다. 그들의 신화는 환상임이 점점 더 분명해졌다. 이는 곧 보수 세력을 하나로 묶어주었던 끈이 끊어져 나갈 수 있음을 의미했다. 생래적 취약성을 안고 있던 보수 세력이 해체 위기에 직면한 것이다. 하지만 보수 세력은 좀 더 오래 버텼다. 박근혜가 중심이 되어 보수 세력을 묶어줄 새로운 장치를 작동시킨 덕분이었다.

비록 기형적인 과정을 거쳐 성립된 것이었지만 많은 사람들이 보기에 보수와 진보 구도 정립은 그다지 해로운 것이 아니었다. 보수와 진보의 시각 차이는 어느 사회든 있기 마련이라는 점에서 매우 자연스러운 현상일 수도 있었다. 권위주의가 기승을 부리던 시절 진보의 존재를 용납조차 하지 않았던 것에 비하면 의미 있는 진전이기도 했다. 민주주의의 성숙을 표현하는 것일 수도 있었다. 생각을 달리하는 두 진영이 민주적으로 경쟁하는 관계일 수 있기 때문이다. 적어도 그래야만 하는 당위가 존재했다.

그런데 박근혜는 전혀 성격이 다른 '좌우 프레임'을 가동하기 시작했다. 좌우 프레임은 서로를 용납하기 힘든 두 적대 진영으로 국민을 갈랐다. 자기 진영 이익을 절대시했으며 상대 진영 사람들을 국민 일부가 아닌 적으로 간주했다. 상대 진영에 대한 증오심을 매개로 자기 진영이 맹목적으로 뭉치도록 만들었다. 국민을 분열의 늪에 빠트릴 위험스럽기 짝이 없는 퇴행적 구도였다.

박근혜가 좌우 프레임을 처음 가동한 것은 2004년 무렵이었다. 당시 야당이었던 한나라당은 2002년 대선 당시 불법자금 수수 의혹을 받은 이른바 '차떼기당 사건'으로 곤욕을 치른 상태였다. 게다가 노무현 탄핵에 대한 역풍까지 얻어맞고 말았다. 이어지는 총선에서 한나라당은 완전히 무너질 수도 있는 위기 상황이었다. 바로 그 즈음 한나라당 대표를 맡으면서 구원투수로 나선 인물이 박근혜였다. 박근혜는 천막 당사 이벤트로 분위기를 일신시키며 총선에서도 상당한 선전을 일구어냈다.

전열을 가다듬는 데 성공한 박근혜는 한층 공격적인 정치 행보를 이어갔다. 박근혜는 노무현 정부가 추진하고 있던 사학법 개정에 맞서 장외투쟁을 진두지휘하면서 특유의 간결한 메시지를 던졌다. "좌파정부, 투자부진, 민생파탄." 적어도 보수 세력 입장에서 볼 때 박근혜의 메시지가 무엇을 의미하는지는 매우 명확했다. 사학법 개정을 추진하는 노무현 정부는 좌파 정부이다. 그러한 좌파 정부에 대한 불신으로 기업들이 투자를 축소했고 그 바람에 경제가 얼어붙으면서 민생파탄을 야기했다는 것이다. 박근혜의 메시지는 즉각적인 효과를 발생시켰다. 보수 세력 사이에서 좌파에 대한 증오심이 빠르게 확산되었다. 보수 세력은 좌파에 맞서 결전을 벌일 우파로 재구성되어 갔다.

눈치 빠른 보수 매체들이 이에 호응했다. 보수 매체들은 일제히 좌우 프레임에 맞추어 기사를 쏟아내기 시작했다. 좌파, 우파는 한국 사회를 분석하는 기본 도구가 되었다. 수많은 정치인, 시민운동가, 지식인, 문화예술인, 종교인들이 자신들 입장과 무관하게 좌파 혹은 우파로 분류되어 구시대 이념으로 채색되어야 했다.

박근혜는 한나라당이 처한 위기 돌파용으로 좌우 프레임을 활용했다. 결과는 성공적이었다. 보수 세력은 한나라당을 중심으로 온전히 결집했다. 효능이 입증된 좌우 프레임은 더욱 탄력을 받았다. 바로 그즈음 좌우 프레임 확립에 결정적 힘을 보태는 사건이 발생했다. 노무현 정부가 한미FTA와 제주 해군기지 건설을 추진한 것이다.

두 개 이슈는 곧바로 국민 여론을 찬반양론으로 확연히 갈라놓았다. 기회를 놓치지 않고 보수 매체들은 반대파들에게 일제히 좌파라는 딱지를 붙였다. 좌파 속성에 대한 이미지를 빠르게 생성해 퍼뜨렸다. 좌파들은 수출 확대와 자주국방 모두에 관심도 없이 반대만을 위한 반대를 한다고 몰아세웠다. 두말할 필요도 없이 이 모든 것은 노무현 정부 의도와는 전혀 관계없이 이루어진 것이었다.

일련의 과정을 거치며 좌우 프레임은 한국 사회를 지배하는 확고한 장치로 자리 잡았다. 국민은 두 진영으로 분열되어 서로에 대한 증오심을 키워갔다. 좌우 프레임의 역기능은 심각했다. 좌우 대결 구도가 모든 것을 집어 삼킨 가운데 기득권 세력은 우파 옷을 입고 우파 논리로 소통하면서 자신의 정체를 효과적으로 은폐했다. 기득권 세력 정체를 폭로하고 청산하기 위한 사회적 노력은 극도로 교란되었다.

박근혜는 좌우 프레임이 선거 국면에서도 상당한 효과를 발휘할 것임을 간파했다. 좌우 프레임은 위기 대응책을 넘어 선거 전략으로 발전했다.

2012년 4월 총선 때의 일이다. 총선을 앞둔 몇 달 전만 해도 대부분 분위기는 야당인 민주당이 이긴다는 쪽이었다. 심지어 여당인 한나라당 안에서도 그런 분위기가 만연해 있었다. 이명박 정부가 워낙 죽을 쑤는 바람에 여당 심판론이 널리 확산되어 있었던 것이다. 특히 여당 텃밭인 부산 지역 민심 이반이 심상치가 않았다. 그 와중에 선거를 한 달 정도 앞두고 한미FTA 국회 비준이 이루어졌고, 제주 해군기지 공사에서 가장 큰 이슈가 되었던 구럼비 바위 폭파가 강행되었다. 예상했던 대로 야당과 시민단체들은 두 가지 조치에 대해 격렬하게 저항했다.

일각에서는 선거를 앞두고 별 인기 없는 일을 강행하는 정부 처사가 잘 이해가 안 된다는 반응을 보이기도 했다. 하지만 두 가지 조치는 관련 이슈를 둘러싸고 형성되었던 좌우 대결 구도를 급속히 되살리는 계기로 작용했다. 흐트러졌던 보수층은 좌우 프레임 속으로 빠르게 재결집했다.

노무현 정부가 한미FTA와 제주 해군기지를 추진했을 때 총리를 지낸 사람은 한명숙이었는데, 공교롭게도 총선 당시 야당인 민주당 대표 또한 한명숙이었다. 총선을 앞두고 한명숙 대표가 이끄는 야당은 한미FTA 비준과 제주 해군기지 공사 강행을 반대하는 입장을 취했다. 여당인 한나라당은 이 점을 집중적으로 부각시킴으로써 보수층 사이에 야당에 대한 불신을 확산시켰다.

이러한 조치들이 총선 결과에 얼마나 영향을 미쳤는지는 정확히 가늠할 수 없다. 그럼에도 불구하고 총선이 애초 예상을 뒤엎고 한나라당 낙승으로 끝난 점을 감안하면 적지 않은 영향을 미쳤을 것으로 보인다. 2012년 총선 당시 한나라당 대표로 선거를 지휘했던 인물 역시 박근혜였다.

위기 대응책과 선거 전략으로서 효능이 입증되면서 좌우 프레임은 박근혜 정부 통치 전략으로 격상되었다. 좌파와의 전쟁은 박근혜 정부를 관통하는 핵심 기조가 되었다. 박근혜·최순실 게이트 수사를 전담한 박영수 특별검사팀은 박근혜 정부의 좌파 정책과 관련된 많은 사실들을 밝혀냈다. 그에 따르면 김기춘 비서실장이 박근혜와의 사전 모의 하에 반좌파 투쟁을 진두지휘한 것으로 알려졌다.

김기춘은 2013년 12월 자신이 주재한 수석비서관회의에서 "문화계 권력을 좌파가 장악했다. 〈변호인〉, 〈천안함 프로젝트〉가 그 예다. 하나하나 잡아가자"고 지적했다. 또한 "반정부·반국가적 성향 단체들이 좌파의 온상이 돼 종북 세력을 지원하고 있다. 이 같은 단체들에 정부가 지원하는 실태를 전수 조사하고 조치를 마련하라"고 했다. 더불어 "정부에 비판적인 활동을 한 문화·예술인에 대한 지원을 배제하라", "세월호 유족 편을 든 예술계·학계 인사들도 배제하라"고 했다. 그에 따라 비판적 문화인들을 정부 지원에서 배제하기 위한 목적 아래 '문화계 블랙리스트'가 대규모로 작성되었다. 2014년 1월 4일 열린 수석비서관회의에서 김기춘은 "지금은 대통령이 혼자 뛰고 있다. 우파가 좌파 위에 떠 있는 섬의 형국이다. 전투 모드를 갖추고 불퇴전 각오로 좌파 세력과 싸워야 한다" 등의 발언을 했다. 김기춘 지시에 따라 3,000여 개 단체와 8,000여 명 인사들을 좌파로 만들어 데이터베이스를 구축하고 지속적으로 보완한 것으로 확인됐다.[3]

좌우 프레임이 한국 정치를 지배하고 있음은 누가 봐도 분명했다. 하지만 박근혜가 좌파로 옭아매고 있던 진보 세력은 그에 대한 대응에서 시종 무기력한 모습을 보였다. 좌우 프레임의 본질을 제때에 파악하지도 못했고 어떻게 대처해야 할지도 몰랐다. 심지어 일부 정치인들은 좌우 프레임에 순응하면서 '적대적 공존'을 추구하기까지 했다. 진영 간 적대적 대결을 통해 자기 진영에서의 지지를 획득했다는 점에서 박근혜식 정치를 그대로 답습한 것이다. 자기 진영 안에서 지지를 받으면 그만이라는 생각에 막말이 난무한 것도 이러한 사정을 반영한 것이었다.

좌우 프레임을 일거에 무력화시키고 해체시킨 것은 정치인이 아닌 전혀 다른 사람들이었다. 그들은 촛불혁명의 주역인 시민들이었다.

허망한 붕괴

2016년 가을부터 2017년 봄에 이르기까지 한국인들은 전 세계 이목이 집중되는 가운데 격동의 한 시기를 보냈다. 이 기간 동안 사상 최대 인원이 참여한 촛불시민혁명이 폭발했고, 박근혜가 대통령직에서 파면됐으며, 보수 세력의 붕괴가 급격히 진행되었다. 불과 몇 달 전만 해도 아무도 예상하지 못한 사태였다.

일련의 과정은 쉽게 풀리지 않는 많은 의문 부호를 남겼다. 촛불시민의 집회는 어떻게 '혁명'이라는 칭호를 얻을 수 있었는가? 그토록 막강한 영향력을 행사하던 박근혜는 어찌하여 일순간에 고립되고 말았는가? 무슨 이유로 박근혜의 정치적 몰락이 보수 세력 붕괴로까지 이어질 수 있었는가?

세 가지 동맹의 균열

외환위기를 거치면서 한국 사회가 저성장, 사회적 양극화, 불평등 심화 등 갖가지 모순에 시달려온 것은 굳이 재론할 필요가 없을 것이다. 사태가 이렇게 흐른 데는 오늘날 진보 정부로 분류되는 김대중·노무현 정부 책임이 상당히 크다. 털끝만치도 그로부터 자유로울 수 없다. 문제는 이명박·박근혜 보수 정부에 이르러 상황이 개선되기보다 더욱 악화되었다는 점이다. 모든 지표가 이를 입증했다.

중요한 것은 시간이었다. 외환위기 이후 절망적인 상황이 무려 20년 가까이 지속된 것이다(촛불시민혁명이 일어난 2017년은 외환위기가 발생한 지 정확히 20년째 되는 해이다). 20년은 인간으로서 더 이상 인내하기 힘든 물리적 시간이다. 그 시점에 이르면 많은 사람들이 인내력에 한계를 보이면서 어떤 형태로든지 행동에 돌입할 수밖에 없다. 촛불시민혁명이 폭발한 시점은 어느 정도는 예측 가능한 것이었다.

하지만 정치적 반대편에 있던 사람들만 행동하고 권력과 한 배를 탔던 세력들이 기존 입장을 고수했다면 혁명은 결코 일어날 수 없었을 것이다. 아래로부터 에너지 폭발이 강력하더라도 이를 누르는 힘이 더 세다면 혁명은 억제되거나 지연될 수밖에 없다. 혁명이 일어나자면 아래로부터 폭발과 함께 주류 집단 동요와 균열이 같이 진행되어야 한다. 화산 폭발로 설명하자면 용솟음치는 마그마 형성과 함께 지각 균열이 일어나는 것과 같은 이치라고 할 수 있다.

근대 혁명의 빅뱅이라고 할 수 있는 프랑스 대혁명이 준비되고 폭발하는 과정은 이 점을 잘 보여준다.

프랑스 대혁명은 수백 년에 걸쳐 축적된 에너지가 터져 나온 결과였다. 아래로부터의 혁명 에너지는 신흥 부르주아 계급의 주축인 신교도 위그노를 중심으로 이루어졌다. 토지에 주된 이해관계를 갖고 있던 봉건 지배계급은 농노들의 이탈을 초래할 지도 모를 상공업 발전을 극구 경계했다. 이런 점에서 상업적 이익 추구를 금기시했던 가톨릭교회는 봉건 질서 유지의 가장 확실한 방패막이였다. 반면 상공업을 중심으로 빠르게 성장하고 있던 신교도 위그노들은 위험스럽기 짝이 없는 체제 위협세력이었다. 봉건 지배세력은 대량학살까지 불사하면서 신교도들을 탄압했다. 위그노들은 수백만 명이 국외로 망명해야 할 정도의 핍박을 견디면서 거대한 분노를 축적해갔다.

이러한 가운데 1789년 프랑스 대혁명 폭발을 앞두고 봉건 지배질서는 극심한 동요와 균열에 직면해 있었다. 18세기 유럽 최대의 금융사건 '미시시피 버블'을 중심으로 전개되었던 일련의 사태는 이를 압축적으로 보여준다.

프랑스 봉건 지배세력은 부르주아 계급 부상을 억누르기 위해 사력을 다했지만 부분적으로는 이들을 자기편으로 끌어들이기도 했다. 통치 자금 조달을 위해서는 막강한 재력을 지닌 부르주아 계급 지원이 절실했던 것이다. 하지만 봉건 지배세력과 결탁한 부르주아 세력이 권력을 이용해 쉽게 돈을 벌려고 하면서 문제가 불거졌다. '미시시피 버블'은 그 과정에서 발생한 대형 사건이었다.

1717년 프랑스에 설립된 미시시피 사는 북미 대륙 미시시피 강 하류 연안을 식민지로 개척했다. 영국인 출신 미시시피 사 사장 존 로 John Law는 루이 15세로부터 깊은 신뢰를 얻고 있었고 덕분에 프랑스 중앙은행 총재와 정부 재정 총괄 책임자 자리를 꿰찰 수 있었다. 존 로는 자신의 지위를 이용하기로 마음먹었고, 북미 식민지 사업 관련 주식을 발행한 뒤 사업 전망을 과대 포장하는 소문을 퍼뜨렸다. 사람들은 완벽하게 속았다. 처음에 50리브르였던 주식 가격은 1719년 12월 초 1만 리브르를 호가했다.

주식 가격은 정점을 찍은 뒤 버블 붕괴로 눈사태처럼 무너져내렸다. 존 로는 주식 가격 안정을 위해 중앙은행 자금을 대거 투입해 주식을 매수했다. 존 로는 자금이 부족해지자 돈을 더 찍어내도록 인가했다. 프랑스 재정 시스템 전체가 거품 속으로 빨려들면서 부실화되었다. 그에 아랑곳없이 미시시피 사 주식은 완전히 붕괴해 한 푼어치가치도 없는 쓰레기로 전락했다. 절망에 사로잡힌 사람들의 자살이 속출했다.

미시시피 버블 사건으로 프랑스 재정은 극도로 부실해졌고 신용 또한 땅에 떨어지고 말았다. 정부에 대한 대중의 불신 역시 극에 이르렀다. 프랑스 정부는 융자를 받기도 쉽지 않았고 어렵사리 받더라도 높은 이자를 지불해야 했다. 빚을 갚기 위해 고율의 빚을 다시 끌어오면서 '빚의 악순환'이 시작됐다. 루이 16세가 즉위한 이후인 1780년대에 이르러 정부 재정은 파산을 향해 치달았다. 재정 절반 정도가 대출금이자 지불로 탕진되고 있었다. 결국 루이 16세는 마지막 선택을 했다.

프랑스는 사제, 귀족, 제3신분(부르주아를 포함한 평민) 등으로 구성된 '신분제 의회'로서 삼부회를 운영하고 있었다. 하지만 삼부회는 지난 150년 동안 소집되지 않고 있었다. 루이 16세는 재정 위기 해법을 마련하고자 삼부회를 소집했다. 공론장이 마련되자 수백 년 동안 쌓여온 불만들이 일거에 폭발했다. 폭발은 걷잡을 수 없는 상황으로 치달았고 마침내 프랑스 대혁명으로 비화하기에 이르렀다. 제멋대로 흐트러져 있던 봉건 지배질서는 더 이상 혁명을 틀어막을 수 없었다.[4]

프랑스 대혁명에 견주어 촛불시민혁명을 설명하려는 시도에 대해 지나친 비약이라고 여기는 사람들이 충분히 있을 것 같다. 미리 당부하자면 촛불시민혁명을 너무 가볍게 여기지 않기를 바란다. 중요한 것은 혁명을 관통하는 원리는 대부분 비슷하다는 사실이다. 촛불시민혁명 또한 보수 세력이라고 불려왔던 기존 주류 집단 내부의 극심한 동요와 균열이 가세하면서 폭발한 것이다.

먼저 보수 세력을 지탱시켜준 세 가지 동맹에 주목할 필요가 있다. 세 가지 동맹은 1990년 3당 합당 이후 오랫동안 보수 세력의 절대 우위를 유지시키면서 정당의 콘크리트 지지율을 뒷받침했던 결정적 요소였다.

첫째, 지역 동맹. 1980년대 민주화투쟁 시기 부산경남(PK) 지역은 김영삼 텃밭으로서 민주화투쟁 거점 역할을 했다. 반면 대구경북(TK) 지역은 군사독재 세력의 핵심 지역 기반이었다. 서로 다른 길을 가고 있던 이질적인 두 지역이 1990년 3당 합당을 하면서 '영남'이라는 같은 끈으로 묶였다.

둘째, 이념 동맹. 박정희 유산을 이어받은 군부 세력은 국가 역할을 우선하는 국가주의 성향이 강했다. 반면 김영삼이 이끌고 있던 세력은 시장의 자율성을 중시하는 자유주의 성향이 강했다. 국가주의와 자유주의라는 이질적인 두 이념 세력이 3당 합당을 계기로 보수라는 틀 안에서 손을 잡았다.

셋째, 세대 동맹. 가장 늦게 이루어진 동맹이었다. 정확히 언제부터

라고 단정 짓기는 힘들지만 50대와 60대가 비슷한 투표 성향을 보이면서 세대 동맹을 결성하는 양상을 보였다. 대체로 1970년대 산업화를 주도했던 세대가 기득권에 안주하기 시작하면서 빚어진 현상으로 보는 시각이 많다.

세 가지 동맹에 별 이상이 없었다면 보수 세력은 흐트러짐 없이 절대 우위를 고수했을 것이다. 어쩌면 촛불시민혁명도 가능하지 않았을지 모른다. 박근혜 탄핵도 결과가 상당히 달라졌을 것이다. 하지만 이세 가지 동맹에서 균열이 발생하기 시작했다. 그것도 매우 심각한 수준에서 말이다.

여러 요인이 복합적으로 작용한 결과였지만 핵심은 '신화의 붕괴'였다. 보수 정부가 산업화 성공 신화를 재현할 능력이 없음이 확인되면서 덩달아 '경제는 보수가 강하다'는 통념도 깨져나가기 시작했다. 보수 정부에 대한 맹목적 믿음이 크게 흔들렸다. 보수 세력 내부에 동요와 이탈 조짐이 뚜렷해지기 시작했다. 보수 매체들 사이에서 보수 정부에 대한 회의와 불신을 담은 기사가 눈에 띄게 늘어갔다.

이러한 분위기 속에서 지역 동맹에 균열이 일어났다. 부산경남 지역에서 보수 정부에 대한 지지를 철회하는 움직임이 확산되어 갔다. 그러한 움직임은 문재인 등 해당 지역 출신 진보 성향 정치 지도자들의 영향력 확산과 맞물리면서 더욱 탄력을 받았다. 세대 동맹에서도 균열이 발생했다. 균열은 1980년대 민주화투쟁을 경험했던 세대가 50대로 진입하면서 더욱 가속도가 붙었다.

위기의식을 느낀 박근혜 측은 비상 카드를 꺼내들었다. 박근혜 정부는 느닷없이 그동안 유지해오던 검인정 한국사 교과서를 폐기하고 국정교과서로 통합하겠다는 방침을 발표했다. 무슨 의도에서였을까? 한국사, 그 중에서도 근현대사에 대한 인식은 진영 간 입장이 첨예하게 부딪치는 지점이다. 국정교과서로의 전환 방침은 역사전쟁을 촉발시킬 수 있고, 역사전쟁이 벌어지면 첨예한 입장 차이로 좌우 두 진영이 대결을 벌일 개연성이 컸다. 적어도 박근혜 측은 그렇게 본 것 같다.

중요한 것은 시점이었다. 박근혜 정부의 역사교과서 국정화 방침 발표는 2016년 4·13총선을 몇 달 앞두고 이루어졌다. 박근혜 측은 역사전쟁을 계기로 좌우 대결 구도가 형성된 조건에서 총선을 치르고자 했던 것이다. 그러면 과거 그랬던 것처럼 보수 정당이 승리하기 쉬울 것이라 예상했다.

하지만 실제 결과는 박근혜 측 기대와는 전혀 다르게 나타났다. 보수 세력 결집이 이루어지기는 고사하고 정반대로 분열되는 양상이 벌어졌다. 자유주의 성향의 보수 세력이 역사교과서 국정화에 강하게 반발한 것이다. 그들 입장에서 보기에 역사교과서 국정화는 개인들의 자유로운 선택을 억압하는 획일화의 극치였다.

결국 역사전쟁은 그나마 유지되고 있던 이념 동맹마저 균열시키면서 보수 내부의 분열과 동요, 이탈을 더욱 촉진시키는 계기가 되었다. 1990년 3당 합당 이후 보수를 지탱시켜준 세 가지 동맹 모두가 균열을 일으킨 것이다.

보수 붕괴 조짐은 4·13총선에서 드러나기 시작했다. 4·13총선은 (한나라당에서 이름을 바꾼) 새누리당이 압승할 것이라는 대부분의 관측과 달리 새누리당 참패로 드러났다. 세 가지 동맹의 균열이 빚어낸 결과였다. 4·13총선은 촛불시민혁명의 전주곡이었다.

촛불시민혁명의 일격

사람들은 근근이 버티고 있었다. 하루하루 힘든 삶을 이어가던 시민들은 바닥난 인내력에 기대고 있었다. 보수 세력 또한 깨질 듯 말 듯 위태로이 유지되고 있던 세 가지 동맹에 의존하고 있었다. 하지만 예기치 않은 사태가 엄습하면서 이 모든 것을 일거에 날려 버렸다. 최순실 국정농단 사태가 시민의 마지막 남은 인내력과 힘겹게 버티던 보수 세력 동맹을 동시에 날려버린 것이다.

비선 실세 최순실이 대통령과의 사적 인연을 이용해 국가 권력을 갖고 논 과정은 소설가의 상상력마저 뛰어넘는 것이었다. 그것은 도무지 있을 수도 없고 쉽게 믿을 수도 없는 일이었다. 똑똑하기로 소문난 대한민국 유권자들에 의해 선출된 대통령이 최순실이라는 일개 개인에게 그토록 의존하면서 휘둘릴 수 있단 말인가? 어찌 그렇게까지 국가 기구를 사적 이익 추구 수단으로 삼을 수 있단 말인가?

최순실 국정농단 사태가 가공의 뜬소문이 아니라 가감 없는 진실임이 드러나자 시민들은 망연자실했다.

"이게 나라냐."

최순실 국정농단 사태는 보수 세력을 공황 상태에 빠트렸다. 최순실 사태는 최고 통치자의 무식과 무능, 무책임을 적나라하게 폭로함으로써 '유능한 보수'라는 믿음에 치명적 손상을 안겨다 주었다. 최순실 국정농단은 국가 기구 사유화의 극치를 보여줌으로써 보수가 중시해 온 국가 중심 가치 체계를 엉망으로 만들어 버렸다. 보수가 안겨다 줄 수 있는 권위와 안정감마저 더 이상 기대할 수 없는 형편이 되었다.

"이 꼴 보려고 박근혜를 뽑았단 말인가?"

극도의 분노와 자괴감이 뒤엉킨 가운데 민심은 거세게 요동쳤고 마침내 세상을 뒤흔들 촛불시민혁명으로 폭발해 올랐다.

촛불시민혁명은 기본적으로 민심 바닥에서 축적된 거대한 분노가 폭발한 것이지만 보수 세력 내부 동요와 이탈이 함께 가세하면서 이루어진 것이었다. 그만큼 폭발력이 클 수밖에 없었다. 이는 참여 규모에서 뚜렷이 확인된다. 2016년 10월 29일부터 헌법재판소 박근혜 탄핵 결정 다음 날인 2017년 3월 11일까지 모두 20회의 대규모 촛불집회가 개최되었다. 참가 연인원은 1,500만 명을 넘었다. 2016년 12월 3일 6차 촛불집회에는 주최 측 추산 232만 명이 참여하기도 했다. 이에 못지않게 더 중요했던 점은 촛불집회 핵심 요구였던 박근혜 탄핵이 시종 국민 여론으로부터 75~80%에 이르는 절대적 지지를 받았다는 사실이다. 가히 여론을 압도하고도 남음이 있었다.[5]

촛불시민혁명의 위엄을 가로막을 힘은 그 어디에도 존재하지 않았다. 언론 매체, 경찰, 사법기관 모두 촛불시민혁명 앞에 순응하는 모습을 보였다. 박근혜는 완벽하게 고립되었다. 촛불시민혁명이 절정을 향해 치달아가던 2016년 말 어느 갤럽 조사 결과에 따르면 박근혜 지지율은 5%로 곤두박질쳤다. 이는 어느 초등학생 반장 후보가 한 표를 얻은 것이나 다름없었다. 물론 그 한 표는 자신이 찍은 것이다.[6]

긴박한 상황에서 시민들 주도로 박근혜 탄핵이 추진되었다. 탄핵은 첨예한 대립을 수반할 수도 있는 고강도 요구임에도 불구하고 국민들 사이에서 80% 가까운 지지율을 기록했다. 여기서 매우 중요한 사실을 발견할 수 있다. 박근혜 탄핵에 대한 높은 지지율은 보수 세력 다수가 탄핵 행렬에 동참했음을 의미한다. 반면 보수 세력 중 소수만이 박근혜 탄핵을 반대했으며 일부는 어중간한 태도를 취했다.

이 모든 것은 박근혜 탄핵 추진이라는 첨예한 국면에서 보수 세력이 완전히 분열·해체됐음을 의미한다. 그 속에는 그동안 보수 세력을 결합시켰던 세 가지 동맹과 보수 우위를 유지시켰던 좌우 프레임 해체가 포함되어 있다. 보수 세력에 몸담고 있던 사람들은 더 이상 같은 영남 지역 사람이라는 이유로, 같은 보수 이념을 지녔다는 이유로, 같은 5060세대라는 이유로 정치적 선택을 일치시키지 않았다. 더 이상 우파의 일원으로 좌파에 맞서 싸워야 한다는 기준에 따라 움직이지 않았다. 촛불시민혁명을 거치며 보수 세력을 지탱해주던 장치들이 모두 깨져버린 것이다.

거센 여론 압력에 떠밀린 국회는 12월 9일 재적 의원 3분의 2를 훌쩍 넘어선 234명의 찬성으로 박근혜 탄핵 소추안을 가결시켰다. 다음 해인 3월 10일 헌법재판소는 재판관 전원 일치 의견으로 박근혜 파면을 결정했다.

폐허 위 쓰레기 더미

한국의 대표적인 보수 매체인 〈조선일보〉는 권력 동향에 대해 뛰어난 동물적 후각을 지니고 있다. 〈조선일보〉는 촛불시민혁명이 터지기 훨씬 오래전부터 박근혜 중심의 정치 그룹을 지칭하는 '친박 세력'이 정권 재창출 능력을 상실했다고 판단했다. 〈조선일보〉는 일찌감치 친박을 '불임 집단'으로 규정짓고 선을 그었다. 보수 세력 내부 균열을 정치적으로 가시화하는 동시에 이를 가속화한 것이었다.

〈조선일보〉는 '제3지대'를 무대로 한 '신보수연합' 창출을 전략 목표로 삼았다. 제3지대는 친박과 (문재인 중심 정치 그룹을 지칭하는) '친문' 사이 빈 공간을 가리키는 것이었다. 〈조선일보〉는 제3지대가 매우 넓게 형성되어 있다고 판단했다. 〈조선일보〉는 높은 지지율을 기록하고 있던 반기문 유엔 사무총장을 제3지대 후보로 내세우면 폭넓은 세력 결집을 바탕으로 대선 승리도 충분히 가능하다고 보았다. 폐물이 된 친박 세력을 도려내고 중도 보수를 아우르는 신보수연합 창출을 자연스럽게 이룰 수 있을 것으로 보았다. 〈조선일보〉는 상당한 자신감을 보였다. 촛불시민혁명조차도 신보수연합 구상을 실현할 좋은 기회로 여겼다. 〈TV조선〉은 촛불집회를 감동적으로 중계하기까지 했다.

한국 정치지형을 새롭게 짜고자 하는 〈조선일보〉의 전략 및 기획 능력과 담대함은 박수를 받을 만했다. 하지만 〈조선일보〉의 구상은 결과적으로 꼼수에 그치고 말았다. 〈조선일보〉는 민심을 너무 얕잡아 봤다. 반기문이라는 그럴듯한 애드벌룬을 띄우면 친박과 친문 모두에 염증을 느끼고 있던 유권자들이 대거 결집할 것으로 기대했으나 그런 일은 결코 일어나지 않았다. 다 차려진 잔칫상에 앉아 젓가락만 들면 될 것이라 믿고 뛰어들었던 반기문은 몇 걸음도 떼지 못하고 주저앉았다.

민심은 얄팍한 정치 술수에 휘둘리지 않았다. 민심은 의연히 자기의 길을 갔다. 촛불 민심은 조기에 치러진 19대 대선에서 진보 성향의 문재인을 선택했다. 문재인은 촛불시민혁명의 최대 수혜자가 되었다.

촛불시민혁명이 없었다면 문재인은 대선 승리를 장담하기 쉽지 않았을 것이다. 촛불시민혁명 직전 총선에서 야권 텃밭이었던 호남 지역은 문재인과 결별한 국민의당을 전폭 지지한 바 있다. 문재인의 승리가 자력으로 쟁취한 것이기보다는 다분히 촛불시민혁명에 의해 선사된 것이었음을 의미한다.

박근혜 탄핵 여파로 보수 정당은 분열되었다. 19대 대선에도 최소 두 명의 후보가 출마했으나 결과는 보수 후보의 완패였다. 그럼에도 새누리당 유산을 물려받은 자유한국당은 친박 청산을 추구하면서도 한편으로는 '좌우 프레임'으로 대표되는 박근혜의 전략에 여전히 의존하는 구태의연함을 드러냈다. 민심은 자유한국당에 냉랭한 반응을 보였다. 의석 100석이 넘는 공룡 정당이 고작 10%대 초반 지지율을 기록했다. 텃밭이라는 대구경북 지역에서조차 당 지지율이 더불어민주당에 뒤지기까지 했다.

답답함을 견디다 못한 보수 일각에서 자유한국당 해체까지 요구하고 나섰다.[7] 이에 아랑곳없이 자유한국당 관계자들은 여전히 태평스런 모습을 보여주었다. 도대체 뭘 믿을 구석이 있어서 그러는 것일까?

2007년 무렵 노무현 정부 말기로 되돌아가 보자. 당시 여당인 열린우리당은 노무현 정부 실패의 영향으로 자중지란에 빠져들면서 끝내 와해되고 말았다. 2007년 대선에서는 정동영이 후보로 나섰으나 이명박 후보에게 압도적 표차로 졌다. 당시 열린우리당 세력이 직면한 상황은 2017년 보수 정당이 직면한 것과 매우 흡사했다. 하지만 그들은 용케 상황을 잘 견디어냈고 촛불시민혁명에 힘입어 다시금 권좌에 복귀했다. 보수 정부로부터 이반한 민심이 승리를 선사한 것이다.

유사한 과정이 자유한국당에게도 얼마든지 재현될 수 있는 것 아닐까? 역사는 반복되기 마련이고 정치란 으레 그런 것이니 말이다.

만일 그렇다면 자유한국당 관계자들이 여유를 부리는 데는 나름대로 충분한 이유가 있는 것이다. 그들은 변함없이 대구경북 중심의 지역 기반과 좌우 대결 구도에 기대고 있다. 그런 식으로 세력을 유지하다 보면 오갈 데 없는 보수 성향 유권자들이 결국 자신들 주위로 몰릴 것이고 상대 실수로 권력을 잡을 기회도 올 것이라 믿는 듯하다. 축구 경기에서 그저 상대 팀 자살골만 기대하는 것과 다름없다.

아니나 다를까? 집 밖으로 뛰쳐나가 딴 살림을 차렸던 바른정당 소속 의원들이 잇달아 자유한국당으로 되돌아왔다. 보수 본가 재건이 가능하다는 조짐이었다. 과연 자유한국당은 예전 영화를 되찾을 수 있을까?

당사자들이 어떤 꿈속을 헤매든 관계없이 관찰자 입장에서 본 자유한국당은 보수 붕괴로 야기된 폐허 위 쓰레기더미 같은 인상을 풍겼다. 불과 1년 전만 해도 콘크리트 기반을 자랑하던 정당이 이렇게까지 달라진 것이다. 한국 정치가 혁명적 변화를 겪었음을 이보다 더 적나라하게 보여주는 장면이 또 있을까? 그런 점에서 보더라도 촛불시민혁명은 에누리 없이 '혁명' 그 자체였다.

그간의 과정을 간략히 정리해보자. 보수 세력은 야권 시절 산업화 성공 신화를 공유함으로써 대열을 잘 유지할 수 있었다. 하지만 이명박·박근혜 정부를 거치면서 산업화 성공 신화 재현은 환상임이 드러났다. 동요와 이탈 조짐이 확산되면서 보수 세력을 지탱해주던 세 가지 동맹에도 균열이 발생했다. 최순실 국정농단 사태는 촛불시민혁명을 촉발시켰고, 박근혜 탄핵이 추진되면서 세 가지 동맹과 좌우 프레임 등 보수를 유지시켜온 장치를 완전히 해체시켰다. 보수는 붕괴로 치달았다.

이제 촛불시민혁명이 어떻게 하여 혁명이라는 칭호를 얻을 수 있었는지, 그토록 막강한 영향력을 행사하던 박근혜는 어찌하여 일순간에 고립됐는지, 박근혜의 정치적 몰락이 어떻게 보수 세력 붕괴로까지 이어지게 되었는지 등 앞서 제기했던 의문들이 어느 정도는 풀렸을 것이라 생각된다.

그래도 의문은 여전히 남는다. 보수 세력이 전열을 재정비한 뒤 때가 되면 권좌에 복귀할 수 있지 않을까? 당연히 모든 가능성은 열려 있다. 미래에 벌어질 일들, 특히 정치 향방에 대해 함부로 예단하는 것만큼 위험한 일은 없다. 진보 세력이 완전히 죽을 쒀 버리면 기회가 보수 정당으로 넘어갈 수도 있다. 하지만 자력에 의한 보수 재기는 쉽지 않아 보인다. 무엇보다 세 가지 동맹을 복원하면서 보수를 하나로 묶어줄 비전 정립이 쉽지 않다. 구조적 요인이 존재한다.

보수의 재기가 어려운 이유 1: '자본의 덫'

문재인 정부 출범과 함께 언론 매체를 통해 쏟아져 나온 보수 성향 전문가들의 경제 처방에는 일치되는 지점이 하나 있다. 바로 '규제 완화'이다. 흔히 노동유연화를 보태기도 하는데 이 역시 노동시장과 관련된 규제 완화의 일부이다. 물론 사람마다 편차는 있다. 매우 일반적인 수준에서 규제 완화를 주장하는 사람이 있는가 하면 시대 상황에 맞지 않는 낡은 규제 타파를 말하며 제한적 접근을 하는 사람도 있다. 이러한 차이가 갖는 의미는 매우 크기 때문에 충분히 유념할 필요가 있다.

보수적 시각에서 모든 경제활동의 출발점은 이윤 획득을 목적으로 한 자본 투자이다. 투자가 활성화되어야 일자리도 생기고 소득이 발생해 소비 시장 활성화로 이어질 수 있다고 보는 것이다. 그렇다면 무엇이 문제인가?

과거 산업화 시절에는 자본 부족으로 어려움을 겪었지만 지금은 상황이 정반대이다. 자본은 넘쳐나는데 투자할 기회가 부족해서 문제이다. 투자 기회가 부족한 이유는 또 무엇인가? 보수 측 전문가들은 투자를 가로막는 규제 때문이라고 진단한다. 처방 또한 단순명료하다. 규제만 풀면 돈 냄새를 기가 막히게 맡는 자본이 몰려들어 투자가 왕성하게 이루어질 수 있다. 문제는 자연스럽게 풀린다.

확실히 단순명료해서 좋다. 초등학생도 쉽게 이해할 수 있는 수준이다. 그게 매력이라면 매력일 수 있다. 그런데 정부는 왜 규제를 풀 생각은 하지 않고 엉뚱한 것에 매달려 사서 고생하는 것일까?

규제가 어떻게 만들어졌는지부터 살펴보자. 규제는 국회에서 법률로 정하거나 정부가 시행령으로 만들어 공표한다. 모두 국민 동의가 필요한 지점이다. 국민 동의가 이루어졌다는 것은 곧 국민 이익에 부합되었다는 이야기다. 누군가 투자자들을 골탕 먹이기 위해 일부러 규제를 만들지는 않았다는 이야기다. 규제는 저마다 만들어진 배경이 있고 나름대로의 탄생 이유가 있다. 박근혜가 재임 기간 중 규제의 대못을 뽑자고 그토록 난리를 쳤음에도 이렇다 할 진전이 없었던 이유일 수 있다.

머리가 혼란스러워진다. 한편에서 보면 규제를 풀어야 하는데 규제가 만들어진 데는 나름대로 합당한 이유가 있다니. 도리 없이 규제에 대한 기본적인 이해를 할 필요가 있다. 그러자면 규제의 역사를 되돌아봐야 한다.

유럽과 북미 지역을 무대로 1차 산업혁명이 진행되면서 시장이 모든 영역을 집어삼키듯이 확대되었다. 시장 확대와 함께 거래되는 상품의 수도 끊임없이 증가했다. 인간이 만든 물건만이 아니라 자연 상태에 존재하는 온갖 것들이 상품으로 거래되었다. 건강과 생명을 위협할 수 있는 마약과 무기 등도 아무런 제재 없이 거래되었다. 사회 질서가 만들어낸 것 역시 상품화되었다. 자격증, 관직, 선거권과 피선거권마저도 돈을 주고 거래하는 상품의 하나로 간주되었다. 심지어 사람 자체도 사고팔았다.

유럽인들은 아메리카 대륙에서 은광과 금광, 사탕수수, 담배, 면화 농장 등을 개발하면서 노예를 적극 활용했다. 16세기에서 19세기에 이르기까지 1,000만 명 이상의 아프리카인들이 백인 사냥꾼들에게 생포되어 노예로 팔려나갔다. 그 과정에서만 수백만 명이 목숨을 잃었다. 노예들의 노동 환경은 끔찍하기 그지없었으며 대부분 오래 살지 못하고 비참한 삶을 마감했다. 노예무역은 다른 상품들의 무역과 똑같이 취급되었다. 심지어 노예무역 회사들은 주식까지 발행했다. 다른 회사의 주식과 똑같이 거래된 이들의 주식은 중산층 이상의 유럽인들이 선호하는 투자 대상 중 하나였다.

인간을 노예로 사고팔 정도였으니 노동력을 상품으로 취급하는 데는 더욱 거리낌이 있을 수 없었다. 1차 산업혁명의 발흥지인 영국에서는 아동 고용이 일반적으로 이루어졌다. 수많은 9세 이하 아동들이 공장에서 힘든 노동을 감내해야 했다. 노동시간은 많게는 하루 16시간에 달했다.

1차 산업혁명 시기 자유방임자본주의 시장은 야만으로 가득 차 있었다. 규제의 역사는 바로 그 야만성을 완화시키는 것으로부터 시작됐다. 규제 도입 시도는 격렬한 반발을 불러오기도 했다. 1830년 영국 정부가 아동보호법을 제정하여 9세 이하 아동 고용을 금지하고 14세 이하 아동 노동을 하루 8시간으로 제한하려 하자 고용주들은 자유의사에 따른 거래를 막으려 한다며 격렬하게 반발했다. 상품 목록에서 노예를 제거하기 위해 노예 해방을 추진했던 미국 정부의 시도는 남북전쟁까지 일으켰다. 규제의 역사는 반발을 극복하며 한걸음씩 앞으로 나아간 힘겨운 투쟁의 역사였다.

규제는 상품으로 간주되던 많은 것들을 시장에서 퇴장시켰다. 사람을 사고파는 인신매매, 표를 돈으로 사는 매수 행위, 관직을 사고파는 매관매직 모두가 불법화되었다. 마약과 신체 장기 등 상품 거래 금지 목록이 갈수록 늘어났다. 건강에 유해한 식품이나 제품 등도 금지 목록에 추가되었다.

규제는 생산 과정에도 작용했다. 과거 공장 매연과 오폐수 방출은 아무런 제재를 받지 않았다. 도리어 공장의 시커먼 연기는 산업화의 상징으로 찬사 대상이 되기도 했다. 하지만 오늘날 오염 배출은 엄격한 규제 대상이다. 규제는 시장 경쟁 질서에도 개입했다. 가령 독과점은 엄격한 규제의 대상이다.

이렇듯 인간 사회는 규제를 통해 보다 정의롭고 공정하고 인간적인 시장을 만들어왔다. 시장의 진화는 곧 규제 강화의 역사였다. 규제 포기는 곧 야만으로의 복귀였다. 어느 모로 보나 일반적인 의미에서 규제 완화는 답이 될 수 없다. 그것은 위험천만하기 그지없는 발상이다. 단적으로 총기 규제를 풀면 총기 관련 산업 투자가 활성화될 수 있지만 결코 우리가 선택할 수 있는 카드는 아니다.

이제 규제가 등장한 배경과 그 의미에 대해 어느 정도 이해가 되었으리라 믿는다. 그래도 의문은 여전히 남는다. 일반적 규제 완화가 답이 아니듯이 무조건적인 규제 강화가 최선은 아닐 것이기 때문이다.

규제 완화를 주장하는 사람들도 무조건적인 규제 완화에 찬성하는 것은 아니다. 어느 누구도 오염 배출이나 유해 식품 판매 등을 자유화하자는 주장에 손을 들지는 않을 것이다. 대부분의 보수 측 전문가들은 꼭 필요하고 이익이 분명하다 여기는 곳을 선별하여 규제 완화를 제기한다. 그렇다면 보수 매체들이 규제 완화 필요성을 집중적으로 제기하고 있는 사례를 들어 보자.

보수 매체에 따르면, 한국 의료 기관들은 뛰어난 첨단 기술과 콘텐츠를 다수 보유하고 있지만 영리 의료법인 금지 규제로 의료산업 발전에 큰 차질을 빚고 있다. 첨단 유전자 가위 기술을 개발하고도 규제로 인해 국내 투자를 받지 못했다. 개인정보보호법 규제로 4차 산업혁명의 핵심인 빅데이터 산업을 육성하는 것도 큰 어려움을 겪고 있다.

위 사례들은 규제 완화 필요성에 대한 동의를 비교적 쉽게 이끌어 낼 수 있을 것으로 보인다. 실제로 규제를 완화해야 하는 지점이 존재할 수는 있다. 하지만 자세히 파고들면 문제가 그리 간단치 않다. 문제점들을 하나하나 짚어 보면 규제에 대해 어떤 시각을 가져야 할지 한층 분명해진다.

의료 기관을 교육 기관과 함께 비영리 법인으로 지정한 것은 박정희 정부 때 일이다. 교육과 의료 기관만큼은 이윤 증식 수단으로 이용되어서는 안 된다는 취지에서였다. 오랜 시간이 흐르면서 그에 대한 사회적 동의가 폭넓게 형성되어 왔다. 이를 바꾸는 것은 결코 쉬운 일이 아니다.

의료산업을 제대로 발전시키자면 한국 경제 패러다임이 함께 바뀌어야 한다. 경제활동의 동기와 목적 등이 근본적으로 재정립되어야 하는 것이다. 보다 자율적인 수준에서 경제활동을 보편적 이익에 맞게 규제할 수 있어야 한다. 이 책에서 다루게 될 '사람 중심 경제'로 전환한다면 새로운 가능성이 열릴 수도 있다. 지금과 같이 돈에 최고의 가치를 부여하는 환경에서 영리 의료법인을 허용한다면 자칫 사람의 생명이 철저히 돈벌이 수단으로 전락하게 되는 심각한 부작용을 낳을 수 있다.

빅데이터 산업에 대해 살펴보자. 빅데이터 산업 발전은 필수 과제이고 그에 맞게 관련 규제를 개선해야 하는 것은 두말할 것도 없다. 문제는 그러한 개선이 반드시 '규제 완화'만을 의미하지 않다는 데 있다. 도리어 정반대일 수도 있다.

캐시 오닐Cathy O'Neil의 《대량살상 수학무기Weapons of Math Destruction》는 미국의 빅데이터 기술들이 어떻게 차별을 확대·심화시키는 데 이용되고 있는지를 폭로한다. 간단한 예로 경찰이 사용하는 빅데이터 기반 알고리즘 프로그램은 유색 인종을 재범 가능성이 더 높다고 보고 우선적 감시 대상으로 삼고 있다. 그 결과 유색 인종이 더 많은 불신검문 대상이 되면서 더 많은 범죄를 저지른 것처럼 나타난다. 빅데이터가 이런 식으로 악용되지 않게 하려면 보다 엄격한 규제가 필요하다.

빅데이터 산업이 발전하려면 건강과 취향, 일상생활 패턴 등의 개인 정보 취합이 불가피하다. 경우에 따라 대학병원이나 건강보험 공단이 보유하고 있는 개인 의료 정보가 빅데이터 재료가 될 수 있다. 그러자면 빅데이터가 철저히 공공의 목적으로 사용되어야 한다는 엄격한 전제가 확립되어야 한다. 이는 매우 높은 수준의 규제를 필요로 한다. 그렇지 않으면 개인 정보 취합에 대한 사회적 합의가 어려울 것이다.

이 모든 것은 새로운 시대에 환경의 변화에 맞게 규제를 개선하는 지속적 노력이 필요함을 말해준다. 그 중에는 규제를 완화하거나 폐지하는 것이 포함될 수도 있다. 그와 달리 기존 규제 조항을 고치는 방식이 있을 수도 있고, 규제를 더욱 강화하거나 새로운 규제를 도입해야 하는 경우가 있을 수 있다. 규제 문제는 철저하게 개별적이고 구체적으로 접근해야지, 모두에게 적용할 수 있는 일반적 해법은 없다. 단지 좋은 방향으로 개선해야 한다는 원칙만이 있을 뿐이다.

규제를 둘러싼 선택지는 다양하다. 이를 무시한 채 규제 완화에만 집착하는 것은 매우 위험하다. 역사적 사례들은 급격하고 무분별한 규제 완화가 얼마나 끔찍한 참극을 초래했는지 거듭 보여준다.

김영삼 정부는 금융에 대한 정부 규제를 대폭 완화 혹은 폐지했다. 재벌들이 금융기관을 지배할 수 있도록 했고, 해외 금융 차입을 자유롭게 할 수 있도록 했다. 그 결과는 엄청난 수준에서의 과잉중복 투자로 나타났고, 모두에게 끔찍한 기억으로 남아 있는 외환위기로 이어지고 말았다. 어느 누구도 부인 못하는 진실이다. 미국은 신자유주의를 추구하면서 금융자본에 가해졌던 각종 규제를 대폭 완화 혹은 철폐했다. 규제에서 벗어난 금융자본은 온갖 파생금융상품을 만들면서 금융 생태계를 위협했고 결국 2008년 글로벌 금융위기를 폭발시켰다. 이 역시 어느 누구도 부인 못하는 진실이다.

역사적 경험은 과잉중복 투자나 파멸을 초래할 사행성 투자를 억제시키는 데 규제가 필수적임을 말해준다. 좋은 규제는 투자 건강성을 증진시킴으로써 경제 활성화 효과를 이끌어낸다. 규제가 반드시 투자의 적은 아니다.

'규제 개선'이라는 표현은 이 모든 것들을 함축할 수 있다. 어떤 경우든지 규제를 좋은 방향으로 고쳐가는 것에 해당하기 때문이다. 규제 개선은 규제에 대해 매우 원칙적이면서도 유연한 대응을 가능하게 해준다. 규제 개선의 입장에서 보자면 규제 문제는 굳이 골치 아픈 논쟁을 하지 않아도 될 정도로 단순명료하다.

그런데도 보수 측 전문가들은 애써 '규제 완화'라는 표현을 고집한다. 밑도 끝도 없이 규제 완화가 일반적 해법이라도 되는 것처럼 이야기한다. 우연의 일치라고 보기에는 너무나 똑같다. 도대체 무슨 이유에서일까? 여기에는 종종 본인도 의식하지 못하는 분명한 의도가 담겨 있다. '규제 완화'가 핵심적으로 노리는 것은 '노동유연화'로 표현되는 '노동시장 규제 완화'이다(일각에서는 '규제 개혁', '노동 개혁'이라는 표현을 쓰기도 하는데 맥락은 규제 완화, 노동유연화와 동일하다).

규제 완화라는 표현을 고수하면 노동시장 규제 완화(노동유연화)로의 논리적 연결이 한층 자연스러워진다. 규제 개선이라는 표현을 쓴다고 해 보자. '노동시장 규제 개선'은 보수가 의도한 것과 전혀 다른 이미지를 풍긴다.

특정 언어 사용을 반복하면 자신도 모르게 일정한 결론에 이르고 자연스럽게 동의하게 된다. 익숙한 예를 들자면, '세금 폭탄'이라는 용어를 자주 사용하다 보면 증세에 대해 자연스럽게 반대 입장을 취한다. 보수 측 전문가들은 이러한 '언어 정치'에 매우 능하다. 규제 완화도 그러한 맥락에서 사용되는 언어 도구이다.

보수 측 전문가들의 주장을 들어보면 노동유연화는 앞으로 풀어야 할 미완의 과제처럼 여겨진다. 하지만 노동유연화는 결코 새로운 이야기가 아니다. 1997년 외환위기를 거치며 노동유연화는 급격히 강화되었다. 정리해고가 빈번해지고 임시직·계약직·파견직 등 고용 형태 유연화의 결과로 비정규직이 급증했다. 그로부터 20여 년 이상이 흘렀다. 노동유연화 결과를 검증하는 데 충분한 시간이다.

노동유연화는 이중적 의미가 있다. 급변하는 시장에 대처하기 위해서 노동유연화는 상당 정도 불가피하다. 과거 산업화 시기의 경직된 노동 체계로서는 살아남기 힘든 것이 사실이다. 그런 점에서 노동유연화는 무조건적인 반대의 대상이 아니다. 하지만 여기에는 엄격한 전제가 있다. 노동유연화가 노동자 생존권을 위협하지 않도록 사회적 안전망을 구축하고 기업은 이를 위한 비용을 부담해야 한다.

다른 한편 노동유연화는 노동 비용 감소 수단으로 악용될 소지가 크다. 한국이 바로 그러했다. 결과는 불평등 심화였다. 경제적 격차는 근로소득자와 자본소득자 사이는 물론 노동자 내부에서조차 심각하게 벌어졌다.

일부 보수 측 전문가들은 불평등 심화가 기업 경쟁력 강화를 위한 조치의 부산물이라고 변명할지 모른다. 하지만 이 또한 맞지 않는 이야기다. 노동유연화 강화는 장기적으로 볼 때 보수 측 전문가들이 그토록 중시하는 기업 경쟁력을 강화하기보다는 도리어 약화시켰다. 비정규직을 남발했지만 한국 기업들의 기초 체력은 꾸준히 약화되었다. 오늘날 한국 기업들이 경쟁력 악화로 고전하고 있는 것은 경험적으로 확인 가능한 사실이다.

보수 측 전문가들이 여전히 '노동유연화 강화'를 일반적 처방으로 이야기하는 것은 지난 20년간의 검증된 결과를 무시하는 것이다. 극단적으로 비정규직을 더욱 늘리자는 이야기를 하고 있는 것에 다름 아니다. 정말 그간의 경험치를 몰라서 그러는 것일까, 아니면 알고도 모르는 척하는 것일까?

보수 측 전문가들이 명백히 검증된 결과까지 무시하면서 노동유연화를 고집하는 것에는 매우 중요한 진실이 숨어 있다. 오늘날 기업은 자본 소유자로서 주주 이해를 우선하는 경향이 있다. 주주가 의결권을 갖고 있기 때문이다. 외환위기 이후 한국 기업 주주 구성에서 외국인 투자자 비중이 급격히 커졌다. 주가 동향도 그로부터 큰 영향을 받기에 이르렀다. 토착 주주들과 기업 모두 외국인 투자자 요구에 민감해질 수밖에 없다. 이는 한국 기업이 국제금융자본 움직임에 직접적으로 영향을 받게 되었음을 의미한다. 국제금융자본은 빠른 이동성을 바탕으로 단기 이익에 집착하는 속성을 지니고 있다. 단기 이익을 추구할 수 있는 가장 확실한 방법은 노동유연화를 통해 노동 비용을 감소시키는 것이다.

국제금융자본으로부터 가해지는 노동 비용 감소 압력은 암암리에 보수 세계를 지배해왔다. 보수 측 전문가들은 의식적으로든 무의식적으로든 그 압력으로부터 자유롭지 않다. 여기서 심각한 문제가 발생하고 있다.

과거 산업자본이 지배할 시기의 자본 투자는 고용과 소비 확대로 이어지며 국민경제 활성화에 기여했다. 그 시절에는 자본 투자로부터 시작되는 보수의 경제 논리가 상당한 설득력이 있었다. 어쩌면 그 시절 형성된 관성이 지금도 보수의 사고를 상당 정도 지배하고 있는 것인지 모른다.

문제는 상황이 크게 달라졌다는 데 있다. 요즘은 공격적인 노동 비용 감소가 중시됨에 따라 자본 투자가 고용과 소비 확대를 통한 국민경제 활성화로 잘 이어지지 않고 있다. 투자를 확대하면 할수록 자동화가 더욱 진척되면서 거꾸로 고용이 줄어드는 현상마저 확산되고 있다. 이는 자본 투자를 사유의 출발점으로 삼는 한 국민경제 향상과 관련한 보수의 문제해결 능력이 갈수록 빈곤해질 수밖에 없음을 말해준다. 보수 세계가 이른바 '자본의 덫'에 걸려든 것이다.

우리는 경제 분야에서 보수가 축적한 경험이나 노하우가 결코 만만치 않다는 것을 잘 안다. 하지만 현재 보여주는 것처럼 '규제 완화 프레임' 안에 갇혀 있는 한 결코 그 능력을 발휘할 수 없을 것이다.

보수 매체들은 앞다투어 '규제 완화 - 투자 활성화 - 경제 회생'을 절대법칙으로 받드는 집단 최면 상태를 유도하고 있다. 그 출발점은 자본의 힘에 대한 무한한 신뢰이다. 규제 완화가 필요한 지점이 있을 수 있지만 결코 일반적 해법이 될 수 없다. 규제 완화의 일환으로서 노동유연화 강화는 그간의 경험을 무시한 억지일 뿐이다. 자본 투자가 활성화된다고 해도 국민경제 활성화로 이어진다는 확고한 보장이 없다. 사정이 이러함에도 '규제 완화를 통한 투자 활성화'를 외치는 것 외에 새로운 상상을 하지 못하는 모습이야말로 보수의 한계를 보여주는 본질적 지점일 수 있다.

자본에 결박될수록 국민경제 이해에서 멀어져 간다. 이는 매우 심각하면서도 근원적인 문제를 내포하고 있다. 앞으로 계속해서 파고들 주제이다. 그런 만큼 여기서는 이 정도 문제의식을 공유하는 것에 그치고자 한다. 풀리지 않는 수많은 의문 부호들이 남아 있겠지만 차근차근 해소해보도록 하자.

보수의 재기가 어려운 이유 2: '반북의 굴레'

모두가 아는 이야기지만 보수의 생존 비책 가운데 하나는 분단 체제를 적극 이용하는 것이다. 북한으로부터의 위협을 부각시키거나 북한과의 대결을 고취시킴으로써 그 세를 최대한 결집하고 지반을 넓히는 것은 보수 생존 전략의 알파요 오메가였다. 이러한 보수 생존 전략은 뿌리가 매우 깊다.

1945년 일제의 식민지배로부터 해방되자마자 38선이 그어짐으로써 한반도는 분단 위기에 놓였다. 결국 분단으로 치닫고 말았는데 그 책임을 둘러싸고 아직까지도 치열한 논쟁이 계속되고 있다. 보수 학계는 분단을 주도한 것은 북한 공산주의 집단이라고 단정한다. 반면 진보 학계서는 미국과 이승만이 분단을 주도한 것으로 파악한다. 논쟁은 각자 자신에게 유리한 사실 관계를 들이대며 복잡하게 전개되어 왔다.

하지만 당시 정치 지형과 그를 둘러싼 이해관계를 살펴보면 의외로 쉽게 결론이 난다.

한반도 전체를 볼 때 당시 대중 장악력에서 절대 우위를 점하고 있던 세력은 좌익이었다. 무엇보다도 인구의 절대 다수를 점하고 있던 농민들이 그들의 영향력 아래 있었다. 농민들은 토지 분배 약속이라고 하는 단 한 가지 이유로 좌익을 지지했다. 하지만 이승만과 그의 친위세력을 자처한 친일파 모두는 대중적 영향력이 극히 미미한 수준에 머물러 있었다. 이승만은 오랜 해외 망명 생활로 국내에 이렇다 할 기반이 없었고, 친일파는 대중 사이에서 한낱 혐오 대상에 불과했다.

이러한 조건에서 남북 총선거를 통해 통일정부를 수립한다면 승리는 좌익 혹은 좌익이 주도하는 세력에게 돌아갈 것이 명확했다. 이승만이 정부 수반에 당선될 확률은 거의 없었으며, 통일정부 수립 이후 친일파 단죄는 불을 보듯 뻔한 일이었다. 한마디로 통일정부로의 직행은 이승만과 친일파 모두에게 무덤이나 다름없었다.

이승만은 이 모든 것은 날카롭게 꿰뚫어 보았다. 이승만은 남한 단독정부 수립을 우선한다면 양상이 크게 달라질 수 있다고 판단했다. 남한과 북한의 좌익 세력이 단절될 것이고 이승만과 친일파는 남한 좌익만 상대하면 되었다. 미국의 강력한 지원을 등에 업는다면 남쪽 좌익 세력을 제압하는 것도 충분히 가능했다. 남한만의 단독정부를 수립한 다음 적절한 시기에 북한마저 무력으로 제압하면 자신이 주도하는 통일국가를 달성할 수도 있었다. 이승만에게 최선이자 유일한 카드는 '선분단 후통일'이었던 것이다. 이승만은 계산 끝에 1946년 6월 정읍에서 남한 단독정부 수립 필요성을 천명한 후 1948년 미국의 강력한 지원 아래 자신과 친일파가 주도하는 단독정부 수립에 성공했다.

이승만의 노선은 박정희 시대를 거쳐 그 이후까지 멈추지 않고 재생산되었다. 1990년 3당 합당을 통해 새로이 태동한 보수 세력도 의연히 이승만의 분단 논리를 수용했다. 이승만의 단독정부 추진은 오늘의 대한민국 초석을 놓은 위대한 선택이었다. 보수 세력은 이승만이 결단을 내리지 않았다면 한반도 전체가 공산주의 지배 아래 놓이면서 오늘날의 북한처럼 되었을 것이라고 본다. 이는 보수 세력 정체성 형성에서 대단히 중요한 구성 요소였다. 보수 세력은 통일정부로 직행했다면 한국전쟁도 일어나지 않고 지금의 북한도 없었을 것이라는 사실을 애써 외면했다.

보수 세력은 분단 체제를 효과적으로 이용했다. 박근혜가 주도한 좌우 프레임도 기본적으로는 분단 체제를 이용한 것이었다. 단적으로 좌파를 최대한 헐값에 매도하기 위해 동원된 표현이 '종북좌파'였다. 그렇다고 해서 보수 세력이 북한을 마냥 적대시하고 경계하면서 통일까지 포기했던 것은 아니다.

박정희 시대에 통일은 지극히 불순한 언표였다. 당시에는 북한이 무척 성장하고 있던 시절로 여러모로 남한을 압도하고 있었다. 통일은 곧 북한 주도의 한반도 재편으로 이해되기 쉬웠던 것이다. 당시 박정희 정부를 지배한 것은 통일의 전제로서 체제 경쟁에서 우위를 확보하는 것이었다.

1980년대를 거쳐 1990년대에 접어들면서 양상이 크게 달라졌다. 무엇보다도 비교 자체가 무색할 정도로 남북 간 경제력 격차가 커졌다. 소련 사회주의권 붕괴 여파로 북한의 외교적 고립도 심화되었다.

1990년대 중반에 이르러서 북한은 심각한 경제난에 직면하며 체제 존립마저 위태로울 정도가 되었다.

보수 세력은 남북 간 체제 경쟁이 남한의 일방적 승리로 끝났다고 확신했다. 남은 것은 북한의 체제 붕괴를 재촉해 남한 주도의 통일을 이루는 것뿐이었다. 그에 따라 보수 세력에게 통일은 경계 대상에서 적극적 목표로 바뀌었다. 김영삼·이명박·박근혜 정부가 내리 이러한 관점에서 대북 정책을 펼쳤다.

김영삼 정부는 북한은 심각한 경제위기를 넘기지 못하고 곧 체제 붕괴에 직면할 것이라 확신했다. 그에 따라 김영삼은 북한 체제의 연착륙을 유도하기 위한 국제 사회의 시도를 모두 배격하고 대결과 압박으로 일관했다.

이명박 정부와 박근혜 정부는 모두 통일에 적극적이었다. 이명박은 통일세 신설을 제기했고, 박근혜는 "통일은 대박이다"라고 선언했다. 하지만 이들 모두가 동원한 방법은 체제 붕괴를 재촉하기 위한 대북 압박이었다. 이명박은 금강산 관광을 중단시키고 개성공단 추가 투자를 금지시켰다. 박근혜는 개성공단을 아예 폐쇄시켰다. 계기가 무엇인지를 떠나 대북 압박 차원이었던 것은 분명했다.

하지만 보수 세력이 기대했던 북한 체제 붕괴는 일어나지 않았다. 북한은 최악의 상황에서도 살아남았다. 도리어 '체제 경쟁은 끝났다'는 보수 세력의 확신을 뒤집는 사태가 발생했다. 북핵 프로그램이 완성을 향해 치달은 것이다.

핵 프로그램은 핵물질(플루토늄, 농축 우라늄), 기폭장치, 운반 수단 등 세 가지 요소로 구성된다. 핵무기를 목표 지점으로 실어 나르는 운반 수단으로는 전략 폭격기, 대륙간탄도미사일(ICBM), 잠수함탄도미사일(SLBM) 세 가지가 있는데 북한은 전략폭격기를 제외한 나머지 두 가지에 집중했다.

북한은 수소폭탄급 핵무기와 이를 미국 본토까지 실어 나를 대륙간탄도미사일 개발 완성에 성큼 다가섰다. 북한은 2017년 11월 29일 새벽 미국도 인정한 ICBM 시험 발사에 성공한 뒤 핵무력 완성을 공식 선언했다.

어느 언론인 표현대로 핵무기는 불리한 정세를 일거에 뒤집을 '마법의 절대반지'와 같은 것이었다.[8] 그 어떤 재래식 군사력도 핵무기 앞에서는 위세를 잃는다. 경제력에서는 여전히 남한이 압도하고 있지만 군사력에서 북한이 압도할 수도 있는 상황이 된 것이다. 체제 경쟁은 끝난 게 아니었다.[9]

북한의 핵 개발은 핵 없는 세상을 지향하는 인류 보편 가치를 위배한 것이라는 점에서 '나쁜 선택'이었음은 분명하다. 하지만 북한이 나쁜 선택을 하도록 만든 데는 미국과 한국 정부 책임이 매우 컸다.

1990년대 초 소련 붕괴로 위기감을 느낀 북한은 미국을 향해 관계 개선 의지를 밝히며 특사 파견을 요청했다. 미국은 이를 거부했다. 미국은 대북 적대 정책을 군사 전략 유지 지렛대로 삼고 싶어 했다. 비슷한 시기 중국은 한국과 전격 수교하면서 북한을 일방적으로 편들지 않을 것임을 강력 시사했다. 북한이 믿고 의지할 나라는 지구상 그 어느 곳에도 없었다. 북한은 그대로 있다가는 체제 붕괴를 피할 수 없다고 보았다. 생존의 벼랑 끝으로 내몰리면서 북한은 핵 프로그램 개발을 선택했다. 미국과 한국 정부의 반복되는 압박 정책은 핵에 대한 북한의 집착을 더욱 강화시켜주었다.

북한은 핵 프로그램을 체제 유지를 위한 유일한 수단으로 간주하고 모든 희생을 감수하면서 밀고 나갔다. 국제 사회는 핵 개발에 집착하는 북한을 깡패 취급하며 멸시했다. 각종 제재와 압박이 북한을 난타했다. 북한은 조금도 아랑곳하지 않았다. "북한은 안전하다고 느낄 때까지 풀을 먹더라도 핵을 포기하지 않을 것이다"라는 러시아 대통령 푸틴의 발언은 이 모든 것을 압축적으로 설명해 주고 있다.[10]

미국은 북한의 핵 무력 완성 선언을 어떻게 받아들였을까? 분명한 것은 과거 오바마 행정부처럼 마냥 무시하면서 적대 정책을 계속 유지할 수 없게 되었다는 점이다. 오바마 행정부가 '전략적 인내'라는 이름 아래 그런 태도를 취했던 것은 북한이 핵 프로그램을 완성시킬 능력이 없다고 확신했기 때문이다.

미국이 북한에 대해 최대한 압박과 제재를 추진했고 그로 인해 북한이 상당한 고통을 겪은 것임에는 틀림없다. 하지만 대북 압박과 제재는 처음 시도된 게 아니었다. 강도는 다를지언정 지난 수십 년간 진행되어 왔고 북한은 그에 대해 강한 내성을 키워온 터였다. 압박과 제재만으로 북핵 문제가 해결될 가능성은 희박하다. 이러한 조건에서 미국이 떠올릴 수 있는 카드는 크게 세 가지다.

첫째, 군사적 해결. 세계 최강인 미국의 군사력을 동원해 북한의 핵 시설을 파괴하는 것이다. 하지만 이는 선택 불가능한 카드이다.

과거 미국이 이라크를 공격할 때 내세웠던 명분은 이라크가 보유하고 있다는 대량살상 무기를 제거하는 것이었다. 그런데 반대로 이라크가 정말 대량살상 무기를 확보하고 있었다면 미국이 이라크를 공격하지 못했을 것이라는 이야기가 나왔다. 실제로 미군의 점령 이후 이라크에서 대량살상 무기는 발견되지 않았다. 그 점에서 북한은 이라크와 다른 것이다. 2017년 9월 러시아 외무장관 세르게이 라브로프Sergey Lavrov 말처럼 미국은 북한의 핵무기 보유를 의심하는 게 아니라 확신하고 있다. 그 핵무기는 실제로 미국의 공격에 대한 대응 수단으로 사용될 수 있다. 미국은 결코 북한을 공격할 수 없다.[11]

둘째, 암묵적 용인. 북한의 핵 보유를 암묵적으로 용인하고 현상을 유지·관리하는 것이다. 이 역시 선택 불가능한 카드이다.

현재 공식적인 핵 보유 국가는 유엔 안보리 상임이사국 자격을 지닌 5개국(미국, 러시아, 중국, 영국, 프랑스)이다. 암묵적으로 인정된 비공식 핵 보유 국가는 3개국(인도, 파키스탄, 이스라엘)이다. 일부 논자들은 파키스탄 모델을 예로 들면서 미국이 북한 핵 보유를 암묵적으로 인정할 가능성을 내비쳐왔지만 신빙성 없는 이야기다. 먼저 인도, 파키스탄, 이스라엘의 핵무기 모두 미국을 직접적 위협 대상으로 삼지 않았다. 인도와 파키스탄은 서로를 견제하기 위한 목적으로 핵무기를 개발했다. 동시에 미국은 이들 나라의 핵 보유를 암묵적으로 인정함으로써 얻을 수 있는 게 분명히 있었다. 가령 파키스탄은 핵 보유를 인정받는 대신 미국의 탈레반 공격에 적극 협력했다.

북한은 전혀 다른 경우이다. 북한은 핵무기 개발이 처음부터 미국을 겨냥한 것임을 공언해왔다. 미국 역시 장거리 미사일 발사 등 북한 핵 프로그램 개발과 관련된 모든 활동을 자신을 위협하는 것으로 간주해왔다. 북한 핵 프로그램의 완성은 미국 본토가 상시적으로 핵 공격 위협에 노출되는 것을 의미한다. 미국 국민 역시 그렇게 이해하고 있다. 이런 상황을 방치하면서까지 버틸 수 있는 미국 정부는 없다. 미국이 암묵적으로 북한 핵 보유를 용인함으로써 얻을 수 있는 것 또한 없다. 거꾸로 동북아 지역에서 핵 보유 도미노 현상이 일어나면서 미국 이익이 치명상을 입을 수 있다. 미국 핵우산을 전제로 유지되었던 미일동맹과 한미동맹의 고리가 끊어져 나갈 수도 있는 것이다.

셋째, 협상을 통한 해결. 북한이 원하는 것을 들어줌으로써 문제를 해결하는 것이다. 미국이 선택할 수 있는 사실상 유일한 카드이다.

북한은 핵 프로그램 완성을 바탕으로 최대한 유리한 위치를 확보한 뒤 대미 협상에 나설 것으로 예상된다. 이는 어느 정도 분명해 보인다. 왜냐하면 잃은 것은 없고 얻을 것은 무척 많기 때문이다. 예상대로 2018년 접어들어 북한은 남북관계 개선을 지렛대로 북미 협상을 적극 추진했다.

북한이 대미협상을 통해 비핵화 대가로 얻고자 하는 것은 체제 보장(적대행위 중단), 평화협정 체결, 북미 수교, 경제 보상 등 네 가지인 것으로 알려져 있다. 평화협정 체결은 1953년부터 지속된 북미 간 휴전협정을 대체하는 것이다. 네 가지 모두 그동안 북한 체제를 위협하고 압박했던 요소들을 해소시키는 것들이다.

북미 협상이 어떻게 진행될 것이고 어떤 식으로 마무리될지 전 과정을 가늠하기는 결코 쉽지 않다. 그래도 어느 정도 결과는 예상할 수 있다. 북미 협상은 타결될 가능성이 높으며 어떤 조건에서든지 북미 관계는 정상화될 것으로 보인다. 미국 입장에서 관계 정상화를 바탕으로 북한을 더 이상 자신을 위협하지 않는 존재로 만드는 것 이외에는 달리 출구를 찾을 수 없기 때문이다.

북미관계 정상화가 이루어지면 누구나 예측하고 있다시피 한반도 지형에서 혁명적 변화가 불가피해진다.

휴전협정 양 당사자라는 점을 통해 법리적으로 명시되어 있다시피 한반도 군사적 대결의 양 축은 북미 두 나라였다. 바로 그 북미 간 군사적 대결이 종식됨으로써 한반도는 전혀 새로운 국면에 진입할 것이다. 주한미군의 존재 의미 또한 크게 달라질 수밖에 없다. 철수 가능성도 완전히 배제할 수 없다. 북미 두 나라는 서로의 이해관계에 따라 최대한 친해지기 위해 노력할 것으로 보인다. 북한은 외교적 고립으로부터 탈피함으로써 국제무대에 진출해 새로운 면모를 과시하고자 할 것이다.

북미관계 개선에 발맞춰 남북관계가 획기적으로 개선될 수 있을 것으로 전망된다. 남한은 새로운 성장 기회를 찾아, 북한은 경제 부흥 원군을 찾아 남북협력에 박차를 가할 것이다. 개성공단은 재개되고 원래 계획대로 정상화될 것이다. 애초 계획은 800만 평의 공간에서 70만 명이 일을 하는 것이었다(이명박 정부 시절 5·24조치로 대북 투자가 금지되면서 2014년에는 5만 5,000명만 일을 했다). 유사한 모델이 연속적으로 확대될 것으로 기대된다. 노무현 정부 때 계획되었던 남북 철도를 시베리아 횡단철도로 잇는 사업이 추진되고, 러시아에서 북한을 거쳐 남한으로 이어지는 천연가스 파이프라인도 건설될 수 있다. 그 외에도 많은 사업이 동시다발적으로 펼쳐질 것이다.

일련의 과정을 거쳐 남한과 북한은 되돌릴 수 없는 불가역적 관계 속으로 진입할 것이다. 남북이 대결 국면으로 회귀한다는 것은 각자의 생존을 위협하는 치명적 결과를 초래할 수 있다. 북한이 보복 조치로 천연가스 파이프라인을 닫아버리기라도 하면 어떻게 할 것인가? 에너지 전환 정책 바람을 타고 발전소 상당 부분이 천연가스에 의존하고 있는 마당에 그로 인한 타격은 상상할 수 없는 수준일 것이다.

이러한 조건에서 국민의 절대 다수는 남북관계의 무조건적 발전을 요구할 것이 분명하다. 대북 압박 같은 용어는 사전에서조차 찾아보기 힘들어질지 모른다. 유권자 절대 다수는 남북관계를 발전적으로 관리할 수 있는 진보 정부를 선택할 확률이 높다. 반면 남북관계를 대결 국면으로 되돌릴 가능성이 큰 보수 정부는 극도의 기피 대상이 될 수 있다. 적어도 지금의 진보, 보수 기준에 비추어 볼 때 그렇다.

북미·남북관계 변화에 발맞춰 북한과 일본의 관계도 정상화될 것으로 예상된다. 북일관계 개선은 상당한 액수의 식민지 배상금을 포함해서 일본 자본의 북한 진출을 촉진할 것이다. 이를 포함하는 일련의 과정을 거치면서 북한은 경제적 도약을 이룰 충분한 여력을 확보할 수 있을 것이다. 결국 핵 프로그램에 기반을 둔 군사력이 북미·남북·북일관계 개선을 지렛대로 경제력으로 전환되는 구조라 할 수 있다. 남북 간 체제 경쟁이 끝난 게 아님을 보다 뚜렷이 확증해주는 지점이다.

한반도 지형의 혁명적 변화 앞에서 보수 세력은 자중지란에 빠져들 것으로 예상된다. 보수 세력이 단일한 입장에서 상황 변화에 대응하는 것은 거의 불가능한 일이다. 자신들이 그토록 믿고 의지하며 따랐던 미국이 북한과 친해지는 사태 앞에서 보수 세력은 과연 어떤 태도를 취해야 한단 말인가?

현명한 보수는 현실 변화를 직시하고 새로운 상황에 적응하고자 노력할 것이다. 반면 낡은 보수 세력은 미국의 대북관계 개선 추진을 막기 위해 사력을 다할 것이나, 그것은 어리석은 시도로 끝나고 말 것이다. 미국이 한국 보수 세력의 입지를 고려해 워싱턴이 핵 공격에 노출되는 것을 감수할 이유가 없기 때문이다. 어쩌면 낡은 보수는 시대의 흐름에 적응하지 못한 채 도태되는 세력이 될지도 모른다.

보수 세력은 혼미를 거듭하다가 혁신적 보수를 중심으로 재정비될 것으로 보인다. 기본 전제는 반북의 굴레를 벗어던지는 것이다. 모체와의 탯줄을 끊는 것만큼이나 어려운 과정이 될 수밖에 없다. 그런 점에서 혁신적인 세력을 중심으로 하는 보수 재편은 오랜 시간 지난한 과정을 거쳐 이루어질 것으로 예상된다.

아무도 가지 않은 길

■

북미 협상 타결을 계기로 남북관계가 전향적 발전을 거듭할 것으로
전망했다. 과연 남북관계 전환이 마냥 순탄하게 진행될 수 있을까? 그
에 대해 장담할 수 있는 사람은 아무도 없을 것이다.

남과 북은 통일을 지향하는 특수 관계다. 교류협력 확대도 통상적
의미에서 국경을 마주하고 있는 나라들의 그것과 차원이 다를 수밖에
없다. 문제는 달라도 너무 다른 남북의 역사와 체제, 문화 차이를 어떻
게 극복하는가에 있다. 남과 북 모두 자신을 중심으로 한 통합을 꿈꾸
어 왔지만 현실성 없음이 갈수록 분명해지고 있다. 한반도 통일의 유
일한 길은 '수직적 통합'이 아닌 '수평적 융합'이다.

수평적 융합을 바탕으로 한 통일은 가장 이상적이면서 가장 현실적
인 방안이다. 이 점을 경험적으로 확인해준 곳이 있다. 바로 개성공단
이다. 개성공단은 통일에 필수불가결한 요소들이 어떻게 숙성될 수 있
는지를 보여주었다.

첫째, 평화 정착의 담보. 통일은 오직 남북 사이에 군사적 긴장이 완
화되고 평화가 정착되는 조건에서만 실현될 수 있다. 개성공단이 위치
하고 있는 곳은 남과 북이 상대방을 향해 무력 진격을 감행할 때 최우
선적으로 통과할 확률이 높은 최고의 군사요충지다. 그런 곳에 남북
합작 공단이 자리 잡았다는 것은 그 자체로 남과 북이 서로에 대한 군

사적 공격 의사가 거의 없음을 입증하는 것이었다. 그 어떤 장치보다도 강력한 효과를 낳는 평화 정착의 담보였던 것이다.

둘째, 민족 상생의 보증수표. 통일은 남과 북 모두에게 이익이 된다는 것이 확실히 입증될 때 추진할 수 있다. 아무리 통일이 절실한 민족적 과제라 해도 이익이 불투명하면 성사되기 어렵다. 바로 그 점에서 개성공단은 남과 북이 손을 잡고 협력하면 쌍방 모두가 이익이 될 수 있음을 생생히 입증했다.

중소기업인들 사이에서 개성공단은 '엘도라도'로 통했다. 국내와 다름없이 지리적으로 가깝고 언어 소통에 문제가 없다. 지가도 매우 낮다. 낮은 임금에 비해 생산성은 높은 편이다. 입주기업 관계자들에 따르면 개성공단 노동자들의 봉제기술은 세계 최고 수준이다. 국내 중소기업이 10년간 살아남을 확률은 20% 수준이다. 반면 2005년 개성공단이 가동되기 시작한 이후 이명박 정부의 추가 투자 금지조치 등 악조건에서도 123개 입주기업 중 단 하나도 망하지 않았다.

개성공단에서 북한 노동자들에게 지급하는 임금은 남한 노동자들의 그것에 비해 턱없이 낮은 수준이었다. 하지만 북한 근로자 평균 급여 수준보다는 높은 편이었다. 북한 입장에서는 귀중한 달러 조달 창구이기도 했다.

셋째, 통일 역량의 배양기지. 통일은 그에 대한 의지와 열정을 품은 사람이 충분히 준비될 때 추진할 수 있다. 개성공단은 바로 그러한 사람들을 대규모로 키우는 곳이었다. 이질적 환경에서 살아온 사람들이 서로 호흡을 맞추고 이해하고자 노력했다. 나아가 정기섭 전 개성공단

기업협회 회장 말대로 남과 북의 근로자들은 함께 어우러지면서 자신도 모르는 사이에 통일을 향한 열정을 키웠다.

넷째, 고도의 창조적 실험장. 남과 북이 상대를 자기 체제로 흡수하려 든다면 통일은 절대 불가능하다. 통일은 남북 모두가 인정할 수 있는 새로운 시스템을 만들어갈 때 앞으로 나아갈 수 있다. 개성공단은 이 점에서 확실한 답을 주었다. 개성공단은 자본주의 경영 조직과 사회주의 노동 조직의 결합으로 이루어져 있다. 개성공단 입주 기업은 독자적인 채용이나 노동 관리를 할 수 없다. 노동자는 북측 국가 기구에서 일괄적으로 조직 배치하고 관리한다. 문제가 발생하면 대체로 남측 경영조직을 대표하는 법인장과 북측 노동조직을 대표하는 직장장이 협의하여 해결한다.

전체적인 맥락에서 보자면 남측의 경영조직과 북측의 노동조직은 기본적으로 '수평 관계'라 할 수 있다. 자본주의 사회에서 나타나는 일반적인 '자본 임노동 관계'와는 차이가 있는 것이다. 이는 한반도 통일이 새로운 모델을 만드는 고도의 창조적 실험장이 될 것임을 강하게 암시하는 대목이다.

통일에 이르는 완벽한 로드맵 설계는 가능하지 않다. 아무도 가지 않은 길일뿐만 아니라 변수가 너무 많기 때문이다. 그럴수록 남북 모두에게 이익이 되는 방향에서 평화적 통일이 이루어질 수 있도록 여건을 조성하는 노력이 더욱 중요하다. 개성공단 재개와 정상화, 연속적 확대는 가장 구체적이고도 명확한 해답을 준다.

진보,
위태로운 행보를 거듭하다

2장

■

■

모든 것이 안정된 시대의 한복판에 등장한 정부라면 상대적으로 여유로울 수 있다. 반면 한 시대를 마감하고 새로운 시대가 열리는 초입 단계 정부에게는 한 치의 여유도 허락되지 않는다. 그 정부가 어떤 역할을 하는가에 따라 적어도 30년에 이르는 한 시대의 풍향이 좌우되기 때문이다. 2017년 촛불시민혁명의 힘으로 출범한 문재인 진보 정부가 바로 그러한 운명을 안고 있다.

문재인 정부는 '적폐청산'을 앞세우면서 많은 정치적 성과를 일구어냈다. 기존 보수 정부에 비해서 미래를 향해 한층 열려 있을 뿐만 아니라 우리 사회를 어느 방향으로 이끌고 가야 하는지에 대해 일정한 감을 갖고 있음을 내비쳤다. 그런 점에서 역사적 소임을 다할 수 있는 상당한 가능성을 보인 것이 사실이다. 점수를 후하게 줄 수도 있다. 하지만 이는 아무 도움이 되지 않는다.

문재인 정부를 제대로 돕자면 잘 드러나지 않은 약점과 한계를 밝혀주어야 한다. 실제로 문재인 정부는 경제 등 핵심 지점에서 심각한 준비 부족을 드러냈다. 정치 운명을 다투는 지점에서는 실패를 예비했다 해도 크게 틀리지 않을 만큼 서툴렀다. 우리는 문재인 정부가 이를 극복하고 '진보 시대 30년의 출발점'이 될 수 있도록 뒷받침해야 한다. 그러자면 한층 냉철한 시선이 필요하다.

진보의 여정, 반복된 트라우마

민주화운동을 뿌리로 하는 진보의 역사는 수많은 감동의 드라마로 채워져 있다. 한결같이 피와 눈물로 얼룩진 세월을 거치며 일구어낸 것들이다. 하지만 그게 전부가 아니었다. 진보의 역사 속에는 위대한 시민과 못난 정치인들이 엇갈리면서 트라우마를 반복 재생하는 과정이 포함되어 있다. 결과를 예단할 수 없는 현재진행형까지 포함시킨다면 우리가 기억할 수 있는 장면은 모두 다섯 가지다.

첫 번째 장면: '4월 혁명'부터 '5·16군사쿠데타'까지

초대 대통령 이승만이 정당성을 확보할 수 있는 유일한 길은 대한민국이 민주주의 국가임을 전 세계에 확인시켜주는 것이었다. 이승만은 그런 이유로 민주주의의 가치를 강조했고 이를 집중 교육했다. 민주주의에서 특히 중요한 것은 절차였다. 그러나 이승만이 바로 그 절차적 민주주의를 철저하게 파괴하는 행위를 저질렀다.

1960년 3월 15일 이승만 정부는 재집권을 목적으로 노골적인 부

정 선거를 자행했다. 야당 감시원은 모두 내쫓겼고 이승만의 조직폭력
단이 노려보는 가운데 공개 투표가 진행되었다. 야당 후보에게 던져
진 표는 즉시 제거되었다. 지시대로 투표하지 않거나 항의하는 유권자
들은 그 자리에서 폭행을 당했다. 대통령 후보 이승만과 러닝메이트인
부통령 후보 이기붕은 압도적인 표차로 승리했다.

투표 당일부터 거센 저항이 일어나기 시작했다. 마산에서는 경찰
발포로 시위 중이던 10여 명이 사망했다. 잠시 잠잠해졌던 시위는
4월 11일 마산 앞바다에서 최루탄이 눈에 박힌 17세 김주열 군 시신
이 발견되면서 다시 불붙었다. 전국 주요 도시가 부정선거와 학살 만
행에 항의하는 시위로 들끓었다. 4월 19일 시위는 절정을 향해 치달았
다. 다수 학생과 시민들이 이승만이 머물고 있는 (청와대 전신인) 경무
대를 향해 돌진했다. 경찰은 시위대를 향해 무차별적으로 발포했다.
'피의 화요일' 시위 중 쓰러진 피해자 수는 경찰 추산만으로도 사망자
183명, 부상자 6,259명에 달했다.

이승만은 하야를 선택할 수밖에 없었다. 4월 혁명은 수많은 청춘들
의 고귀한 목숨을 대가로 지불하고 승리를 거두었다. 의원내각제로 개
헌이 이루어지고 국회의원을 선출하기 위한 총선이 실시되었다. 총선
결과는 야당이었던 민주당의 압승으로 나타났다. 제2공화국 출범과
함께 실권을 지닌 내각 수반에는 장면이, 국가 원수로서 상징적 대표
성을 지닌 대통령에는 윤보선이 선출되었다.

한껏 기대를 안고 출범한 민주당 정권은 곧바로 한계를 드러냈
다. 민주당은 태생적 한계를 지니고 있었다. 민주당 소속 국회의원의
40%는 친일지주 자제였으며, 4분의 1 정도는 일제 총독부 관리를 지

낸 경력이 있었다. 그마저도 온전히 하나가 되지 못했다. 민주당 정권은 장면을 중심으로 한 신파와 윤보선 중심의 구파로 분열되었다. 신·구파 정쟁이 격화되면서 정국은 혼란 속으로 빠져들었다.

부정축재가 공공연히 이루어지는 가운데 장면 정권은 '반공법'과 '데모 규제법' 제정을 추진함으로써 민주주의의 적으로 돌아섰다. 반공법은 평화통일을 주장하는 정당이나 단체를 결성할 경우 간첩활동으로 간주해 최고 종신형이나 사형에 처하도록 되어 있었다. 경제 지표도 몹시 나쁘게 흘렀다. 이승만 정권 시절인 1959년 5.2%였던 경제성장률이 장면 정권이 들어선 1960년에는 2.1%로 떨어졌다.

시민들은 허탈감과 분노를 감출 수 없었다. 값비싼 피의 대가는 허공으로 사라지고 없었다. 다수 시민들이 심리적 공백 상태에 빠져들고 있던 바로 그때 1961년 5월 16일 박정희가 주도하는 군사쿠데타가 단행되었다.

5·16군사쿠데타와 관련해서 제기되는 커다란 물음은 왜 쿠데타에 맞서서 아무런 저항이 없었느냐는 사실이다. 몇 가지 이유를 추측할 수 있다. 죽음에 대한 공포가 총칼로 무장한 쿠데타 세력에게 맞서는 것을 어렵게 할 수 있었다. 쿠데타 세력이 주도면밀하게 저항 세력의 핵심을 신속하게 제압한 것도 한몫을 했을 것이다. 민주당 정권으로부터 민심 이반도 결코 무시할 수 없는 요인일 것이라 짐작된다. 적지 않은 유권자들이 친일 지주 자제들로 들썩이는 민주당보다는 가난한 농촌 출신이었던 군인들이 자신들 사정을 더 잘 헤아릴 수 있으리라 기대했던 것이다.

4월 혁명에서 5·16군사쿠데타에 이르는 역사는 시민들이 놀라운 열정과 헌신, 희생정신을 발휘했음에도 현실 정치 세력이 제 역할을 하지 못할 때 얼마나 허망한 결과를 낳을 수 있는지를 압축적으로 보여준다. 아울러 그 간극을 좁히기 위해 얼마나 지난한 역사를 거쳐야 하는지를 함께 예고했다.

두 번째 장면: '박정희 정권 몰락'부터 '5·18 광주민주화운동'까지

1979년 10월 16일 부산에서 박정희 정부에 반대하는 유신 철폐 시위가 발생했다. 대학생으로부터 시작된 시위는 시민들이 가세하면서 대규모 항쟁으로 발전했다. 박정희 정권은 부산 지역에 비상계엄령을 선포하고 각 대학을 휴교 조치했다. 항쟁의 불길은 꺼지기보다 마산 일원으로 확산되었다.

'부마항쟁'이 전국으로 번져나갈 조짐을 보이자 박정희 정권 내부에서 대응 방식을 둘러싸고 균열이 발생했다. 그 와중에 박정희가 자신이 신임하던 김재규 중앙정보부장 총에 맞아 사망하는 사태가 발생했다.

18년간 지속되었던 박정희 정권은 일거에 무너졌다. 정국은 민주화 봄을 향해 성큼 다가가는 것처럼 보였다. 하지만 박정희 정권 내내 권력의 실세로 행세했던 군부는 고이 물러나지 않았다. 전두환을 중심으로 한 신군부 세력은 권력을 장악하기 위해 세계에서 가장 긴 군사쿠데타에 돌입했다. 1979년 12·12쿠데타를 통해 경쟁자인 정승화 육군 참모총장을 제거한 뒤 전두환 본인이 핵심 권력 기관인 중앙정보부장 자리까지 꿰찼다. 신군부로의 권력 이동은 누가 봐도 분명한 사실이 되었다.

신군부 등장을 저지해야 할 제1방어선은 정치권이었다. 정치권은 제 역할을 하지 못했다. 당시 정치권은 김대중·김영삼·김종필 등 이른바 '3김씨'를 중심으로 움직이고 있었다. 3김씨 모두 공동의 적에 대한 경각심이 무뎌진 상태에서 권력이 곧 자기 손 안에 들어올 것이라는 착각에 빠져 있었다. 결국 이들 모두는 신군부가 단행한 5·17군사쿠데타 격랑 속에서 각개격파 당하고 말았다.

신군부 등장을 저지할 수 있는 제2방어선은 학생운동 세력이었다. 당시 학생운동 세력은 광범위한 시민의 동참까지 이끌어냄으로써 거대한 저항선을 구축할 수 있는 충분한 잠재력을 갖고 있었다. 잠재력은 현실화되는 듯했다. 1980년 5월 14일부터 학생들은 가두시위에 전면 돌입했다. 5월 15일에는 10만여 명의 학생과 30만여 명의 시민들이 서울역 광장에 집결해 농성을 벌였다. 지방에서도 26개 대학이 가두시위를 전개했다. 시위 학생들에 대한 시민들의 반응 또한 매우 뜨거웠다.

나중에 밝혀진 사실이지만 당시 신군부 측은 학생 시위에 엄청난 공포를 느끼고 있었다. 눈치 빠른 경찰들은 연행 학생을 재빨리 석방하고 총학생회 간부들의 이동을 호위하기도 했다. 하지만 학생운동 지도자들은 자신들이 지니고 있는 힘을 제대로 깨닫지 못했다. 도리어 군부대 투입으로 목숨이 위태로울 수도 있다는 막연한 공포에 사로잡혀 있었다. 결국 공포에 눌린 학생운동 지도자들은 사태를 지켜보겠다며 서울역 회군을 결정했다. 시위 대열은 일시에 무너졌다. 학생운동 세력이 퇴각하자 신군부는 곧바로 5·17군사쿠데타를 단행해 순식간에 정국을 장악했다.

제2방어선마저 무너진 상태에서 마지막 방어선을 구축하고 반격의 계기를 마련한 것은 광주 시민들이었다. 5·17군사쿠데타로 전국이 침묵의 바다 속으로 빠져들고 있을 무렵 광주 시민들은 고립된 상황에도 불구하고 목숨을 건 항쟁을 이어갔다. 광주 시민은 신군부 살육 만행에 시민군 결성으로 맞섰고 최후 진압 작전에도 불구하고 죽음으로써 도청을 사수했다(5·18광주민주화운동에 대해서는 뒤에서 다시 살펴볼 예정이다). 광주 시민의 목숨을 건 항쟁은 커다란 충격과 함께 민주화 세력을 강력히 자극했다. 그 결과 학생운동을 선두로 민주화운동이 폭발적 성장을 거듭했다.

박정희 정권을 무너뜨린 것도, 신군부에 완강히 저항하면서 반격의 계기를 마련한 것도 모두 시민들이었다. 결정적으로 중요한 이 순간에도 정치권은 의미 있는 역할을 하지 못했다. 시민들과 정치권 사이 거리를 극복하자면 아직 넘어야 할 산이 많이 남아 있었다.

세 번째 장면: '민주화운동 승리'부터 '김대중·김영삼의 분열'까지

김대중·김영삼 양 김씨는 1980년 오류에 대한 그들 나름대로의 반성을 거친 뒤 서로 손잡고 민주화투쟁에 몸을 실었다. 많은 압력과 유혹이 있었지만 양 김씨는 민주화투쟁 대열에서 벗어나지 않았다. 이들이 민주화투쟁 대열에 함께 몸을 실음으로써 시민들과 정치권이 운명을 함께할 가능성이 열린 것이다.

1987년 6월을 거치며 민주화투쟁은 승리를 거두었다. 모처럼 정치권과 시민이 힘을 합쳐 일구어낸 위대한 승리였다. 뒤이어 직선제와 5년 단임제를 골자로 하는 개헌작업이 이루어졌다. 개헌은 민주화투쟁 승리를 제도화하는 작업이었다. 정치권은 이 지점에서 치명적 실수를 저질렀다.

결정적으로 대통령 선거 결선투표제가 누락되었다. 대통령 선거 결선투표제는 두 가지 지점에서 매우 중요한 의미가 있었다. 먼저 1차 투표에서는 경쟁을 하더라도 2차 투표에서는 연대할 수 있는 제도적 장치였다. 유권자 절반 이상의 지지를 절차적으로 확인함으로써 민주적 대표성을 확고히 해주는 장치이기도 했다. 만약 1987년 개헌 과정에서 결선투표제가 도입되었다면 이후 양상은 크게 달라졌을 것이다. 민주화 세력은 결선에서 단일화를 통해 승리를 안정적으로 확보할 수 있었다. 보다 급진적 성향을 띄는 진보정치 세력도 독자 후보 출마가 한층 자유로워질 수 있었다. 이런 점에서 결선투표제 누락은 단순한 실수라고 보기에는 그 결과가 너무나 치명적이었다.

치명적 실수를 저지른 조건에서 양 김씨는 앞서 살펴본 대로 대통령 후보에 동시 출마했다. 양 김씨의 분열 앞에서 민주화운동 세력은 우왕좌왕했다. 일부 세력은 패배를 예감하면서 후보 단일화 노력을 기울였으나 정치권을 제어할 방법은 딱히 없었다. 또 다른 인사들은 김대중에게 힘을 실어주어 대세를 만들려고 했으나 그렇게 해서 판도가 바뀔 상황이 아니었다. 군사 정권을 굴복시킬 정도로 엄청난 파괴력을 발휘했던 민주화 세력이었지만 두 정치 지도자의 분열 앞에서는 맥을 못 추었다.

양 김씨는 패배했다. 승리는 전두환 후계자인 노태우에게 돌아갔다. 시민들은 정치권과의 사이에 여전히 거리가 존재함을 절감해야 했다. 그 거리를 좁히기 위해서는 좀 더 앞으로 나아가야 했다.

네 번째 장면: '노무현의 정치적 승리'부터 '정부 정책 실패'에 이르기까지

김대중은 그의 생애 네 번째 도전인 1997년 대선에서 가까스로 승리를 거머쥐었다. 크게 봐서 세 가지 요인이 결합된 결과였다. 외환위기에 대한 여당 책임론이 작용했다. 이인제 후보가 출마해 여권 성향 표를 대거 잠식했다. 이른바 'DJP연합'이라 불린 김종필과의 연합을 통해 충청권 표를 흡수할 수 있었다.

김대중 정부 출범으로 민주 세력이 정치권에 진출할 수 있는 공간이 크게 확장되었다. 그 최대 수혜자는 노무현이었다. 노무현의 부상은 한국 현대정치사에 각별한 의미를 갖는다. 그간 나름대로 진전은 있었으나 여전히 숙제로 남아 있던 시민과 정치권의 일체화에서 새로운 지평을 열었기 때문이다.

노무현은 1988년 5공 비리 청문회에서 일약 스타로 떠오르기는 했지만 이렇다 할 세력 기반이 없는 신출내기 정치인에 불과했다. 그런 노무현 주변에 이른바 86세대를 중심으로 민주화운동 출신들이 대거 결집하기 시작했다. 그 뒤에는 자발적 정치활동 의사가 있는 훨씬 많은 시민들이 대기하고 있었다. 노무현은 이들을 자기편으로 만들자면 무엇이 필요한지 정확히 꿰뚫고 있었다.

2000년 총선에 즈음하여 노무현은 당선이 충분히 보장될 수 있는 서울 종로구를 포기하고 지역구도 타파를 외치며 당선 가능성이 낮은 부산 지역에 출마했다. 결과는 예상했던 대로 낙선이었다. 노무현의 행보는 자발적 정치활동을 꿈꾸던 시민들을 크게 감동시켰다. 그로부터 시민들의 대거 참여를 바탕으로 회원 수 10만 명이 넘는 '노무현을 사랑하는 사람들의 모임(노사모)'이 만들어졌다. 노사모 회원은 이전 시기 정치 지도자들을 맹목적으로 따르는 수동적 지지자들이 아니었다. 그들은 온라인 네트워크를 바탕으로 스스로 정치활동을 기획하고 펼쳐나간 능동적 주체였다.

노사모를 중심으로 시민들은 노무현이라는 작품을 만들어갔다. 노무현은 시민들의 자발성을 고취시키는 방향으로 호흡을 일치시켜나갔다. 노무현은 자신과 시민들 사이에 세워진 위계와 거리를 없애기 위해 일체의 권위주의 옷을 벗어던졌다. 이전 시기 찾아볼 수 없던 시민과 정치권이 일체화된 새로운 흐름이 창출되었다. 그 힘은 기성 정치의 벽을 가차 없이 허물어버릴 만큼 폭발적이었다.

2002년 노무현은 여당인 민주당 경선에 참여해 모두의 예상을 뒤엎고 대선 후보 자격을 거머쥐었다. 본선에서도 노무현은 불과 몇 달 전까지만 해도 여론조사에서 크게 앞서 있던 이회창 후보를 누르고 당당히 승리했다. 보기에 따라 1997년 김대중 후보보다도 불리한 조건에서 일군 승리였다. 1997년 김대중은 관록 있는 정치 거목이었으나 노무현은 그러지 못했다. 1997년에는 이인제가 이회창 표를 잠식했으나 이번에는 그런 일이 없었다. 1997년에는 여당 후보가 외환위기 책임에 대한 심판을 받았으나 이번에는 노무현이 여당 후보로서 김대중 정부의 저조한 경제 성적에 대한 심판을 받아야 했다.

노무현과 그 지지자들이 일구어낸 드라마는 여기서 그치지 않았다. 2004년 노무현의 정치적 동반자들이 열린우리당으로 독립한 상황에서 민주당은 한나라당과 손잡고 노무현 탄핵을 추진했다. 유권자들은 민심 동의도 없이 자신이 뽑은 대통령을 국회의원들이 임의로 끌어내리려는 시도에 격렬히 반발했다. 노무현 지지자들은 촛불시위를 통해 탄핵 역풍을 거세게 불러일으켰다. 그 와중에 치러진 총선에서 40석 정도 중소정당에 불과했던 열린우리당은 과반이 넘는 152석을 얻는 데 성공했다. 얼마 후 헌법재판소는 노무현 탄핵 소추안에 대해 기각 판결을 내렸다.

여기까지만 놓고 보면 노무현과 시민들이 일체화되어 펼쳐낸 드라마가 완벽할 정도로 성공적이었다. 그 이상 짜릿하고 감동적인 드라마를 만들어내기도 쉽지 않았다. 문제는 그다음부터였다.

노무현과 그의 정치적 동반자들이 청와대와 여의도 입성을 통해 만들고자 했던 세상은 어떤 것이었을까? 적어도 부당하게 차별받는 불평등 사회는 아니었을 것이다. 하지만 결과는 정반대로 나타났다. 노무현 정부를 거치면서 역대 그 어떤 정부보다도 불평등이 큰 폭으로 심화된 것이다. 이 사실은 변명의 여지가 없는 매우 명확한 것이었다. 통계 수치가 모든 것을 밝혀주고 있기 때문이다.

불평등 정도를 나타내는 대표적인 지표로 지니계수가 있다. 지니계수는 이탈리아 통계학자 코라도 지니Corrado Gini가 고안한 것으로 0은 완전 평등, 1은 완전 불평등을 나타내며, 0.4를 넘으면 상당히 불평등한 상태로 간주한다. 다음 페이지의 그래프는 1990년대 중반까지 불평등이 개선되다가 1990년대 후반부터 뚜렷이 악화되는 양상을 보여주고 있다. 진보 정부라 불리는 김대중·노무현 정부 이래 발생한 것이다.

왜 이런 결과가 나타난 것일까? 노무현 정부는 김대중 정부가 채택한 신자유주의 정책을 별다른 궤도 수정 없이 그대로 이어갔다. 신자유주의는 진보를 지향했던 노무현 정부의 정체성과는 전면 배치되는

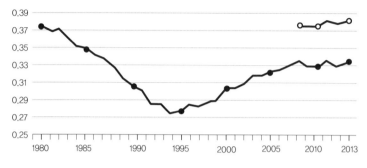

●10인 이상 기업 ○1인 이상 기업

자료 : 한국노동연구원
한국노동연구원이 '임금구조기본통계조사'와 '고용 형태별근로실태조사'를 이용하여 작성한 것이다.

임금소득 지니계수 추이[12]

것이었다. 신자유주의가 전 세계적 범위에서 불평등을 심화시켰다는 사실은 이제 하나의 상식이 되어 있다. 노무현 정부가 그런 신자유주의에 적극 몸을 실었던 것이다.

자기배반적인 선택의 결과는 매우 혹독했다. 노무현 정부 실적에 대한 평가는 지극히 부정적으로 나타났다. 여기저기서 '노무현 정부 실패'에 대해 이야기하기 시작했다. 트라우마가 반복된 것이다.

다섯 번째 장면은 '2017년 촛불시민혁명' 이후부터 지금의 '문재인 정부'까지를 말하며, 이는 결과를 알 수 없는 현재진행형이다. 두말할 필요도 없이 가장 바람직한 결과는 '반복된 트라우마의 다섯 번째 장면'이라는 표현 자체를 불필요하게 만드는 것이다.

일련의 역사를 거치며 시민들은 트라우마를 딛고 정치를 자신의 것으로 만들기 위해 한 걸음씩 전진해갔다. 시민들은 갈수록 자유로운 의사표현과 함께 정치적 행동에도 나서는 능동적 주체가 되어갔다. 바로 이 점에서 촛불시민혁명은 또 다른 단계를 보여주었다. 뒤에서 다시 살펴보겠지만 촛불시민혁명은 액면 그대로 자발적 시민들이 정치권에 대해서까지 리더십을 발휘했던 전례 없는 사건이었다. 문재인 정부는 그러한 촛불시민혁명의 힘으로 출범할 수 있었다.

역사는 문재인 정부를 냉혹하게 몰아쳤다. '진보 시대 30년'을 여는 출발점이 되라는 과제를 던진 것이다. 문재인 정부는 그동안 반복되어 온 진보의 트라우마 재현을 이제 마감해야 하는 운명을 안고 있다. 주어진 운명을 헤쳐 나가자면 무엇보다도 자신의 약점을 잘 알아야 한다. 이어지는 주제이다.

작용·반작용 법칙의 지배

중국 문화대혁명 때의 이야기이다. 한 학생이 시험지에 답안은 쓰지 않고 한쪽 귀퉁이에 "공장에서 노동을 하느라 시험 준비할 겨를이 없었습니다"라고 적었다. 교수는 그 학생을 높이 평가했고 뒤이어 중앙정부는 그를 교육부 차관에 전격 임명했다. 이 이야기는 당시 서구 좌파 지식인들을 크게 고무시켰지만 오늘날에는 문화대혁명의 광기를 묘사하는 대표적 사례로 활용되고 있다.

진보 세력의 중추를 형성한 민주화운동 출신들에게도 문화대혁명 때의 학생과 비슷한 변명이 하나 있다. "민주화투쟁에 전념하느라 공부할 겨를이 없었습니다." 집권 이후에 제대로 대비하지 못한 것에 대한 일반적 변명이다.

실제 지금의 진보 세력은 과거 민주화운동 시절부터 각종 투쟁을 포함해 정치활동에만 집중하는 경향을 가졌다. 그마저도 벅찼다. 강고하기 짝이 없는 낡은 질서를 뒤엎을 정도의 세력을 키우는 것이 그리 만만한 일이 아니었기 때문이다. 장차 나라 살림을 책임질 때를 대비한 수련의 기회를 갖기가 쉽지 않았다. 그런 그들이 어느 날 갑자기 정부 요직에 진출하여 국정을 좌우하는 위치에 섰다.

세계혁명사를 관통하는 교훈 중 하나는 낡은 질서를 파괴하기보다 새로운 질서를 창조하기가 훨씬 어렵다는 사실이다. 기존의 것을 반대하고 비판하기는 쉬워도 직접 책임지고 만들어가는 것은 비교할 수 없이 어렵다. 체계적인 준비와 수련 과정이 부재하다면 더욱 그럴 수밖에 없다. 그런 진보 세력이 국정 운영의 한복판에 진출했을 때 의지할 수 있는 것은 과연 무엇일까?

뉴턴의 역학 제3법칙으로 '작용과 반작용 법칙'이 있다. 한 물체가 다른 물체에게 힘을 가하면 다른 물체도 똑같은 힘을 그 물체에게 가한다는 법칙이다. 총을 쏘면 총알은 앞으로 나아가지만 총은 뒤로 밀리는 현상이나 배를 타고 건너편 언덕을 막대기로 밀면 배가 언덕에서 멀어지는 것 등은 그러한 법칙이 작용한 결과이다.

노무현 정부는 신자유주의를 추구함으로써 불평등을 심화시키는 결과를 초래했다. 도대체 무슨 이유로 신자유주의를 정답이라고 생각했던 것일까? 바로 작용과 반작용의 물리 법칙에 의존한 결과였다. 자신이 부정했던 흐름과 반대로 가면 정답일 수 있다고 믿은 것이다.

김대중·노무현 정부 정책 입안자들 다수는 과거 군사독재 정권에 맞서 민주화운동을 전개하면서 무의식 중에 국가의 억압과 간섭, 통제에 대한 강한 거부감을 내면화했다. 자연스럽게 민주화의 요체는 과거 김영삼 정부가 그랬던 것처럼 국가 간섭을 최소화하는 데 있다고 판단했다. 그들 입장에서 국가 간섭을 최소화하는 것은 곧 시장의 자율 기능을 강화하는 것과 일치했다.

바로 그때 국가 간섭을 거부하면서 시장 기능을 강조하는 신자유주의가 나타난 것이다. 미국을 중심으로 퍼져나간 신자유주의란 간단히 말해 금융자본이 기업을 무대로 최대한 쉽게 이윤을 추출할 수 있도록 보장하는 시스템을 가리킨다. 그러자면 국가 간섭을 최소화하고 시장의 자유를 최대한 보장해야 한다. 자본은 각종 규제로부터 자유로워야 하고, 국경을 넘나들 수 있어야 하며, 공기업을 비롯한 어떤 기업이든 투자의 대상으로 삼을 수 있어야 한다. 나아가 노동력을 자유롭게 요리할 수 있어야 한다.

김대중 · 노무현 정부 정책 입안자들은 신자유주의가 어떤 배경에서 태동했고 그것이 궁극적으로 어떤 결과를 빚을지 면밀하게 따지지 않았다. 어쩌면 그럴 여유도 안목도 없었는지 모른다. 그들은 단지 신자유주의가 자신들이 그토록 혐오했던 국가 간섭과 통제를 반대한다는 사실 하나에 매료되었다.[◆] 군사독재 시절의 '국가 억압'이라는 작용에 대해 그런 식으로 반작용했던 것이다.

김대중 · 노무현 정부 정책 입안자들 사이에서 신자유주의는 일순

◆ 몇 가지 요인이 추가적으로 작용했다. 1991년 소련 붕괴는 소련 사회를 지탱했던 국가만능주의의 해악에 대한 인식을 확산시켰다. 그 반작용으로 시장만능주의로서 신자유주의가 큰 힘을 얻을 수 있었다. 신자유주의의 본고향인 미국의 경제가 1990년대에 줄곧 호황을 누렸던 점 또한 신자유주의에 쉽게 끌리도록 만든 요소였다.

간에 군사독재 잔재를 청산 극복하는 개혁 이데올로기로 받아들여졌다. 마지못해 신자유주의를 수용한 것이 아니라 적극적 대안으로 간주했던 것이다.

이 모든 것의 결과로 김대중·노무현 정부는 신자유주의를 적극 관철시키는 방향으로 나아갔다. 신자유주의의 핵심 메커니즘인 '주주자본주의'가 정착할 수 있도록 제도적 환경을 빠르게 정비해 나갔다. 신자유주의의 필수 요소로 간주된 노동시장 유연화를 목표로 정리해고와 비정규직 양산을 뒷받침할 수 있는 제도 도입에도 적극 나섰다. 금융기관이 수익 위주로 움직일 수 있는 환경을 만들어준 것은 물론이고 신용카드 대출을 확대하는 방안을 마련하기도 했다. 건설사들이 자율적으로 아파트 분양가를 정하도록 했으며 관련 공기업마저도 수익 창출을 우선하도록 유도했다.

노무현 정부 시절에 있었던 일이다. 분양가 자율화로 아파트 분양가가 천정부지로 뛰자 시민단체에서는 정부를 향해 공사 원가를 공개할 것을 요구했다. 의지만 있다면 방법은 얼마든지 찾을 수 있었다. 정부 통제 아래 있는 주택공사로 하여금 원가를 공개하도록 지시하는 것만으로도 효과는 충분히 거둘 수 있는 상황이었다. 하지만 노무현 정부는 이를 거부했다. 시장 원리에 맞지 않는다는 이유에서였다. 노무현 대통령은 퇴임 후 스스로 고백했듯이 재임 기간 내내 신자유주의를 대안으로 사고했다.

우리가 알고 있는 김대중·노무현은 그 누구보다도 민주주의, 인권, 평화의 가치를 소중히 여기고 그 실현을 위해 헌신한 지도자들이다. 그런 두 지도자가 사람보다 돈을 우선하는 배금주의를 지지했다고 하면 아무도 믿지 않을 것이다. 물론 두 지도자 모두 배금주의를 직접적으로 지지한 적이 없다. 하지만 무관하지 않았다.

김대중 정부 이후 신자유주의가 사회의 지배 원리로 작동하면서 그 속에 내장되어 있던 가치가 일순간에 사람들 사고를 지배하기 시작했다. 돈에 최고의 가치를 부여하면서 승자독식은 찬미의 대상이 되었다. 돈을 빠르고 쉽게, 많이 버는 사람은 추앙의 대상이 된 반면 돈을 못 벌거나 힘들게 버는 사람은 멸시를 받아야 했다.

우리 역사상 김대중·노무현 정부 시기 때처럼 배금주의가 노골적으로 기승을 부린 적은 없었다. 너도 나도 돈에 취해 분별력을 잃어가고 있는 사이 우리 사회는 엉망이 되어갔다. 비정규직 증가, 청년실업 증가, 가계부채 증가, 아파트 가격 폭등, 사회적 양극화, 불평등 심화 등 오늘날 우리가 겪고 있는 고통의 상당 부분이 신자유주의가 지배 원리로 작동하면서 빚어진 결과들이었다.

노무현 정부 실패는 분명해졌다. 노무현 정부 지지율은 곤두박질쳤다. 여당인 열린우리당은 갈팡질팡했다. 소속 의원들은 살 길을 찾아 탈주를 시작했다. 열린우리당은 와해되었다. 2007년 대선을 거치면서 정권은 보수 정당으로 넘어갔다. 비난과 야유 속에서 노무현 정부 출신들은 야권으로 돌아갔다.

노무현 정부 관계자들은 시장이 자유롭게 이익을 추구하도록 해주면 경제 전반이 활성화되면서 모두가 이익을 누릴 수 있다는 막연한 믿음에 사로잡혀 있었다. '시장 중심 사고'에 빠져 있었다. 결과는 참혹한 실패였다.

과연 뼈아픈 실패에 대한 반작용은 어떤 식으로 나타났을까? 쉽게 이야기하면 '시장 중심 사고'에서 '시장'이라는 용어가 무엇으로 대체되었을까? 아마도 많은 독자들이 이에 대해 재빨리 감을 잡았을 것이라고 본다.

나는 오래전부터 만약 노무현 후계자들이 다시 국정을 책임진다면 틀림없이 철저한 국가 중심적 사고를 할 것이라 예상했다. 과거 노무현 정부 때와는 정반대로 국가의 시장 개입과 통제를 선호할 것이라 보았다.

예상은 정확히 맞아 떨어졌다. 문재인 정부 초기 모습은 마치 국가주의자들의 행진과도 같았다. 그들 머릿속에서 국가 간섭과 통제를 혐오하며 시장 자율을 옹호했던 과거 기억은 깨끗이 지워져 있었다.

문재인 정부 관계자들은 재정정책 등을 내세우며 국가의 힘에 대단한 믿음을 보였다. 그들은 사사건건 정부 재정을 투입해 문제를 해결하려 시도했다. 일부 논자들은 문재인 정부가 '재정 중독'에 걸려 있다고 비꼬기도 했다. 문재인 정부 관계자들은 국가의 힘으로 시장을 충분히 제어하고 조율할 수 있다고 믿는 듯했다.

문재인 정부는 국가의 힘을 바탕으로 가장 중요하다고 여기는 일자리 문제 해결에 착수했다. 정부 재정을 투입해 공무원 수를 늘리고 공공부문 비정규직을 해소하는 등의 방법으로 임기 내 81만 개 일자리 창출을 목표로 내걸었다. 더불어 최저임금 상승, 주 52시간 정착, 청년 실업 해소 등 노동 조건 개선을 위한 다양한 노력을 기울였다.

취지는 매우 좋았다. 개별적으로 보면 매우 절박한 과제들이고 해결 방향은 기본적으로 타당했다고 볼 수 있다. 보수 정부의 반노동 정책에 화가 나 있던 지지자들 중에는 박수를 보낸 경우가 꽤 많았을 것이다. 하지만 취지가 좋다고 해서 결과도 좋을 것이란 보장은 없다. 그 것은 전혀 다른 차원의 문제이다.

과거 박정희 시대에는 정부가 의지를 갖고 있으면 대부분 관철시킬 수 있었다. 당시는 국가가 시장을 발아래 두고 있었기 때문이다. 국가 의지를 벗어나 살아남을 수 있는 기업은 존재하지 않았다.

유럽의 복지국가가 성숙한 자본주의를 기반으로 황금기를 누리던 1960년대 또한 시장에 대한 국가 우위가 확고히 유지되고 있었다. 국 가를 기반으로 움직였던 정치 권력은 기업 중심의 경제 권력을 능가 했다. 시장의 한 구성요소인 노동은 스스로를 조직해 국가가 시장을 통제할 수 있도록 떠받쳐 주었다. 경제는 국가의 통제 범위를 뜻하는 국경선이라는 울타리 안에서 주로 작동했다.

하지만 지금은 전혀 다른 상황이다. 시장에 대한 국가 우위는 사라 졌다. 총량적으로 볼 때 기업 중심의 경제 권력이 국가 중심의 정치 권 력을 능가하고 있다. 하다못해 삼성경제연구소 등의 기업연구소가 영 향력 면에서 한국개발연구원(KDI) 등 정부 출연 연구소를 크게 앞지 르고 있는 형편이다. 노동이 국가를 떠받쳐 줄 수 있는 능력도 크게 약 화되었다. 세계화와 함께 경제적 의미의 국경선도 사라졌다.

국가가 시장에 개입해서 통제할 수 있는 범위는 제한되어 있다. 시 장은 국가 개입에 저항하고 반격할 다양한 수단을 지니고 있다.

노무현 정부 때 일이다. 당시 정부는 날로 심각해지는 비정규직 문 제를 전격적으로 해결하기 위해 관련법을 제정했다. 비정규직으로 근 무한 지 2년이 지나면 정규직으로의 전환을 의무화시킨 것이다. 하지 만 대부분의 사용자들은 2년이 오기 전에 계약을 해지하는 식으로 해고했다. 그 결과 애초 의도와 무관하게 비정규직 상황은 개선되기는 고사하고 더 악화되었다.

기업은 노동조건을 개선하기 위한 문재인 정부 조치에 맞서 자동화, 해외 이전, 사업 축소 혹은 포기 등 다양한 형태로 대응할 수 있다. 실제로 그런 움직임이 심상치 않게 일어났다. 그 결과는 대체로 일자리 축소를 초래했다. 일자리 양의 감소는 취업 경쟁을 격화시키면서 일자리 질의 저하로 이어지기 쉽다. 일자리의 양과 질을 개선하려는 정부의 노력이 시장의 반격으로 크게 상쇄될 위험이 있는 것이다.

항상 염두에 두어야 할 점은 고용의 80% 이상을 중소기업이 담당하고 있다는 사실이다. 중소기업들이 태도를 달리해 정부 조치에 얼마든지 협력할 수 있을 정도로 여력이 있다면 문제는 비교적 쉽게 풀린다. 하지만 현실은 대부분의 중소기업들이 근근이 버티고 있는 형국이다. 그나마 80%는 10년을 넘기지 못하고 문을 닫고 있다. 철저한 생존 논리에 입각해 정부 조치에 대응할 가능성이 농후하다.

문재인 정부는 공공부문이 모범적인 고용주 역할을 하면서 그 효과를 일반 기업으로까지 확산시킬 수 있다고 내다보았다. 그 일환으로 공공부문 비정규직 제로를 선언했다. 이 정책은 기간제 교사를 정규직 전환 대상에서 제외하는 등 적지 않은 차질을 빚었다. 설령 애초 계획대로 원만하게 실행된다 하더라도 예기치 않은 문제에 봉착할 가능성이 상당이 높았다.

공공부문이 모범적인 고용주 역할을 하면 그 효과가 일반 기업으로 확산될 것이라는 기대는 시장 상황을 경시한 지나치게 순진한 발상이라고 할 수 있다. 결과는 자칫 공공부문과 일반 기업 사이 고용 양극화로 이어질 수도 있다. 그렇게 된다면 공공부문은 정부 재정의 투입 덕을 톡톡히 보는 특권 영역으로 간주될 것이다. 반면 중소기업 노동자들은 더욱 큰 소외감과 차별을 느낄 공산이 크다.

국가가 시장을 강제하고 굴복시킬 수 있다고 본다면 큰 오산이다. 국가는 그럴 정도의 힘을 갖고 있지 않다. '시장을 이기는 정책 없다'는 일각의 지적은 여러모로 곱씹어 볼 가치가 있다. 신자유주의식 시장방임도 답이 아니지만 국가의 일방적 시장 통제도 최종 답이 될 수 없다. 시장에 대한 국가의 적절한 조율 및 통제는 필수지만 그것만으로 문제가 충분히 해결될 수 없다는 것이다.

해결 방향은 하나뿐이다. 국가와 시장이 협력해 생태계를 형성하는 것뿐이다. 그렇지 않으면 그 어떤 문제도 온전히 해결할 수 없다. 이는 전혀 새로운 사고와 접근 방식을 요구한다. 이 책의 주제 중 하나이다.

노무현 후계자들이 작용과 반작용이라는 자연계 법칙에 의존해왔다는 것은 성찰과 탐색이 매우 낮은 수준에 머물러 있었음을 말해준다. 이렇듯 야박한 평가를 하는 것은 다 이유가 있다. 노무현 후계자들은 정치 운명을 좌우할 더 중요한 과제로서 '프레임 전쟁'을 지극히 소홀히 대했다. 경제정책 착오조차도 상당 부분 프레임 문제와 연관이 깊다.

건국의 기나긴 여정

■

　노무현 후계자들이 작용과 반작용 법칙의 지배를 받고 있음을 드러
낸 적나라한 지점 중 하나로 이른바 '건국절' 논의에 대한 대응을 들
수 있다.

　이명박·박근혜 정부 시절 뉴라이트 계열을 중심으로 1948년 8월
15일 대한민국 정부 수립을 건국절로 기념하자는 안이 제기되었다. 건
국절 제안은 의심할 여지없이 친일파 주도의 단독정부 수립 행위를
정당화하자는 의도를 담고 있다.

　이에 대한 맞대응으로 문재인 정부 초기에 노무현 후계자들은
1919년 상해 임시정부 수립을 건국으로 봐야 한다는 입장을 내놓았
다. 하지만 이는 논리적으로나 현실적으로 맞지 않는 이야기다. 건국
의 핵심은 주권 회복인데 1919년은 주권을 상실한 식민지 상태였기
때문이다. 건국을 향한 여정의 출발점으로 볼 수는 있어도(이마저도 논
쟁거리가 될 수 있지만), 건국으로 보는 것은 타당하지 않다.

　1948년 대한민국 정부 수립이 건국의 한 과정일 수는 있지만 그것
은 지극히 '기형적이고 불완전한 것'이었다. 친일파가 주도했다는 점
에서 정통성 없는 기형적인 것이었고, 남한 단독정부이자 분단 고착화
의 출발점이라는 점에서 불완전한 것이었다. 정통성은 이후 민주화 과
정을 통해 어느 정도 확보되었으며, 미흡한 점은 통일을 통해서만 해

소될 수 있다.

이런 점에서 문재인 정부는 "건국은 특정 시기 사건이 아니라 아직도 진행 중인 기나긴 여정"이며, "1948년 대한민국 정부 수립은 기억할 필요는 있으나 기념해야 할 가치를 지니고 있지는 않다"고 논평했어야 마땅했다.

프레임 전쟁에서의 패배

정치는 '프레임 전쟁'이다. 프레임 전쟁에서 이기는 자가 정치적 승리를 거머쥔다. 그렇지 않으면 패배자의 운명에서 벗어날 수 없다.

프레임은 '사람들로 하여금 일정한 입장을 갖게끔 여러 명제들을 유기적으로 연동시키는 내용 구조물'이라고 정의할 수 있다. 프레임의 형태와 내용, 기능은 무한히 다양하다. 프레임은 천변만화하는 고도로 신축성 있는 개념이다.

보수 세력이 집요하게 제기하고 있는 '규제 완화'도 프레임 중 하나라 할 수 있다. 규제를 풀면 돈벌이 기회가 생긴다. 자본이 몰려들어 투자를 확대한다. 일자리가 늘어나고 경제가 활성화된다. 최소 세 가지 명제가 자동적으로 연동된다.

프레임이 공론화 과정을 거쳐 여론 지형에 장착되면 다수 사람들의 무의식 세계에 깊숙이 심어진다. 프레임을 수용한 사람들은 자신도 모르게 프레임을 가동하는 매체나 정치 집단과 입장을 일치시킨다. 같은 편이라는 정서적 일체감을 느낀다. 자연스럽게 정치적 지지로 이어진다. 규제 완화라는 프레임을 수용한 사람은 보수 매체의 논조나 보수 정당을 지지할 확률이 매우 높다.

결국 프레임 전쟁의 요체는 누가 더 많은 사람들의 뇌 속에 자신의 프레임을 심느냐이다.

프레임 전쟁에서 가장 경계해야 할 점은 상대 프레임 안에서 싸우는 것이다. 그 경우는 아무리 선방을 해도 상대 프레임을 강화시키면서 결과적으로 상대편 지지를 늘리는 데 기여하고 만다. 정치 세계에서는 이런 일이 자주 일어난다. 문재인 정부도 이 함정에 빠졌는데 잠시 뒤에 살펴볼 예정이다.

정치가 프레임 전쟁임을 이론적으로 제기한 대표적 학자는 미국의 조지 레이코프George Lakoff를 꼽을 수 있다(프레임에 관한 앞의 이야기도 레이코프 이론에 근거한 것이다). 그의 문제의식을 담은 저서《코끼리는 생각하지 마Don't Think of an Elephant!》는 국내에서도 널리 소개되었다. 그 영향으로 정치권 안팎에서 프레임 전쟁에 대한 관심도 크게 높아졌다.

하지만 그 이전부터 한국 정치 역시 프레임 전쟁에 의해 크게 좌우되고 있었다. 해당 용어를 사용하지 않았을 뿐이다.

정치의 운명을 좌우하는 핵심은 무엇 대 무엇의 투쟁인지를 간명하게 드러내는 '양자 프레임'이다. 양자 프레임을 누가 어떻게 설정하는가에 따라 정치의 판도와 승패가 결정적으로 달라진다. 한국 현대정치사상 양자 프레임 구사에서 가장 탁월한 능력을 발휘했던 정치인은 단연 김대중이었다.

김대중이 어떻게 양자 프레임을 구사했는지를 살펴보면 프레임 전쟁이 무엇을 의미하며 어느 정도의 파괴력을 발휘하는지 그 진가를 알 수 있다.

양자 프레임의 대가, 김대중

김대중이 가장 먼저 양자 프레임을 선보인 것은 1980년대 민주화투쟁 시기였다. 김대중은 '민주 대 독재 프레임'을 설정하고 일관되게 밀고 나갔다.

민주화운동 세력은 크게 김대중·김영삼 양 김씨를 중심으로 한 야당 세력과 학생운동을 주축으로 한 재야 민중운동 세력으로 크게 양분되어 있었다. 이 중에서 민중운동 세력은 자본주의의 모순에 대한 비판적 인식이 심화되면서 갈수록 좌파적 색채를 더해갔다. 아울러 1980년 신군부 광주 학살 배후에 미국의 지원이 있었다는 사실이 폭로되면서 반미 의식도 빠르게 확산되어 갔다.

미국은 한국 사회에서 반미 의식이 확산되는 점을 몹시 우려했다. 미국은 군사독재 세력과 야당을 보수라는 틀로 함께 묶고 민중운동 세력을 분리시키는 보수대연합을 추진했다. 반미 세력의 부상을 돕는 민주 대 독재 프레임을 해체시키려 했던 것이다. 미국은 다양한 형태로 압력을 넣기도 하고 회유하기도 했다.

하지만 양 김씨는 이 모든 것을 단호히 거부하고 민주 대 독재 프레임을 일관되게 밀고 나갔다. 민주화운동 세력 내부 이념 분화에 대해서는 시종 묵인했다. 반미 색채를 강하게 띠었던 학생운동도 철저히 끌어안았다.

민주 대 독재 프레임은 강력한 힘을 발휘했다. 이 프레임이 강화되면서 국민들은 기득권 세력의 본질이 독재임을 간파했다. 더불어 민주 편에 서서 독재와 투쟁해야 함을 쉽게 깨달을 수 있었다. 시간이 갈수록 더욱 많은 국민들이 민주 편에 합류해 독재에 맞서 싸웠다. 민주 대 독재 프레임에서 민주 진영은 도덕적 우월성에 대한 확신이 있었고, 정체성 또한 민주화로 무난하게 통일되었다. 덕분에 이념과 계급 차이를 뛰어넘어 폭넓게 연대할 수 있었다.

민주 대 독재 프레임이 분명해진 조건에서 시간은 민주 편일 수밖에 없었다. 결국 1987년 6월 민주화운동 세력은 승리의 봉우리에 올라섰다. 민주화운동 지도자로 김대중·김영삼의 정치적 위상은 그 누구도 넘보기 힘들 만큼 확고해졌다.

만약 민주 대 독재 프레임이 그대로 유지·발전했다면 우리 역사는 상당히 달라졌을 것이다. 하지만 1990년 3당 합당이 추진되면서 이전의 민주 대 독재 프레임은 해체되고 말았다. 그 자리를 대신해 보수 대 진보 프레임이 가동되기 시작했다. 김대중은 소수파로 몰렸다. 김대중은 반전 카드를 찾기 위해 고심했다.

1998년 대통령에 취임한 김대중은 오랫동안 준비해온 반전 카드를 선보였다. 김대중은 2000년 6월 남북정상회담을 전격적으로 성사시켰다. 남북정상회담은 민족 내부 반목과 불신을 치유하는 일대 전기를 마련했다. 남과 북을 잇는 길이 열리고 금강산 관광이 개시되었다. 개성공단이 본격 가동되는 등 사회, 경제, 문화 등 다방면에서의 교류협력 사업이 폭넓게 진행되었다.

김대중은 남북관계의 획기적 변화를 원동력으로 '평화 대 냉전 프레임'을 일시에 작동시킴으로써 한국 사회의 지형을 크게 바꾸어놓았다.

평화 대 냉전 프레임이 가시화되면서 여러 명제들이 유기적으로 연동되었다. 부끄럽게도 한반도는 지구상에 남은 마지막 냉전 지대이다. 모든 적대관계를 청산함으로써 서둘러 냉전체제를 해체시켜야 한다. 평화 정착을 통한 이해 당사국 간 협력 증진이야말로 전쟁 위협을 막는 최고의 안보 전략이다.

평화 대 냉전 프레임은 탄력을 받았다. 김대중 정부 한반도 평화 정착 프로그램이 전쟁 위협을 실질적으로 완화시키자 다수 국민이 평화 진영에 합류했다. 반면 기득권 세력은 냉전 세력으로 규정되면서 소수파로 내몰렸다. 평화 대 냉전 프레임에서 평화 세력이 안정적 우위를 확보한 것은 여러 징표를 통해 확인되었다.

1999년과 2002년 연평도에서 남북 해군 사이에 교전이 일어났고 다수의 사상자가 발생했다. 하지만 심각한 동요나 혼란이 발생하지 않았다. 남북한 당국자들이 전쟁을 억지시키리라는 믿음이 있었던 것이다. 2차 연평해전이 발생했던 때는 한일월드컵 기간이었는데 대부분의 국민들이 해전 소식에 아랑곳없이 거리 응원전에 몰입하고 있었다. 그날은 한국과 터키 간에 3·4위전이 있던 날이었다.

과거 유산이었던 냉전체제 해체 과정은 자연스럽게 다수 국민들로 하여금 변화와 혁신을 선호하게 만들었다. 그 결과로서 '개혁 대 수구'라는 새로운 양자 프레임이 형성되었다. 다수 국민은 개혁을 지지했다. 기득권 세력은 수구 세력으로 규정되면서 소수파로 몰렸다. 개혁 대 수구 프레임 최대 수혜자는 노무현이었다.

2002년 대선은 개혁 대 수구 프레임이 작동하는 가운데 진행되었다. 그 영향은 대선 향배를 좌우할 만큼 결정적이었다. 관련 사실은 정몽준 후보가 투표일 하루 전 노무현과의 단일화 합의 파기를 선언하면서 극적으로 확인되었다. 당시 보수 진영은 정몽준이 후보 단일화를 파기한 만큼 지지자들의 표가 노무현이 아닌 보수 성향 이회창 후보에게 쏠릴 것이라 믿어 의심치 않았다. 보수 진영은 승리를 확신하며 회심의 미소를 지었다. 그러나 결과는 노무현 후보 승리로 나타났다. 정몽준 후보 지지자들 다수는 자신들이 개혁 대 수구 프레임에서 개혁 진영에 속한다고 믿고 있었다. 그런 입장에서 수구를 대표하는 이회창 후보에게 표를 주기에는 너무나 찜찜했던 것이다.

김대중이 주도한 민주 대 독재, 평화 대 냉전, 개혁 대 수구 프레임은 공통적으로 '새 것과 낡은 것 사이 투쟁'이라는 특성을 담고 있다. 역사 발전을 가능하게 한 역동적 프레임이었던 것이다.

세 가지 프레임 모두 국민들이 지지해야 할 '새 것'과 투쟁해야 할 '낡은 것'을 명료하게 보여주었다. '독재, 냉전, 수구'라는 언어로 낡은 기득권 세력의 본질을 정확히 드러냈다. 그럼으로써 다수 국민들에게 낡은 것을 새 것으로 바꿔야 한다는 당위와 동력을 부여했고 쉽게 정치적 우위를 확보할 수 있었다. 김대중 자신은 '민주, 평화, 개혁' 등의 언어로 새 것을 대표하는 정치 지도자 위상을 구축함으로써 정세를 주도할 수 있었다.

김대중이 주도한 양자 프레임의 수혜자 노무현은 이들 프레임이 내장하고 있는 가치를 충실히 계승했다. 하지만 양자 프레임에 대한 충분한 안목을 갖추지 못했다. 그 점에서 확실히 김대중에 미치지 못했다.

노무현 정부는 한미FTA와 제주 해군기지 이슈를 제대로 관리하지 못함으로써 평화 대 냉전, 개혁 대 수구 프레임을 유지하는 데 실패했다. 평화·개혁 세력이 한미FTA와 제주 해군기지 이슈를 두고 분열 대립했기 때문이다. 그 기회를 틈타 박근혜는 한국 사회를 '좌우 프레임'으로 재편하는 데 성공했다.

문재인 정부는 변화된 상황에 맞게 새로이 역동적 양자 프레임을 형성해야 했다. 이를 바탕으로 다양한 지점에서 프레임 전쟁을 유리하게 전개할 수 있어야 했다. 그럴 때 역사의 전진을 보장함과 동시에 안정적인 정치적 우위를 확보할 수 있었다. 이는 정치 발전의 합법칙적 요구였다. 하지만 임기 초반의 분위기는 불안하기 짝이 없었다. 전반적인 프레임 전쟁에서 지극히 불리한 형세를 이루었다. 노무현 후계자들의 프레임 전쟁에 대한 대비가 지극히 허술함을 드러낸 것이다.

프레임 전쟁에서 자유한국당 등 보수 정치 집단은 무능하기 짝이 없었다. 그들은 고물이 되어 버린 좌우 프레임에 의지에 실낱같은 목숨을 이어가는 것 외에는 다른 방법을 찾지 못했다. 하지만 보수 매체는 달랐다. 그들은 프레임 전쟁에서 나름대로 뛰어난 기량을 발휘했다. 그들은 정치적 구심을 상실한 상태에서도 보수 정체성을 회복하고 정치 영토를 복구하기 위해 절치부심했다. 이는 프레임 전쟁에서만큼은 보수 진영이 무방비 상태가 아니라 상당한 전투력을 유지하고 있음을 말해 준다.

문재인 정부가 초기 국면 프레임 전쟁에서 패배하고 있음을 확인시켜주는 것으로 세 가지 유형을 들 수 있다.

하나, 허술한 준비: 소득 주도 성장론

새로운 프레임을 채택하기는 했으나 허술한 구석이 많았다. 대표적으로 '소득 주도 성장론'을 들 수 있다.

소득 주도 성장론은 새로운 프레임으로서 여러 명제들을 유기적으로 연동시킨다. 부자와 기업은 증가된 소득 일부만을 소비하고 나머지는 재투자한다. 노동자와 가계는 증가된 소득 대부분을 소비에 지출한다. 노동자와 가계 소득 비중 증가는 소비 지출 확대와 매출 증가로 이어져 경제성장을 촉진한다.

문재인 정부가 소득 주도 성장론을 채택한 데는 홍장표 교수의 연구 결과가 상당한 영향을 미쳤다. 홍장표 교수가 2014년 6월 발표한 보고서 〈한국의 기능적 소득 분배와 경제성장: 수요체제와 생산성 체제 분석을 중심으로〉에 따르면 우리나라 전체 노동자의 실질임금이 1% 증가할 때 국내총생산(GDP)은 0.68~1.09%가 증가했다. 또 실질임금이 1% 늘어나면, 실질노동생산성은 0.45~0.50%, 고용은 0.22~0.58% 정도 증가하는 것으로 나타났다. 1999년에서 2012년까지 실질임금의 변화가 국내총생산과 노동생산성, 고용에 미치는 효과 등을 분석한 결과다. 더불어 홍장표 교수 연구에 의하면 기업의 수익성 향상보다 소득 분배 개선이 투자를 더 유발한 것으로 나타났다.[13]

홍장표 교수의 연구 결과는 정밀한 실증적 연구를 바탕으로 이루어진 것이기 때문에 근거가 상당히 명확하다고 할 수 있다. 실질임금 증대가 경제성장을 촉진한다는 소득 주도 성장론의 명제는 충분히 인정할 수 있는 것이다.

요즘처럼 투자 자본이 넘쳐나는 상황에서(시중 부동자금이 1,000조 원을 넘어서고 있다) 소득 주도 성장론은 더욱 설득력을 가질 수 있다. 적어도 투자 자금을 빈약하게 만들어 경제성장을 제약한다는 비난을 받지는 않을 것이다. 문제는 노동자와 가계 소득을 어떻게 증가시키는가에 있다.

진보 세력 안에는 소득 분배에 대해 잘못된 관념이 하나 있다. 분배를 정태적 관점에서 단순하게 부자의 소득을 나누는 것으로 이해하고 있는 경우가 많은 것이다. 소득 분배는 그러한 과정이 포함되지만 이

것만으로는 실제 효과가 크지 않다. 1퍼센트의 부자 몫을 나머지 99명이 나눈다고 생각해 보라. 문재인 정부 출범 초기 부자 증세를 논의할 때 예상되는 세수 증가액은 5~6조 원 규모였다. 복지 형태로 5,000만 명의 국민 모두에게 고루 나누어준다면 연간 10만 원 정도밖에 되지 않는다.

실질적 소득 분배는 경제성장이 이루어지는 조건에서 성장 과실을 공정하게 나눌 때 이루어질 수 있다. 파이를 키우면서 나누는 '동태적 분배'가 함께 이루어질 때 실질적 소득 분배 효과를 기대할 수 있는 것이다.

그런데 문재인 정부 초기의 한국 경제 상황은 장기간 지속된 저성장 구조에서 벗어나지 못했다. 슈퍼 호황을 누린 반도체 등 일부 분야 호전으로 통계 수치는 그런대로 좋게 나왔다고 하더라도 어디까지나 착시 현상에 불과했다. 대부분의 기업들은 매출액이 줄어드는 등 여전히 바닥을 기고 있었다. 2018년 초 현재 실물경제 동향의 척도라 할 수 있는 제조업 가동률은 외환위기 이후 가장 낮은 수준에 머물렀다. 이러한 조건에서는 지급 능력 부족으로 사용자들이 소득 재분배를 구사할 여력이 크지 않다.

저성장 국면에서 소득 증가를 위해 마지막으로 기댈 수 있는 언덕은 그나마 정부 재정밖에 없다. 하지만 한계가 많다. 소득 주도 성장론 첫 시험무대였던 최저임금 인상 시도는 이를 잘 보여주었다.

문재인 정부는 2020년 최저임금 1만 원 공약 이행 차원에서 2018년 최저임금을 16.9% 인상하기로 결정했다. 문제는 최저임금 적용 대상 중 상당수가 최저임금 인상을 소화하기 어려운 영세업체라는 데 있었다. 문재인 정부는 이런 사정을 감안하여 영세사업자 최저임금 인상을 지원하기 위해 3조 원 규모의 일자리 안정기금을 조성했다. 정부 재정 투입이라는 최후 수단을 동원해 '최저임금 인상 압박·노동자 실질임금 증대·경제성장 촉진 효과'를 노린 것이다.

정부 재정 투입은 한시적 대책일 수밖에 없다. 최저임금 상승을 정부 재정으로 계속 뒷받침하는 것은 어느 모로 보나 불가능하다. 정부 재정을 통한 해법은 지속가능성이 없다는 점에서 한계가 뚜렷할 수밖에 없다.

그마저도 결과가 신통치 않았다. 영세사업자들의 일자리 안정기금 지원 신청은 정부의 기대에 미치지 못했다. 일자리 안정기금 신청의 전제 조건인 4대 보험 가입이 추가 부담으로 작용한 탓이었다. 최저임금 적용 대상이 몰려 있는 자영업에서는 일자리가 줄어드는 현상마저 발생했다. 영세사업자들이 인건비 부담을 줄이기 위해 가족노동으로 대체하거나 사업 규모를 축소한 결과였다.

기업 일반으로 확장해 보더라도 상황은 심상치 않았다. 저성장으로 사용자들의 지급 능력이 충분치 않은 조건에서 최저임금 인상 압박이 노동의 기술적 대체와 해외 이전을 더욱 촉진시킨 것이다.

이 모든 것은 일자리의 상대적 감소를 야기했다. 일자리 감소는 총량적 관점에서 실질임금 증대를 상쇄시키는 결과를 초래한다. 정부의 최저임금 인상 시도가 실질임금 증대로 이어지기 어려울 수 있음을 말해준다. 당연히 경제성장 촉진 효과도 기대할 수 없다. 소득 주도 성장론의 첫 시험이 난관에 봉착한 것이다.

시장 상황을 충분히 고려하지 않은 정책이 얼마나 무력해질 수 있느지를 새삼 실감케 하는 대목이 아닐 수 없다. 이는 진보적 경제 정책의 필수 전제로 간주해온 '증세 추진'에서도 거듭 확인된다.

진보 인사들은 기회만 있으면 누구나 형편에 맞게 세금을 더 내는 보편 증세를 주장했지만 저성장 국면에서는 말처럼 쉽지가 않다. 세금을 더 내려면 소비와 투자를 줄여야 하는데 그게 쉬운 일인가? 적자 재정으로 보충할 수 있지만 여지가 많지 않다. 앞선 이명박·박근혜 정부가 국가 채무를 크게 늘려놨기 때문이다.

사정이 이러하다 보니 문재인 정부가 일자리 대책 등 경제정책을 발표할 때마다 재원 마련 방안이 빠져 있는 경우가 많다. 취지는 매우 좋았으나 재원을 마련하지 못해 공수표로 전락하기 쉬웠다. 멋진 청사진이 말잔치로 끝날 수도 있다는 이야기다. 보수 매체는 이를 놓치지 않았다. 보수 매체는 이러한 약점을 집요하게 공격하면서 소득 주도 성장론의 성곽을 무너뜨려갔다.

문제의 출발점은 문재인 정부 관계자들이 소득 주도 성장론을 잘못 이해했다는 데 있다. 뒤에서 다시 살펴보겠지만 소득 주도 성장론은 별도의 성장 동력 확보 없이도 작동 가능한 독립적 성장 전략이 아니다. 관련 정책만으로는 부분적 효과를 거둘 수 있어도 온전한 의미에서 경제 회생으로 이어지기는 쉽지 않다. 문재인 정부의 소득 주도 성장론은 출발할 때부터 허술한 구석이 매우 많았다.

참고로 문재인 정부는 나름대로 시장 친화적 방향에서 '혁신성장'을 병행 추진했으나 한계가 뚜렷했다. 판도를 바꾸어 놓을 획기적인 방안을 선보이지 못했다. 신형 엔진을 장착해야 하는 상황에서 일부 부품만 교체하거나 추가하는 수준이었다. 내용에서 박근혜 정부 창조경제론과 크게 다르지 않았다.

문재인 정부 초기인 2017년 말경 김광두 경제자문회의 부의장은 문재인 정부 혁신성장론이 박근혜 정부 창조경제론과 우선순위에서 차이는 있지만 내용상 동일한 개념이라고 인정했다.[14] 2017년 11월 30일 문재인 정부는 기획재정부·중소벤처기업부·4차산업혁명위원회 등 25개 관련 부처가 만든 '혁신성장을 위한 사람 중심의 4차 산업혁명 대응 계획'을 발표했다. 이를 두고 장병규 4차산업혁명위원회 위원장은 그 나물에 그 밥으로 볼 수도 있다며 박근혜 정부의 창조경제론과 질적 차이가 없음을 사실상 인정했다. 일부 언론은 박근혜 정부 시기인 2016년 12월 미래창조과학부(과학기술정보통신부의 전신)가 내놓은 '지능정보사회 중장기 종합대책'과 2017년 3월 민관 합동 중장기 전략위원회가 발표한 '4차 산업혁명 대응을 위한 중장기 정책 과제'의 종합판 격이라고 지적하기도 했다.[15]

만약 혁신성장론이 제 기능을 발휘해 충분한 성장 동력을 확보하는 데 성공했다면 덩달아 소득 주도 성장론도 정상 작동했을지 모른다. 하지만 문재인 정부 초기 국면에서 그런 기대는 충족되지 않았다.

청년실업 사태는 이 모든 것을 압축적으로 드러냈다. 문재인 정부가 출범한 2017년 청년실업은 2000년 이후 최악의 수준을 기록했다. 문재인 정부는 청년실업 해소를 위해 나름 사력을 다했으나 결과는 크게 달라지지 않았다. 문재인 정부 처방이 한국 경제의 실질적 소생으로 이어지지 않았음을 알려준다.

관련해서 짚고 넘어갈 지점이 하나 있다. 정부 관계자들은 청년실업 해소를 위한 일자리 창출을 양적 관점에서만 접근하는 경향이 있다. 하지만 청년들이 원하는 것은 그냥 일자리가 아니라 질이 담보되는 '좋은 일자리'이다. 일자리에 대한 기존 프레임 안에서는 답을 찾기 쉽지 않은 과제이다.

둘, 부적절한 대응: 규제 완화

부적절한 대응이 결과적으로 보수 프레임을 강화시켜주기도 했다. 대표적으로 규제 완화에 대한 대응을 들 수 있다.

프레임 전쟁을 이론적으로 규명해온 조지 레이코프는 상대편에 반대되는 주장을 하려면 절대 상대의 언어를 사용해서는 안 된다고 말한다. 상대의 언어는 상대의 프레임만 작동시키고 강화하는 경우가 많기 때문이다.

레이코프는 간단한 예로 리처드 닉슨Richard Nixon을 들었다. 1970년대 초 워터게이트 사건으로 사임 압력을 받고 있던 미국 대통령 닉슨은 텔레비전 연설을 통해 "나는 사기꾼이 아닙니다"라고 말했다. 그 순간 모든 국민은 그가 사기꾼이라고 생각했다. 사기꾼은 닉슨을 공격하는 상대 측 언어였던 것이다. 이처럼 상대의 프레임에 빠트리도록 하는 언어를 레이코프는 '낱말의 덫'이라고 표현했다.[16]

〈조선일보〉를 위시한 보수 매체들은 기회만 있으면 규제 완화를 이야기했다. 그들은 규제 완화 프레임을 보다 많은 사람들의 뇌 속에 심기 위해 줄기찬 노력을 기울였다. 그 일환으로 모든 것을 규제와 연관시켰다. 심지어 LCD 제품 경쟁력이 중국에 추격당한 것까지 규제 탓으로 돌렸다.[17] 전후 맥락에 비추어 볼 때 보수 매체는 규제 완화 프레임을 통해 진보에게 쏠린 전세를 뒤집을 수 있다고 자신한 듯하다.

진보는 어떻게 대응해 왔는가? 나름대로 규제 완화 주장에 대해서 날카롭게 비판해 왔다. "신자유주의 몰락으로 규제 완화는 답이 아님이 명확해졌다. 고장난 레코드판을 반복해서 틀어주는 바보짓은 그만해라!"

진보의 비판은 내용상 크게 하자가 없다. 그런데 무엇이 문제란 말인가? 주목해야 할 것은 '규제 완화'라는 상대 언어로 비판하는 데 머물러 있다는 점이다. 진보 안에 규제에 대한 뚜렷한 프레임 언어가 없었다. 대부분 아무런 문제가 없는 듯이 넘어갔지만 이는 프레임 전쟁 차원에서 매우 심각한 문제를 야기했다.

그간 상황은 대항 언어 없이 규제 완화라는 프레임 언어만 나돌아다닌 형국이었다. 이런 조건에서는 규제 완화 언어가 많이 사용되면 될수록 규제 완화 프레임을 강화시킬 가능성이 커진다. 비판적 입장에서 규제 완화 언어를 사용하더라도 결과는 비슷하다. 규제 완화 언어가 자주 사용될수록 그에 더욱 익숙해지고, 보다 쉽게 대중에게 수용될 가능성이 커지기 때문이다.

이에 대해 보수적인 사람이 보수적 사고를 하는 것은 어쩔 수 없는 것 아니냐는 반론이 있을 수 있다. 어느 정도는 맞는 이야기다. 오직 규제 완화 프레임 하나만을 수용하고 있는 사람들이 자신의 프레임을 바꾸기란 불가능하지는 않지만 결코 쉽지 않은 일이다. 수긍할 수밖에 없는 측면이 있다.

그러나 중요한 것은 그게 아니다. 진보와 보수로 나누어진 조건에서 정치 승패는 누가 중간 지대를 더 차지하느냐에 의해 판가름 난다. 중간 지대는 때에 따라 끊임없이 요동치지만 언제나 존재하기 마련이다. 프레임 전쟁 차원에서 접근했을 때 중간 지대 사람들은 상반된 두 프레임 사이를 오가거나 둘 사이에 어중간하게 걸쳐 있거나 혹은 둘 모두를 수용한다. 그러다 때가 되면 보다 우월하다고 느끼는 프레임을 선택한다. 중간 지대는 양쪽으로 열려 있는 개방 지대인 것이다.

보수는 규제 완화 프레임을 지속적으로 작동시켜 왔다. 진보는 그에 대항하는 프레임을 딱히 준비하지 못했다. 한쪽은 있고 한쪽은 없다. 보수는 규제 완화를 통해 경제를 살릴 수 있다는 솔깃한 이야기를 쏟아내고 있는데 진보는 그에 어깃장만 놓는 모습으로 비춰질 때 어느 쪽이 유리할까? 중간 지대 사람들이 규제 완화 프레임을 수용할 가능성이 압도적으로 높을 수밖에 없다.

이러한 가운데 문재인 정부 일각에서 4차산업혁명위원회 활동이나 혁신성장 추진을 둘러싸고 규제 완화에 동의하는 흐름이 빠르게 형성되었다. 신산업·신기술 육성과 관련해서 규제 완화가 필요한 부분이 충분히 있을 수 있다. 문제는 규제 완화 프레임에 대해 긴장감 없이 접근했다는 데 있다. 문재인 정부는 규제 혁신, 규제 개혁 등의 표현을 사용했지만 내용상 또 다른 규제 완화 프레임 언어였을 뿐이다. 관련 정책이 오직 규제를 푸는 쪽으로만 진행되었기 때문이다.

2018년 1월 18일 '규제 혁신 토론회'에서 신산업·신기술 육성을 위한 과감한 규제 개혁이 역설되었다. 뒤따라 관련 부처는 금지 대상을 빼고 모두 풀어주는 '네거티브 원칙'으로의 전환과 일정 기간 규제를 면제·유예시켜주는 규제 샌드박스 도입 방침 등을 결정했다. 모두 규제 완화에 해당하는 것들이다.

기다렸다는 듯이 보수 매체는 문재인 정부가 규제 완화에 본격 착수했다고 보도했다. 규제 완화 프레임은 더욱 설득력이 강화되었고 그에 비례해 수용하는 사람들의 수가 늘어나는 영토 확장 효과가 나타났다.

진보는 규제를 둘러싼 프레임 전쟁에서 명백히 패배하고 있다. 규제에 대한 대항 프레임 구축이 시급한 상황이다.

앞서 필자는 좋은 방향으로 규제를 고쳐나가자는 의미의 언어로 '규제 개선'을 제출한 바 있다. 규제 개선은 규제 완화의 또 다른 표현인 규제 개혁과 한 글자 차이지만 내용은 완전히 다르다. 규제 개선이 유기적으로 연동시키는 명제들은 이러하다. 무분별한 규제 완화는 재앙을 초래하기 쉽다. 좋은 규제는 투자 건강성을 증진시켜 유익한 결과를 낳는다. 시대 상황이 바뀌면 없앨 것은 없애고 새로운 규제를 만들어가야 한다. 규제 개선은 규제 완화를 포함하지만 그것은 제한된 일부일 뿐이다. 규제 개선은 규제 완화의 대항 프레임으로서 충분한 가능성을 지니고 있다.

셋, 보수로의 투항: 안보 프레임

문재인 정부가 출범하자마자 직면한 가장 큰 이슈는 북핵 문제였다. 북핵 이슈를 둘러싸고 한동안 관련 당사국 사이에 극한 대립이 지속되었다. 그러던 중 북한의 2018년 평창 올림픽 참가를 계기로 극적인 반전이 이루어지기 시작했다. 그 과정에서 문재인 정부는 매우 적극적인 역할을 수행했다.

북핵 이슈를 매개로 한반도 지형을 바꾸고자 한 문재인 정부의 노력은 높은 평가를 받기에 충분했다. 하지만 불안한 요소 또한 적지 않았다. 무엇보다도 북핵 이슈에 대응하는 과정에서 일부 정치권과 관료 집단을 중심으로 보수적인 안보 프레임에 몸을 싣는 경우가 빈번하게 발생했다. 안보 프레임이 보수를 지탱해온 핵심 장치라는 점을 감안하면 프레임 전쟁에서 보수에 투항한 것이나 다름없었다.

보수는 북핵 문제를 안보 이슈로 받아들였다. 북핵 이슈가 떠오를 때마다 안보 프레임이 강력히 작동했다. 오랜 역사를 통해 형성된 안보 프레임 역시 여러 명제를 유기적으로 연동시킨다. 북한은 대한민국을 위협하는 '적'이다. 안보는 모든 것에 우선해야 한다. 한미 공조에 기초한 힘의 우위 확보는 절대적 과제다. 보수는 이러한 안보 프레임을 통해 생존 근거를 확보하고 정치적 우위를 추구해왔다.

노무현 후계자들 중에는 안보 이슈를 진보·보수를 떠난 초월적 이슈로 보는 경우가 많다. 안보 문제만큼은 진보·보수를 떠나 초당적으로 대처해야 한다는 표현도 자주 나온다. 안보 이슈가 모두에게 중요한 것은 틀림없으며 초당적 대처가 필요할 때가 많은 것도 사실이다. 문제는 별다른 문제의식 없이 안보 이슈를 보수적인 안보 프레임 위에서 다루는 데 있다.

문재인 정부 관계자들은 안보 불안 세력이 아님을 입증하기 위해서였는지 '북한 위협(도발)', '안보 태세', '한미 공조' 등의 언어를 빈번하게 사용했다. 누가 어떤 의미로 사용했든 이들 언어는 안보 프레임을 구성하는 언어로 확고하게 자리 잡은 상태이다. 그러한 언어 사용은 보수적인 안보 프레임을 작동시킬 수밖에 없다. 문재인 정부 관계자들이 안보 프레임 강화에 직접적으로 기여한 것이다.

앞서 북핵을 둘러싼 협상이 언제 어떻게 마무리되든 북미관계 개선은 피할 수 없는 수순이라고 이야기한 바 있다. 진보 정부라면 당연히 그에 발맞춰 북한과 손잡고 남북관계를 획기적으로 개선하고자 할 것이다. 보수가 어떤 반응을 보일지도 충분히 가늠된다. 입지가 사라질 것을 예상하고 격렬히 저항할 것이 분명하다. 이 지점에서 보수가 절반 혹은 그 이상의 영향력을 행사한다면 심각한 국론 분열을 야기할 가능성이 높다. 국론 분열은 남북관계 개선의 커다란 장애 요인으로 작용할 수밖에 없다. 진보 정부가 내심 고대했던 기회가 왔건만 이를 제대로 살리지 못할 수도 있다. 북한을 적으로 규정짓는 안보 프레임 강화는 바로 그 가능성을 키우는 과정이다. 진보 정부가 안보 프레임을 강화시켜주는 것은 자기 무덤을 파는 것이나 다름없다.

여기까지 이야기하다 보면 문제의 근원이 무엇인지 얼추 드러난다. 진보는 기존의 안보 프레임을 압도할 수준에서 안보 이슈를 녹여낼 대항 프레임을 구축하지 못한 것이다. 이는 진보가 지닌 치명적 약점의 하나였다.

과연 안보 프레임을 압도할 새로운 프레임이 존재할까? 이 지점에서 노무현 후계자들은 쓰디쓴 비판을 받아야 한다. 김대중·노무현 정부가 그 해답을 담은 훌륭한 유산을 물려주었음에도 불구하고 이를 받아 안지 못했기 때문이다. 김대중·노무현 정부가 안보 이슈를 관리했던 프레임은 '한반도 냉전체제 해체'였다.

김대중·노무현 정부는 충분한 공론화 과정을 거쳐 한반도 냉전체제 해체를 다수 국민의 머릿속에 새기는 프레임으로 정착시키지는 못했다. 이는 매우 커다란 아쉬움으로 남는 대목이다. 그럼에도 한반도 냉전체제 해체 프레임이 주요 관계자들의 사고를 지배하고 있는 것은 매우 분명했다. 김대중·노무현 정부 관계자들은 미국을 설득할 때처럼 중요한 순간마다 한반도 냉전체제 해체 프레임을 가동시켰다.

한반도 냉전체제 해체(혹은 종식) 프레임은 지정학적 특성을 반영한 한반도의 역사를 고스란히 담고 있다.

한반도는 미소 냉전이 처음 시작된 곳이다. 냉전의 부산물로 분단을 겪었고, 한국전쟁까지 치러야 했다. 한국전쟁은 오늘날 G2로 불리는 미국과 중국이 맞붙어 국제전이 펼쳐진 무대이기도 했다. 한국전쟁이 휴전 상태로 전환되고 오늘날에 이르기까지 북한과 미국 두 나라는 범지구적 차원에서의 냉전 해체 이후에도 변함없이 적대관계를 지속시켰다.

한반도는 가장 먼저 냉전이 시작된 곳이면서 지구상에 남아 있는 마지막 냉전 지대이다. 한반도 위에 살고 있는 당사자들로서는 원통하고 부끄럽기 짝이 없는 노릇이다. 이 사실은 한반도 냉전체제 해체 프레임이 갈등 관계에 있는 다양한 이해당사자들을 두루 설득하는 논거가 될 수 있음을 보여준다. 과연 어느 누가 불행으로 점철된 한반도 냉전체제를 해체할 것을 두고 대놓고 반대할 수 있겠는가?

한반도 냉전체제 해체에 대한 관련 당사국들의 합의는 한반도 지형을 바꾸는 출발점이다. 한반도 냉전체제 해체는 첨예하게 대립하는 관련 당사국들의 입장을 조율할 수 있는 공통의 기준으로 작용할 수 있다. 이는 한국 정부가 한반도 지형 변화에서 주도적 역할을 할 수 있는 근거가 되기도 한다.

한반도 냉전체제 해체는 북핵 문제의 근원과 해결 방향도 함께 알려 준다. 북핵 문제는 개별 이슈로 접근해서는 결코 해결이 쉽지 않다.

한반도 냉전체제 해체라는 전망 속에서 포괄적 해결을 시도하지 않으면 안 된다.

한반도 냉전의 핵심 축은 휴전협정에 법리적으로 표현되어 있다시피 북미 간 적대관계의 지속이다. 북한의 핵 개발은 이러한 적대관계의 지속이 빚어낸 부산물이었다. 이는 곧 북미관계 변화를 중심으로 한 적대관계 청산이 북핵 문제의 근원적 해결책임을 말해준다. 북한이 더 이상 핵 무장에 집착할 필요가 없도록 만드는 것이야말로 북핵 해결의 가장 확실한 길인 것이다. 이런 관점에서 보자면 북핵 문제는 위기일 수 있지만 한반도 지형을 근본적으로 바꿀 절호의 기회이기도 하다.

한반도 냉전체제 해체는 안보에 대한 시각도 함께 전환시킨다. 기존의 보수적 안보 프레임은 적대관계 지속을 전제로 힘의 우위 확보에 집착한다. 반면 한반도 냉전체제 해체는 적대관계 청산을 통한 '안보 환경의 변화'를 추구한다. 위협에 맞서는 것이 아니라 위협 자체를 해소시킨다.

한반도 냉전체제 해체는 한반도 냉전에 적잖이 책임 있는 당사국들이 한반도의 '항구적인 평화 체제 구축'에서 응분의 도리를 다할 것을 요구한다. 과거 6자회담에서 합의한 바 있는 남북한과 미·중·일·러가 참여하는 집단 안보 체제를 함께 모색할 수 있다. 자연스럽게 한반도는 동북아 균형자로서 위상을 확보한다. 남북한의 협력이 강화될수록 균형자로서의 위상은 높아질 것이며, 거꾸로 위상이 확고할수록 남북한의 협력은 더욱더 탄력을 받을 수 있을 것이다.

이로부터 한반도 냉전체제 해체 프레임을 구성하는 주요 언어는

'적대관계 청산', '안보 환경 개선', '항구적 평화체제 구축', '동북아 균형자' 등임이 확인된다. 한반도 냉전체제 해체 프레임은 중간 지대 사람들의 호응을 얻음으로써 기존 안보 프레임을 압도할 수 있는 충분한 가능성을 지니고 있다. 이는 김대중·노무현 정부 때 어느 정도 확인된 바 있다. 앞서 살펴보았듯이 남북관계의 획기적 변화를 바탕으로 평화 대 냉전 프레임을 형성했을 때 국민 다수가 평화 진영에 합류했다.

지금까지 진보 정부가 프레임 전쟁에서 보수에게 휘말려온 과정을 개략적으로 살펴보았다. 현재진행형인 문제를 기술한 경우가 많다보니 내용 중 최근의 정보를 충분히 반영하지 못한 부분이 있을 수 있다. 하지만 분명한 것은 진보 정부 안에 프레임 전쟁에 대한 확고한 관점이 없었다는 사실이다. 이 자체만으로 패배는 충분히 예정된 것이었다고 볼 수 있다.

프레임 전쟁은 전체 전쟁을 구성하는 요소들 중 '지상전'에 해당한다. 프레임 전쟁은 각자의 프레임을 사람들의 뇌 속에 심는 과정이다. 그 결과는 비교적 안정적인 '정치 영토'로 구축된다. 프레임 전쟁은 정치 영토를 확장하기 위한 치열한 다툼이다. 정치 승패는 일차적으로 정치 영토의 크기에 좌우된다.

이런 점에서 프레임 전쟁은 통상적인 '여론전'과 성격이 다르다. 여론전은 지상전을 지원하기 위한 '공중전' 성격이 강하다. 여론은 공중을 부유하는 뜬구름과도 같다. 우리가 늘 경험하듯이 여론은 상황이 바뀌면 한순간에 뒤집어진다. 과거 김영삼의 지지율은 하나회 척결 등으로 사상 최고를 기록했지만 경제정책의 실패로 곤두박질쳤다. 여론을 가볍게 여기는 것도 곤란하지만 순간의 결과에 매이면 안 되는 이유이다.

　보수가 자력 재기를 꿈꾸기 어려운 이유로 자본의 덫에 묶여 있고, 한반도 지형 변화에 제대로 대응할 수 없음을 지적했다. 하지만 진보 정부는 이와 관련한 프레임 전쟁에서조차 밀렸다. 문재인 정부 초기에 진보는 공중전에서 우세했는지 모르지만 정치 영토를 둘러싼 지상전 에서는 뚜렷이 패배하고 있었다. 시간이 흐르고 보수의 정치적 구심이 새로이 떠오른다면 판세가 뒤집어질 개연성도 얼마든지 있다.

　진보 시대 30년을 열고자 한다면 상황을 직시하고 서둘러 약점을 보완하기 위한 집중적인 노력이 필요하다.

　그동안 확인한 것처럼 프레임 전쟁에서 승리하기 위한 필수 조건은 보다 우월한 프레임을 구축하는 것이다. 이와 관련해서 주의할 점이 있다. 새로운 프레임 구축은 반짝이는 아이디어를 짜낸다고 해결될 성 질의 것이 아니다. 오직 객관 세계 발전에 대한 깊이 있는 통찰을 통해 서만 얻어질 수 있다.

평화는 어떤 조건에서 가능한가

■

문재인 정부가 한반도 지형 변화와 관련하여 자주 사용했던 표현은 '한반도 평화체제 정착'이었다. 지극히 당연하고 옳은 화법 같지만 면밀하게 따지고 들면 상황을 돌파할 수 있는 충분한 해답이 아님이 드러난다.

일각에서 생각하는 것과 달리 평화는 진보의 전유물이 결코 아니다. 평화는 의외로 쉽게 보수 담론에 의지하는 성격을 지니고 있다. 이 사실은 역사적으로 어떤 조건에서 평화가 확보되었는지를 되돌아보면 쉽게 이해할 수 있다. 인류 역사에서 평화 정착은 대체로 절대 강자의 지배가 안정적으로 구축될 때 이루어졌다. 절대 강자가 둘 이상일 경우는 힘의 균형이 유지되었을 때다. 절대 강자의 안정적 지배가 사라지거나 힘의 균형이 무너졌을 때 평화는 심각한 위협을 받았다.

근대 이후 가장 평화스러운 시기는 20세기 후반이었다. 두 가지 조건이 충족되었기 때문에 가능한 현상이었다. 먼저 자본주의 진영 안에서 미국이 절대 강자로 군림하면서 과거 종종 있었던 열강들 사이의 분쟁이 억제되었다. 더불어 미국과 소련 두 초강대국 사이 힘의 균형이 유지되면서 냉전이라는 이름의 평화가 유지되었다.

문재인 정부 초기에 다수 국민은 평화를 위협하는 요소는 북핵이며 이를 억제하는 지름길은 한미 공조에 기초한 힘의 우위 확보라고 이해하고 있었다. 이런 상황에서 한반도 평화체제 정착 표현은 사용자 의도와 관계없이 기존 안보 프레임을 강화시켜 줄 수도 있다. 문제의 근원을 드러내고 해결 방향을 제시하기도 어렵다.

과거 김대중 정부 때 입증되었듯이 한반도 평화체제 정착은 한반도 냉전체제 해체 프레임 위에서만 본래의 의미를 되살릴 수 있다.

시민주의 대
엘리트주의

3장

■

■

　자유한국당이 당사 안에 건국의 주역으로서 이승만, 산업화 주역으로서 박정희, 민주화 주역으로서 김영삼의 초상화를 걸기로 했단다. 그럴 듯하다. 보수 세력 안에서 꽤 호소력이 있을 것 같다. 자신들이 한국현대사의 정통을 잇는다는 것을 세 사람 초상화를 통해 상징적으로 드러낸 것이다.

　진보는 그에 대응해 어떤 식으로 자신의 역사를 표현할 것인가? 쉽게 답이 떠오르지 않는다. 진보 세계는 정치 지도자로 자신의 역사를 표현할 수 없다. 그래서도 안 된다. 진보 역사의 주역은 지도자나 엘리트가 아니라 시민이었다.

　한국현대사 저변에서 작동했던 중요한 프레임은 '시민주의 대 엘리트주의'였다. 시민주의와 엘리트주의의 투쟁의 역사였다. 놀라운 사실이지만 한국현대사를 이처럼 일관되게 관통하는 프레임은 달리 찾아보기 어려울 것이다.

시민주의의 핵심은 이렇다. 역사의 향방을 결정하는 순간에 시민들은 무대 한복판에 자발적으로 진출해 국면을 돌파했다. 시민들은 집단지성을 바탕으로 향후 방향과 과제를 제시하는 리더십을 발휘했다. 시민들은 거듭 세상을 바꾸는 능동적인 주체로 진화해왔다.

엘리트주의는 엘리트가 세상을 좌지우지할 수 있다고 믿는다. 나만 옳다는 오만과 독선의 뿌리이다. 시민들을 대상화하며 타자를 경쟁 상대로 간주한다. 나의 권력 획득이 모든 것에 우선한다. 권력 획득을 위해서라면 시민을 분열시키고 공동의 정치 기반을 파괴해도 아랑곳하지 않는다.

보수 정치는 처음부터 엘리트주의를 기반으로 작동한다. 엘리트의 역할을 극대화하는 데서 출구를 찾는다. 하지만 진보 정치가 엘리트주의에 오염되면 근본을 상실한다. 모든 것을 잃는다. 진보 정치의 뿌리가 되고 궁극적 해답을 준 것도 시민주의였다. 지나온 역사가 이를 생생하게 증명한다.

지금부터 우리는 한국현대사를 관통한 시민주의 대 엘리트주의 투쟁의 역사를 개괄함으로써 진보 정치의 출발점과 궁극적으로 나아가야 할 지점에 대해 알아볼 것이다.

엘리트주의의 파산

엘리트주의는 시민이 리더십을 발휘할 수 있다고 생각하지 않는다. 엘리트 그룹만이 리더십을 발휘할 수 있다고 보며, 시민은 그 대상으로 간주할 뿐이다. 하지만 엘리트주의는 일찌감치 파산했다. 해방에서 분단, 한국전쟁에 이르는 시기는 바로 엘리트주의가 파산하는 과정이었다.

앞서 살펴보았듯이 미국의 강력한 지원을 받고 있던 이승만은 친일파와 손잡고 남한 단독정부 수립을 추진했다. 그 맞은편에 진보적 흐름을 지배하고 있던 것은 남조선노동당(남로당)을 정치적 구심점으로 하는 좌익 세력이었다. 좌익 세력은 인구의 절대 다수를 차지하고 있던 노동자 · 농민들로부터 높은 지지를 받고 있었다.

당시 좌익 세력이 단독정부 수립을 저지하고 통일정부로 직행하기 위해서는 두 가지 핵심 과제를 풀어야 했다.

먼저 미국과 이승만, 친일파로 구성된 단독정부 추진 세력의 약한 고리였던 친일파를 제압할 수 있어야 했다. 당시에는 친일파에 대한 청산 요구가 압도적이었으므로 제압은 충분히 가능했다. 친일파만 제압하면 미국과 이승만 모두 힘을 쓸 수 없는 상태였다. 이승만은 장기간에 걸친 해외 망명 생활로 국내 조직 기반이 전무했다. 미국 또한 식민 지배가 퇴조하고 있는 시대 상황에서 친일파의 협력 없이는 지배를 유지하기 힘들었다.

또 하나의 과제는 김구가 이끄는 임시정부(임정) 세력과의 연합을 성사시키는 것이었다. 임정 세력은 조직 기반은 취약했지만 민족주의 계열로서는 보기 드물게 비타협적인 독립운동을 견지했다는 점에서 대단한 상징성을 지니고 있었다. 임정 세력과의 연합은 친일파를 제압하고 정치적 우위를 확보할 수 있는 확실한 담보였다.

모스크바 3상 결정과 분열

운명의 순간은 생각보다 빨리 찾아왔다. 좌익이 임정 세력과 손잡고 친일파를 제압할 수 있는 절호의 기회가 온 것이다.

1945년 12월 16일에서 26일까지 미국·소련·영국 3국 외무장관이 모스크바에서 회동하여 한반도 문제를 처리하는 방안을 합의했다. 이른바 '모스크바 3상 결정'이 이루어진 것이다. 요지는 민주주의 임시정부 수립을 추진하되 이를 담당할 미소공동위원회를 운영하며, 미소공동위원회는 구체적 방안을 결정하기 전에 미·소·영·중 4개국 정부의 최종 심의를 받아야 한다는 것이었다.

모스크바 3상 결정에 대한 민초들의 반응은 대부분 부정적인 것이었다. 민초들이 보기에 강대국들이 남의 나라의 문제를 임의로 결정한 것은 우리 민족의 의사를 완전히 무시한 것이었다. 모스크바 3상 결정은 명백한 민족자결주의 침해였다. 민초들의 반응은 모스크바 3상 결정의 본질을 정확히 꿰뚫어본 것이었다.

좌익과 임정 세력은 민초들의 여론을 바탕으로 함께 손잡고 "미군과 소련군은 한국 문제를 한국인에게 맡기고 즉각 철수하라"는 슬로건을 제출할 수 있었다. 이러한 슬로건은 민초들로부터 광범위한 지지를 얻을 수 있었다. 반면 친일파는 완전히 고립될 수밖에 없었다. 미군정의 등용으로 극적으로 되살아난 친일파 입장에서 '미군 즉시 철수'에 동조하는 것은 절대 불가능한 일이었기 때문이다.

하지만 좌익과 임정 세력은 민초들의 여론과는 전혀 다른 길을 걸었다. 좌익은 소련의 권고를 받아들여 모스크바 3상 결정을 지지하기로 입장을 선회했다. 좌익은 모스크바 3상 결정대로 따라가면 자신들에게 유리한 임시정부를 수립할 수 있다고 보았다. 좌익이 입장을 바꾸자 격분한 김구는 좌익에 대한 대대적인 테러를 지시했다. 그에 맞서 좌익은 김구를 파시스트로 규정하며 극렬한 비난을 쏟아냈다. 좌익과 임정 세력이 극단적으로 분열해 대립하는 사이 친일파는 즉시 독립을 외치며 입지를 넓혀갔다.

결국 모스크바 3상 결정에 대한 대응 과정에서 연합해야 할 좌익과 임정 세력은 극단적으로 대립하고 고립되어야 할 친일파는 입지를 넓히는 기현상이 벌어지고 말았다. 그러는 동안 모스크바 3상 결정 이행을 논의하던 미소공동위원회는 대표들이 설전만 거듭하다 아무런 성과도 내지 못한 채 막을 내렸다.

반민특위 활동의 무력화

1948년 5월 10일 남한 단독 선거를 거쳐 8월 15일 단독정부가 수립되었다. 우리가 살고 있는 대한민국의 시작이었다. 하지만 여기서 끝난 게 아니었다. 친일파를 제압할 수 있는 절호의 기회가 다시 찾아왔다.

비록 친일파 주도로 단독정부가 수립되었지만 친일파 처단 여론은 여전히 시퍼렇게 살아 있었다. 헌법을 제정한 제헌의회 역시 결코 이를 외면할 수 없었다. 제헌의회는 제헌헌법 제101조에 "이 헌법을 제정한 국회는 1945년 8월 15일 이전의 악질적인 반민족행위를 처벌하는 특별법을 제정할 수 있다"고 명시했다. 이를 근거로 1948년 9월 7일 국회 본회의에서 절대 다수 동의로 전문 3장 32조에 이르는 '반민족행위처벌법(반민법)'이 통과되었다. 이승만 정권은 처음에는 이법에 대해 거부권을 행사하기로 마음먹었지만 여론에 떠밀려 공표

할 수밖에 없었다.

국회는 곧바로 김상덕을 위원장으로, 김상돈을 부위원장으로 하는 '반민족행위특별조사위원회(반민특위)'를 구성하였다. 반민특위는 1949년 1월 5일 중앙청에 사무실을 내고 본격적인 활동에 돌입했다. 반민특위는 박흥식 체포를 시작으로 이종형과 최린 등 거물급 친일파들을 속속 체포하였다.

반민특위 활동이 구체적인 모습을 드러내자 민초들은 열광적인 지지와 성원을 보냈다. 2월 2일자 〈서울신문〉 사설은 "민족정기가 살았느냐 죽었느냐를 의심했더니 과연 민족정기는 죽지 않았다. 보라! 눈부신 반민특위의 활동을!"이라며 당시 분위기를 전달하기도 했다. 분위기는 특별재판부가 1949년 3월 28일부터 반민족행위자에 대한 재판을 시작함으로써 더욱 고조되었다. 이승만과 친일파는 재기 불능의 치명상을 입을지도 모른다는 위기의식에 빠졌다.

좌익과 임정 세력은 그사이 힘이 크게 약화되어 있었다. 그렇다 하더라도 의지를 모아 반민특위 활동을 최대한 뒷받침했다면 양상이 크게 달라졌을지도 모른다. 하지만 그들은 이번에도 민초 여론과는 크게 어긋나는 행보를 했다. 좌익은 반민특위 활동을 완전히 무시했다. 그들의 눈에 반민특위 활동은 반동적인 이승만 정권 내부의 일에 불과했다. 무관심이 부른 후과는 끔찍했다.

이승만은 반민특위가 조직적 뒷받침을 충분히 받지 못하고 있음을 간파했다. 이승만은 곧바로 반격에 나섰다. 1949년 6월 6일 이승만의 지시를 받은 친일파들은 반민특위를 향해 결정적인 공격을 가했다. 무장한 친일파 경찰들은 반민특위 본부를 포위하고 특위 요원과 직원

35명을 체포해 각 경찰서에 수감했다. 수감된 특위 요원들은 심한 고문을 받았고 석방되었을 때에는 23명이 적어도 일주일에서 한 달 이상 치료를 받아야 했다. 이승만과 친일파는 일거에 반민특위를 격파했다.

이승만의 공격은 여기서 멈추지 않았다. 승기를 잡았다고 판단한 이승만은 좌익에 대한 전면적인 공격을 가하기 시작했다.

1949년 10월 이승만 정권은 국가보안법을 근거로 남로당, 근민당, 인민당 등 133개의 정당과 사회단체를 불법화했다. 이와 함께 1949년 한 해 동안에만 무려 11만 8,621명을 국가보안법 위반으로 처형했다. 처형된 사람들의 절대 다수는 좌익에 속해 있었지만 임정 세력 또한 상당수 포함되어 있었다.

피바람이 몰아치는 극심한 탄압 속에서 좌익 세력 상당수가 투항과 전향을 택했다. 남로당 서울시당의 경우 핵심 대열이 한꺼번에 투항하기도 했다. 결국 남로당 조직은 거의 붕괴되었고, 좌익 계열 인사들 대부분이 이승만 정권 관리 아래 들어가고 말았다. '보도연맹'도 좌익 제거와 전향을 위해 만들어진 조직이었다.

좌익은 사실상 붕괴했다. 좌익은 주어진 공격 기회를 살리지 못하면 곧바로 역습 당한다는 사실을 처절하게 경험해야 했다.

좌익은 붕괴했고 임정 세력은 지리멸렬해져 실체를 찾아보기조차 힘들었다. 이승만에 대적할 세력은 거의 남아 있지 않았다. 민초들은 그 와중에서도 희망을 버리지 않았다. 그런 민초들 앞에 친일파를 제압할 기회가 또다시 찾아왔다.

5·30선거와 한국전쟁

1950년 5월 30일 임기 2년의 국회의원 선출을 위한 총선거 실시가 예정되어 있었다. 겨우 명맥만 유지하고 있던 남로당 중앙당은 5·30선거에 대해 "망국적인 5·30단독선거를 파탄시켜라!"라는 지침을 내렸다. 하지만 민초들의 생각은 전혀 달랐다. 민초들은 5·30선거를 이승만 정권을 응징할 수 있는 절호의 기회로 여겼다. 민초들은 선거에 적극 참여했다. 남로당 지침은 그 어느 곳에서도 시행되지 않았다.

5·30선거 결과는 여야 우익 진영 모두를 합쳐도 전체 의석의 38%인 81석에 그친 것으로 나타났다. 그 중에서 이승만 직계는 44석씩에 불과했다. 그에 반해 무소속은 전체 의석의 60%인 126석에 이르렀다. 무소속 성향은 매우 다양했지만 진보·중도 비중이 크게 증가한 것은 매우 분명했다.

당시 대통령의 임기 또한 2년이었고 국회에서 선출하도록 되어 있었다. 5·30선거 결과 이승만 실각은 의심할 여지없는 사실이 되었다. 새로운 정부는 친일파를 처단하고 북한과 협상을 통해 평화통일을 추진할 것으로 기대되었다. 그것이 5·30선거에 적극 참여한 민초들 바람이기도 했다.

하지만 한 달도 채 되지 않은 시점에서 한국전쟁이 터지며 모든 게 달라졌다. 이승만은 전시 상황을 이용해 직선제 개헌을 추진함으로써 장기집권 발판을 마련했다. 5·30선거 결과는 허공으로 사라졌다.

한국전쟁은 누가 먼저 시작했는가를 두고 오랫동안 논쟁거리가 되어 왔다. 하지만 1990년대 중반을 거치며 소련 외교 문서 등 관련 자료가 공개됨에 따라 모든 게 분명해졌다. 한국전쟁은 북한의 무력통일

시도로 시작되었다. 박명림 교수의 저서《한국전쟁의 발발과 기원》은 그 과정을 소상히 밝히고 있다.

북한 수뇌부가 무력통일을 결심하는 데 결정적 영향을 미쳤던 인물은 (엘리트주의 화신이기도 했던) 남로당 총책 박헌영이었다. 박헌영은 북한 인민군이 38선 이남으로 진주하면 20만 명에 이르는 정예로운 남로당 조직을 중심으로 민중봉기가 일어나 쉽게 전세를 장악할 수 있다고 주장했다. 북한 수뇌부는 박헌영의 주장을 액면 그대로 믿었다. 두말할 필요도 없이 박헌영의 주장은 현실과 완전히 동떨어진 것이었다.

미국은 첩보를 통해 북한의 무력통일 추진을 소상히 파악하고 있었다. 당시 CIA 극동본부 책임자였던 하리마오 무사시야(박승억)은 저서《38선도 6·25한국전쟁도 미국의 작품이었다》를 통해 이와 관련된 상세한 증언을 하고 있다.

미국 상층부는 북한 무력통일 관련 정보를 애써 무시하는 듯한 태도를 취하면서도 실질적인 준비 태세는 빈틈없이 갖추어 갔다. 약 20만 명에 이르는 주일미군은 만약의 경우 즉각 한반도로 진격할 수 있도록 조치했다. CIA와 국방부 일각에서는 1950년 6월 중순 북한이 침략할 경우 신속히 후퇴해 세력을 결집한 뒤 인천항에 상륙, 반격한다는 작전 계획까지 수립했다. 한국전쟁이 발발하기 얼마 전인 1950년 4월 8일에는 NSC-68(국가안전회의 68번 각서)을 통해 국방비를 종래 135억 달러에서 500억 달러로 급속히 증대시키는 계획을 비밀리에 추진했다. 미국은 북한이 내려오기만을 기다렸다.

북한 수뇌부는 무력통일을 시도하더라도 소련과 중국이 버티고 있는 조건에서 미국이 개입할 가능성은 희박하다고 보았다. 설령 개입하더라도 본토 병력이 투입되기까지는 두 달 정도 걸릴 것이며 그 전에 전쟁을 끝낼 수 있다고 확신했다. 주일미군이라는 변수는 크게 신경 쓰지 않았다. 중국의 마오쩌둥毛澤東은 만약 미군이 개입하면 돕겠다고 약속하면서도 미군이 한반도 중부 해안에 상륙해 허리를 자르면 치명적 결과를 초래할 것임을 경고했으나 이 역시 심각하게 받아들이지 않았다.

수뇌부가 낙관주의 포로가 되어 있는 상태에서 북한은 1950년 6월 25일 전면적인 공격을 감행했다. 북한 인민군은 짧은 시간 안에 서울을 점령하는 데 성공했다. 인민군은 박헌영이 공언했던 대로 민중봉기가 일어날 것을 기대하며 3일간 서울에 머물렀다. 하지만 민중봉기 조짐은 그 어느 곳에도 없었다.

남로당 조직은 이미 궤멸된 상태였다. 전향한 남로당 관계자들은 보도연맹 조직을 통해 관리되고 있었다. 이승만은 반란 소지가 있다며 이마저 제거할 것을 명령했다. 한강 이남에 거주하고 있던 보도연맹 가입자들은 모두 학살되었다. 4월 혁명 직후 국회 조사 결과 희생자 수가 10만 명 정도인 것으로 밝혀졌지만 실질적으로 30만 명에 이를 것이란 주장도 많다. 전쟁 발발 직전 농지개혁 예정서가 발부되면서 농민들 동요도 크게 억제되었다. 민중봉기 요소는 모두 사라지고 없었다.

인민군은 남쪽을 향해 진격했다. 때맞추어 전쟁의 풍향을 좌우할 주일미군이 신속하게 한반도로 이동, 작전을 전개했다. 500여 대가 넘는 전투기를 보유하고 있던 주일 미공군은 일거에 북한 공군력을 무

력화시키면서 제공권을 장악했다. 일본에 주둔하고 있던 미8군 지상
군은 신속하게 이동, 한국군과 더불어 낙동강 전선을 사수함으로써 미
국 본토에서 대규모 병력이 투입될 수 있는 시간을 벌었다.

9월 18일 본토에서 이동한 대규모 미군 병력이 인천항에 상륙, 한
반도 허리를 잘랐다. 남쪽으로 진격해오던 인민군은 일시에 고립되어
궤멸했다. 미군은 파죽지세로 진격했다. 미군이 북한 전역을 장악하기
일보 직전 중국군이 전격 참전하였다. 한국전쟁은 오늘날 G2에 해당
하는 미국과 중국이 겨루는 무대로 돌변했다.

중국군은 무기 체계에서 미군의 상대가 되지 않았지만 상대의 허를
찌르는 방식으로 전세를 유리하게 이끌고 갔다. 중국군은 미군 발길
이 미치지 않는 산악 지대를 통해 이동했다. 중국군은 쥐도 새도 모르
게 미군을 포위한 뒤 야간 기습 공격을 가했다. 미군은 중국군이 불시
에 들이닥치면서 혼비백산해 무너졌다. 신출귀몰하는 중국군 작전에
미군은 제대로 싸워보지도 못하고 후퇴를 거듭해야 했다. 미군은 새로
부임한 리지웨이Matthew B. Ridgway 사령관 주도로 '물살작전'을 전개
함으로써 가까스로 위기에서 벗어날 수 있었다.

전쟁 양상은 어느 쪽도 상대를 완전히 제압하지 못한 채 소모전을
거듭하는 것으로 이어졌다. 3년간 지속된 한국전쟁은 교전 행위를 잠
시 멈추는 휴전(정전)협정 체결로 겨우 일단락되었다. 이승만 정권은
휴전 반대를 외치며 휴전협정 조인에 참석하지 않았다. 휴전협정은 북
한·미국·중국의 3국 서명으로 발효되었다. 이후 중국이 휴전협정에
관한 모든 권한을 북한에 위임함으로써 양 당사자는 북한과 미국이
되었다.

한국전쟁이 남긴 상처와 후유증은 실로 엄청났다. 500만여 명의 인명이 희생되었고 국토는 완전히 폐허가 되었다. 1,000만 명이 넘는 이산가족이 발생했다. 남로당 계열 좌익운동 인사들은 전쟁 기간 동안 대부분 이승만 정권 손에 학살되었다. 서로 총부리를 겨눈 전쟁은 사람들 가슴에마저 38선이 그어지도록 만들었다. 남북 모두에서 서로를 향한 극단적인 불신과 증오가 팽배했다. 분단은 장기화되고 고착화되었다.

해방 이후 진보적 흐름을 지배했던 좌익운동에 대해서는 다양한 평가를 내릴 수 있을 것이다. 남한의 역사에 초점을 맞추었을 때, 분명한 것은 좌익이 실패했고 패배했다는 점이다. 문제는 원인이다.

지금까지 살펴본 내용에 비추어 볼 때 좌익을 비극적인 실패로 몰고 간 것은 뼛속까지 깊이 스며들어 있던 지독한 엘리트주의였다. 그들은 민초들의 판단을 믿지 않았다. 민초들을 독자적 판단 능력 없이 오직 자신들의 지침을 따라야 하는 수동적 존재로 간주했다. 하지만 역사적 진실은 민초들의 판단이 가장 정확했으며 좌익 엘리트의 판단은 완전히 틀렸음을 입증하고 있다.

좌익 몰락과 함께 엘리트주의도 파산했다. 이 모든 것을 고통스럽게 지켜보던 민초들은 엘리트 집단을 섣불리 믿지 않기 시작했다. 민초들은 중요한 순간 지도 엘리트의 판단을 기다리지 않고 스스로 결정하고 행동하기 시작했다. 시민주의가 싹틀 수 있는 광범위한 토양이 마련된 것이다.

최신 인지과학에 따르면 뇌 활동의 98%는 의식 밑에서 이루어진다고 한다. 그 98%에는 역사적 경험 축적을 통해 형성된 '집단 무의식'도 포함되어 있을 것이다. 이 집단 무의식은 본인도 모르는 사이 다음 세대로 전수되면서 판단과 행동 등에 중대한 영향을 미친다. 엘리트주의에 대한 불신으로부터 비롯된 시민주의는 바로 그와 같은 집단 무의식으로 자리 잡았을 가능성이 매우 높다.

승리를 일군 시민주의

여기, 한국현대사를 통틀어 가장 위대한 리더십을 발휘한 존재가 있다. 그 어떤 뛰어난 지도자나 그룹도 그보다 위대하지는 않았다. 적어도 수십만, 어쩌면 수백만 명에 이르는 사람들이 그의 리더십 아래 자신이 어느 방향으로 가야 할지를 깨달았다. 일상적으로 어떤 과제를 수행해야 하는지를 알았고, 그 과제의 수행을 위해 혼신의 힘을 기울였다. 또한 어떤 방식으로 살아야 하는지도 깨달았다. 때로는 죽음도 불사해야 할 만큼 고난이 뒤따랐으나 기꺼이 감수했다.

그 위대한 존재는 5·18광주시민이었다. 1980년 광주민주화운동 주역이었던 이들 시민만큼 한국현대사의 고비에서 강력하면서도 의미심장한 리더십을 발휘한 존재를 그 어디에서 찾아볼 수 있겠는가?

한국전쟁 이후 길고 긴 인고의 세월이 있었다. 1960년 4월 혁명을 통해 분출했던 시민의 힘은 이어지는 5·16군사쿠데타로 짓이겨졌다. 박정희 정권 18년을 거치면서 시민들은 시련 속에서 혹독하게 단련되었다. 시민주의가 무르익는 과정이었다. 시민의 역량은 거대한 폭발을 일으키며 일거에 지형을 바꾸어낼 수준으로 숙성되었다. 5·18광주민주화운동은 그 폭발을 알리는 역사적 사건이었다.

이런 맥락에서 우리의 이야기는 5 · 18광주민주화운동의 역사적 배경을 살펴보는 것으로부터 시작될 수밖에 없다.

시민 리더십의 폭발, 5·18광주

2017년 기준으로 볼 때 5 · 18광주민주화운동은 지금의 20~30대 대부분이 태어나기 전에 일어난 일이다. 꽤 오래전 역사적 사건으로 기억될 수밖에 없다. 독자들 중에는 처음 접하는 경우도 적지 않을 것이다. 먼저 이런 의문이 들 것이다. 왜 하필 다른 곳도 아닌 광주라는 도시에서 그런 항쟁이 일어났을까?

5 · 18광주민주화운동은 독재에 대한 항거였고 민주화 열망이 분출된 과정이었다. 그렇다면 광주 시민은 그 어느 곳보다 독재 정권의 억압과 차별을 더 절실하게 느끼고 더 큰 분노를 품고 있었을 가능성이 있다. 결정적 실마리를 제공해준 것은 박정희 정권의 노골적인 호남 차별이었다.

1960년대까지만 해도 영남과 호남 지역은 특별한 갈등 관계에 있지 않았다. 투표 성향도 비슷했다. 비극은 1971년 대통령 선거에서 영남 출신인 공화당 후보 박정희와 호남 출신인 신민당 후보 김대중이 맞대결을 벌이면서 시작됐다. 당시 박정희 진영은 상당히 수세에 몰려 있었다. 전세를 뒤집기 위해 꺼내든 카드가 바로 지역대결 구도였다. 영남 지역의 인구수가 두 배 이상 많은 점을 이용한 것이다.

1971년 대통령 선거를 계기로 박정희 정권은 지역대결 구도에 더욱 빠져들었다. 지역대결 구도가 유지되면 다수를 차지하는 영남 지역이 정권을 안정적으로 뒷받침해줄 수 있었기 때문이다. 그때부터 호남 지역과 영남 지역에 대한 편 가르기가 시작되었다. 박정희 정권은 영남 지역을 기득권 세력으로 만들기 위해 호남 지역에 대한 차별을 노골화했다. 산업화 과정에서 영남 지역은 크게 혜택을 받은 반면 호남 지역은 소외되었다. 영남 출신은 행정기관과 기업 채용, 승진에서 여러모로 우대받은 반면 호남 사람들은 실력과 무관하게 차별받았다. 그런 식으로 곳곳에서 차별이 구조화되었다.

박정희 정권은 호남 지역 차별을 정당화하기 위해 호남 사람들의 인간성에 대한 왜곡된 논리를 만들어냈다. 전라도 사람들은 겉 다르고 속 다르며 뒤끝이 안 좋기 때문에 함부로 믿고 맡기면 안 된다는 식이었다. 이런 논리가 시중에 유포되자 타 지역에서는 호남 사람이라면 세도 놓지 않을 만큼 불신하고 경계하는 풍조가 만연했다. 군대에서마저 호남 출신은 집중적인 학대 대상이 되었다.

여기서 우리는 지역 차별이 갖는 남다른 특성을 주목할 필요가 있다. 요즘은 상황이 크게 달라졌지만 1970년대만 해도 성 차별과 계급 차별에 대해 상당수 사람들이 숙명처럼 여기고 감내하는 경향이 있었다. 여자로 태어난 게 죄이고 못 배우고 가진 게 없어 당하는데 어쩔 수 없는 것 아니냐며 체념했던 것이다. 하지만 지역 차별에 대한 반응은 달랐다. 도대체 호남 지역이 뭐가 부족하고 못나서 차별받아야 한단 말인가? 그 어떤 말로도 설명할 수 없었고 아무리 애를 써도 수긍할 수 없는 처사였다. 더욱이 누가 무슨 의도로 그런 차별을 조장하고 있는지가 선명히 드러나 있지 않은가?

호남 지역 차별은 박정희 정권 이후 군사독재가 빚어낸 억압과 차별 중에서도 가장 저열하고 악랄했다. 차별이 가해지는 만큼 그에 비례해서 분노가 축적될 수밖에 없는 성질의 것이었다. 게다가 배출구가 달리 없는 조건에서 장시간 축적된 분노는 일시에 거대한 폭발을 일으킬 가능성이 매우 컸다.

광주는 호남의 심장부이자 호남의 한이 응축된 도시였다. 바로 그러한 광주에 운명의 순간이 다가왔다.

1980년 5월, 전국은 침묵 속으로 빠져들었다. 정치권은 신군부의 권력 찬탈 음모를 저지하지 못한 채 각개격파 당했다. 서울역 광장 일대를 메웠던 대규모 학생 시위대는 자진 철수 결정으로 대열이 무너져 있었다. 신군부는 5·17군사쿠데타를 단행하여 일거에 정국을 장악했다. 모든 저항은 봉쇄되었다.

5월 18일. 살벌한 분위기 속에서 일단의 광주 지역 대학생들이 전남대, 조선대 등 소속 대학 정문 앞으로 모여들었다. 계엄령이 떨어지면 각 대학 정문 앞에 집결하기로 한 애초 약속에 따른 것이다. 휴교령과 함께 대학 정문은 굳게 닫혔으며 계엄군이 그 앞을 지키고 있었다. 학생들은 일제히 구호를 외치기 시작했다.

바로 그 순간부터 광주민주화운동의 서막이 오르기 시작했다. 계엄군은 학생들에게 달려들어 개머리판을 내리치며 폭력을 휘둘렀다. 학생들은 굴하지 않고 도심으로 이동, 가두시위를 전개했다. 이윽고 더 많은 학생들이 가세했다. 5·18광주민주화운동은 그렇게 통상적인 수준의 학생시위로부터 시작되었다.

사태를 결정적으로 악화시킨 것은 계엄군의 무자비한 유혈 진압이었다. 신군부는 광주 시위를 방치할 경우 저항이 전국으로 확산될 것이 틀림없다고 보았다. 그들은 이에 대비해 계엄군 이름 아래 살인무기를 지닌 7공수여단을 광주에 투입해 놓은 상태였다. 신군부는 최고 수준 강경진압 방침을 내렸다.

7공수여단은 피에 굶주린 늑대처럼 3인 1조가 되어 닥치는 대로 폭력을 휘둘렀다. 공수부대원들은 학생과 시민들을 연행해 끌고 가다가 조금이라도 반항하는 기색이 있으면 소총에 꽂힌 대검으로 찔러버렸다. 곳곳에서 학생과 시민들이 공수부대의 만행에 피투성이가 되어 쓰러져갔다. 급기야 사망자들이 속출했다.

계엄군의 야수 같은 진압으로 광주 시내는 일시에 아수라장으로 돌변했다. 처음에 시민들은 불안한 시선으로 사태를 지켜보았다. 하지만 마냥 좌시하고만 있을 수 없었다. 그대로 두면 군인들이 학생들을 다 죽일 것만 같은 위기감이 들었다. 분노한 시민들이 대거 거리로 나서기 시작했다.

5월 20일. 시내 곳곳에서 공수부대와 시민들 사이에 치열한 공방전이 전개되었다. 시민들은 각목, 쇠파이프, 돌, 연탄집게, 식칼, 화염병 등 무기가 될 만한 것이면 무엇이든지 손에 쥐고 있었다. 관망 자세를 취하던 시민들도 자신감을 갖고 합세했다. 휴교령이 내려진 고등학생들도 대거 시위에 가담하기 시작했다.

5월 21일. 10만여 명의 시민들이 계엄군이 머물고 있는 도청 앞 금남로에 집결해 항의 집회를 개최했다. 오후 1시 느닷없이 애국가가 울려 퍼졌다. 때맞추어 계엄군은 일제히 엎드려 쏴 자세를 취했다. 계엄군은 밀집해 있는 시민들을 향해 무차별 발포를 시작했다. 금남로 일대는 일시에 피바다를 이루었다. 거리는 적막에 뒤덮였고, 죽은 사람의 피와 부상자들의 신음만이 금남로의 공백을 메웠다. 아우성치는 부상자들을 구하기 위해 시민들이 뛰쳐나왔지만 그들도 저격병들의 표적이 되어 쓰러졌다.

신군부는 이 무모한 도발로 사태를 마감시킬 수 있을 것이라 믿었다. 공포에 질린 시민들이 흩어져 다시는 나타나지 않을 것이라 믿었다. 하지만 광주 시민들은 신군부의 상상력을 뛰어넘는 수준에서 움직였다.

핏빛 고통이 시민의 가슴을 짓누르고 있던 바로 그 무렵 다수 청년들이 차량을 나누어 타고 광주 인근 지역으로 빠져나갔다. 경찰 병력이 남김없이 광주로 차출되어 있었기 때문에 이들 지역은 무방비 상태였다. 청년들은 손쉽게 파출소와 예비군 무기고를 깨뜨리고 무기를 손에 넣을 수 있었다.

도청 앞 발포로부터 약 두 시간 뒤인 오후 3시 15분. 무기를 획득한 청년들이 최초로 광주시내에 모습을 나타냈다. 시민들의 열광적인 환호 속에서 무기를 실은 차량이 줄을 이어 도착했다. 무기는 즉각 분배되었다. 시민들은 저마다 무기를 손에 쥐었다. 5·18광주민주화운동을 역사의 분수령으로 만든 무장 시위대가 탄생한 것이다. 그들은 스스로를 일컬어 '시민군'이라 불렀다. 시민군 숫자는 순식간에 1,000명을 넘어섰다. 시민군은 계엄군을 시내에서 몰아내는 데 성공했다. 광주는 '해방'되었다.

광주가 해방된 기간 동안 시민들은 계엄군이 시 외곽을 빈틈없이 봉쇄하고 있는 조건에서 역사상 보기 드문 공동체 질서를 유지했다. 매점매석을 엄격히 자제하는 가운데 부족한 생필품을 고르게 나누어 썼다. 평소 흔했던 강도나 절도도 완전히 자취를 감추었다. 함께 모여

술을 마시거나 술 취한 모습을 보여주는 경우도 없었다. 부상자 치료를 위한 헌혈 행렬이 끝없이 이어졌다.

신군부는 군사작전지휘권을 쥐고 있는 미국의 공식 승인과 엄호 아래 광주에 대한 마지막 진압 작전에 돌입했다. 작전에 투입된 부대는 2만여 명에 이르렀다. 시민군은 본부로 사용해온 도청 사수를 결심하고 자리를 지키고 있었다. 그들은 물리적으로는 진압 부대를 당해낼 수 없음을 누구보다 잘 알고 있었다.

5월 27일 새벽 3시 30분. 모든 광주 시민이 깨어 있는 가운데 도청 인근 사방에서 총성이 울려 퍼졌다. 공수부대 3여단 특공조가 맹렬한 사격과 함께 도청을 공격해오기 시작했다. 헬기에서 기관총을 거칠게 난사하는 가운데 계엄군은 건물 곳곳에 수류탄을 던지면서 M16소총을 연발로 긁어댔다. 그 상황에서 시민군이 할 수 있는 것은 민주주의를 위한 투철한 희생정신을 내외에 천명하는 것뿐이었다.

광주는 처절하게 피를 흘리며 쓰러져갔다. 하지만 광주는 죽지 않았다. 광주는 유혈 낭자한 모습으로 역사의 한복판을 향해 뚜벅뚜벅 걸어갔다. 광주가 내지른 분노의 포효는 날카로운 비수가 되어 수많은 사람들 심장에 꽂혔다. 그로부터 놀라운 기적이 일어났다. 사람들이 잇달아 침묵 속에서 깨어났다. 두려움을 떨치고 억압에 맞서 투쟁하기 시작했다. 민주화 대장정이 역사의 무대 위에 장엄하게 펼쳐졌다.

5·18광주민주화운동이 기적을 일으키는 역사적 사건이 될 수 있었던 것은 결정적으로 두 장면 때문이었다.

만약 5월 21일 계엄군 도청 앞 발포 이후 광주 시민이 시민군 결성 없이 상황에 굴복했다면 어떤 결과를 낳았을까? 아마도 후대 사람들은 5·18광주를 무모한 저항을 시도했다가 극심한 피해를 입은 사건 정도로 기억했을 것이다. 그런 경우 십중팔구 저항을 회피하는 심리를 갖게 되기 쉽고, 상당히 오랫동안 침묵과 굴종이 한국 사회를 지배했을 것이다. 만약 시민군이 계엄군의 최후 진압 작전에 맞서 도청을 사수하지 않고 피신했다면 어떤 결과를 초래했을까? 아마도 후대 사람들은 누구든지 강력히 저항하다가도 목숨이 위태로우면 도피하기 마련이라는 생각을 품었을 것이다. 자연스럽게 이를 근거로 압제에 대한 굴종과 타협을 합리화했을 것이다.

바로 이런 맥락에서 시민군 결성과 도청 사수는 군사독재에 굴종하고 타협할 여지를 깡그리 날려 버렸다. 억압에 맞서 투쟁하지 않고는 양심의 고통으로부터 자유롭지 못하도록 만들었다. 5·18광주민주화운동의 주역들은 역사상 가장 의미심장하고도 강력한 리더십을 발휘함으로써 지금도 우리에게 칼날 같은 메시지를 던지고 있다.

부채의식의 연쇄사슬, 민주화 대장정

광주민주화운동 다음 해인 1981년 5월 18일 11시 40분 무렵 서울대 학생회관 3층을 점령한 학생 두 명이 창틀에 올라서서 '반파쇼 민주화 투쟁 선언'을 낭독하기 시작했다. 순식간에 학생 1,000여 명이 시위대열에 합류해 "살인마 전두환을 타도하자!" 등의 구호를 외쳤다. 시위학생들은 열 배나 많아 보이는 경찰 병력과 맞서 두 시간에 걸친 치열한 투석전을 전개했다. 다수 학생들이 연행되었고 시위 주동자는 형사들에게 개처럼 질질 끌려갔다. 학내 분위기는 크게 술렁거렸다. 곳곳에서 격한 시국토론이 불붙었다.

그로부터 얼마 후인 5월 21일 비슷한 장소에서 더욱 충격적인 사건이 발생했다. 그날은 원래 학예제가 예정되어 있었다. 경찰이 이를 극력 저지하자 1,000여 명의 학생들이 오전 11시 30분부터 침묵시위에 돌입했다. 오후 3시 20분, 김태훈(경제학과 4학년) 학생이 중앙도서관 6층 창문을 열고 "전두환 물러가라!"를 세 번 외쳤다. 그런 다음 곧바로 시멘트 바닥을 향해 투신했다. 광주 출신인 스물셋 젊은 청춘은 역사의 진실을 드러내기 위해 하나밖에 없는 자신의 목숨을 바쳤다. 시신 주위로 학생들이 몰려들었다. 경찰은 최루탄을 퍼부었다. 학생들이 무차별적으로 연행되었다.

수많은 학생들이 충격 속에 휩싸여 쉽게 헤어나지 못했다. 고뇌의 시간을 거치면서 학생들은 여러 경로를 통해 1년 전 광주에서 어떤 일이 벌어졌는지를 알 수 있었다. 광주의 진실에 한 걸음씩 다가가면 갈수록 비굴함, 위선, 현실도피 등의 단어가 학생들의 가슴을 더욱 격하게 짓눌렀다.

5·18광주민주화운동에 가장 즉각적이면서도 격렬한 반응을 보인 것은 학생운동이었다. 학생운동 활동가들은 5·18광주민주화운동 이후 고통스런 번뇌의 시간을 보내야 했다. 특히 서울 지역 학생운동 활동가들은 극심한 죄의식에서 쉽게 벗어나지 못했다. 1980년 5월 서울 지역 대학생들은 이른바 서울역 회군을 통해 신군부의 5·17군사쿠데타에 길을 터주었다. 광주가 피 흘리며 싸우고 있는 순간에도 아무런 행동을 취하지 못했다. 죄의식을 다소나마 털어버릴 수 있는 길은 모든 걸 바쳐 투쟁하는 것뿐이었다.

그로부터 제적과 구속 심지어 죽음까지 불사한 투쟁이 끝없이 이어졌다. 1981년에서 1983년에 이르는 기간 동안 1,400여 명의 학생들이 제적되었고, 그 수를 정확히 알 수 없을 만큼 많은 학생들이 강제 징집되었다. 구속자 수 또한 상당한 규모에 이르렀다. 1980년에서 1987년까지 집회와 시위에 관한 법률, 국가보안법 등으로 구속된 양심수는 1만 2,000여 명이 넘었는데 그 중 절대 다수가 학생운동 출신이거나 활동가였다.

학생운동 활동가들의 자기희생적인 투쟁은 수많은 학생들의 마음을 뒤흔들었다. 5·18광주의 진실에 다가갈 계기를 마련해주었고 나약한 삶을 되돌아보도록 만들었다. 그 결과 학생운동 대열에 합류하는 수가 비약적으로 증가했다. 1980년대 학생운동은 세계사에서 그 유례를 찾아볼 수 없을 만큼 폭발적인 성장을 거듭했다. 전체적으로 볼 때 그 규모가 1년마다 수십 배 이상 불어났다 해도 과언이 아니었다.

학생운동의 치열한 투쟁은 대중의 마음을 움직였다. 5·18광주에 대한 진실 공유는 모든 것의 기초였다. 백성을 향해 총을 난사한 학살자가 여전히 권좌를 지키고 있는 나라에서 투쟁하지 않는 것은 치욕이자 자기기만이었다. 그런 점에서 독재에 정면으로 맞서 투쟁하는 학생운동은 그 자체로 정의의 화신이었다.

학생운동을 지배한 것은 '부채의식의 연쇄사슬'이었다. 학생운동 활동가들은 5·18광주 시민들에게 강한 부채의식을 품고 있었고 자기희생적인 투쟁으로 응답했다. 그러한 모습은 또 다른 부채의식으로 이어지며 훨씬 많은 학생들로 하여금 학생운동 대열에 합류하도록 만들었다. 운동에 참가하지 못하더라도 최소한 양심을 가진 학생들이라면 저마다의 입장에서 부채의식을 가져야 했다. 그들은 자신의 미래를 위해 학업에 열중하면서 투쟁에 동참하지 못한 점을 늘 미안해 했다.

부채의식의 연쇄사슬은 학생 사회를 넘어 일반 시민으로까지 확장되었다. 5·18광주의 진실은 시간이 흐르면서 대부분의 시민 사이에 알려졌다. 산골 벽지 촌부들마저 1980년 5월 광주에서 어떤 끔찍한 일이 일어났는지 알 수 있었다. 5·18광주는 시민들로 하여금 단순명료한 정치적 판단을 내리도록 만들었다. 그 어떤 미사여구와 치적도 학살자의 집권을 정당화시켜줄 수 없었다. 그런 상황에서 학생운동의 자기희생적인 투쟁은 이를 지켜만 봐야 하는 처지에 있던 시민들로 하여금 강한 부채의식을 갖도록 만들었다. 학생 대중과 마찬가지로 시민들 또한 마음으로 학생운동을 지지했고 함께할 수 있는 기회가 오기를 간절히 바랐다. 이 사실은 1985년을 넘어서면서 학생운동을 상징했던 인물들이 대거 '국민 스타'로 등극한 것에서 충분히 확인할 수 있다.

시민들의 부채의식은 학생운동 출신자들이 다양한 영역으로 진출할 수 있는 비옥한 토양으로 작용했다. 학생운동 활동가들은 대학을 떠나 노동, 농민, 청년, 재야 등으로 부챗살처럼 퍼져나가 민주화운동을 일구었다. 민주화운동은 학생운동을 넘어 전 시민적인 운동으로 확대되었다.

1980년대 민주화운동을 지배한 것은 온전한 의미에서 '시민주의'였다. 민주화운동 대열에 속한 사람은 누구나 5·18광주시민 앞에 숙연한 자세를 취했고, 그로부터 전해지는 메시지를 가슴 깊이 새기었다. 저마다 부채의식을 품고 출발한 상황에서 엘리트주의가 발호할 여지는 별로 없었다. 지적 오만을 드러내는 것은 쉽게 경멸 대상이 되었다. 철저한 자기희생을 요구하는 상황에서 어설픈 소영웅주의가 고개를 들 수도 없었다. 학생운동에서 지도적 역할을 했던 핵심 활동가들의 마지막 선택은 대체로 '자발적 감옥행'이었다. 시민주의를 바탕으로 민주화운동은 한층 고결해질 수 있었다. 민주화운동은 해방 이후 좌익운동과는 풍모나 모든 점에서 다른 모습을 보여주었다.

학생운동을 선두로 민주화운동은 전두환 군사정권을 향해 파상공세를 취했다. 걷잡을 수 없이 늘어나는 시위 대열과 게릴라전을 응용한 시위 전술 등으로 경찰력은 빠르게 무력화되어 갔다. 여당 중앙당사 등에 대한 잇따른 점거 투쟁은 정권에게는 경종을 울림과 동시에 시민들 가슴을 통쾌하게 만들었다. 구속자 가족들의 열정적 활동은 민주화운동에 대한 국민적 반향을 불러일으켰다.

1987년은 단군 이래 최고 호황이라고 하는 '3저 호황'◆ 한복판을 통과하고 있던 무렵이었다. 3저 호황으로 중산층의 경제 사정은 눈에 띄게 호전되고 있었다. 정치 상황을 외면하고 현실에 안주하기 딱 좋은 환경이었다. 하지만 시민들은 전혀 다른 태도를 취했다. 가령 서울대 사회과학연구소가 그 해 5월 초 중산층 1,043명을 대상으로 실시한 의식조사 결과에 따르면 응답자의 85.7%가 경제성장을 늦추더라도 인권을 신장시켜야 한다고 대답한 것으로 나타났다. 부채의식에서

◆ 1986년에서 1988년까지 진행된 현상으로 저유가, 저금리, 저달러로 야기된 호황을 가리킨다. 국제원유가격의 하락으로 빚어진 저유가는 수입 원자재 비용 부담을 크게 줄였다. 국제 금리 인하로 인한 저금리는 상당한 규모에 이르렀던 외채 상환 부담을 대폭 경감시켜 주었다. 달러 대비 엔화 가치 급등은 일본 제품 대비 한국 제품 경쟁력을 강화시키면서 대미 수출 급증을 가능하게 했다. 3저 호황은 이 모든 것이 빚어낸 종합적 결과였다.

자유로울 수 없었던 시민들에게 민주화는 경제적 이해타산을 넘어서는 과제였다.

전두환 정권은 자기 무덤을 팠다. 민주화 세력이 요구한 직선제 개헌을 포기하고 군사쿠데타 주역인 노태우에게 권좌를 넘겨주려고 획책했다. 분노한 시민들은 거리로 쏟아져 나왔다. 6월 민주항쟁의 막이 오른 것이다.

전두환 정권은 군부대를 투입해 시위를 진압하기로 마음먹었다. 6월 19일 오전 10시 30분 청와대 군 고위관계자 회의에서 전두환은 다음날 새벽 4시까지 군부대가 작전 지역으로 이동할 것을 지시했다. 시민들은 조만간 군부대가 투입될 것임을 즉시 간파했다. 긴장이 감도는 바로 그 순간 부산 시민들이 적극적으로 치고 나갔다. 당시 부산 시민들을 움직인 것 역시 부채의식이었다.

부산 시민들은 1979년 부마항쟁으로 박정희 정권 몰락을 주도했다는 자부심을 갖고 있었다. 그러면서도 다른 한편에는 5·18광주민주화운동 당시 침묵을 지킨 것에 대한 남다른 부채의식이 있었다. 6월 민주항쟁 기간 동안 다수 시민들이 모인 자리에서는 으레 광주에서 피 흘리며 싸울 때 침묵한 것에 대한 부채를 이번에 반드시 갚자는 발언이 쏟아졌다. 그때마다 뜨거운 환호 소리가 울려 퍼졌다.

6월 18일 부산 시내는 계엄령설이 파다하게 퍼져 있는 가운데 군용 헬기까지 상공을 배회하는 등 극도의 긴장감이 휩쓸고 있었다. 긴박한 상황에서 가톨릭센터 농성 학생들이 비장한 각오로 휘발유통을 들고 옥상 위로 올라가 군부대가 투입되면 분신할 것임을 선언했다. 소문은 순식간에 퍼져 나갔다. 수십만 시민들이 몰려들어 학생들을 지키자며 주변 도로를 가득 메운 채 시위를 계속했다.

부산에서 불붙은 시위는 전국으로 확산되었다. 거센 시위 물결은 그 무엇으로도 막을 수 없었다. '광주의 전국화'라고 부를 수 있을 만큼 전국 어디든지 시민들은 죽음을 두려워하지 않고 싸울 각오가 되어 있었다. 전두환 정권은 군부대 투입을 포기하고 두 손 들고 말았다. 전두환 정권은 직선제 개헌 등의 민주화 요구를 수용했다.

민주화 대장정은 온갖 고난을 무릅쓴 끝에 승리의 봉우리에 올라섰다. 1987년 7월 9일 100만여 명의 시민이 참여한 가운데 시위 중 사망한 이한열 학생의 장례를 치르는 것으로 6월 민주항쟁은 대단원의 막을 내렸다.

자신감과 열정, 시민사회운동의 폭발

6월 민주항쟁의 승리는 시민사회운동의 폭발적 성장으로 이어졌다. 여기에는 일정한 필연성이 작용했다.

민주화 대장정 시기에 모든 힘을 민주화에 집중하면서 다른 이슈는 유보되거나 억제되었다. 민주화 대장정 승리와 함께 다양한 요구를 자유롭게 분출할 수 있는 여유가 생겼다. 민주화 자체가 그럴 수 있는 보다 자유로운 공간을 제공하기도 했다. 보다 중요한 점은 시민들의 의식 변화였다. 민주화 대장정이 승리하면서 시민 의식은 혁명적 변화를 겪었다. 시민들은 군사독재와의 맞대결에서 승리한 경험을 통해 자신들이 지닌 무한한 잠재력을 깨달을 수 있었다. 그래봐야 계란으로 바위 치기 아니냐며 민주화 투쟁에 냉소를 보이던 사람들조차 태도를 바꾸었다.

시민들은 자신을 대단한 존재로 여기기 시작했다. 역사의 무대 한복판에 진출해 원하는 세상을 만들어보겠다는 자신감과 열정으로 넘쳐났다. 가장 즉각적으로 진출한 사람은 노동자들이었다.

6월 민주항쟁 이전 노동자들은 대체적으로 시키면 시키는 대로 하고, 주면 주는 대로 받는 순응과 체념의 삶을 살고 있었다. 1984년에서 1985년까지 서울 구로공단 등에서 민주노조가 출현하기도 했으나 전두환 정권 탄압으로 모두 파괴되었다. 노동자들은 더욱 깊은 패배의식에 빠져들었다. 사태의 심각성을 지켜본 학생운동 출신 노동운동가들은 앞으로 상당 시간 한국에서 합법적인 노조운동이 불가능할 것이라고 전망하기도 했다. 그러던 노동자들이 일순간에 달라졌다.

6월 민주항쟁의 열기가 채 식기도 전인 7월부터 노동자들은 약속이라도 한 듯이 일제히 투쟁 속에 돌입했다. 7·8·9월 노동자 대투쟁이 시작된 것이다. 투쟁은 한 점 불꽃만 튀기면 일거에 폭발하는 양상으로 전개되었다.

투쟁의 불길은 대표적인 공업 도시인 울산을 일거에 뒤덮었고 순식간에 부산, 거제, 마산, 창원 일원으로 번져나갔다. 서울, 인천, 부천, 안양, 성남 등 수도권 역시 노동자 대투쟁의 불길 속에 휩싸여갔다. 업종별로도 가장 큰 비중을 차지한 제조업을 포함해 운수업, 광업, 사무직, 판매, 서비스직에서 의료 등 전문직에 이르기까지 폭넓게 확산되었다. 액면 그대로 지역과 업종을 두루 망라한 전국적 투쟁이었다.

3개월에 이르는 투쟁 기간 동안 새롭게 결성된 노동조합은 자그만치 1,060개에 이르렀다. 지난 1980년부터 1986년까지 만들어진 노동조합의 수를 훨씬 뛰어넘었다. 불과 1년 전에 있었던 학생운동 출신

노동운동가들의 비관적인 전망을 일거에 뒤엎은 것이다. 아울러 대투쟁 기간 동안 발생한 노동쟁의 건수는 3,458건으로 하루 평균 40여 건씩 터져 나온 셈이었다. 1986년 하루 평균 0.76건에 비해 무려 50배나 증가한 것이었다. 가히 봇물 터지는 기세였다고 할 수 있다.[18]

한번 달아오른 노동자 투쟁의 열기는 쉬이 식지 않았다. 1988년 한 해 동안 임금인상투쟁의 물결 속에서 2,000여 개의 신규 노조가 결성되었다. 폭발적으로 증가한 노동조합은 지역, 업종, 그룹 등 다양한 영역에 걸쳐 연대를 강화해나갔다. 이러한 노력은 1995년 산업별 조직과 지역본부 체계를 갖춘 전국민주노동조합총연맹(민주노총, KCTU)의 탄생으로 이어졌다. 마냥 무시당하던 노동자들이 한국 사회에서 어느 누구도 무시할 수 없는 한 축으로 등장한 것이다.

유사한 흐름이 다양한 영역에서 폭발적으로 진행되었다. 시골 촌놈이라고 무시 받던 농민들은 농민회 조직 결성으로 자존심을 마냥 드높였다. 늘 이등시민 취급받던 여성들의 적극 참여로 여성단체 활동이 비약적 발전을 거듭했다. 각종 의제를 중심으로 한 시민운동도 빠르게 활성화됐다. 과거 사치스런 의제로 취급받던 환경 문제도 시민들 사이에서 주요한 관심사로 떠올랐다.

1991년 3월 14일 구미 두산전자 공장에서 페놀 30톤이 낙동강으로 흘러들었다. 영남 지역이 발칵 뒤집어졌다. 환경단체들은 맹렬한 활동을 전개했다. 환경단체 활동이 미친 영향은 매우 컸다. 업계 부동의 1위였던 두산그룹 계열사 맥주는 일거에 추락했다. 과거 상상도 못했던 생수 판매가 본격화되는 등 생활 문화까지 달라졌다.

여성단체들은 전통과 관습이라는 이름 아래 남성 중심 가부장제를 구조화하고 성차별을 제도화했던 호주제 폐지를 위해 끈질긴 투쟁을 전개했다. 유림을 위시한 보수적인 사회 흐름이 거세게 저항했다. 하지만 여성들의 투쟁 의지를 꺾을 수 없었다. 2005년 국회에서 호주제 폐지를 골자로 한 민법 개정안이 통과되었다. 1953년 첫 개정안을 낸 지 무려 52년 만에 거둔 귀중한 승리였다.

시민사회운동의 힘을 가장 확실하게 보여준 곳은 노동계였다. 민주노총이 정부와의 맞대결에서 승리를 거둔 것이다.

김영삼 정부 시절인 1996년 12월 26일 새벽. 여당인 신한국당이 단독으로 개악된 노동법과 안기부법을 날치기로 통과시키는 사태가 발생했다. 개악된 노동법은 정리해고제 도입, 동일사업장 내 대체 근로와 신규 하도급 허용 등 신자유주의 구조조정을 제도적으로 뒷받침하기 위한 것이었다.

민주노총은 즉각 총파업으로 응수했다. 민주노총 총파업투쟁은 1997년 1월 18일까지 23일 동안 지속되었다. 모두 528개 노조 40만 3,000여 명의 노동자들이 한 번 이상 파업에 참가했다. 민주노총 총파업투쟁에 발맞춰 전국적으로 20개 이상 지역에서 집회가 연일 개최되었고, 참여 연인원은 100만 명이 넘었다. 총파업투쟁에 대한 각계 지지도 잇달았다. 자체적인 여론 조사 결과로는 70% 이상의 국민이 민주노총 총파업투쟁을 지지한 것으로 나타났다.[19] 궁지에 몰린 김영삼 정부는 백기를 들었다. 날치기는 무효화되었고 민주노총 간부에 대한 검거령도 모두 취소되었다. 민주노총은 일약 세계 노동운동계의 영웅으로 부상했다. 민주노총의 이니셜인 'KCTU'는 승리를 상징하는 로고가 되었다.

시민사회운동이 크게 성장하면서 소수가 독점했던 권력은 사회 여러 영역으로 분산되었다. 시민사회운동은 '사회 권력'이라는 새로운 이름의 권력 행사 주체가 되었다. 더 이상 그들은 역사라는 무대의 관객에 머물지 않았다. 그들을 지배한 것은 자신감과 열정이었다. 영향력이 커질수록 권력 또한 커지며 그들은 자신의 존재감을 더욱 뚜렷이 표현해나갔다.

5·18광주민주화운동에서 6월 민주항쟁을 거쳐 노동자 대투쟁과 각종 시민사회운동의 성장에 이르기까지, 우리 역사는 시민주의가 승리를 구가하며 꽃을 피우는 시절을 맞이했다. 우리는 이 역사적 사건들에서 세 가지 특징을 발견할 수 있다.

첫째, 모든 투쟁은 시민들의 자발적 판단과 선택, 결심이 만들어낸 역사였다. 전체 과정을 기획하고 이끈 소수 엘리트 집단은 그 어디에도 존재하지 않았다. 만약 소수 엘리트 집단이 기획해서 이끈 결과라고 간주한다면 엄청난 모독이 될 것이다. 부분적으로 활동가들이 의미 있는 역할을 수행하기도 했지만 시민의 자발적 진출을 돕는 정도에 그쳤을 뿐이다.

둘째, 결정적 순간마다 시민들은 시대의 과제를 담은 메시지를 던짐으로써 높은 리더십을 발휘했다. 5·18광주민주화운동이 던진 메시지는 "두려워 말고 독재에 맞서 싸워라"였다. 가장 적극적으로 반응한 측이 학생운동이었으며 이후 민주화 세력 전체가 이를 가슴으로 받아안았다. 6월 민주항쟁이 던진 메시지는 "자신감을 갖고 세상을 바꾸어나가라"였다. 역시 적극적으로 반응한 측은 노동자들이었으며 이후 시민사회운동 전체가 그 메시지를 가슴 깊이 품었다.

셋째, 일련의 국면을 거치며 시민 스스로 보다 높은 단계로 발전해 갔다. 1960년 4월 혁명을 승리로 이끌었던 시민들은 죽음에 대한 두려움으로 5·16군사쿠데타 앞에서는 저항을 포기했다. 5·18광주민주화운동은 죽음에 대한 두려움을 극복하고 군부세력에 맞서 저항했다. 하지만 당시 광주는 다른 지역들에게서 멀리 떨어지고 고립된 채 외로운 투쟁을 이어가야 했다. 6월 민주항쟁은 죽음을 두려워하지 않는 5·18광주의 정신을 계승함과 동시에 지역적 고립을 완전히 극복했다. 이처럼 시민들은 중요한 순간마다 무엇이 문제인지를 깨닫고 자신의 한계를 극복하며 세상을 바꾸어가는 능동적 주체로 성장해갔다.

퇴행의 시대 속으로

1997년 외환위기를 계기로 신자유주의가 한국 사회를 움직이는 지배 원리가 되었다. 그 결과는 사회적 양극화와 불평등 심화였다. 이는 누구나 경험해온 바이기에 더 이상 재론할 필요가 없을 것 같다. 문제는 그 여파가 일시적인 것에 그치지 않고 구조화되고 장기화되었다는 데 있다.

외환위기를 계기로 한 신자유주의 상륙은 과거 군사쿠데타 못지않은 '경제쿠데타'였다. 마땅히 5·18광주민주화운동이나 6월 민주항쟁과 같은 강력한 시민 리더십을 발휘하는 과정이 있어야 했다. 하지만 시민 리더십은 발휘되지 않았다. 시민주의는 외환위기 이후 짧게는 10년 길게는 20년 가까이 거의 실종되다시피 했다. 5·18광주민주화운동이 던진 "두려워 말고 독재에 맞서 싸워라", 6월 민주항쟁이 던진 "자신감을 갖고 세상을 바꾸어나가라"처럼 일관되게 시민들의 가슴을 달굴 만한 메시지도 없었다.

외환위기라는 중대 사건을 겪으면서 시민주의가 실종된 것은 한국 현대사에서 커다란 의문 부호를 남기는 지점이다.

잠재력 측면에서 보자면 신자유주의에 맞서 시민 리더십이 발휘될 수 있는 여지는 충분했다. 외환위기가 발생하기 얼마 전 민주노총은 신자유주의 구조조정 차원에서 김영삼 정부가 추진한 노동법 개악을 막아낸 적이 있었다. 노동계는 신자유주의의 방어벽이 되기에 충분한 힘을 갖고 있었다. '노사모'로 표현된 시민 주체의 정치운동은 노무현 정부 탄생으로 기존 질서를 뒤바꾸어 놓을 만큼 놀라운 파괴력을 발휘했다. 하지만 이 모든 잠재력은 제대로 발휘되지 못한 채 사장되었다.

강력한 흐름을 형성했던 시민주의가 실종된 원인은 무엇일까? 우선 두 가지 직접적인 원인이 있다.

먼저 김대중·노무현 정부가 미친 영향을 꼽을 수 있다. 시민주의의 흐름을 주도적으로 이끌던 사람들 중 상당수는 김대중·노무현 지지자들이었다. 그러나 이들 정부는 신자유주의를 대안으로 인식하고 적극 추종했다. 김대중·노무현 정부 정책 방향이 시민주의의 향배에 미친 영향은 매우 컸을 것으로 짐작된다. 자신이 지지하는 정부 정책에 맞서 시민주의가 저항할 가능성은 아무래도 적을 수밖에 없었다.

다음으로 노동운동 활동가들의 취약했던 인식 수준을 들 수 있다. 신자유주의가 집중적 공격 대상으로 삼은 것은 노동자들이었다. 노동자들은 금융자본 이익 극대화를 위한 제물이었다. 신자유주의가 구조조정을 일상적으로 압박한 것은 이를 입증한다. 신자유주의의 대척점에 서야 하는 것은 의심할 여지없이 노동계였다. 노동계는 신자유주의 상륙을 막아낼 마지막 방어벽이 되어야 했다.

하지만 노동계의 방어벽은 너무 쉽게 무너졌다. 외환위기 다음 해인 1998년 초 민주노총을 포함한 노동자 단체와 사용자 단체, 정부 대표들이 참여하는 '노사정위원회'가 개최되었다. 노사정위원회는 정리해고 도입과 파견법 제정 등 노동시장 유연화 법제화에 합의하였다. 비정규직 양산을 뒷받침하는 법 장치가 모두 포함되어 있었다. 민주노총은 대의원대회를 소집해 이를 추인했다. 민주노총은 그 대가로 민주노총 및 전교조 합법화, 노동조합 정치활동 보장 등의 양보를 얻어냈다.

많은 금융기관과 기업들이 외환위기를 계기로 대규모로 부실화된 상태였다. 이를 수습하자면 구조조정이 상당 정도 불가피했던 게 사실이다. 그럼에도 그 부정적 영향이 파괴적 수준에 이르렀던 사항들을 이렇게 졸속 합의 처리한 것은 분명 문제가 있었다. 타협이 불가피한 상황이라 하더라도 관련 입법을 일정 기간만 적용하는 한시법으로 못 박고 그사이 보다 근본적인 대책을 마련하기로 합의했어야 했다. 1998년 초 노동계의 선택은 타협이 아니라 명백한 백기 투항이었다. 민주노총이 합의 대가로 얻어낸 양보도 마땅히 누려야 할 권리의 일부였을 뿐이다.

노동계의 투항은 당시 관련 활동가들의 수준을 액면 그대로 보여주었다. 노동운동 활동가들은 외환위기가 어떤 맥락에서 발생했고 노동시장 유연화가 궁극적으로 노리는 것이 무엇인지 등에 대해 제대로 꿰뚫고 있지 못했다. 그들은 막연한 공포의 포로가 되어 자신의 본분을 망각했다.

노동운동은 6월 민주항쟁 여파로 활성화된 시민사회운동 중에서도 가장 강력한 힘을 행사하던 분야였다. 그런 노동운동이 신자유주의 공세 앞에 백기 투항했다. 시민주의 향배에 커다란 영향을 미칠 수밖에 없었다.

이상 외환위기 이후 시민주의 실종에 영향을 미친 두 가지 요인을 살펴보았다. 매우 중요한 요인이기는 했지만 그것만으로 모든 걸 설명할 수는 없다. 시민주의의 본질은 권력기관이나 (부분적으로는 활동가를 포함하는) 엘리트 집단의 판단과 무관하게 시민들 스스로 역사의 무대에 진출해 리더십을 발휘하는 것이기 때문이다.

우리를 곤혹스럽게 하는 것은 바로 이 지점이다. 6월 민주항쟁 이후 폭발적으로 활성화된 시민사회운동은 매우 높은 수준에서 시민 주체들을 훈련시켰다. 이들 시민 주체들은 외환위기를 맞이해 시민 리더십을 발휘할 가능성이 매우 높았다. 그런데 아무 움직임이 없었다. 이유가 무엇일까?

한 가지 가설을 세울 수 있다. 외환위기가 시민 주체의 교체가 일어나는 과도기에 발생했다는 가설이다. 요컨대 기존 시민 주체가 엘리트주의에 오염되어 기득권 세력에 가까워졌지만 새로운 시민 주체가 등장하지 않은 상태에서 외환위기가 터졌을 가능성이 있다. 시민 리더십 발휘가 객관적으로 어려울 수 있었던 것이다.

기존 시민 주체가 정말로 기득권 세력에 가까워졌는지 여부를 판단하는 것은 상당한 주의를 요구한다. 이를 뒷받침할 객관적 자료가 명확히 정리되어 있는 것도 아니고 자칫하면 싸잡아 매도하는 우를 범할 수 있기 때문이다. 그래도 어느 정도는 진실에 접근할 수 있다. 조금은 고통스러운 이야기지만 내가 속해 있는 '86세대 프리즘'이 그것을 가능하게 해준다.

엘리트주의에 물든 86세대

86세대의 최초 명칭은 386세대였다. 1960년대에 출생했고 1980년대에 대학을 다녔으며 30대에 왕성한 사회 활동을 해온 '민주화운동 출신자'들을 아우르는 명칭이다. 이후 나이를 먹으면서 486세대 혹은 586세대로 바뀌었다가 지금은 통칭 86세대로 불리고 있다.

86세대는 우리 역사에서 매우 독특한 존재이다. 86세대는 산업화와 민주화를 동시에 달성하는 주도적 역할을 수행했으며 그 성과를 가장 크게 누려온 세대이다. 처음으로 의미심장한 승리를 경험한 세대이기도 하다. 그런 점에서 86세대는 그 어떤 세대보다도 강한 자부심을 품고 살아왔다. 기회가 있으면 왕년에 한 가닥 했음을 내비치는 게 이들 세대의 공통적인 특징이라고 할 수 있다.

하지만 86세대가 추억 속에 간직하고 있는 과거 모습과 민주화투쟁 승리 이후 살아온 모습은 크게 달랐다. 과연 86세대가 민주화투쟁 승리 이후 어떤 궤적을 그렸는지 최대한 비판적 입장에서 살펴보자.

1987년 민주화투쟁 승리로 국면이 바뀌자 86세대 다수는 '저항의 시대'에서 '점령의 시대'로 코드를 전환했다. 이후 86세대 다수를 지배한 것은 이른바 '고지론'이었다. 고지는 기존 질서 안에 존재하는 상층부였다. 자신이 지위를 갖고 권력을 행사할 수 있는 그 고지를 점령하면 원하는 대로 세상을 바꿀 수 있다고 보았다. 그래서 물불 안 가리고 좀 더 높은 곳으로 올라서기 위해 치열하게 경쟁했다.

점령을 위한 사투 과정에서 86세대는 시민으로부터 점점 멀어져 갔다. 그들이 더욱 믿고 의지한 것은 시민이 아니라 지위와 권력 그리고 돈이었다. 여기에 자기 능력을 더하면 세상을 바꿀 힘이 나올 것이라 믿었다. 하지만 그들 대부분은 점령 과정에서 기존 문법만을 따라 하며 그나마 품고 있던 상상력을 모두 잃어버리고 말았다. 정작 원했던 자리에 올라섰을 때 그들은 아무것도 할 수 없었다.[20]

지위와 권력, 돈에 자신의 능력까지 결합시키면 세상을 바꿀 수 있다고 믿는 것이야말로 엘리트주의의 전형이었다. 한때 5·18광주시민의 리더십에 자신을 의탁하면서 엘리트주의에 거리를 두었던 86세대 다수는 그런 식으로 엘리트주의에 오염되어 갔다. 과거 자신들이 귀의했던 시민주의를 등진 것이다.

86세대가 엘리트주의에 오염되었음은 엘리트주의를 가장 경계해야 할 진보정당운동에서 한층 적나라하게 드러났다(진보정당이라는 표현이 적합한지 문제제기가 있을 수 있으나 통상적 표현이기에 그대로 쓴다).

(86세대가 주축이 된) 진보정당운동을 지배한 흐름 역시 개인과 그룹의 권력 추구가 모든 것을 규정하고 지배하는 엘리트주의였다. 나 혹은 우리 그룹만이 옳고 우리가 권력을 잡아야 세상을 구원할 수 있다는 오만과 독선이 팽배했다. 가장 우선해야 할 시민의 단결과 정치적 진출은 쉽게 무시되거나 훼손되었다. 이러한 경향은 지도력, 조직성, 사상과 노선의 이름 아래 철저히 정당화되었다. 시간이 흐르면서 진보정당 주역들의 사고 속에는 그룹 갈등 구도만 남고 시민의 존재

는 지워졌다.

기억하기조차 싫은 한 사건은 이 모든 것을 압축적으로 보여준다. 2012년 통합진보당은 국회의원 비례후보 경선을 둘러싼 부정 시비로 몸살을 앓고 있었다. 누가 부정을 저질렀든 관계없이 그것은 당 내부에서 발생한 것이었다. 당 지도부는 지도부와 당원, 당과 유권자의 관계에서 이 문제를 해명하고 사과해야 마땅했다. 하지만 당 지도부와 일부 대열은 정치 그룹 간 갈등 문제로 치환하고 대응했다. 급기야 사태는 중앙위원회에서 폭력이 난무하는 최악의 지경에 이르고 말았다.

개인과 그룹의 권력 추구가 철저히 우선되면서 진보정당은 끊임없는 갈등과 내분에 휩싸였고 분당과 통합을 반복했다. 그 과정에서 진보정당을 지지하던 시민들은 갈기갈기 찢겨졌다. 노동현장은 분열로 황폐화되었다. 진보정당운동이 핵심 동력으로 간주했던 '노동자 정치 세력화'는 노동계의 정치적 해체로 귀결되었다.

86세대는 저마다의 위치에서 영향력을 키워갔다. 영향력을 발휘하는 만큼 더 많은 권력을 균점했다. 어느 순간 86세대는 정치권의 주역으로 부상했다. 권력의 맛은 달콤했다. 86세대는 권력에 취해 가랑비에 옷 젖듯이 기득권에 포섭되어 갔다. 김대중·노무현 정부 출범은 이 점에서 결정적 전환기가 되었다.

기득권에 포섭되면서 86세대는 신자유주의에 오염된 기존 질서를 바꾸기보다는 그 속에서 자신의 이익을 추구하는 데 더욱 익숙해져 갔다. 갈수록 권력과 돈, 자리에 연연하는 속물로 변해갔다. 문재인 정부 고위 공직자 재산 내역은 그 일단을 보여 주었다. 자리를 탐하고 재산 불리기에 집착한 사람들이 신자유주의 문제에 대해 고민해본들 얼마나 할 수 있겠는가?

민주화투쟁 승리 이후 극소수를 제외하고는 86세대 대부분이 승리의 과실을 서로 차지하기 위해 치열한 다툼을 벌였다. 너도나도 내가 저 자리를 차지하면 세상은 달라질 것이라는 엘리트주의의 포로가 되어 있었다. 그 자신은 끝내 기득권 세력에 포섭되면서 진정으로 세상을 바꿀 존재인 시민들을 아웃사이더로 밀어냈다.

모든 기득권은 희생양을 낳기 마련이다. 86세대가 기존 질서 안에서 기득권을 향유하고 있는 사이 그 맞은편에는 덤터기를 뒤집어쓴 청년 세대가 고통스런 신음소리를 내뱉고 있었다. 청년 세대는 일자리에서 뚜렷한 소외를 겪었다. 단적으로 15~29세 청년 고용률은 40% 수준에 머물렀다. 청년 10명 중 6명이 백수 신세였던 것이다.[21] 어렵사리 취업을 해도 다수가 비정규직으로 흘러들어갔다. 이렇듯 청년 세대가 체제의 희생양이 된 것은 우리 역사에서 처음 있는 일이었다.

부모가 비정규직이고 자녀가 정규직이라면 그 가정은 나름대로 희망을 품고 살 수 있다. 반대로 부모가 정규직인데 자녀가 비정규직이라면 그 가정은 희망을 갖기 어렵다. 외환위기를 겪은 한국 사회는 바로 후자의 사례가 되었다.

86세대는 자신보다 못한 삶의 조건을 후대에게 물려준 최초의 세대라는 불명예를 안을 가능성이 매우 커졌다. 우리 역사상 가장 성공한 세대에서 가장 실패한 세대로 전락할 수 있는 것이다. 86세대 프리즘은 기존 시민 주체들 다수가 엘리트주의에 물들면서 기득권 세력으로 전락해갔음을 강하게 암시해준다. 그 결과 외환위기 이후 시민 리더십이 발휘되지 못했고 시민주의가 끝내 실종되었을 가능성이 크다.

이러한 사실로 볼 때 엘리트주의는 시민주의를 파괴할 가능성이 있으며 둘은 쉽게 양립할 수 없음을 알 수 있다. 엘리트주의는 시민주의의 적이 될 수 있는 것이다. 물론 그렇다고 해서 시민주의가 엘리트 자체를 배격하는 것으로 이해해서는 곤란할 것이다. 시민주의가 경계하는 것은 엘리트주의이지 엘리트 자체가 아니다. 전체적으로 볼 때 소수이지만 외환위기 이후에도 시민주의에 충실하고자 노력한 엘리트들이 존재했다. 척박한 환경에서도 여러 활동가, 전문가, 오피니언 리더들이 시민주의 가치 실현에 헌신했고 그들의 삶은 충분히 조명받아야 한다.

노동자들의 '각자도생'

외환위기 이후 시민주의가 실종되면서 공통의 가치와 목표를 지향하는 흐름도 크게 퇴색했다. 이 시기 사람들을 지배한 것은 5·18광주민주화운동 이후 부채의식도, 6월 민주항쟁 이후 자신감과 열정 그 어느 것도 아니었다. 일부 민주시민 사이에 남아 있던 부채의식도 노무현 정부 출범과 함께 완전히 사라졌다. 이러한 조건에서 사람들을 움직였던 힘은 무엇일까? 결론적으로 '각자의 이익'이었다. 한국 사회는 액면 그대로 각자의 이익을 우선하는 시대에 들어섰다.

외환위기 이후 한국 사회의 지배 원리로 등장한 신자유주의는 돈에 최고의 가치를 부여함과 동시에 개인의 자유로운 이익 추구를 적극 옹호했다. 한국 사회는 놀라울 정도로 빠르게 신자유주의 사상에 길들여져 갔다. 일시에 돈 바람이 불었다. 사람들은 만났다 하면 돈 이야기 속으로 빠져들었다. 너도나도 쉽게 돈을 벌 수 있는 정보를 갈구하면서 재테크 관련 책들이 버젓이 베스트셀러가 되었다.

노동의 가치를 옹호하고 개인을 넘어 집단 연대를 추구해야 할 노동자들 역시 이 점에서 크게 다르지 않았다.

1998년 노사정위원회 합의로 정리해고가 합법적 지위를 얻자 곧바로 정리해고 칼바람이 거세게 불어 닥쳤다. 노동자들은 노동조합이 자신을 끝까지 보호해줄 수 없음을 깨달았다. 그들 입장에서 궁극적으로 자기를 책임질 수 있는 것은 오직 자신뿐이었다. 노동자들 사이에서는 나부터 살고보자는 심리가 빠르게 확산되었다. 그들은 만약에 있을 지도 모를 정리해고에 대비해 한 푼이라도 더 벌기 위해 사력을 다했다. 노동자들은 잔업 철야 시간을 늘려가면서까지 생존의 아귀다툼을 벌였고, 일부 사업장에서는 일감을 놓고 다투는 현상마저 나타났다.

7·8·9월 노동자 대투쟁 이후 몇 년 동안 대기업 노동자들의 투쟁은 노동자 전체 이익을 증대시키는 데 기여했다. 대기업 노동자들 투쟁을 지켜본 중소기업 사용자들이 쟁의 예방을 위해 알아서 자사 노동자들의 처우를 개선해주었기 때문이다. 하지만 외환위기 이후 사정은 판이하게 달랐다.

노동계 주력으로 등장한 대기업 정규직 노동자들은 전체 노동자의 보편적 이익보다는 자신들의 이익 증대에 집중했다. 노동조합 또한 눈앞 이익 추구에 충실했고, 조합원의 배타적 이익 추구를 위한 도구로 기능했다. 그 결과 대기업 정규직 노동자들의 평균 소득은 중상류층 수준에 올라설 수 있었다. 상당 정도는 노동자 내부의 심각한 불균등으로 이루어진 결과였다. 노조 조직률이 2%에 불과한 중소기업 노동자들은 대기업 이익 증대의 희생양으로 전락했다. 임금 수준은 대기업 노동자의 절반밖에 되지 않는다.

심각한 아이러니가 아닐 수 없다. 대기업 정규직 노조는 1998년 노사정위원회 합의에 직접적 책임이 있다. 그런 노조는 사회적 양극화가 심화되는 조건에서도 대체로 잘 나갔다. 반면 노사정위원회 합의에 전혀 책임이 없는 중소기업 노동자들과 청년들은 철저한 희생양으로 전락했다. 노동운동이 가장 앞장서서 옹호해야 할 사회 정의의 원칙을 스스로 심각하게 훼손한 것이다.

각자의 이익을 우선하는 현상 일반에 대해 마냥 도덕적 잣대로 비난할 수만은 없다. 어떤 측면에서 보자면 과거 무조건적인 자기희생을 요구했던 시대에서 벗어나 자신의 삶을 찾아나가는 정상화 과정의 일부일 수도 있다.

문제는 외환위기 이후 각자의 이익 추구가 사회적 불평등 심화와 청년 세대 소외 증가와 깊숙이 맞물려 진행되었다는 데 있다. 애덤 스미스Adam Smith가 기대했던 각자의 이익 추구가 모두의 이익 증대로 자연스럽게 이어지는 현상은 일어나지 않았다. 사회가 강자와 약자로 확연히 갈라져 있는 조건에서 각자의 이익 추구는 사회적 약자를 희생양으로 만들기 쉬웠다. 문제는 약육강식의 사회 구조였다.

시민 리더십의 화려한 부활, 촛불시민혁명

외환위기를 거치면서 그때까지 흐름을 주도했던 시민 주체들은 기득권 세력에 한층 가까워졌다. 반면 새로운 시민 주체의 출현은 즉각

적으로 이루어지지 않았다. 시민주의는 힘을 잃었고 대신 엘리트주의
가 사회 전반을 지배했다. 시민주의의 관점에서 보았을 때 외환위기
이후 10년은 퇴행의 시대였다.

긴 터널을 지나 2008년에 이르러 새로운 시민 주체의 출현을 알리
는 사건이 발생했다. 이명박 정부의 광우병 위험 미국산 쇠고기 수입
결정으로 촉발된 촛불시위다. 2008년의 촛불시위는 주최 측 추산 연
인원 300만 명 정도가 참여한 가운데 5월 2일부터 7월 12일까지 진행
된 평소 찾아보기 힘든 대규모 시위였다.

새로운 시민 주체의 출현

2008년 촛불시위 도화선 역할을 한 사람들은 10대 학생들이었다.
10대들은 이명박 정부가 영어몰입 교육 도입, 특목고 확대, 0교시 수
업 허용 등을 추진하면서 잔뜩 '뿔'이 돋아 있던 중이었다. 이명박 정
부가 광우병 위험 미국산 쇠고기를 수입하기로 방침을 정하자 10대들
은 격렬한 분노를 느꼈다. 10대들은 수입 쇠고기가 학교 급식을 통해
자신들에게 공급될 것이 분명하다고 보았다.

57만 명의 회원이 참여하고 있던 '미친 소를 몰아내는 10대연합',
'안티이명박까페' '미친소닷넷' 등 온라인 단체들은 촛불집회를 적극
추진했다. 10대들이 주축을 이룬 이들 온라인 단체들은 촛불집회를 제
안하고 실무 준비까지 담당했다.

5월 2일 10대 여학생들이 서울 청계천 광장에 모여 처음 촛불을
들었다. "미친 소, 너나 먹어"라는 여학생들의 외침은 세상을 뒤흔
드는 출발점이 되었다. 세상은 여학생들에게 '촛불소녀'라는 이름을

선사했다.

10대들은 촛불시위 초기 국면을 주도했다. 촛불시위 초기 참가자의 50~60%는 이들 10대들로 채워졌다. 시간이 지나면서 20대와 30대 청년들이 가세했다. 40대 이상 참여자 수도 늘었지만 전체적인 흐름은 10~30대 청년들이 일관되게 주도했다. 이들은 대부분 기존의 시민사회운동 단체들과는 거의 무관한 존재였다.

청년들은 기성세대 입장에서는 매우 당혹스러울 정도로 전혀 새로운 집회 문화를 선보였다. 그럼으로써 그들 자신이 전혀 다르게 사고하고 행동하는 새로운 시민 주체임을 강렬하게 드러냈다.

2008년 촛불시위를 주도적으로 이끈 청년들은 그 어떤 조직에도 구속되는 것을 꺼렸다. 심지어 누군가 자신을 가르치려 들거나 이끌려고 하면 강한 거부감을 드러내기도 했다. 촛불시위의 중심은 참가자 각자였다. 전체 대열을 이끌고 가는 지도부도 따로 존재하지 않았다. 시위 참가자들 각자가 판단해 움직였고 필요하면 즉석에서 열띤 토론을 벌이기도 했다. 참가자들이 한 곳에 모여 집회를 할 때도 연사의 준비된 정치 연설이 아닌 참가자들의 자유 발언이 줄을 이었다.

청년들은 촛불시위를 함께 어울려 춤추고 노는 축제의 장으로 만들었다. 그들에게 투쟁과 놀이는 처음부터 하나였다. 청년들은 이전 시기 집회와 시위를 지배했던 비장함과 강인함을 부드러움과 여유로움으로 대체했고, 물리적 힘을 문화 예술적 상상력과 재기발랄함으로 대체했다. 보는 사람들 사이에서 폭소와 박수가 터져 나오도록 만들었다. 그럼으로써 훨씬 더 강력한 공감대를 이끌어냈다.

전통에 충실한 노동계의 집회 시위와 비교해 보면 2008년 촛불시위의 특성이 비교적 명료하게 드러난다. 노동계 집회는 소속 노조 여부에 따라 참가자의 경계선이 뚜렷했다. 지도부와 조합원 사이에는 수직적 위계질서가 형성되어 있었다. 참가자들은 주최 측 안내에 따라 통일적으로 움직였다.

반면 2008년 촛불집회는 경계선이 없이 누구에게나 열려 있는 완전한 개방형 집회였다. 촛불만 들면 누구나 시위대의 일원이 될 수 있었다. 어떤 위계질서도 허용하지 않았다. 참가자들의 관계는 철저하게 수평적이었다. 국회의원이든 중학생이던 모두 촛불의 한 명으로 간주되었다. 각자의 행위는 각자가 기획해서 연출했다. 다양성이 존중되고 극대화된 시위였다. 이는 곧 2008년 촛불시위가 지도부와 대중, 주체와 객체의 분리를 넘어섰음을 말해준다. 시위대 모두가 기획의 주체였고 자신을 이끈 지도부였던 것이다.

개방성, 수평성, 다양성은 촛불시위를 주도한 청년들의 평소 속성이 나타난 것이었다. 청년들은 이러한 속성을 바탕으로 자신들의 잠재력을 폭발적으로 발산했다. 그들은 온라인 공간에서 터득한 특유의 확장성을 바탕으로 거대한 시위 대열을 형성했다. 왕성한 온라인 활동을 결부시킴으로써 우세한 여론전을 통해 이명박 정부를 궁지에 몰아넣었다. 결국 이명박 스스로 졸속 추진에 대해 대국민 사과를 함과 동시에 재협상을 통해 30개월 미만 쇠고기만을 수입하는 조치를 취해야 했다.

2008년 촛불시위와 관련해서 주목해야 할 사실이 있다. 촛불시위를 주도한 청년들은 어떤 위계질서도 용납하지 않고 철저한 수평적 관계를 추구했다. 잘난 사람, 못난 사람 구별 없이 모두가 동격이었다. 주체와 대상의 구별도 없었다. 과연 이 같은 수평적 관계에서 엘리트주의가 자리 잡을 여지가 있을까?

2008년 촛불시위는 당사자들이 의식을 못했을지라도 엘리트주의에 대한 강한 반발이 표출된 사건이었다. 가르치려 드는 자세에 강하게 반발한 것도 엘리트주의에 대한 거부 의사였을 수 있다.

중요한 역사적 사건들은 대체로 개인의식을 뛰어넘는 집단 무의식을 바탕으로 일어난다. 집단 무의식 속에는 집단이 겪은 역사적 경험이 아로새겨져 있다. 촛불시위를 주도한 청년들의 집단 무의식 속에는 외환위기 이후 집중적인 희생양으로 전락한 과정이 고스란히 담겨 있음이 틀림없다. 그 속에는 엘리트주의에 대한 기억도 포함되어 있을 것이다. 2008년 촛불시위는 그러한 집단 무의식의 표출이었다.

집단 무의식에 기초한 역사적 사건들은 당사자들의 의지와 무관하게 새로운 미래를 예고할 가능성이 크다. 2008년 촛불시위는 청년들이 중심이 된 새로운 시민 주체의 등장을 알리는 사건이었다. 동시에 한층 거대하고 파괴력 있는 촛불시민혁명이 일어날 것을 예고했다. 하지만 기존 시민사회운동 활동가들 대부분은 그러한 의미를 받아들이지 않았다.

시민사회운동 활동가들 사이에서는 2008년 촛불시위를 주도한 청년들을 애 취급하며 우습게 보는 경향이 있다. 하지만 그러한 태도야말로 우습기 짝이 없는 것이다. 그들은 식민지 치하에서의 독립운동과 민주화운동을 선도한 주체들 대부분이 10~20대 청년들이었음을 까마득히 잊고 있다. 과거 민초들은 나라의 운명을 책임질 주체인 청년들을 아끼고 존중하고 격려해주었다.

시민사회운동 활동가들 사이에는 2008년 촛불시위가 자신들이 주도해서 만든 판이 아니라는 이유로 애써 그 의미를 폄하하는 태도가 있었다. 하지만 역사의 흐름을 바꾼 모든 사건은 결국 시민의 자발적 진출로부터 야기되었다. 시민사회운동 활동가들은 시민의 자발적 진출을 누구보다도 반겨야 한다. 그렇지 않고 시민이 자신들의 지침에 따라 움직이기만을 원한다면 스스로 엘리트주의에 오염되었음을 입증한 것에 다름 아니다.

청년들이 기존 문화에 정면 도전한 점을 두고 매우 불편한 반응을 보인 시민사회운동 활동가들도 많았다. 청년들은 폐쇄적 조직문화에 익숙하고, 위계질서를 중시하며, 획일적이기까지 한 기존 시민들의 태도를 거부했다. 청년들의 반응은 시민사회운동의 낡은 타성을 극복하기에 둘도 없이 좋은 계기였다. 하지만 그들은 청년들이 자신들을 꼰대 취급한다며 분노했을 뿐이다.

2008년 촛불시위는 시민주의 실종 상황에서 벗어나 극적인 반전 국면을 열 수 있는 계기였다. 하지만 이렇다 할 반전으로 이어지지는 못했다. 기존 시민들은 관성에서 벗어나지 못했다. 2008년 촛불시위 이전과 이후 모습에서 이렇다 할 변화가 없었다. 반면 촛불시위를 주도한 청년들은 새로운 국면을 열어나갈 정도로 훈련되어 있지 않았다. 그들은 촛불시위가 마감되자 일상 세계로 되돌아갔다.

지식정보 독점체제의 붕괴

■

촛불시위 주체인 청년들이 엘리트주의에 반감을 보인 이유에 대해서는 다각적인 연구가 필요하다. 원인 규명에 따라 반엘리트주의 정서가 표피적이고 부분적인 현상인지 구조적이고 일반적인 현상인지 판명날 것이다. 여기서는 엘리트주의의 기반이었던 지식정보 독점체제의 붕괴를 간략히 짚어보고자 한다.

과거에 고등지식을 습득할 수 있는 대학 교육은 극히 소수만이 향유할 수 있는 기회였다. 대학은 소수 엘리트를 양성하는 기관이었다. 엄격한 위계질서가 유지되고 있는 조건에서 정보는 상층부 소수에게 집중되었다. 국가의 일사불란한 움직임 하에 정보는 엄격한 통제의 대상이 되었다.

이 모든 지점에서 의미심장한 변화가 일어났다. 대학 교육이 일반화되었다. 한국의 대학 진학률은 70~80%를 오르내렸다. 더 이상 소수 엘리트만의 양성 과정일 수 없었다. 인터넷 보급 등 기술적 환경 변화로 정보는 누구나 쉽게 주고받을 수 있게끔 수평적으로 흐르기 시작했다. 민주화와 함께 정보 통제도 크게 약화되었다.

덩달아 평균적인 지적 수준이 무척 높아졌다. 과거 대중의 위치에 있던 사람들 대부분이 엘리트로서 요건을 갖추어 갔다. 모두가 잘나고 똑똑한 세상이 된 것이다. 이런 환경에서 혼자 잘난 척하면서 다른 사람을 무시하고 깔보면 경멸과 조롱의 대상이 되기 쉽다. 자신을 엘리트라고 하는 사람은 일순간에 비웃음거리가 된다. 극단적으로 말하자면 모두가 엘리트가 되는 순간 엘리트는 사라진다. 엘리트주의가 설 땅은 사라질 수밖에 없다.

이러한 변화는 시민주의가 더욱 높은 수준으로 성숙할 수 있는 사회적 환경을 이룬다. 그에 상응해 엘리트의 리더십 또한 재정립이 불가피해진다. 위계질서에 입각한 권위주의 리더십은 더 이상 활용할 수 없다. 일방향이 어닌 쌍방향으로, 수직적이 아닌 수평적으로 행사되는 전혀 새로운 '쌍방향의 수평적 리더십' 창출이 요구된다.

중요한 점은 지금의 청년 세대는 변화된 환경에서 줄곧 살아왔다는 사실이다. 청년들에게 엘리트주의는 체질적으로 거부 대상일 수밖에 없다. 2008년 촛불시위는 이 점을 뚜렷하게 보여준 사건이었다.

관련해서 진보 세계가 냉정히 되짚어 봐야 할 지점이 있다. 진보의 한 구성 요소였던 전통적 좌파운동 체계는 다분히 엘리트주의에 기반을 두고 있다. 좌파운동에서 대중은 의식화 또는 조직화 동원 대상으로 간주된다. 좌파가 중시해온 선전선동은 쌍방향이 아닌 일방적인 메시지 전파 과정이다. 지도 방법론을 체계화한 북한의 '영도예술론'은 지도 주체와 대중을 상하관계로 간주한다. 지도 주체는 위이고 대중은 아래이다.

좌파운동의 체계는 대부분 대중의 지식 축적이 매우 낮은 수준에 머물러 있던 시기에 형성된 것이다. 오늘날의 환경에는 맞지 않다. 정면충돌할 가능성이 아주 높다. 좌파운동이 청년층에서 인기를 얻지 못하는 주된 이유이다.

시민 리더십의 부활

촛불시위의 기운은 오랫동안 지표면 아래를 흐르며 그 모습을 쉽게 드러내지 않았다. 하지만 지표면 아래서 청년 세대는 꾸준한 성숙 과정을 거쳤다. 2013년 12월 철도노조 파업에 대한 청년 세대의 반응은 이를 확인해준다.

코레일 측은 서울 수서에서 출발하는 별도의 고속철도 노선을 신설하면서 이를 자회사로 분리하는 방안을 추진했다. 이후 'SRT'로 명명된 수서발 고속철도 노선은 기존 노선 고객마저 상당 정도 흡수하는 수익성 높은 알짜배기 노선으로 평가받았다. 이를 자회사로 분리할 경우 코레일 수익이 크게 줄어들 수밖에 없는 처지였다. 노조 측은 이를 민영화의 수순으로 규정했다. 철도노조는 민영화 반대를 내걸고 전격적으로 파업에 돌입했다. 파업은 23일간 지속되었다. 역사상 유례없는 장기 파업이었다.

파업 마지막 날인 12월 30일 〈중앙일보〉는 파업에 대한 여론 조사 결과를 발표했다. 그에 따르면 40대 이상은 77%가 파업에 공감하지 않는다는 반응을 보였다. 반면 20~30대는 3분의 2인 66%가 파업에 공감한다는 반응을 보였다.[22] 철도노조 파업에 대한 반응이 세대별로 극명하게 갈렸던 것이다.

민영화는 신자유주의 주요 구성요소였다. 20~30대 청년들이 철도노조 파업을 지지한 것을 신자유주의의 정책에 대한 반발로 해석해도 큰 무리가 없을 것이다. 청년들의 의식은 분명하게 숙성되고 있었다.

마침내 오랜 숙성 과정을 거친 에너지가 거대한 폭발을 일으켰다. 2016년 하반기 세상을 뒤흔든 촛불시민혁명이 일어난 것이다. 촛불시민혁명은 2008년 촛불시위의 특성인 개방성, 수평성, 다양성을 기본 원리로 전개되었다. 집회시위 문화에서 '청년 헤게모니'가 확립되었음을 알린 것이다.

촛불시민혁명을 주도적으로 이끌어간 사람들은 전체 대열의 70~80%를 차지했던 '자발적 시민들'이었다. 자발적 시민의 다수를 차지하고 있는 사람 또한 청년들이었다. 촛불시민혁명은 거의 모든 세대를 망라하고 있었지만 청년들이 주도적 위치를 점하고 있음이 매우 분명했다.

시민들은 촛불시민혁명 전 과정에 걸쳐 매우 높은 수준의 리더십을 발휘했다. 오랫동안 자취를 감추었던 시민 리더십이 화려하게 부활한 것이다. 1,600여 개 단체로 구성된 '박근혜 퇴진 비상국민행동(퇴진행동)'은 당사자들 표현대로 판을 깔아주는 역할에 충실했을 뿐 정치적 지도 기관은 아니었다. 단적으로 퇴진행동이 없었다 하더라도 형태만 다를 뿐 촛불시민혁명은 의연히 진행되었을 것이다.

시민들은 승패를 좌우할 결정적 요소인 촛불시민혁명의 전개 과정에서 확고한 리더십을 발휘했다.

시민들은 민중단체 일각에서 청와대 진격투쟁을 제기하는 것에 맞서 비폭력 평화집회를 고수했다. 시민들은 청와대 진격투쟁을 주장하는 단체 사이트로 몰려가 자제를 호소하기도 했고 경찰 차벽에 올라간 사람들을 내려오도록 설득했다. 스티커 부착을 통해 공권력 행사의 상징인 경찰 차벽을 평화의 상징인 '꽃벽'으로 둔갑시키기도 했다. 물리적 장애를 예술로 극복한 것이다. 덕분에 촛불시민혁명은 전 세계가 경이로운 시선으로 보았을 만큼 전례 없이 평화로운 양상을 보였다.

회의 절차를 통한 합의 없이 압도적 다수의 시민들이 자신들 의사대로 실천함으로써 만들어낸 결과였다.

비폭력 평화집회를 견지하자 집회 참여에 두려움을 느끼던 사람들이 부담 없이 합류할 수 있었다. 어린아이를 동반한 가족, 연인, 친구 단위 참여가 확산되었다. 덕분에 촛불집회 참가자 수는 횟수를 거듭하면서 주최 측 기대치마저 뛰어넘는 수준으로 크게 증가했다. 급기야 사상 최고 기록을 연신 갈아치울 수 있었다.

비폭력 평화집회가 펼쳐낸 갖가지 장면은 다수 국민들을 감동시켰다. 의경과의 충돌을 최대한 자제하는 모습은 의경도 대한민국 국민의 일원이며 누군가의 사랑스런 자식이라고 생각하는 국민들의 공감을 얻었다. 엄청난 인파가 몰렸음에도 자발적 청소로 평소 때보다도 깨끗해진 광장의 모습은 집회 참가자들이야말로 광장의 진정한 주인임을 입증하는 증거가 되었다. 다양한 형태로 펼쳐진 정감 어린 자원봉사는 촛불시민혁명을 딱딱하고 격렬한 정치투쟁보다는 훈훈한 축제의 장으로 인식하게 만들었다.

시민들은 정치권에 대해서도 리더십을 발휘했다. 정치권은 줄곧 촛불시민혁명을 주도할 의지도 능력도 없음을 드러냈다. 정치권은 정치적 요구를 제기하는 데서 언제나 시민들보다 한 걸음 느렸다. 정치권은 시민들이 흐름을 선도하면 뒤늦게 이를 수긍하고 따라갔다.

10월 29일 서울 청계천 광장에서 첫 촛불집회가 열렸을 때 더불어민주당 등 야권은 촛불집회에 당 차원의 조직적 참가는 하지 않기로 했다. 촛불집회에 거리를 둔 것이었다. 시민들이 박근혜 즉각 퇴진과 하야를 외칠 때 정치권은 거국 중립내각을 만지작거리고 박근혜의 질서 있는 퇴진을 모색하고 있었다. 시민들이 박근혜 탄핵을 외칠 때도 섣부른 요구로 보고 일정한 거리를 두었다.

시민들은 시대 방향과 과제를 제기하는 데서도 리더십을 발휘했다. 촛불시민혁명이 던진 메시지는 "세상을 수평하게 바꿔라"였다. 이는 참가자들이 의식하지 못한 것일 수 있지만 촛불시민혁명에서 가장 중요한 지점일 수 있다.

5·18광주민주화운동이나 6월 민주항쟁처럼 역사의 흐름을 바꾸어 놓는 큰 사건은 사람들의 잠재의식 밑바닥에 뚜렷한 흔적을 남긴다. 그 흔적은 쉽게 지워지지 않은 상태에서 관련된 관념과 사유 체계를 작동시키고 일련의 의지와 열망을 불러일으킨다. 그럼으로써 5·18광주민주화운동이 던진 "두려워 말고 독재에 맞서 싸워라", 6월 민주항쟁이 던진 "자신감을 갖고 세상을 바꾸어나가라"라는 메시지는 강력하면서도 광범위한 흐름으로 전환되었다. 촛불시민혁명 역시 비슷한 가능성을 내비쳤다.

촛불시민혁명의 본질을 드러내는 가장 중요한 특성은 수평성이다. 개방성과 다양성은 수평성의 필수 구성 요소이다. 모두가 동등한 참여 기회를 누릴 수 있는 개방적 환경에서만 수평적 관계가 성립될 수 있다. 마찬가지로 각자의 개성이 존중되는 환경에서만 수평적 관계가 성립될 수 있다. 촛불시민혁명은 시민들이 수평적 관계를 바탕으로 수직적 위계질서에 맞서 투쟁한 사건이었다. 박근혜 탄핵은 권력의 정점을 타격함으로써 위계질서 자체를 허물기 위한 시도였다. 수평이 수직을 이긴 사건이었다.

촛불시민혁명의 경험 역시 수많은 사람들의 잠재의식 밑바닥에 강렬한 흔적을 남겼을 것임에 틀림없다. 그 흔적은 사람들을 일상적인 삶의 영역에서 촛불시민혁명처럼 사고하고 행동하도록 끊임없이 자극할 것이다. 그에 따라 촛불시민혁명이 던진 "세상을 수평하게 바꿔라"라는 메시지도 강력한 흐름으로 전환될 것이라 믿는다.

부디 '수평'이라는 낱말을 가볍게 생각하지 않기를 바란다. 수평은 근대 이후 이데올로기 갈등을 빚었던 자유와 평등이 조화롭게 통일된 상태를 가리킨다. 수평적 관계에서는 각자가 중심이다. 그 누구로부터도 지배받지 않는 자유로운 상태이다. 모두가 그러하다는 점에서 평등한 관계이다. 수평은 새로운 시대가 지향해야 할 궁극적 목표 지점을 표현하는 가장 명료한 키워드이다.

수많은 사람들이 가정, 단체, 기업, 국가기구 등 모든 영역에서 수직적 위계질서를 허물고 수평적 관계를 형성하기 위해 지속적 노력을 기울인다고 가정해보자. 과연 어떤 변화가 일어나겠는가? 수평적 관계는 단순한 관계 형식만을 의미하지 않는다. 권력과 소득 모두가 고루 분포될 때 진정으로 수평적 관계가 성립될 수 있다. 관계를 수평하게 바꾸기 위한 지속적 노력은 전혀 새로운 세상을 만들어간다.

촛불시민혁명은 전 세계가 갈피를 못 잡고 혼돈 속으로 빠져들고 있는 상황에서 발생했다. 그 와중에 예외적으로 시대 방향을 분명하게 제시했다. 인류사적 의의가 매우 큰 혁명이라고 할 수 있다.

잠시 멈추어 선 이유

시민주의 대 엘리트주의 프레임은 한국 사회의 저변에서 계속 작동할 것이다. 지나온 역사가 그러했듯이 현재도 미래에도 시민주의는 모든 문제 해결의 기준점이다. 그 새로운 출발점은 촛불시민혁명이다. 특히 진보 정치는 촛불시민혁명으로부터 향후 방향과 과제를 도출할 것을 요구받고 있다.

촛불시민혁명은 외환위기 이후 실종되었던 시민주의를 회복했다. 촛불시민혁명은 세상을 수평하게 바꾸라는 메시지를 던졌다. 하지만 촛불시민혁명의 메시지를 받아 안는 후속 흐름이 곧바로 나타나지 않고 있다. 5·18광주민주화운동에 학생운동이, 6월 민주항쟁에 노동자들이 즉각적이고도 강렬하게 반응한 것과 같은 현상이 나타나지 않았다. 촛불시민혁명이 지속적인 심화·발전 없이 제자리에 멈추어 선 형국이다. 시민주의가 온전히 회복되었다고 장담할 수 없는 상황이다.

촛불시민혁명 이후 양상이 5·18광주민주화운동과 6월 민주항쟁 이후와 다르게 나타난 요인은 무엇일까? 여러 가지 요인이 복합적으로 작용했겠지만 주목해야 할 한 가지가 있다. '지식 기반'에서의 차이다.

근대 이후 비전은 과학 지식을 바탕으로 형성되었다. 특히 사회경제 현상에 대한 과학 지식은 새로운 미래 비전 창출의 필수 요소였다. 5·18광주민주화운동과 6월 민주항쟁 이후는 그러한 과학 지식이 상당히 풍부하게 공급된 시기였다. 활동가들 사이에서는 이른바 '사회과학 학습'이 일상생활의 일부였다. 관련 책자도 넘쳐났다. 대학가마다 전문 서점이 들어섰고, 대형 서점은 앞다투어 전문 코너를 마련했다.

촛불시민혁명 이후는 바로 이 지점에서 커다란 차이를 보였다. 촛불시민혁명 이후를 탐색하기에 좋은 책자를 찾아보기 힘들다. 가슴을 뜨겁게 달굴 비전을 찾기 어렵다. 비전이 불분명한 상태에서 치열한 실천이 이어지기를 기대할 수 없다. 바로 이 점이 촛불시민혁명이 멈추어 선 이유가 아닐까?

문제의 근원은 촛불시민혁명 이후를 밝혀줄 과학지식 자체가 매우 빈약하다는 데 있다. 가장 심각한 분야는 경제 관련 지식이다. 세상을 수평하게 바꾸자는 메시지에는 삶의 질을 근본적으로 바꾸자는 취지가 담겨 있다. 그러자면 무엇보다도 사회경제 구조가 획기적으로 바뀌어야 한다. 하지만 이를 뒷받침할 경제학 이론은 제대로 준비되어 있지 않다. 기존 경제학 이론들은 예측과 처방 모두에서 제대로 기능하지 않고 있는 상태다. 그 누구보다도 문재인 정부가 이 점을 혹독하게 경험해야 했다.

촛불시민혁명은 집단 지성을 바탕으로 세상을 수평하게 바꾸라는 메시지를 던졌지만 참여했던 시민들 개개인은 비교적 소박한 바람과 믿음을 갖고 있었다. 촛불시민혁명 승리로 자신이 원하는 정부가 들어서기만 하면 경제 상황이 크게 개선될 것이라 믿었다. 정부가 의지를 갖고 소득 분배를 개선하면 사회적 양극화와 불평등이 완화될 수 있으리라 믿었다. 세금을 더 걷어 복지를 늘리면 삶의 질이 크게 개선될 것이라 믿었다. 경제민주화를 적극 추진하기만 하면 공정한 사회가 만들어질 수 있으리라 믿었다. 그렇게 해서 비정규직이나 청년실업 문제 등도 함께 해소될 것으로 믿었다.

촛불시민혁명으로 출범한 문재인 정부는 이러한 믿음에 부응하기 위해 상당한 노력을 기울였다. 문재인 정부는 보수 측에서 노동 편향적이라고 공격할 만큼 노동 친화적 정책을 펼쳤다. 적어도 문재인 정부가 노동자나 서민 편에 서기를 기피했거나 의지가 약해서 문제가 될 소지는 그렇게 많지 않아 보였다.

그러나 사회경제 문제는 쉽게 풀리지 않았다. 많은 노력에도 불구하고 결과는 목표했던 과제 해결과는 상당한 거리가 있었다. 단순히 주어진 시간이 부족해서가 아니다. 문제의 근원은 다른 곳에 있었다.

무엇보다도 문재인 정부가 믿고 의지했던 전제들이 변화하는 현실과 맞지 않을 가능성이 컸다. 정부 기관마다 뛰어난 전문가들이 포진해 있고 각종 정보를 망라하고 있는 마당에 그럴 리 있겠느냐고 의문을 표시할 사람들이 많을지 모른다. 하지만 격변의 시기에는 사람의 사고와 변화하는 현실 사이에 괴리가 빚어질 가능성이 얼마든지 존재한다. 실제로 괴리는 다양한 지점에서 매우 심각한 모습으로 나타났다. 무엇보다 문재인 정부 관계자들이 의거하고 있는 프레임이 시대 상황과 괴리되고 있었다.

이 괴리를 극복하지 않은 한 그 어떤 문제도 온전한 해결을 기대하기 어렵다. 사고 틀의 혁신적 재정립이 매우 시급한 과제로 제기되고 있는 것이다. 도대체 사회경제 분야에서 어떤 괴리가 발생해왔으며 무엇이 어떻게 재정립돼야 하는가? 이어지는 2부에서 함께 살펴봐야 할 주제이다.

제 2 부

프레임
혁명의
조건

약간의 통찰력만 있다면 쉽게 직감할 수 있다시피 지금 우리는 진행 방향이 급격히 바뀌는 역사의 변곡점을 통과하고 있다. 사회경제 분야에서 기존의 관념과 변화하는 현실 사이에 심각한 괴리가 발생하는 근본적 요인이다.

변화가 너무 빠르다 보니 기존 과학지식은 낡은 것으로 전락해가고 있으나 새로운 시대를 밝혀줄 지식이 제때에 출현하지 않고 있다. 이런 사정으로 많은 사람들이 미래가 잘 보이지 않아 답답하기 그지없다고 말한다.

진보가 처한 사정 또한 크게 달라 보이지 않는다. 주어진 과제들에 단순명료한 해답을 제시하지 못한 채 헤매고 있다. 특히 산적해 있는 사회경제 과제들을 일괄적으로 해결해줄 새로운 모델을 찾지 못하고 있다. 간혹 확신 있는 행보를 보이는 사람들도 있지만 대체로 사태 파악조차 못하는 경우가 많다.

갈수록 분명해지고 있는 점은 현재 진보가 직면해 있는 사회경제 과제들 상당 부분이 익숙한 기존 프레임 안에서는 풀기 어렵다는 사실이다. 정녕 그렇다면 프레임 자체를 바꿀 수밖에 없다. 과연 어느 지점에서 프레임 교체가 불가피한 것일까? 사회경제 체제의 총체적 변화를 수반하는 프레임 혁명의 실체에 접근해 보자.

문제 해결의 관문,
다섯 가지 난제

4장

∎

∎

프레임 혁명의 실체에 접근하려면 기존 프레임 안에서 해답을 찾기 어려운 부분을 보다 엄밀히 짚어볼 필요가 있다. 이를 위한 냉혹한 판정 기준이 있다. 외환위기를 거치며 우리 앞에 던져진 다섯 가지 난제이다.

다섯 가지 난제는 난이도가 너무 높아 많은 사람들이 풀기를 포기하고 서랍 속에 밀어 넣은 숙제들이다. 이들 난제는 진보 이론 정책가들이 의존하고 있는 문제 해결 프레임이 여전히 유효한지를 판정하는 기준이다. 기존 과학지식이 수명이 다했는지 여부를 가리는 리트머스 시험지이기도 하다.

기존의 문제 해결 프레임만이 아니라 새로운 프레임에도 그대로 적용된다. 프레임의 구성 요소이거나 한 유형일 수 있는 '경제 패러다임'의 경우도 마찬가지이다. 문재인 정부는 '사람 중심 경제'를 새로운 경제 패러다임으로 제기했다. 새로운 패러다임으로서 충분한 요건을 갖추려면 다섯 가지 난제 모두에 해답을 제시할 수 있어야 한다. 그렇지 않으면 레토릭 수준을 크게 벗어날 수 없다.

기존 프레임에 의존하고 싶어 하는 진보 이론 정책가들 사이에서는 이 난제들을 애써 무시하거나 가볍게 다룰 가능성이 얼마든지 있다. 이는 치명적인 단점이 될 수 있다. 진보 전문가들이 내세운 정책들이 실제로 적용되었을 때 다섯 가지 난제를 해결하지 못해 크게 흔들리거나 아예 무너질 가능성이 높기 때문이다.

보수는 현실을 수긍하고 그에 순응할 방법을 찾는다. 진보는 순응이 아닌 전향적 극복을 지향한다. 한층 고차원적인 해법을 찾아야 하는 운명이다. 이 점을 염두에 두면서 다섯 가지 난제가 어떻게 진보 이론 정책가들이 의존해온 기존의 프레임들에 충격을 주었는지 하나하나 살펴보자.

첫째, 성장 동력 확보

굳이 카를 마르크스Karl Marx를 떠올리지 않더라도 얼마나 많은 사람들이 자본주의의 미래에 대해 불길한 예언을 쏟아냈던가? 한눈에 보더라도 자본주의는 숱한 문제들을 안고 있고 걸핏하면 위기에 직면해 휘청거리기 일쑤이다. 하지만 자본주의는 아직까지도 망하지 않은 채 잘도 버티고 있다. 이유가 무엇일까?

자본주의가 살아남은 이유
자본주의가 근대 이전 사회와 구별되는 세 가지가 있다. 이는 곧 자본주의가 끈질긴 생명력을 유지하는 기초이기도 하다.

첫째, 성장에 기반을 둔 부의 축적을 추구했다.

근대 이전을 지배한 농업은 1인당 생산 증가폭이 거의 제로 상태에 가까웠다. 총량이 증가하더라도 인구 팽창과 경작지 확대에 따른 결과였다. 성장 제로는 곧 추가적인 부의 창출이 거의 없었음을 의미한다. 이런 조건에서 부의 축적은 오직 다른 사람 몫을 강탈함으로써 이루어질 수 있었다. 많은 문화권에서 부의 축적을 죄악으로 간주했던 이유였다. 예수가 "부자가 천국에 들어가기는 낙타가 바늘구멍을 통과하기보다 어렵다"고 이야기한 것도 같은 맥락에서이다.

그런데 자본주의는 이 점에서 확연히 달랐다. 자본주의의 주된 기반인 공업은 기술 혁신을 통한 생산성의 지속적 상승을 추동했다. 그럼으로써 추가적인 부의 창출 즉 성장을 기반으로 부를 축적할 수 있었다. 파이를 키워 자기 몫을 늘렸던 것이다. 그러다 보니 소수 부자만이 아니라 나머지 사람들의 소득 또한 늘어날 수 있었다. 유발 하라리 Yuval Noah Harari가 《사피엔스Sapiens》에서 지적했다시피 성장은 근대 이전과 이후를 나누는 가장 중요한 차이가 되었다.

둘째, 소득의 많은 부분을 재투자했다.

근대 이전 시기 부자들은 소득 전부를 사치와 향락에 낭비했다. 그들에게 재투자라는 개념은 머릿속에 존재하지 않았다. 재투자 대상도 존재하지 않았다. 자본주의는 이 점에서 확연히 달랐다. 자본은 재투자를 통한 자기증식을 본래적 속성으로 삼는다. 재투자 없이 모두 낭비하다가는 시장에서 퇴출당한다. 자본 재투자는 확대재생산 증폭제가 되었고 자본증식은 경제성장의 엔진 구실을 했다.

셋째, 생산성 경쟁을 통해 부의 민주화를 실현했다.

근대 이전 부자들은 각종 배타적 특권을 누렸다. 이동 수단으로서 가마나 마차는 그 대표적인 예이다. 평민들에게는 가마나 마차를 이용할 권리가 허락되지 않았다. 자본주의는 이 점에서 확연이 달랐다. 자본주의는 특권의 성을 허물고 어떤 제품이든 누구나 접근 가능한 것으로 만들었다. 자본주의 사회에서 기업은 보다 낮은 가격으로 좋은 제품을 공급하기 위해 경쟁한다. 그런 과정을 통해 부를 민주화시킨다. 오늘날 가마나 마차 역할을 하는 승용차는 누구나 보유 가능한 이동 수단이 되고 있다.

이러한 요인들이 작용하면서 자본주의 발전이 이루어졌고 사회적 생산력은 비약적으로 상승했다. 노동자 계급의 치열한 투쟁을 통해 얻은 성과이기도 했지만 성장 그 자체의 결과로서 대중의 물질적 생활 환경도 함께 개선되었다. 지구 전체로 보았을 때는 자본주의가 발전해서가 아니라 발전하지 못해서 고통 받는 경우가 더 많았다.

보수 세계는 자본주의의 본능에 매우 충실한 방향에서 전략을 구사해 왔다. 경제성장에 높은 가치를 부여했고 성장이야말로 모든 문제 해결의 열쇠라고 보았다. 성장을 위해 재벌 체제도 용인했고 분배도 최대한 억제했다. 그에 대한 반발로 성장 문제는 종종 치열한 시비꺼리가 되었다. 진보 세계에는 성장을 강조하는 것에 대한 뿌리 깊은 정서적 거부감이 자리 잡았다.

생태계 보전이 중요 의제로 부상하면서 성장을 절대시하는 관점은 새로운 도전에 직면했다. 성장지상주의가 생태계 파괴를 야기하면서 종국에는 인류 생존마저 위협하기에 이르렀다는 것이다. 일부 급진적 입장에서는 성장을 추구하는 것 자체에 대해 명확한 반대 입장을 취하고 있다. 성장을 멈추고 평등 분배 · 소비 억제 · 생태친화적 삶을 추구하는 것만이 인류가 자신을 구원할 유일한 길이라고 본다. 일각에서는 성장 없는 경제 모델 연구에 착수했다는 소식도 들려온다.

성장을 절대시하는 성장지상주의가 답일 수 없는 것은 분명하다. 그렇다고 해서 성장 자체를 포기하는 것이 가능할까? 과연 가까운 장래에 성장 제로를 전제로 평등 분배를 실현하며 생태 친화적인 삶을 살 수 있을까?

성장 제로 상태에서 부의 평등 분배를 추구하면 추가적인 부의 축적은 불가능해진다. 부의 축적이 불가능한 조건에서는 생산성 향상 동기도 사라질 수밖에 없다. 그 결과는 경쟁력 상실로 인한 국민경제 붕괴로 나타날 것이다. 글로벌 경쟁 체제에서 불가피한 일이다. 지구상에 존재하는 모든 나라가 똑같이 보조를 맞춘다면 이야기가 달라질 수도 있겠지만 가까운 장래에 그럴 가능성은 거의 없다.

성장의 문제는 그리스 신화에 나오는 시시포스 바위를 떠올리게 한다. 제우스의 노여움을 산 시시포스는 벌로 무거운 바위를 산 정상 위까지 밀어 올려야만 했다. 바위는 산 정상에 도착하자마자 아래로 굴러 떨어졌다. 시시포스는 그 바위를 다시 정상으로 밀어 올리는 과정을 끊임없이 반복해야만 했다. 시시포스 신화는 사람들에게 쉽게 벗어날 수 없는 숙명의 굴레가 존재함을 암시한다. 성장도 그 중 하나였던 것이다. 성장은 싫든 좋든 끌어안고 가야 하는 숙명의 굴레와도 같았다.

물론 성장에는 많은 전제들이 따라붙어 왔다. 적정 성장률이 어느 정도인지도 면밀한 검토 대상이 되고 있다. 경제가 성숙한 단계로 갈수록 적정 성장률은 낮아지는 경향이 있다. 전체 파이가 커진 만큼 상대적으로 낮은 성장률로도 부의 축적을 뒷받침할 수 있기 때문이다. 성장의 내용 또한 관리 대상이 되어 왔다. 일반적으로 물질 위주의 양적 성장에서 비물질 중심의 질적 성장으로 전환하고 있는 추세이다. 이를 통해 성장과 생태주의 사이의 갈등을 최소화하기 위한 방안을 찾고 있다.

성장이 경제 활동에서 어떤 의미를 지니고 있는지 보다 분명하게 확인하기를 원한다면 지나온 역사를 되돌아보면 된다.

황금기가 남긴 메시지

자본주의 황금기로부터 이야기를 시작해 보자. 자본주의 황금기란 대략 1950년대에서 1960년대 말까지 서유럽◆과 북미 지역, 일본 등 선진 자본주의 나라들을 중심으로 장기간 호황이 이어졌던 시기를 가리킨다. 2008년 글로벌 금융위기로 신자유주의가 설득력을 상실하면서 새롭게 관심을 끌기 시작했다.

자본주의 황금기 동안 전 세계 공산품 생산량은 4배로, 공산품 세계 교역량은 10배로 확대되었다. 이는 선진 자본주의 번영에 따른 것이었다. 전 세계 생산고 4분의 3과 공산품 수출액 80%를 미국, 서유럽, 일본 등 선진 자본주의 국가들이 차지했던 것이다. 그 중에서도 2차 세계대전에서 패전한 서독과 일본의 성장률은 참으로 놀라운 것이었다.

◆ 이 책에서 말하는 서유럽은 2차 세계대전 이후 사회주의권으로 편입된 동유럽을 제외한 자본주의 진영 유럽 세계를 가리킨다. 통상 남유럽, 북유럽으로 분류하는 나라들 역시 서유럽에 포함된다.

서독의 경우 1950년에서 1960년까지 연평균 8.6% 성장했고, 국민 총생산은 10년 새 두 배로 성장했다. 번영을 구가하면서 실업률은 완전고용에 가까울 정도로 낮아졌다. 1960년대 서유럽 평균 실업률은 1.5%였다.

학자들 사이에서는 자본주의 황금기가 도래한 원인을 둘러싸고 의견이 분분하다. 그럼에도 한 가지 분명한 사실이 있다. 성장 동력이 왕성하게 살아 있었던 것이다. 가장 일반적인 성장 동력으로 꼽는 것은 신산업 출현, 생산성 향상, 교역 확대이다. 자본주의 황금기에는 이 세 가지 모두가 고르게 작동했다.

2차 세계대전과 함께 군수 분야에서 첨단 기술이 비약적으로 발전했다. 이들 기술이 민간으로 이전되면서 전기전자, 화학, 기계 등의 분야에서 신산업이 연속적으로 창출되었다. 신산업 창출은 새로운 시장을 형성하면서 고스란히 성장 동력으로 작용했다. 테일러─포드 시스템*기반 대량생산 체제로 대표되는 2차 산업혁명은 노동생산성을 지속적으로 상승시켰다. 노동생산성 상승은 산업 경쟁력을 강화시키면서 성장을 크게 촉진했다. 2차 세계대전과 함께 GATT(무역과 관세에

◆ 미국의 프레더릭 테일러Frederick W. Taylor가 창안한 테일러 시스템은 작업 동작을 시간 단위로 정밀 분석한 것을 토대로 노동과정을 기계에 최대한 일치시켰다. 헨리 포드Henry Ford가 창안한 포드 시스템은 테일러 시스템을 더욱 발전시켜 기계와 부품 등 생산 요소를 표준화·규격화한 뒤 노동을 극도로 세분화하고 이를 컨베이어라인으로 일괄 연결시켰다. 테일러─포드시스템은 한때 높은 생산성으로 인류가 고안해낸 최고의 작업시스템이란 칭송을 받기도 했다. 하지만 그로 인해 노동자가 치러야 할 대가는 매우 혹독한 것이었다. 노동자는 철저하게 기계의 부속품으로 전락했다. 기계가 주인이고 노동자는 그 하인이 되어야 했다.

관한 일반 협정) 체제가 수립되고 달러가 기축 통화로 기능함에 따라 세계 시장이 안정화되면서 교역이 비약적으로 확대되었다.

자본주의 황금기 동안 원활한 성장의 지속에 기여한 것으로 케인스주의 처방을 들 수 있다. 2차 세계대전 이후 자본주의 세계에 던져진 가장 큰 숙제는 이전 시기 모든 위기의 출발점인 대공황의 재발을 방지하는 것이었다. 그에 대해 가장 뚜렷한 해답을 준 인물이 바로 영국 경제학자 존 메이너드 케인스John Maynard Keynes였다.

이전까지는 공급 중심의 경제학이 지배적인 흐름을 형성하고 있었다. 공급이 시장을 창출한다는 이론이 강한 설득력을 얻고 있었던 것이다. 케인스는 출발을 달리했다. 케인스는 유효수요 부족이 문제의 발단이며 이를 해결하는 것이 대공황 예방 지름길이라고 여겼다. 제시된 방법은 불황기에 국가가 공공지출을 늘리는 등의 방식으로 노동자의 임금 소득을 증대시키는 것이었다. 필요한 재원은 적자재정을 통해 조달하고 호황기에 흑자재정을 통해 보충하면 된다고 보았다.

케인스가 제시한 처방은 확실한 성공을 거두었다. 선진 자본주의는 케인스주의 처방을 바탕으로 안정적인 성장을 이어갔다. 주기적으로 불황기가 닥쳐왔지만 그 폭은 최소화되었으며 이내 호황기로 전환했다.

자본주의 황금기 동안 함께 번영을 누린 것은 복지국가였다. 이는 복지국가가 성장 동력이 왕성하게 살아 있는 조건에서 정상 작동하는 시스템임을 암시한다. 이 점에 대해 가장 효과적으로 대처한 정치 집단은 좌파 정당인 스웨덴 사회민주당이었다. 스웨덴 사회민주당은 성장 동력 관리가 모든 성공의 선결 조건임을 간파했다. 그들은 분배에만 치중해도 성공할 수 있다는 순진한 사고를 하지 않았다.

스웨덴 사회민주당은 성장 동력 관리를 위해 세 가지 전략을 구사했다. 협력적 노사관계 확립을 통해 산업 평화를 확립했다. 파업 발생은 최소화되었다. 지속적인 구조조정을 통해 고부가가치 산업으로의 재편을 추진했다. 철저한 개방 경제를 통해 기업 경쟁력을 강화했다. 경쟁력을 상실한 기업은 가차 없이 퇴출시켰다. 모두가 한국에서는 보수 세력의 전유물처럼 여기는 의제들이었다.

1960년대 후반 대부분의 관측자들은 번영이 지속될 것으로 내다보았다. 유엔 보고서도 "성장 추세가 1970년대 초중반에도 계속될 것임을 의심할 만한 특별한 이유가 없다"고 밝혔다. 하지만 1970년대에 접어들자 상황이 급반전했다. 장기불황이 서유럽과 북미 지역을 엄습한 것이다. 장기불황임에도 물가는 계속 올랐다. 이른바 '스태그플레이션stagflation'이 발생하면서 기업주들은 장기불황으로 이윤율이 떨어진다고 아우성쳤고, 노동자들은 물가 상승으로 실질 소득이 늘지 않는다고 아우성쳤다.

학자들 사이에서는 1970년대 이후 장기불황의 원인에 대해 의견이 여전히 분분하다. 일부 논자들은 1973년 유가 폭등으로 이어진 석유위기를 꼽았다. 석유위기가 대폭적인 비용 상승을 초래하면서 악영향을 미친 것은 틀림없는 사실이지만 결정적 요인은 아니었다. 석유위기가 없었더라도 장기불황은 도래했다. 단적으로 장기불황은 석유위기 이전에 시작되었다. 석유 가격이 크게 하락한 1980년대 초에 이르러서도 장기불황은 계속되었다. 일본도 똑같이 경기 침체를 경험했지만 빠르게 빠져나왔다.

서유럽과 북미 지역 선진 자본주의 나라들이 1970년대 장기불황 늪에 빠져든 결정적 요인은 성장 동력 소진이었다.

먼저 신산업 출현이 거의 멈추다시피 했다. 1970년대에 새로 출현한 산업은 찾아보기 힘들다. 3차 산업혁명의 주축인 IT산업 등이 본격적인 모습을 드러내기 시작한 것은 1990년대였다. 노동생산성 상승도 뚜렷하게 둔화되었다. 전문가들은 주요 원인으로 생활환경의 변화를 꼽고 있다. 장기간 번영으로 유복한 삶을 누린 젊은 층이 지루하기 짝이 없는 테일러-포드 시스템에 적응하지 못했다는 것이다. 노동생산성 둔화는 곧바로 교역에서 불리한 결과를 초래했다. 우세한 노동생산성을 바탕으로 일본 등 동아시아 국가들이 서유럽과 북미 지역 시장을 파죽지세로 잠식했던 것이다.

성장 동력이 소진되자 사람 몸이 영양 부족에 시달릴 때처럼 경제가 기운을 잃고 비실거렸다. 일본이 비교적 빠르게 불황에서 탈출할 수 있었던 것은 지속적인 노동생산성 상승을 통해 성장 동력을 유지했기 때문이다.

성장 동력 소진으로 장기불황 늪에 빠져들자 케인스주의 처방은 완전히 무력화되었다. 일각에서 잘못 이해하고 있다시피 케인스주의는 결코 성장 전략이 아니었다. 성장 동력이 왕성하게 살아 있는 조건에서 성장을 원활하게 지속시키는 부속 장치로 기능했을 뿐이다. 성장동력이 소진되자 그 기능도 함께 사라졌다. 경기 순환을 조절하는 거시경제 관리 정책 기능도 불황기가 짧게 끝날 때만 작동할 수 있었다. 불황이 장기화되는 조건에서 적자재정을 길게 이어가다 보면 재정위기에 직면할 수밖에 없기 때문이다.

해당 나라 정부들은 그동안 믿고 의지했던 수단을 모두 동원해 장기불황에서 탈출하려고 몸부림쳤으나 아무 소용이 없었다. 복지 정책도 문제 해결에 별다른 도움을 주지 못했다. 도리어 불황이 장기화되면서 기존 복지 체계 유지마저 힘들어졌다. 무엇보다 늘어나는 실업 구제비용이 정부 재정을 위협했다. 증세를 통한 문제 해결도 쉽지 않았다. 불황 시기에 증세가 이루어지려면 개인은 소비 지출을, 기업은 투자를 줄여야 하는데 거의 불가능에 가까운 일이었다. 설령 증세가 이루어진다 해도 기업 투자 능력 약화로 실업자가 더 늘어가는 악순환 고리가 형성되기 쉬웠다.

전후 선진 자본주의 역사는 성장 동력 확보가 어떤 의미를 갖는지를 생생하게 보여준다. 성장 동력이 소진되면 모든 것이 꼬여 버렸다. 여러모로 성장 동력 확보는 모든 것의 전제가 되는 경제 제일의 과제였다.

한국이 풀어야 할 숙제

이제 한국으로 되돌아와 보자. 현재 한국 경제는 성장 동력 소진으로 고전을 면치 못하고 있다. 반도체 등 극히 일부를 제외하고는 그동안 한국 경제를 이끌어 왔던 주력 산업 대부분의 성장 엔진이 꺼져 있는 상태이다. 성장 동력이 소진되면서 한국 경제 역시 저성장 기조가 장기화되고 있다.

반도체 슈퍼 호황 등의 영향으로 지표상으로는 그런대로 성장세를 유지하는 것처럼 보이지만 어디까지나 착시 현상일 뿐이다. 대부분의 기업들은 매출이 줄어들 정도로 심각한 불황을 겪어 왔다. 제조업 평균가동률은 2017년의 경우 71.9%로 외환위기 이후 최저 수준을 기록했다.[23] 2017년 하반기 코스피 지수가 2,500에 이르면서 사상 최고 기록을 세웠지만 반도체 호황을 누린 삼성전자와 SK하이닉스 둘을 뺀 나머지는 1,800 초반으로 종전보다 하락한 추세를 보였다.[24]

한국 경제는 새로운 성장 동력 확보를 절실히 요구하고 있다. 과연 어디서 새로운 성장 동력을 확보할 수 있을까?

대부분의 논자들은 과거 그랬던 것처럼 신성장 동력을 제조업에서 찾고 있다. 과연 제조업은 충분한 해답을 줄 수 있을까? 한 가지 분명한 사실은 있다. 제조업은 어떤 경우든지 포기해서는 안 된다는 점이다.

제조업은 생산력의 근간이다. 그 어떤 산업이든지 제조업에서 물건을 공급해주지 않으면 존속할 수 없다. 제조업 기반이 튼튼해야 국민경제의 안정적 발전이 가능하다. 제조업은 국민경제의 생산성 향상을 선도한다. 혁신을 통한 생산성 향상에서 가장 앞설 수 있는 것도 제조업이다. 다른 산업들의 생산성도 제조업에 의존한다. 제조업에서 혁신적인 기계를 공급해주어야 서비스 산업 생산성도 오른다. 아울러 대외경제에 의존하는 우리 형편에 수출을 통한 국제수지 유지에 제조업만큼 좋은 산업이 없다.

이런 점에서 서비스 산업 활성화로 제조업을 대체하자는 발상은 매우 위험하다. 서비스 산업은 국민경제의 생산성 향상을 선도할 능력이 취약하며, 수출 확대를 통해 국제수지를 유지시킬 능력도 매우 제한적이다.

하지만 제조업 그 자체만으로 새로운 성장 동력을 형성하기에는 만만치 않은 문제가 있다. 제조업은 이미 오래전부터 '고용 없는 성장'에 직면해 있다. 제조업은 그 어떤 분야보다 생산성 향상 능력이 뛰어나다. 바로 그러한 능력이 정보화·자동화 등을 통해 보다 적은 인력으로도 뛰어난 제품 생산을 가능케 했다. 결국 생산성 향상이 가속화되면서 생산이 늘더라도 그에 비례해 일자리가 늘지 않는 단계에 이르렀다. 2016년 1조 원 이상 매출을 올린 182개 국내 상장사의 경우 전체 매출은 8조 원 이상 늘었지만 고용은 도리어 1만 5,000명이 줄었다.[25]

제조업은 더 이상 탁월한 일자리 창출 능력을 과시하지 않는다. 이는 제조업이 신성장 동력으로 기능하기에 매우 심각한 결점에 해당한다. 일자리 능력이 취약하면 국민경제 활성화로 이어질 수 있는 여지가 그만큼 적기 때문이다. 실제로 제조업의 성장 기여도는 계속 하락해왔다. 아래 그래프를 참조해 보라.

제조업은 절대 포기해서는 안 된다. 그렇다고 제조업에만 의존해서는 성장 동력을 확보하기 쉽지 않은 형편이다. 익숙한 기존 프레임 안

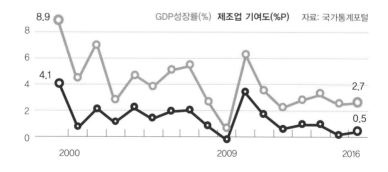

연도별 GDP 성장률과 제조업 성장 기여도 [26]

에서는 답을 찾기 어려운 것이다. 성장 동력과 산업 구조에 대한 발상의 전환이 요구되고 있다.

둘째, 실물경제와 금융자본 사이 불균형 해소

앞서 선진국을 집어삼킨 1970년대 이후 장기불황 요인으로 성장 동력 소진을 꼽았다. 이는 한 측면만을 이야기한 것일 뿐이다. 또 다른 측면이 존재한다. 두 측면 사이의 관계를 밝힐 때 1970년대 장기불황의 구조적 요인을 제대로 드러낼 수 있다. 이는 지성사 관점에서 보더라도 매우 중요한 주제이다.

다시 한 번 이야기하지만 케인스 고민의 출발점은 대공황의 재발을 방지하는 것이었다. 당시까지 공황은 실물경제 내부의 공급과 수요 간 불균형에서 비롯되었다. 공급을 담당하는 자본의 생산 능력은 빠르게 팽창했다. 반면 수요를 담당하는 노동자의 임금 수준은 상대적으로 낮은 수준에 머물렀다. 이 둘 사이 불균형이 누적되다 어느 순간 폭발한 것이 공황이었던 것이다. 케인스는 문제의 불균형을 정확히 간파했고 국가가 개입해 유효수요를 확대함으로써 이를 해소할 수 있다고 본 것이다.

케인스의 처방은 정확히 맞아 떨어졌다. 케인스 이론은 한 시대를 풍미할 수 있었다. 하지만 케인스는 두 가지를 놓쳤다. 그의 생애에서는 어쩔 수 없는 일이었겠지만 이는 생각보다 치명적인 것이었다.

하나는 이미 확인했듯이, 성장 동력 소진으로 장기불황이 내습하면 케인스 처방은 무용지물이 되었다. 케인스의 이론은 성장 동력이 장기간에 걸쳐 왕성하게 살아 있는 조건에서만 생명력을 발휘할 수 있었다. 그런 점에서 자본주의 황금기 도래는 케인스에게 커다란 행운이었다.

또 하나는 새로운 불균형 형성이었다. 케인스 처방 덕분에 실물경제 내부의 공급과 수요 간 불균형은 어느 정도 해소될 수 있었지만, 실물경제와 금융자본 사이 불균형 심화라는 전혀 새로운 문제가 불거진 것이다. 케인스 이론에는 이에 대한 예측과 처방 그 어느 것도 포함되어 있지 않았다.

실물경제와 금융자본 사이 불균형 심화는 결코 어렵거나 복잡한 현상이 아니다. 이를 분석하기 위해 굳이 난해한 경제학 이론과 통계 수치를 들먹일 것도 없다. 그것은 일상 경험을 통해 능히 확인할 수 있는 바이자 상식의 눈으로도 실체를 파악할 수 있는 현상에 불과하다.

자본주의 황금기 동안 장기간에 걸쳐 호황이 지속되었다. 분배도 전례 없이 원활하게 진행되었다. 노동자들을 포함해 사회구성원 대부분 소득이 꾸준히 증가했다. 부유층은 더 말할 필요도 없었다. 소비 수준이 향상되었을 뿐만 아니라 여윳돈도 생겼다. 이 돈을 어떻게 했겠는가? 저축뿐만 아니라 돈을 불릴 수 있는 다양한 방법을 모색했을 것이다. 결국 이러한 유휴 자금들이 모이고 모여 거대한 금융자본을 형성했다. 선진국에서 금융자본은 실물경제보다 몇 배나 빠르게 증가하며 폭발적 성장을 이루었다.

다음 페이지의 위쪽 그래프는 미국 경제에서 주요 금융자산 총액이 얼마나 가파르게 증가했는지를 보여준다. 아래쪽 그래프는 미국 경제

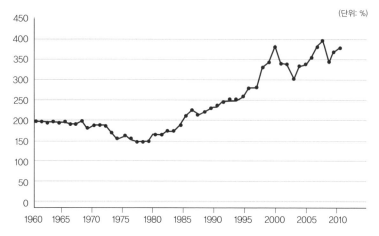

자료 : FRED, Gross Domestic Product(GDP); Nonfinancial & Financial Corporate Business,
Corporate Equities & Debt Securities(주식 · 채권); Federal Goverment, Debt Securities(연방정부부채) ;
World Bank, Global Financial Development(WB GFD), Liquid Liabilites To GDP(유동성부채).

미국 GDP 대비 주요 금융자산 가치총액 [27)]

자료 : BEA, NIP.

미국 GDP에서 산업 부문과 금융 부문(FIRE)의 비중 [28)]

에서 산업 부문과 금융 부문 비중이 어떻게 달라졌는지를 보여준다.

금융자본은 스스로 가치를 창출하지 못한다. 이후 신자유주의가 성행하면서 돈이 돈을 버는 마술을 연출했지만 모두 거품임이 드러났다. 금융자본은 오직 실물경제에 의존해야 이윤을 획득할 수 있다. 금융자본과 실물경제의 가치 창출 능력이 균형을 유지하면 별 문제가 없다. 문제는 균형이 깨지면서부터 발생한다.

금융자본이 실물경제보다 훨씬 빠르게 증가하면서 실물경제의 가치 창출 능력을 훌쩍 넘어서기 시작했다. 시간이 흐르면서 둘 사이 불균형이 더욱 심해졌다. 그로부터 결코 가볍지 않은 사태가 벌어졌다.

금융자본은 적절한 이윤이 보장되리라는 확신이 서면 그때서야 투자에 나선다. 그렇지 않은 상태에서 겁 없이 덤볐다가는 본전도 못 건지고 모두 날릴 수 있다. 냉정하기 그지없는 금융자본은 이윤 획득 기회가 없으면 투자를 멈추고 대기한다. 실물경제와의 불균형이 심화되면 그에 비례해서 대기 상태에 돌입한 금융자본의 비중이 크게 늘어날 수밖에 없다. 그다음에는 어떤 일이 벌어질까?

시장 상인들은 경제학 지식이 없어도 경제 돌아가는 생리에 대해서는 누구보다도 탁월한 감각을 지니고 있다. 그들은 경기 불황으로 장사가 잘 안 될 때 원인을 이렇게 설명한다. "돈이 돌지 않아서 그래요. 있는 사람들이 돈다발을 움켜쥐고 풀지를 않아요." 상인의 설명은 문제의 핵심을 정확히 짚고 있다.

대기 상태에 있는 금융자본 규모가 커지면 그만큼 돈이 돌지 않으면서 덩달아 비슷한 규모의 상품이 팔리지 않을 가능성이 높다. 실물경제와 금융자본 사이의 불균형이 심화되면 불황이 더욱 깊어질 수밖에 없다. 1970년대 이후 서유럽과 북미 지역에서 바로 이러한 현상이 일어났던 것이다.

지금까지의 이야기를 종합하자면 이렇다. 한편에서는 성장 동력 소진으로 실물경제가 기력을 잃고 바닥을 기었다. 다른 한편에서는 금융자본이 실물경제의 가치 창출 능력을 훨씬 뛰어넘는 수준에서 규모를 키웠다. '금융자본의 과잉 축적'으로 표현되는 불균형 현상이 심화된 것이다. 비대해진 금융자본이 허약해진 실물경제를 타고앉아 숨통을 조이면서 불황은 더욱 심해지고 장기화되었다.

케인스주의 처방에 의존했거나 그와 유사한 입장을 취했던 이른바 '범케인스주의자'들은 이 국면에서 완전히 무력해졌다. 흔히 하는 말로 입도 벙긋하지 못했다. 케인즈주의 안에는 실물경제와 금융자본 사이 불균형을 구조적으로 해소시킬 뚜렷한 방안이 없었다.

1970년대까지만 해도 선진 자본주의 사회는 1929년 대공황 악몽에서 자유롭지 않았다. 대공황 유발의 한 요소였던 금융자본이 경거망동하지 않도록 규제해야 한다는 의식이 지배적이었다. 금융자본에는 각종 규제 장치가 부과되어 있었다. 금융자본이 주가 상승을 유도할 요량으로 인수합병(M&A) 위협을 가하는 것은 어림도 없는 소리였다. 그러다가 불황이 장기화되면서 분위기가 바뀌기 시작했다.

1970년대 후반에 접어들자 시장 활력을 회복하자면 돈이 돌게 해야 하고 그러자면 금융자본의 규제 끈을 풀어야 한다는 압력이 높아졌다. 신자유주의로의 전환 징조가 나타나기 시작한 것이다.

각국 정부는 압력에 굴복했다. 상대적으로 진보 성향을 보였던 미국 카터 민주당 정부, 영국 캘리언 노동당 정부, 프랑스 미테랑 사회당 정부 등이 이전의 케인스 정책을 폐기 혹은 축소하고 금융자본에 대한 규제를 완화하는 쪽으로 방향을 틀었다. 영국 대처 보수당 정부와 미국 레이건 공화당 정부 등이 신자유주의로의 전환에 가속 페달을 밟은 것은 그다음에 벌어진 일이었다.

유럽 좌파를 대표했던 사회민주주의자들을 포함해서 범케인스주의자들 대부분 신자유주의로의 전환 과정에 휩쓸려 들어갔다. 신자유주의를 전적으로 수긍하지는 않았지만 상당 정도 불가피한 선택이라고 보고 타협 지점을 모색했다. 그만큼 1970년대 이후 장기불황이 끔찍한 기억으로 남아 있었던 것이다.

신자유주의로의 전환은 일정하게는 상황이 빚어낸 결과였지만 한편으로는 급진주의 시각의 산물이기도 했다.

신자유주의는 과잉 축적된 금융자본을 성장 동력으로 전환시킴으로써 실물경제와의 불균형도 함께 해소하자는 나름대로의 총체적 해법을 제시했다. 논리로만 보면 혁명적이라고 할 만큼 파격적인 지점이 있었다. 물론 그 실체를 알고 나면 전혀 다르게 판단할 수밖에 없지만 말이다.

지금까지 1970년대 이후 서유럽과 북미 지역을 짓눌렀던 장기불황 구조에 대해 살펴보았다. 과연 먼 나라 옛날이야기에 그치는 것일까? 아니다. 그것은 곧 현재 한국 사회가 직면해 있는 이야기이기도 하다.

한국 경제가 성장 동력 소진으로 저성장 국면에 빠져 있음은 이미 확인한 대로다. 한국 경제를 곤경에 빠트리고 있는 것은 비단 이뿐만이 아니다. 실물경제와 금융자본 사이 불균형이 함께 심화되고 있다.

금융자본 과잉 축적 가능성을 엿보게 하는 것은 시중 부동자금

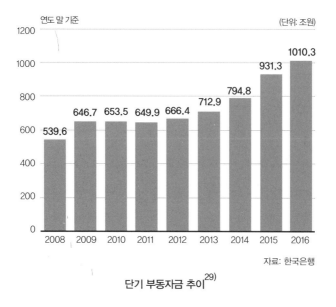

연도 말 기준 (단위: 조원)

단기 부동자금 추이[29)]

자료: 한국은행

규모이다. 부동자금이란 한 곳에 고정되어 있지 않고 투자 기회를 쫓아 언제든지 이동할 수 있는 단기자금을 말한다. 한국은행 집계에 따르면 시중 부동자금은 2008년 500조 원 수준에서 2013년 700조 원 규모로 늘어났다. 그러던 것이 2016년 말 마의 1,000조를 넘어선 1,017조 3,000억 원에 이르렀다.[30)] 증가 속도가 매우 빠를 뿐만 아니라 한국 경제의 규모에 비추어 볼 때 과도하게 팽창해왔음을 쉽게 짐작할 수 있다. 참고로 2016년 국내총생산(GDP) 규모는 세계은행 집계에 따르면 약 1,590조 원이었다.

이 중 어느 정도가 과잉 축적된 것인지는 정확히 가늠할 수 없다. 그럼에도 과잉 축적 정도가 꽤 높은 수준에 이르렀음을 입증하는 징표가 있다. 언론에서 '돈맥경화'라 부르는 현상이다. 다음은 이를 묘사하는 언론 기사다.

이달 초 A은행 기업 금융 담당 지점장에게 한 대기업 자금 담당자가 연락해 왔다. 2,000억 원 정도 되는 돈을 3개월 정도 예금에 넣어 두고 싶다며 금리를 연 2.0~2.5% 정도 줄 수 있는지를 물었다. 지점 장은 예금 인수 여부를 본사에 물었는데 답은 '노(no)'였다. A은행 관계자는 "거액 예금을 받아봐야 굴릴 방법이 마땅치 않아 돌려보내는 일이 다반사"라고 말했다. …

마땅한 투자처가 없어 기업과 개인이 은행에 돈을 묻어두려 하지만 정작 이 돈을 받은 은행은 돈을 굴릴 곳이 없어 쩔쩔매는 금융업계의 '돈맥경화'가 일어나고 있다. 돈을 모아 적재적소에 나눠주는 '돈의 중개자' 역할을 해야 할 금융회사들이 제 역할을 못하면서 경제의 활력을 더욱 떨어뜨리고 있다.[31]

이 정도면 실물경제와 금융자본 사이 불균형이 심각한 단계에 이르렀음을 짐작하는 데 큰 어려움이 없으리라 믿는다. 불균형 심화가 경제 숨통을 짓누르면서 저성장을 악화시킬 것임은 두말할 나위 없을 것이다.

한국은 현재 1970년대 이후 서유럽과 북미 지역이 직면했던 것과 유사한 상황을 겪고 있다. 엄밀히 말하면 훨씬 더 어렵고 복잡한 상황에 놓여 있다고 볼 수 있다. 1970년대 서유럽과 북미 지역은 오늘날 한국 경제를 불안하게 만드는 세계화 현상도 겪지 않았다. 정부가 나름대로 주도력을 갖고 관리할 수 있는 위치에 있었고, 분배 시스템도 지금 우리보다 훨씬 잘 갖추어져 있었다.

이처럼 우리보다 나은 형편이었는데도 1970년대 이후 서유럽과 북미 지역에서 케인스주의 처방은 효과가 없었다. 그런 케인스주의 처방이 지금 한국의 상황에서 어느 정도 힘을 발휘할 수 있을까?

셋째, 4차 산업혁명과 기술 실업 극복

4차 산업혁명은 클라우스 슈밥Klaus Schwab 세계경제포럼(WEF) 회장이 마케팅의 목적에서 처음 사용한 용어이다. 4차 산업혁명은 엄밀한 의미에서 보자면 적합한 개념어는 아니다. 세계에서 보편적으로 쓰이는 용어도 아니다. 4차 산업혁명은 내용상 3차 산업혁명의 연장이다. 미국 등에서는 3차 산업혁명의 '2기'로 보는 견해가 많다.

1 · 2 · 3차 산업혁명은 모두 불연속적인 비약 국면이 있었다. 1차 산업혁명은 전근대 농업 사회에서 근대적인 공업 사회를 출현시켰다. 2차 산업혁명은 전기를 원동력으로 하는 대량생산체제를 확립했다. 3차 산업혁명은 정보통신기술(ICT)을 바탕으로 경제의 지능화가 이루어졌다. 반면 4차 산업혁명은 3차 산업혁명과 구별되는 질적 비약 국면이 없다. 독립적인 산업혁명으로 간주되기 어려운 것이다.

하지만 4차 산업혁명이라는 표현을 쓸 수밖에 없는 현실이다. 여러 매체에서 4차 산업혁명을 일반적 언어로 간주한 상태에서 3차 산업혁명으로만 표현하면 소통이 어렵기 때문이다.

2017년에 접어들면서 4차 산업혁명을 둘러싸고 온 나라가 시끌벅적했다. 4차 산업혁명이 온 국민의 관심사가 된 나라는 아마도 한국이 유일할 것이다. 언론에서는 날마다 "4차 산업혁명에서 뒤처지면 우리의 미래는 없다"는 식으로 겁박했다. 문재인 정부도 '4차산업혁명위원회'를 설치하여 보다 적극적인 대응에 나섰다.

4차 산업혁명은 새로운 기술을 표현하는 여러 단어들을 나열하는 방식으로 소개되어 왔다. 인공지능(AI), 빅데이터, 사물인터넷(IoT), 로봇, 3D 프린터, 자율주행 자동차, 가상현실(VR) 등등……

이 중에서도 각별히 주목을 받아온 것은 인공지능이었다. 알파고가 이세돌 등 바둑계 고수들을 잇달아 격파하면서 관심이 부쩍 높아졌다. 인공지능의 핵심 요소는 '기계 학습' 능력이다. 방대한 데이터를 분석해 일정한 규칙을 찾아내고 이를 이용할 수 있는 능력이다. 가령 인공지능에 영화 프로그램을 입력하면 이를 보면서 스스로 말을 익히고 배운다. 이러한 인공지능이 두루 적용되는 과정이 4차 산업혁명이라고 볼 수도 있다.

4차 산업혁명을 거치면서 기계는 과거 인간만이 지닌 것으로 여겨졌던 능력을 획득한다. 그동안 주변 상황을 살피면서 자동차 진행 방향과 속도 등을 조절할 수 있는 것은 오직 인간의 능력에 속했다. 이제 자율주행 자동차가 등장하면서 기계가 그 능력을 갖게 되었다. 산업화 시대 특징이었던 '인간의 기계화'와 정반대되는 '기계의 인간화'가 진행되고 있는 것이다. '인간의 기계화'와 '기계의 인간화', 둘 중에서 어느 쪽이 더 섬뜩한 느낌을 안겨다 주는가?

역사를 되돌아보면 신기술이 출현할 때 이를 소홀히 대한 나라나 기업은 예외 없이 경쟁에서 탈락해 추락했다. 4차 산업혁명이 제기하는 기술진보 역시 선택의 여지없는 과제로 다가오고 있다. 기술적 측면에서 4차 산업혁명을 추진할 것인지 말 것인지는 논란의 여지가 없다는 의미이다.

과연 4차 산업혁명이 우리에게 어떤 미래를 안겨다 줄까? 한층 진보된 기술이 한층 진보된 세상을 열어줄까? 밝고 희망찬 신세계 이미지보다는 암울한 소식이 먼저 들려오는 것 같다. 4차 산업혁명이 기존 노동을 대거 기술적으로 대체하면서 일자리를 심각하게 위협할 것이라는 이야기가 많다.

새로운 기술의 등장으로 인해 기존 일자리가 사라지는 '기술 실업'은 늘 있어왔던 현상이다. 대체로 기술 실업은 일시적인 것에 그쳤다. 새로운 기술이 새로운 일자리를 만들어냈기 때문이다. 케인스조차도 기술 실업은 크게 걱정할 일이 아니라고 여유 있게 둘러댈 수 있었던 이유이다.

그런데 4차 산업혁명이 야기할 기술 실업은 상당히 다른 느낌을 준다. 새로운 일자리로 교체 가능한 수준의 통상적인 기술 실업과는 질적으로 다른 양상이다. 우선 규모부터가 다르다.

2016년 다보스포럼은 선진 15개국에서 2020년까지 일자리 710만 개가 사라지고 210만 개가 새로 생겨나 전체로는 500만 개가 줄어들 거라고 전망했다.[32] 한국으로 돌아와 보면 사정은 더욱 심란해진다. 가령 고용정보원은 〈기술 변화에 따른 일자리 영향 연구〉 보고서를 통해 기술 대체 효과로 2025년 국내 취업자의 약 61%에 이르는 1,600만여 명이 일자리를 잃을 수도 있다고 전망했다.[33]

여기저기서 들려오는 소식들은 노동의 기술적 대체의 속도가 매우 빨라졌음을 실감하게 한다. 대형 매장에는 무인 판매대가 속속 설치되고 있고, 공항에는 로봇 안내원이 등장했다. 머지않아 고속도로 톨게

순위	대체 비율 높은 직업	대체 비율	대체 비율 낮은 직업	대체 비율
1	청소원	1	회계사	0.221
2	주방보조원	1	항공기조종사	0.239
3	매표원 및 복권 판매원	0.963	투자·신용 분석가	0.253
4	낙농원 관련 종사원	0.945	자산운용가	0.287
5	주차 관리원·안내원	0.944	변호사	0.295
6	건설·광업 단순 종사원	0.943	증권·외환 딜러	0.302
7	금속가공기계 조작원	0.943	별리사	0.302
8	청원경찰	0.928	컴퓨터 하드웨어 기술자	0.323
9	경량 철골공	0.92	기업 고위 임원	0.324
10	주유원	0.908	컴퓨터 시스템·보안 전문가	0.338
11	펄프·종이 생산직	0.905	보건위생·환경 검사원	0.345
12	세탁원·다림질원	0.902	기계시험원	0.349
13	화학물 가공·생산직	0.902	보험·금융 상품 개발자	0.354
14	곡식작물 재배원	0.9	식품공학 기술자·연구원	0.367
15	건축 도장공	0.899	대학교수	0.37
16	양식원	0.898	농림어업 시험원	0.371
17	콘크리트공	0.897	전기·가스·수도 관리자	0.375
18	패스트푸드원	0.89	큐레이터, 문화재보존원	0.379
19	음식 배달원	0.888	세무사	0.379
20	가사도우미	0.887	조사 전문가	0.381

※대체 비율이 높은 직업일수록 인공지능 로봇으로 대체될 가능성이 높다는 의미.

인공지능·로봇으로 대체 가능한 직업[34]

이트 요금 징수원이 통째로 사라진다고 한다. 일각에서는 스마트 기술을 바탕으로 한 무인공장의 출현을 점치기도 한다. 2030년이 되면 현재 의사가 하고 있는 일의 70%를 인공지능이 대체할 것이라는 전망도 있다.

한국은 이 지점에서 유독 빠른 속도를 보여주고 있다. 이를 압축적으로 보여주는 장면으로 한국이 산업용 로봇 보급률 세계 1위라는 사

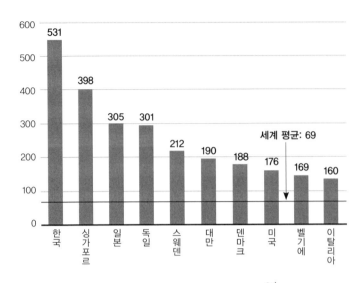

제조업 근로자 1만 명당 산업용 로봇 대수[35]

실을 들 수 있다.[36] 산업용 로봇 증가를 재촉하는 직접적 요소는 노동의 기술적 대체이다. 가령 삼성전자와 SK하이닉스가 2016년 반도체 산업에 합계 20조 원을 투자했지만 신규 고용은 달랑 900명에 그쳤다.[37] 석유화학업체인 한화토탈 대산 공장의 경우 5,000억 원 이상을 투자했음에도 추가 고용은 수십 명에 불과했다.[38] 모두 사람의 업무 대부분을 로봇이 대행한 결과였다.

어느 정도는 산업 특성이 반영된 결과이겠지만 노동의 기술적 대체가 매우 공격적으로 진행되고 있음을 암시해준다. 이 현상만 놓고 보자면 한국은 4차 산업혁명이 일자리를 지속적으로 감소시킬 확률이 매우 높은 나라이다.

하지만 너무 극단적으로 비관할 필요는 없을 것 같다. 정반대 이야기도 심심치 않게 들려오고 있으니 말이다. 일각에서는 4차 산업혁명 기술이 생산성을 향상시키면서 오히려 일자리를 늘릴 수 있다며 이를 입증하는 여러 사례를 소개하기도 했다. 리노 구젤라Lino Guzzella 스위스취리히연방공과대학(ETH) 총장은 "4차 산업혁명은 제조업 기반이 강한 한국과 같은 나라에게 절호의 기회가 될 것"이라고 말했다.[39] 이를 보다 구체적이고도 명확하게 뒷받침해주는 나라가 있다. 독일이다.

독일은 정부 주도 아래 '인더스트리 4.0 정책'을 추진하면서 디지털 기술을 산업에 적용하기 위한 노력을 줄기차게 기울였다. 그 과정에서 사람과 로봇이 협업하는 새로운 시스템을 정착시켰다. 결과는 일자리의 양과 질 모두가 개선된 것으로 나타났다. '스마트 공장 변신의 종착점은 무인공장'이라는 통념을 무색케 만든 것이다. 사람 중심의 4차 산업혁명을 추진한 것이라 볼 수 있다.[40]

종합적으로 볼 때 4차 산업혁명은 일자리에 대해서 긍정적이든 부정적이든 두 방향 모두에 영향을 미칠 수 있음을 알 수 있다. 4차 산업혁명 역시 한편에서는 기존 일자리를 제거하기도 하지만 그 반대 작용을 할 여지도 많다. 4차 산업혁명 덕분에 사람은 단순 작업을 기계에게 맡기고 부가가치가 더 높은 창조적 일에 집중할 수 있다. 생산성이 획기적으로 향상됨으로써 모두에게 이익이 될 수도 있다.

기술이 모든 것을 결정짓는다는 기술경제론은 현실을 왜곡할 여지가 많다. 인공지능이 인류를 멸망시킬 적인지 인간의 친구가 될 수 있는지는 기술 자체만으로 결정되지 않는다. 그렇다면 크게 고민하거나 걱정할 사안이 아니지 않는가? 단적으로 독일 방식을 열심히 따라 배우면 쉽게 해결되는 것 아닌가 말이다.

문제는 그리 간단치 않다. 독일을 따라하면 된다는 것도 순진한 생각일 수 있다. 독일과 우리의 접근 방식의 차이는 대체로 서로 다른 사회적 환경으로부터 비롯된 것일 가능성이 높다. 우리가 진짜 고민해야 할 대목은 이것이다. 독일에서는 4차 산업혁명 기술이 일자리를 늘리는 것으로 작용하고 있는 데 비해 왜 한국은 그렇지 않은 것인가? 문제의 핵심은 서로 다른 노사관계에 있다.

독일은 상호 신뢰에 기반을 둔 협력적 노사관계가 잘 확립되어 있는 나라이다. 독일의 노사는 서로를 대등한 주체로 존중하며 오랫동안 경영을 함께 책임지는 '공동결정제'를 운영해왔다. 경영진은 노동자를 경영 파트너로 간주하며 노동자는 스스로를 책임 있는 경영 당사자로 생각한다. 문제가 생기면 지난한 토론을 통해 합의점을 찾는다. 어떤 경우도 일방통행은 허용되지 않는다.

독일의 노사관계가 이런 모습을 갖추기까지는 상당히 쓰라린 역사적 배경이 있었다. 양 극단으로 치닫다가 함께 망해본 경험이 있던 것이다.

1929년 미국 발 대공황의 여파로 독일은 실업자가 800만 명을 넘어서는 등 최악의 상황에 직면했다. 생존의 벼랑 끝으로 내몰린 노동자들은 급진주의에 경도되면서 공산당에 지지를 보냈다. 덕분에 존재가 미미했던 공산당은 일거에 80석을 획득할 수 있었다. 공산당의 급부상에 위협을 느낀 사용자 집단은 정반대의 극단주의에 경도되면서 히틀러에게 표를 몰았다. 덕분에 히틀러가 이끌어간 나치는 의회 다수당이 되면서 합법적 집권에 성공할 수 있었다. 하지만 두 극단적인 선택은 히틀러의 파시즘과 2차 세계대전의 패배를 거치며 모든 것을 잃어버리는 것으로 귀결됐다.

끔찍한 재앙을 경험한 노사 양측은 사고를 전환했다. 서로의 존재를 부정하는 극단주의를 지양하고 협력의 길을 걸었다. 상호 의식적인 노력을 통해 신뢰 기반의 협력적 노사관계가 만들어졌고 굳건한 전통으로 자리 잡았다. 독일이 인더스트리 4.0 정책을 통해 디지털 기술을 산업에 적용하면서 도리어 일자리를 늘릴 수 있었던 배경이다.

한국의 노사 문화는 전혀 다르다. 독일과는 정반대라 해도 과언이 아니다. 한국의 노사 문화 역시 역사적 산물이다.

군사독재를 수반했던 권위주의 시절 사용자는 노동자를 노예 취급하다시피 했다. 일방적 통제와 무조건적 복종만이 허용되는 '굴종적 노사관계'가 지배하고 있었다. 노동조합이 있었지만 대부분 어용노조였고 그 상층부는 사용자와 결탁해 사리사욕을 채우는 데 몰두했다. 노동자들 사이에서 그에 대한 반발이 누적되어 갔다.

1987년 민주화투쟁 승리의 여파로 노동자 투쟁이 활발하게 불붙었다. 민주노조를 기반으로 기존 굴종적 노사관계를 거부하고 사용자에 비타협적으로 맞서는 흐름이 확산되었다. 중소기업에서는 민주노조의 비타협적 투쟁 노선에 대한 반작용으로 노조 자체를 기피하는 경향이 나타났지만 노사 간 긴장 관계는 여전했다. 전반적으로 볼 때 1987년 이후 한국 사회를 지배한 것은 '갈등 지향적 노사관계'라고 할 수 있다.

한국의 노사 사이에는 깊은 불신과 냉소의 강이 흐르고 있다. 상호 신뢰를 기반으로 협력할 여지는 찾아보기 쉽지 않다. 이러한 조건에서 4차 산업혁명은 사용자들에게 어떤 의미로 다가올까?

과거 산업화 시대 노동의 기술적 대체 능력이 낮은 수준에 머물러 있을 때 사용자에게 노동자 고용은 그다지 선택의 여지가 없는 것이었다. 하지만 4차 산업혁명과 함께 양상이 크게 달라졌다. 사용자 입장에서 노동자를 고용하는 것보다 더 나은 선택지가 주어진 것이다.

로봇 사용을 예로 들어 보자. 로봇은 사람보다 더 쌀 뿐만 아니라 더 믿음직스럽다. 노조를 결성할 염려도 없고 딴죽을 걸지도 않으며 파업할 염려도 없다. 사람을 다루는 머리 아픈 일 없이 마음 편히 돈 벌게 해준다. 한국 사용자들의 사고 속에 독일에서와 같은 사람과 로봇의 협업이란 개념이 들어설 여지는 많지 않아 보인다. 로봇은 어디까지나 사람을 대체하기 위한 수단일 뿐이다. 한국이 로봇 보급률 1위를 기록한 배경이다.

전체적으로 볼 때 한국에서 4차 산업혁명은 노동을 기술적으로 대체하고 사람을 작업 현장에서 배제하는 쪽으로 작용할 확률이 매우 높다. 기술 실업이 지속적이고 대규모로 진행될 가능성이 매우 큰 것이다. 노사 갈등은 이러한 가능성을 더욱 증폭시키는 요소로 작용할 수 있다. 그렇다고 정부가 나서서 손을 쓸 수 있는 여지는 별로 없어 보인다. 법적·제도적 근거도 딱히 없는 형편이다. 최악의 경우를 염두에 두고 대책을 마련하지 않으면 매우 심각한 국면에 직면할 수 있다.

종합적으로 볼 때 노사관계 프레임을 재정립하지 않는 한 문제 해결을 기대하기는 어려운 상황이다. 기존 프레임 안에서 노동자 권익의 일방적 옹호만으로는 일자리 감소 효과로 이어질 수 있어 실질적 개선을 기대하기 어렵다.

보수 측 일각에서는 사용자가 일자리를 늘리는 대신 노동자는 노동 유연화를 수용하는 것으로 노사대타협을 종용해왔다. 노동계가 이를 받아들일 가능성은 별로 없어 보인다. 안 그래도 힘들어 죽겠는데 무얼 더 양보하느냐는 반응을 보일 것이다. 그렇다고 사용자가 고용안정 보장 등 노동계의 요구를 일방적으로 수용할 가능성도 별로 없어 보인다. 해답은 쌍방 모두에게 플러스가 되는 전혀 새로운 지점에서 노사관계를 재정립하는 것뿐이다.

굴종적 노사관계는 물론이고 갈등 지향적인 노사관계를 뛰어넘는 프레임은 무엇일까? 독일 사례에 비추어 보면 대등한 입장에서 파트너십을 발휘하는 '협력적 노사관계'가 가장 유력한 후보이다. 하지만 함께 풀어야 할 숙제가 있다.

기존 경제의 틀 안에서 기업이 노동의 기술적 대체를 멀리하면 자칫 경쟁력을 잃고 도태할 가능성이 있다. 이러한 이유로 사용자는 노동의 기술적 대체를 추진하려 시도할 여지가 많다. 반면 즉각적인 일자리 상실을 우려한 노동자는 반대할 가능성이 크다. 협력적 노사관계 유지가 어려워진다.

문제 해결의 방향은 하나뿐이다. 노동의 기술적 대체가 더 좋은 일자리 창출로 이어지는 구조가 만들어져야 한다. 이는 노사관계와 경제 패러다임이 함께 맞물려 바뀔 때 가능하다. 정확히 말하면 경제 패러다임 전환의 일환으로 노사관계가 재정립되어야 한다. 그렇지 않으면 노사관계 재정립도, 전환도 쉽지 않다.

넷째, 세계화 덫으로부터의 탈출

세계화는 경제적 의미에서 국경선이 사라진 현상을 가리킨다. 글로벌 경제로의 전환은 이를 두고 하는 말이다.

지난 2017년 7월 독일에서 G20 정상회의가 개최되었을 때의 일이다. 회담장 주변에 좌파 시위대가 몰려들어 '세계화 반대'를 외치며 격렬한 시위를 벌였다. 유사한 국제회의가 있을 때마다 벌어졌던 현상이 이번에도 어김없이 재현된 것이다. 얼추 이해는 되었다. 세계화로 인해 발생한 고통이 여간 만만치 않기 때문이다. 그러면서도 의문은 여전히 사라지지 않았다. 그래서 뭘 어쩌자는 건데?

현재 전 세계 좌파운동 세력은 이 지점에서 상당히 무력하다. 반대 입장을 명확히 표명하고는 있지만 정작 어떻게 해결해야 할지 뚜렷한 해답을 제시하지 못하고 있다. 관념적 반대에 머물고 있는 것이다. 일각에서는 '아래로부터 세계화'를 대안으로 제시하지만 막연하고 추상적인 수준에 머물러 있다.

반면 보수 세력은 정반대 입장을 보여주고 있다. 보수 세력은 세계화를 인간의 능력으로는 어쩔 수 없는 자연 현상처럼 간주한다. 세계화를 있는 그대로 인정하고 어떻게 대응할지만 고민한다. 세계화를 극복 대상으로 상정하지 않는다.

세계화는 현대 세계가 안고 있는 난제 중 가장 어려운 문제다. 많은 지식인들이 너무 거창하고 심각하여 고민 자체를 포기했을 정도다. 도대체 세계화는 왜 이토록 난해한 문제가 되었는가? 역시 그 원인을 아는 것이 중요하다. 크게 봐서 두 가지가 이유가 있다. 먼저 세계화는 일부 집단의 야욕이나 지도자들의 어리석은 선택으로 빚어진 우발적 사태가 아니었다. 세계화는 상당 정도 불가피한 결과였다. 그러면서도 액면 그대로 인정하고 순응하기에는 너무 심각한 문제를 야기하고 있다. 우발적 사태라면 원 상태로 되돌리면 되는 것이고, 큰 문제가 없으면 순응하면 되는데 둘 다 아니라는 것이다.

WTO 출범의 배경

1995년을 세계화 원년으로 꼽는 사람들이 많다. 그 해에 세계무역기구(WTO)가 출범했기 때문이다. 과연 WTO의 출범을 어떻게 봐야 할까? 세계화라는 대재앙을 불러일으킨 악마의 탄생으로 봐야 할까?

먼저 기업 생산력이 개별 국가 틀을 벗어날 수밖에 없을 만큼 크게 팽창한 점에 주목할 필요가 있다. 매출액 기준 한국 최대 기업인 삼성전자를 두고 이야기를 해보자. 흔히 삼성전자 앞에 '글로벌 기업'이라는 수식어가 붙는다. 삼성전자 국내·해외 매출 현황을 보면 이 말이 무슨 뜻인지 금방 알 수 있다. 2015년 기준 삼성전자 총매출액은 135.2조 원이었다. 그 중 국내 매출은 14.6조 원으로 불과 8%밖에 되지 않는다.

만약 삼성전자가 순수하게 국내 시장만을 겨냥한 기업으로 남았다면 지금과 같은 높은 생산성을 과시할 수 있을까? 생산성과 깊은 연관이 있는 요소는 연구개발 투자와 인력 규모이다. 2016년 기준 삼성전자 연구개발 투자는 모두 15조 원 수준이었으며, 연구개발 인력은 국내외 합쳐 9만 3,200명이었다. 이 중 국내 연구 인력은 4만 4,300명으로 절반이 좀 안 된다.[41] 삼성전자가 국내 시장에 머문 기업이었다면 이런 정도의 연구개발 투자와 인력 운영이 가능했을까? 단연 불가능한 일이다. 아마도 삼성전자는 냉장고와 세탁기 등을 판매하며 겨우 연명하는 3류 전자업체에 머물렀을 것이다.

기업 생산성 증가와 규모, 시장의 대외 팽창 사이에는 불가분의 함

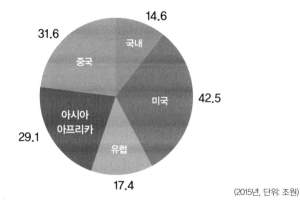

14.6

31.6

42.5

29.1

17.4

(2015년, 단위: 조원)

삼성전자 국내 · 해외 매출 현황 [42)]

수 관계가 존재한다. 이는 기업 성장과 그 종합적 결과인 국민경제 발전에서 무역 확대가 필수 불가결한 요소임을 말해준다.

국제 무역은 모든 나라의 모든 기업을 위해 지속적으로 활성화되고 확장되어야 하는 과제다. 그런데 1980년대 중반을 거치면서 심각한 문제가 발생했다. 세계 무역시장이 균열을 일으키며 위기상황에 직면한 것이다.

문제의 시발점은 미국이었다. 당시 미국은 일본과 한국 등 신흥 공업국 수출 공세로 무역 적자가 큰 폭으로 확대되는 등 시종 고전을 면치 못하고 있었다. 코너에 몰린 미국은 사태 수습을 위해 자신이 사용할 수 있는 모든 수단을 동원했다. 미국은 1985년 플라자합의◆를 통

◆ 1985년 9월 25일 미국, 일본, 독일, 영국, 프랑스 등 5개국 재무장관이 미국 뉴욕에 위치한 플라자호텔에 모여 미국의 경상수지 적자 해소 방안을 논의했다. 그들은 관련국 환율 조정을 통해 달러 가치를 하락시키는 조치를 취하기로 합의했다. 그 결과 엔 – 달러 환율은 1년 남짓한 기간에 달러당 243엔에서 157엔까지 대폭 조정되었다. 덕분에 미국은 대외불균형 불을 끌 수 있었으나 일본은 수출경쟁력 급감으로 고전해야 했다. 일본이 '잃어버린 20년'으로 불린 장기침체 늪에 빠진 주요 요인 중 하나였다.

해 달러 가치를 강제로 하락시킴으로써 수출 경쟁력 회복을 시도했다. 더불어 한국 등의 대미 수출 제품에 보복무역 관세를 부가하는 등 보호무역주의 장벽을 더욱 높였다. 그러면서도 상대국에게는 자신의 상품을 더 구매하도록 수입 개방 압력을 집중적으로 강화했다. 이와 함께 북미지역 공동 시장 형성을 목적으로 캐나다·멕시코가 함께 참여하는 북미자유무역협정(NAFTA)을 추진했다.

세계 시장 질서는 혼란 속으로 빠져들었다. 강제적인 환율 조정, 보호무역주의 장벽과 수입 개방 확대 요구 등의 불공정 무역 강화, NAFTA와 같은 지역 블록 확대로 인한 세계 시장 균열 조짐 등이 갈수록 심화되었다. 자칫 세계 무역시장이 붕괴할 수도 있는 위험스런 상황이었다.

각국 관계자들은 1929년 대공황 이후의 악몽을 떠올렸다. 당시 대공황의 파괴적 영향에서 벗어나기 위해 구미 열강들은 다투어서 종주국과 식민지를 하나로 묶는 폐쇄적인 블록을 형성했다. 세계 시장은 여러 블록으로 갈라졌다. 식민지가 부족했던 독일과 이탈리아, 일본 등은 식민지 재분할을 목적으로 2차 세계대전을 도발했다. 2차 세계대전은 승자와 패자를 가리지 않고 인류 역사상 최대의 재앙으로 기록되었다.

결국 세계 시장 균열에 대한 반작용이 일어나기 시작했다. 우루과이라운드 협상을 통해 세계 시장의 붕괴를 방지하기 위해서는 각국의 시장을 공평하게 개방하는 것이 최선이라는 논의 흐름이 형성되었다. 이 때 논의 흐름을 지배했던 좌표가 '세계화'였다. 한마디로 단일한 세계 시장을 창출하자는 취지였다.

미국은 소극적 태도를 보이는 듯했다. 세계 무역을 관장할 기구로서 WTO 안에는 유엔 안보리 상임이사국 거부권과 같은 강대국 기득권을 보장하는 장치도 없었다. 미국이나 아프리카 소국 모두가 한 표를 행사하도록 되어 있었다. 그러던 미국이 세계화를 적극 추진하는 것으로 방침을 선회했다.

두 가지 요소가 작용한 결과였다. 미국은 제조업에서 일정하게 손해를 보더라도 금융 분야에서의 이익 확대를 통해 충분히 보충할 수 있다고 자신했다. 세계화를 '신자유주의 세계화'로 요리할 수 있다고 본 것이다. 또 하나는 소련 동구 사회주의권 붕괴 사태에 대한 대응 필요성이었다. 미국 입장에서는 이들 나라를 서둘러 자본주의 세계 시장으로 편입시키는 것이 시급한 과제였다. 그러자면 그간 혼란을 종식하고 가능한 공정한 룰이 지배하는 세계 시장을 만들 필요가 있었다.

1995년 WTO 출범과 함께 명실상부한 의미에서 단일한 세계 시장이 창출되었다. 이 모든 과정을 두고 전적으로 옳은 방향이었다거나 최선의 선택이라고 말하기는 쉽지 않다. 그렇다 하더라도 세계 시장 균열과 붕괴라는 최악의 상황을 피한 것은 분명했다. 그나마 다행인 결과라고 할 수 있다.

단일한 세계 시장이 출현하면서 한국은 적어도 무역 확대에서만큼은 상당한 득을 볼 수 있었다. 한국은 지구상에 존재하는 모든 영역을 누비며 시장을 개척할 수 있었다. 덕분에 특정 국가나 지역에 편중됨 없이 고른 무역 분포를 보이는 데 성공했다. 그 결과 세계 8대 무역대국으로 올라설 수 있었다.

하지만 모든 게 좋은 방향으로만 흘렀던 것은 아니다. 세계화는 쌍방향으로 일자리를 심하게 압박했다.

일자리에 가해지는 압박

한국은 외환위기를 거치면서 WTO 규범을 넘어서는 수준으로 세계화를 진척시켜야 했다. IMF 구제금융을 제공받는 대가로 신자유주의 세계화 흐름에 깊숙이 편입되었던 것이다. 이 과정에서 일어난 변화 중 가장 주목해야 할 현상은 '자본의 세계화'였다. 기업 자본 구성에서 세계를 무대로 움직여온 통상 '외국인 투자자'로 불린 국제금융자본 비중이 급격히 커진 것이다.

과연 이러한 변화가 개별 기업에게 어떤 영향을 미쳤을까? 삼성전자는 이 점을 적나라하게 보여준다. 2017년에는 삼성전자 주식 53%를 외국인 투자자들이 보유했다. 마음만 먹으면 삼성전자 경영권을 위협할 수도 있는 수준이다. 삼성전자는 경영권 방어 차원에서 주주 환원 정책을 표방하며 주주들에게 최대한 많은 이익을 안겨주고자 노력했다. 삼성전자는 2018년 약 10조 원 정도를 주주들에게 현금 배당하고 그와 비슷하거나 좀 더 많은 수준에서 자사주 매입을 단행할 계획이다. 자사주를 매입해 소각하면 나머지 주식 가격이 상승해 동일한 액수만큼 주주에게 이익이 돌아간다.

삼성전자는 이런 식으로 2018년 이후 3년간 얼추 60~70조 원 정도를 주주들에게 제공할 계획이다. 수익 중 시설투자비를 제외한 나머지 절반을 주주 품에 안겨주는 셈이다.[43] 삼성전자가 매년 주주에게 안겨주기로 한 20조 원은 문재인 정부가 계획했던 5년간 81만 개 공공일자리 창출 비용과 맞먹는다.[44]

주주 몫이 늘어날수록 삼성전자 투자 능력은 약화된다. 노동자와 협력업체의 몫도 줄어든다. 더욱이 주주 이익의 53%는 국내 재투자 여지가 없는 외국인 투자자 몫이다. 삼성전자의 높은 생산성과 수익 창출이 국민경제 활성화로 이어질 여지가 적어진다. 삼성을 한국 기업이라고 말하기 쉽지 않은 상황이다.

문제는 여기서 그치지 않는다. 자본의 세계화는 눈에 보이지 않게 보다 직접적으로 일자리를 압박해왔다.

세계를 무대로 움직이는 국제금융자본은 이동성이 매우 뛰어나다. 클릭 한 번으로 이 나라에서 저 나라로 순식간에 옮겨갈 수 있다. 말 그대로 초 단위로 움직이는 것이다. 뛰어난 이동성을 바탕으로 국제금융자본은 최대 이윤을 보장할 곳을 찾아 부지런히 움직인다. 어느 한 곳에 오래 머물러 있으려고 하지 않는다.

이러한 이유로 국제금융자본은 철저히 단기 이익 추구를 중심으로 움직인다. 국제금융자본 입장에서 볼 때 장기적인 기술개발 투자나 앞으로 이야기하게 될 '사람 중심 경영' 등은 언제 그 효과가 나타날지 알 수가 없다. 반드시 성공한다는 보장도 없다. 그들의 단기 이익을 보장할 가장 확실한 방법 중 하나는 감원과 비정규직 확대 등의 구조조정을 통해 인건비 비중을 줄이는 것이다.

외국인 투자자 지분이 많을수록 구조조정 압력은 일상화되고 구조화된다. 한국에서 나름대로 잘 나간다 하는 기업들 대부분이 그로부터 자유롭지가 않다. 삼성전자의 예에서 드러나듯이 그런 기업들은 경영권 방어를 위해 알아서 긴다. 내국인 투자자들도 주가가 오르면 함께 이득을 보기 때문에 외국인 투자자와 입장을 일치시킨다. 보수 측 전문가들은 자신이 주식을 보유하고 있거나 주식을 소유한 사람들과 깊은 관계를 맺고 있다. 자연스럽게 구조조정의 일상화·구조화를 옹호하는 논리를 퍼트린다. 입만 열었다 하면 규제 완화, 노동유연화를 외치는 것은 상당 부분 이런 배경에서 비롯되었다.

세계화는 또 다른 방향에서 일자리를 압박해왔다. '생산의 세계화'로 안에 있어야 할 일자리가 밖으로 빠져나가는 것이다.

세계화와 함께 기업은 최적의 지점을 찾아서 국경을 넘어 자유롭게 이동했다. 외국 기업이 국내에 들어오기도 하고 국내 기업이 외국으로 나가기도 했다. 먼저 주목해야 할 것은 외국 기업의 국내 직접 투자보다 한국 기업의 대외 투자가 훨씬 많았다는 것이다. 다음 페이지의 위쪽 그래프에 나타나 있듯이 2007년 이후 10년간 도착액 기준 외국인 직접 투자보다 한국 기업의 대외 투자가 3배 정도 많았다. 대외 투자 규모 또한 꾸준히 증가해 2007년 231억 달러에서 2016년 352억 달러로 150% 이상 증가했다.

많은 기업들이 해외를 중심으로 신규 투자를 진행해 왔다. 2010년에서 2016년까지 7대 대기업의 국내 고용은 연평균 1.4% 늘은 데 반해 해외 고용은 연평균 9.3% 늘었다. 2016년 현재 삼성전자는 전체 고용의 70% 정도를 해외에서 충원하고 있다.[45] 현대자동차의 경우는 1997년 이후 국내 공장 증설을 전혀 하지 않았다. 2006년 65%에 달하던 국내 생산 비중이 2015년 38%로 줄었다.[46] 중소기업들의 해외 투자도 급증하는 추세를 보였는데 2017년 규모는 2010년의 3배에 이르렀다.[47] 해외 투자 증가로 중국 산둥성에 위치한 칭다오 한 곳에 진출한 한국계 중소기업은 1만 개가 넘는 것으로 알려져 있다.[48]

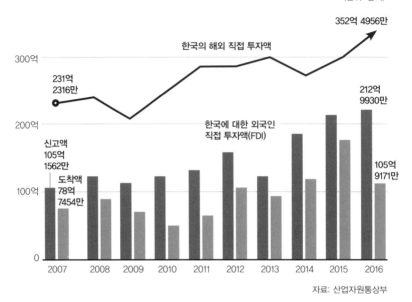

(단위: 달러)

352억 4956만

한국의 해외 직접 투자액

300억

231억
2316만

212억
9930만

신고액
105억
1562만

한국에 대한 외국인
직접 투자액(FDI)

200억

도착액
78억
7454만

105억
9171만

100억

0
2007   2008   2009   2010   2011   2012   2013   2014   2015   2016

자료: 산업자원통상부

한국의 대외 투자액과 외국인의 한국 직접 투자액[49]

(단위: %)

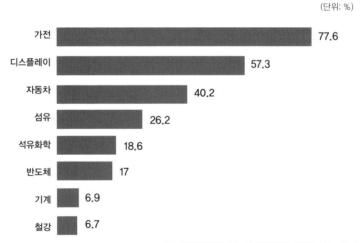

가전   77.6

디스플레이   57.3

자동차   40.2

섬유   26.2

석유화학   18.6

반도체   17

기계   6.9

철강   6.7

자료: 한국무역협회, 2015년 5월 업종별 협단체 설문조사 결과

한국 제조기업 업종별 해외 생산 비중[50]

대외 투자가 빠르게 증가하면서 한국 제조업의 해외 생산 비중이 매우 커졌다. 주요 업종에서는 해외 생산 비중이 훨씬 높아지기까지 했다. 아래쪽 그래프가 이 점을 생생하게 보여준다. 이대로 가다가는 한국 제조업 중 상당 부분의 중심 무대가 해외로 완전히 이동할지도 모른다.

쉽게 예상할 수 있는 일이지만 기업의 해외 투자 확대는 일자리 유출로 이어졌다. 투자 유출액에서 투자 유입액을 뺀 순유출액에 취업 유발계수(12.9명, 10억 원을 투자했을 때 직·간접적으로 창출되는 고용자 수)를 대입하면 일자리 유출 규모를 짐작할 수 있다. 2012년에서 2016년 사이 해외로 빠져나간 일자리 수는 136만 개에 이르는 것으로 추정되고 있다.[51] 문재인 정부가 임기 내 만들기로 한 공공일자리 81만 개와 비교해 보라(완전히 새로 만들기로 한 것은 17만 개이고 그마저도 불투명하다).

더 이상 무슨 설명이 필요할까 싶다. 이 정도면 세계화가 일자리에 어느 정도 영향을 미쳐왔는지 짐작하고도 남을 것이다. 비교적 저임금의 저부가가치 일자리가 해외로 빠져나간 경우가 많았음을 감안해도 그렇다.

기업은 지구 전체를 무대로 움직이면서 가장 마음에 드는 노동자를 선택한다. 반면 노동자들은 전 세계 노동자들을 상대로 일자리를 놓고 경쟁해야 한다. 한국 노동자들은 평소 만난 적도 없고 특별히 악연을 맺을 일도 없는 베트남 노동자들과 치열하게 경쟁하고 있다. 경쟁자가 늘수록 경쟁은 치열해지고 그럴수록 일자리 질이 악화될 개연성이 높다. 바로 이것이 노동자들을 옥죄고 있는 '세계화 덫'이다.

세계화는 정부의 노동 정책에도 심각한 딜레마를 안겨줄 수 있다.

정부가 노동 조건을 개선하기 위해 임금 인상을 시도하거나 정규직으로의 전환 등 노동유연화를 억제하면 기업들의 해외 탈출이 더욱 가속화될 수 있다. 그렇게 되면 일자리가 줄어들고, 줄어든 일자리를 둘러싸고 경쟁이 격화되면서 일자리 질이 악화될 수 있다. 노동 조건 개선 노력을 상쇄시키는 결과를 낳는 것이다.

해외 탈출은 기업이 정부에 맞서 행사할 수 있는 가장 강력한 '거부권'이다. 국가가 시장을 임의로 조율하기 쉽지 않은 상황이다.

트럼프의 역설적 기여

종합적으로 볼 때 세계화는 기업 이해 당사자에게 서로 다른 방향으로 영향을 미쳐왔다. 주주 집단은 세계화로부터 확실한 이익을 얻어온 반면 노동자들은 줄곧 일자리 압박을 받아왔다. 세계화가 강한 계급성을 띄고 있음을 말해준다. 단적으로 자본의 세계화로 외국인 투자자 유입이 늘수록 주주들은 주가 상승 덕에 이익을 본다. 생산의 세계화로 기업이 해외 투자를 확대할 때도 이윤 증가에 따른 주가 상승으로 이익을 본다. 반면 노동자는 이래저래 일자리 압박을 받아야 하는 처지가 된다.

어느 모로 보나 세계화를 대하는 입장과 태도에서 주주 집단과 노동자는 크게 엇갈릴 수밖에 없다.

주주 집단에게 세계화는 선택의 여지가 없을 뿐만 아니라 매우 유익한 과정일 수 있다. 주주 집단에게 세계화는 이익을 극대화할 수 있는 최상의 환경이다. 자본이 어느 나라에서 이윤을 창출했는지는 전혀 중요하지 않다. 이윤에는 국적이 없다. 주주 집단 입장에서 최선은 자본의 자유로운 이동을 보장하면서 노동유연성 극대화로 이윤 창출을 위한 최적의 환경을 만드는 것이다.

노동자의 처지는 정반대이다. 노동자는 어떻게 해서든지 세계화 덫에서 탈출해야 하는 운명이다. 세계화 덫에서 탈출하지 못하면 노동 문제의 온전한 해결을 기대하기 힘든 상황이다. 만약 누군가가 세계화에 대한 아무런 언급 없이 노동 문제의 해결을 약속한다면 일단 의심부터 하는 것이 좋다.

과연 세계화 덫에서 탈출할 수 있는 방법은 무엇인가? 세계화 이전으로 되돌아 갈 수 있는 길은 존재하는가? 경제적 의미의 국경선을 다시 쌓는 것으로서 보호무역주의 부활이 답이 될 수 있을까?

역설적이지만 이에 대해 답을 준 인물은 트럼프였다. 2017년 G20 정상회의에서 트럼프의 보호무역주의 부활 발언은 집중적 비난 대상이 되었다. 세계화에 반대해온 세력조차도, 어느 누구도 트럼프를 지지하지 않았다. 보호무역주의 부활은 잠꼬대 취급 받았다. 반면 지구상에서 자유무역과 가장 거리가 먼 나라의 하나라고 할 수 있는 중국 대표 시진핑의 자유무역 옹호 발언은 압도적 지지를 받았다. 전문가들은 세계 시장이 통합되어 있는 상태에서 미국과 같은 중추 국가가 보호무역주의로 돌아서면 또 다시 파국적인 공황이 닥칠 것이라 내다봤다.

그렇다면 세계화의 다른 표현일 수도 있는 자유무역이 정답이란 말인가? 현재 상태를 유지하는 게 최선일 수 있는가? 지구촌은 혼돈 속에 빠져 있다. 분명한 것은 보호무역주의로의 회귀는 가능하지도 않고 옳지도 않다는 사실이다.

장하준 교수처럼 과거 보호무역주의 정책을 긍정적으로 회고하는 것도 실질적으로 도움이 되지 않는다. 개발도상국 단계에 있는 나라들에게는 의미가 있을 수 있지만 적어도 8대 무역대국 한국에게는 해당되지 않는다. 좌파 운동가들이 보여주는 세계화에 대한 관념적 반대도 문제 해결에 아무런 도움을 줄 수 없다.

결론적으로 세계화의 현실을 인정하고 순응하는 것이나 보호무역주의를 부활시키는 것 모두가 해답이 아니다. 그렇다면 답은 무엇인가? 아직까지 어느 누구도 시원스런 해결책을 내놓지 못했다. 많은 사람들이 문제 풀기를 포기한 상태이다.

세계화 역시 기존 프레임 안에서 어설프게 접근했다가는 해답을 찾을 수 없다. 세계화 덫으로부터 탈출은 전혀 다른 차원에서 이루어질 수 있으며, 완전히 새로운 상상력을 요구한다.

다섯째, 불평등 관계의 근본적 해소

지극히 많은 사람들이 너무나 자주 언급해온 사안이라 다시 이야기를 꺼내는 것이 멋쩍기까지 하다. 불평등 심화 문제이다.

한국은 외환위기 이후 돈 놓고 돈 먹는 머니 게임이 횡행하면서 부의 쏠림 현상이 매우 심각한 수준에 이르렀다. 최상위 10% 소득 비중은 1999년 32.9%에서 2015년 48.5%로 치솟았다.[52] 상승 폭으로는 가히 세계 수 위 급이었다. 반면 근로소득 기준 하위 20% 실질 급여는 1996년 이후 14년간 24% 줄었다.[53]

그 어떤 미사여구를 동원해도 부정할 수 없는 불평등 심화의 징표는 또 있다. 전혀 성격을 달리하는 두 개의 거대한 돈 무더기인 시중 부동자금과 가계부채의 급증이다. 시중 부동자금 급증에 대해서는 앞서 살펴본 그대로이다. 여기서는 한국 경제 뇌관으로 등장한 가계부채 급증 현상을 살펴보도록 하자.

아래 그래프는 가계부채가 매우 빠르게 증가해왔음을 잘 보여주고 있다. 한 자릿수에 머물렀던 2014년 증가율(6.5%)이 2015년(10.9%)과 2016년(11.7%) 잇따라 두 자릿수로 올라서며 가속도가 붙어왔다. 총액 기준으로는 2017년 말 1,400조 원을 넘어섰다. 가구당 평균 부채는 7,000만 원 수준이다.

내막을 파고들면 문제는 더욱 심각하다. 세금 등을 내고 실제 쓸 수 있는 돈을 뜻하는 가처분소득 대비 원리금상환액비율(DSR)은 2016년 평균 26.6%에 달했다. 손에 쥔 돈이 100만 원이라면 27만 원가량을 빚 갚는 데 쓴다는 뜻이다. 2011년 그 비율이 17.2%였음을 감

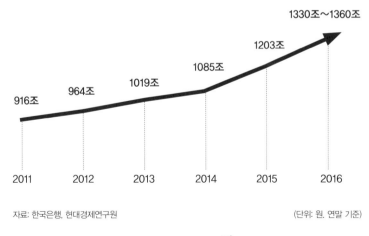

자료: 한국은행, 현대경제연구원   (단위: 원. 연말 기준)

가계부채 증가 현황 [54]

안하면 매우 큰 폭으로 증가한 것이다.[55] 금융부채가 금융자산보다 많고 원리금상환액비율이 40%가 넘는 '한계가구'는 2016년 160만 가구로 추산되었다.[56] 언제 연쇄 파산에 직면할지 알 수 없는 위태로운 상황이다.

가계부채 급증은 여러 요인이 복합 작용한 결과이다. 가계부채 증가 요인은 한국 경제의 모든 것을 이야기해준다.

경제 환경의 변화는 경직성 지출 증가를 강제해왔다. 간단한 예로 우리는 스마트폰 없이는 생활할 수 없게끔 되어버렸다. 어른, 아이 할 것 없이 온 가족이 각자 한 대씩 보유하기에 이르렀다. 합계 통신비만 해도 엄청나다. 대학을 안 가면 어딜 가든 얼굴 내밀기가 쉽지 않은 사회이다. 승용차 없이는 움직이기 어려운 교통 환경이 되었다. 전월세 급증으로 어떻게 해서라도 내 집을 장만해야 했다.

이래저래 지출은 계속 늘 수밖에 없는 구조이다. 반면 소득은 그에 비례해서 늘지 않았다. 외환위기 이후 '저성장 불평등'이 구조화된 결과였다. 외환위기 이전(1987~1997년) 8%대 경제성장률은 이후(1999~2007년) 5%대로 낮아졌고, 2008년 이후엔 연평균 2%대로 주저앉았다. 그 와중에 가계 몫은 더욱 줄었다.[57]

외환위기를 거치며 GDP 대비 가계소득의 비중이 점점 줄기 시작했다. 기업소득은 외환위기 이후(1997~2012년) 연평균 9.4%씩 증가했지만, 가계소득은 5.5% 증가에 그쳤다. 세계에서 가장 큰 격차이다. 주된 요인은 저조한 임금 상승이었다. 외환위기 이후 노동생산성 증가와 실질임금 증가 사이의 간극이 더욱 벌어졌다. 그에 따라 노동소득분배율은 1996년 62.6%에서 2010년 58.9%로 줄었다.[58]

늘어나는 지출과 저조한 소득 증가의 간극을 메울 수 있는 것은 부채 말고는 달리 길이 없다. 가계부채 증가는 사회구조적 모순이 빚어낸 필연적 결과였다. 도덕적 해이와는 거의 무관한 현상이었다.

가계부채 증가를 촉진한 요인으로 금융자본의 전략 변화를 빼놓을 수 없다. 과거 금융자본이 이윤을 추출하는 대표적인 영역은 부동산과 주식이었다. 주식은 2008년 글로벌 금융위기와 함께 한풀 꺾였다. 부동산도 공급이 수요를 초과하기 시작하면서 그 여지가 크게 줄었다. 그럼에도 시중 부동자금 증가 추이에서 드러나듯이 금융자본의 과잉 축적 정도는 한층 가파른 양상으로 늘어났다.

이러한 조건에서 금융자본이 이윤 추출의 제물로 삼기 시작한 것이 가계였다. 금융기관은 가계를 대상으로 한 소매금융에 치중하기 시작했다. 부동산 시장 활성화를 목적으로 정부가 나서서 빚을 내 집을 장만하도록 부추기기도 했다.

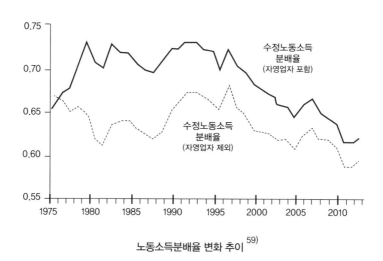

노동소득분배율 변화 추이 [59]

가계부채 증가 이면에서 진행된 불평등 구조 또한 지극히 기형적이었다. 외환위기 이후 불평등 심화를 대표하는 사회적 존재는 '비정규직', '자영업자', '청년'이었다. 전통적 계급이론이 무색할 지경이었다.

통계청 자료에 따르면 1996년 43.2%이던 비정규직 비율은 외환위기를 거치며 1997년 45.7%, 1998년 46.9%, 1999년 51.6%, 2000년 52.1%로 치솟았다. 금융위기 등으로 40%대를 웃돌던 비정규직 비율은 점차 하향세를 보여 2017년 8월 기준 32.9%로 집계됐다. 비정규직 비율이 낮아진 것은 정규직이 늘어서라기보다 경제가 바닥을 기면서 비정규직 중심의 구조조정이 강화된 결과로 분석된다. 그래도 주요 선진국과 비교하면 월등히 높은 수준이며, 정규직과의 임금 격차도 점점 벌어지고 있다. 2016년 비정규직 임금 수준은 정규직의 절반 정도인 54%였다.

국회예산정책처가 OECD 데이터를 기준으로 추정한 결과, 2015년 우리나라 자영업자의 비중은 21.4%로 OECD 평균(14.8%)보다 6.6% 포인트 높다. 이웃 일본의 8.5%에 비해서는 월등히 높은 편이다. 2016년 말 집계된 자영업자 수는 557만 명이다. 전문가들은 자영업자 상당 부분은 '위장 실업자'로 보고 있다. 노동시장에서 밀려난 사람들이 마지막 생계수단으로 자영업을 선택한 것이다. 과잉 경쟁으로 3년 이상 생존율은 37%에 불과하다. 60% 정도가 연평균 소득 4,000만 원을 넘어서지 못하고 있다.[60]

마지막 희생자는 청년층이다. 통계청 자료에 따르면 15~29세 청년 고용률은 1995년 46.4%에서 2013년 39.7%로 낮아졌다. OECD 평균보다 10% 포인트 정도 낮은 수치다. 어렵사리 취업에 성공하더라도 다수는 비정규직으로 흘러들어갔다. 취업이 어려워지면서 다수 청년들이 아르바이트로 전전했다. 편의점이나 식당 등 자영업 영역이 주무대였다. 청년 알바들이 열악한 자영업자들을 가까스로 지탱시켜주는 양상이다.

불평등 심화는 가장 큰 이슈 중 하나가 되었다. 불평등에 대한 갖가지 징표는 우리 모두를 곤혹스럽게 만든다. 하지만 정말 우리를 곤혹스럽게 하는 것은 불평등 자체가 아니라 해결책을 찾기 쉽지 않다는 데 있다.

불평등 해소를 위해 가장 쉽게 떠올릴 수 있는 방안은 실질임금 인상이다. 최저임금 사례에서 드러나듯이 실질임금을 인위적으로 인상시키는 것은 결코 쉬운 일이 아니다. 설령 이루어진다 해도 문제가 남는다. 기업은 실질임금 상승 압력이 높아지면 그에 비례해 로봇 배치 등 자동화를 강화하는 것으로 대응해왔다. 또 다른 대응 수단으로 해외 이전을 확대하기도 했다. 둘 모두 일자리의 감소를 초래했다. 그 결과 일자리를 둘러싼 경쟁을 격화시킴으로써 실질임금 상승 억제로 이어졌다.

기술 실업과 세계화는 불평등 해소의 핵심 과제 중 하나로 제기되어온 비정규직 문제에서도 난제를 일으켰다. 기계 도입이나 해외 이전을 무기로 삼아 일자리를 없앨 것인지, 비정규직이라도 남아 있게 할 것인지 양자택일하도록 압박한 것이다.

비정규직 문제에는 해결을 어렵게 하는 또 다른 요소가 내재되어 있다. 그동안 노동계에서는 비정규직 문제의 해법으로 정규직으로의 전환을 염두에 둔 비정규직 철폐를 내세워왔다. 하지만 비정규직의 정규직 전환을 목표로 한 사회적 노력이 강해질 때 정규직은 제자리 지키기식 현상 유지에 집착하기 쉽다. 이는 곧 보수화를 의미한다. 실제로 비정규직 이슈는 정규직, 그 중에서 대기업 정규직 노동자들을 더욱 보수화시키는 요소로 작용했다. 한걸음 더 나아가 정규직 노동자는 내심 고용 안전판으로서 비정규직의 존재를 원했다. 이러한 이유로 비정규직은 정규직에 대해 깊은 불신을 품어 왔다. 정규직과 비정규직이 연대해 투쟁할 여지가 별로 없었던 것이다.

기존의 틀 안에서 정규직으로의 전환을 추구하는 방식은 의도와 무관하게 정규직의 보수화와 정규직·비정규직 사이 균열을 심화시키는 것으로 나타났다. 이는 사용자 입장에서 볼 때 노무 관리에 필요한 최적의 환경이 마련되었음을 의미한다. 사용자 입장에서 비정규직 문제를 해결하려 노력할 이유가 없는 구조였다.

사람들이 불평등 해소 방안으로 가장 쉽게 떠올리면서 마지막으로 기대는 것은 정부의 사회복지 지출 확대이다. 세금을 더 걷어 복지지출을 늘리면 문제가 해결될 수 있는 것 아니냐는 소박한 꿈이 반영된 지점이다.

이중적 어려움이 존재한다. 먼저 성장 동력이 소진되고 실물경제와 금융자본 사이 불균형이 심화되어 있는 조건에서 정부 재정 확충이 여유롭지 않다. 저성장 구조가 장기화됨에 따라 증세가 쉽지 않기 때문이다. 증세 압력이 기업의 해외 이전을 촉진시키는 점 또한 커다란 어려움으로 작용한다. 설령 사회복지 지출을 확대한다 해도 기대했던 효과가 나타난다고 장담하기 쉽지 않은 상황이다. 한국의 GDP 대비 사회복지 지출은 1997년 3.6%에서 2014년 10.4%로 크게 증가했다.

그럼에도 같은 기간 동안 불평등은 완화되기는 고사하고 더욱 악화되었다. 불평등 심화가 사회복지 지출 확대만으로는 치유하기 어려울 만큼 구조적이고 근원적인 문제임을 말해준다.

지금까지 불평등 해소를 위해 제시된 방안으로는 실질임금 상승, 비정규직 해소, 사회복지 지출 확대 등이 있다. 누구나 쉽게 떠올릴 수 있는 방안들이었다. 문제가 있는 곳에 해답이 있다는 상식적 결론일 수도 있다. 하지만 냉혹한 현실은 그러한 처방이 순진한 꿈에 불과할 수 있음을 일깨워주고 있다. 세계화와 4차 산업혁명에 따른 기술 실업 심화 등이 불평등을 한층 구조적인 문제로 만드는 것이다.

결론적으로 기존 프레임 안에서 개별 이슈를 중심으로 접근해서는 불평등 해소가 사실상 불가능하다. 한국 경제의 패러다임 전환을 바탕으로 전체적 맥락 속에서 포괄적 접근을 하지 않으면 문제 해결은 어려울 수밖에 없다.

진보 세계에 깃든 불편한 진실

지금까지 다룬 다섯 가지 난제는 경제 동향에 직접적이고도 강력한 영향을 미친다. 이 난제들을 제쳐놓고 삶의 질을 개선한다는 것은 불가능에 가깝다. 반드시 고려해야 하고 어떤 식으로든 해법을 찾아야 할 성질의 것들이다.

다섯 가지 난제를 탐색하다 보면 우리에게 익숙한 기존 프레임 안에서는 해답을 찾을 수 없다는 결론에 도달한다. 이는 특정 이론, 처방,

모델 등이 다섯 가지 난제 모두에 해답을 줄 수 있는지를 따져봄으로써 그것이 낡은 시도에 불과한지, 새로운 대안인지 가늠해볼 수 있음을 뜻한다.

많은 경우 대안이라고 철석같이 믿어왔는데 전혀 다른 결론에 이를 수 있다. 특정 유형의 국가 모델을 대안으로 생각해왔다고 가정해 보자. 3단 논법에 따라 이야기하면 이렇다. 다섯 가지 난제를 해결하지 못하면 삶의 질을 개선할 수 없다. 그 국가 모델은 다섯 가지 난제에 제대로 된 답을 주지 못한다. 따라서 그 모델은 삶의 질을 개선할 수 없다. 처음 생각했던 것과 달리 그 모델은 대안이 아니다.

과연 문재인 정부가 초기에 의존했던 이론, 처방, 모델 등은 어디에 속할까? 다섯 가지 난제들에 충분한 해답을 줄 수 있는 첨단제품일까? 아니면 문제 해결 능력을 상실했거나 취약해진 구식 무기에 불과할까? 다섯 가지 난제를 대입해보면 결론이 어느 정도 나올 것이다.

심각하게 짚어봐야 하는 것은 정부 관계자들이 과연 다섯 가지 난제들을 정면으로 마주하며 씨름했느냐 여부이다. 여기서 진보 세계 지식인들 사이에 깃들어 있는 불편한 진실을 이야기하지 않을 수 없다.

노무현 정부 때 청와대 정책실장을 맡은 바 있던 이정우 교수는 2017년 5월 〈한겨레〉에 소득 주도 성장론을 옹호하는 "개혁 없이는 경제위기 극복·민생 회복 요원하다"라는 제목의 글을 기고했다. 한국의 현실은 분배 개선이 절실하며, 분배·성장 동행이 시대 요구이고, 분배가 성장을 촉진한다는 것이 글의 요지다. 깊이 공감이 가는 이야기들이다. 한국 경제가 직면한 문제의 핵심을 드러내면서 해결 방향을 제시한 점에서 높이 평가받아 마땅하다. 하지만 놓친 부분이 있다. 해석하기에 따라 심각한 요소일 수도 있다.

이정우 교수는 논지를 뒷받침하기 위해 미국 루즈벨트 대통령 시절의 뉴딜 정책, 자본주의 황금기, 브라질 룰라 정부 시절의 분배 정책 등 세 가지 사례를 소개했다. 모두 분배 정책을 잘 구사해서 성장을 구가한 사례로 이야기하고 있다.

세 가지 사례 모두에서 비교적 분배가 잘 이루어졌고 그 결과가 성장 촉진으로 이어진 것은 틀림없는 사실이다. 그런데 문제가 있다. 1970년대에 이르러 분배 정책은 변함없이 유지되었는데 자본주의 황금기는 장기불황 내습과 함께 마감되었다. 브라질의 경우 룰라의 후임인 지우마 호세프 정부가 분배 정책을 그대로 계승했는데도 경제는 급격히 추락했다. 일차적으로 성장 동력 소진에 따른 현상들이었다.

참고로 브라질 룰라 정부 때 경제가 상승세를 탄 것은 결정적으로 국제 원자재 가격 상승 덕분이었다. 지하자원이 풍부한 브라질이 그 덕을 톡톡히 본 것이다. 운 좋게도 유전까지 발견되었다. 반면 호세프 정부 시기 브라질 경제는 국제 원자재 가격 폭락으로 휘청거렸고 분배 정책 유지조차 힘들어졌다.

이 교수의 논리대로라면 자본주의의 황금기는 1970년대 이후에도 변함없이 이어져야 했고, 브라질 룰라 정부의 성공은 후임 호세프 정부에서도 그대로 반복되었어야 했다. 하지만 현실은 그렇지 않았다. 분배 개선이 성장을 촉진한다는 주장은 조건부 타당성을 지닐 뿐이다. 역사는 성장 동력이 소진된 상태에서는 분배 개선이 성장으로 이어지기 어려울 뿐만 아니라 분배 개선 자체도 여의치 않음을 분명하게 보여준다. 안타깝게도 문재인 정부 초기의 한국은 성장 동력이 거의 소진된 상태이다.

　범케인스주의자들에게 1970년대 이후 서유럽과 북미 지역을 엄습했던 장기불황은 기억하기조차 싫은 시대로 남아 있다. 그 시절은 범케인스주의자들에게는 아킬레스건과도 같다. 그래서 범케인스주의들자들은 1970년대 이후 장기불황을 기억에서 지우고자 노력해왔다. 그들은 자신의 이론 체계를 펼칠 때 종종 장기불황 이야기를 생략하거나 비교적 가볍게 다룬다. 그에 가까운 사람들 중 한 명으로 우리가 잘 알고 있는 장하준 교수를 꼽을 수 있다.

　그동안 장하준 교수는 '자유시장경제'로 불리는 신자유주의에 대한 날카로운 분석과 유려한 필치로 명성을 날려 왔다. 이 지점에서 장하준 교수가 수행한 역할에 대해서는 높이 평가해야 마땅하다. 그러한 역할에 비하면 지금부터 하는 문제제기는 지극히 지엽적인 것에 불과할 수 있다.

　장 교수의 논지는 대략 이렇다. 자본주의는 정부의 적극적 역할을 바탕으로 잘 굴러가던 시절이 있었다. 대표적인 예로 자본주의 황금기, 스칸디나비아 반도 복지국가, 한국의 산업화 성공 등이 있다. 그런데 자유시장주의자들이 잘못된 방향으로 이끌고 가는 바람에 갖가지 문제가 발생했다.

　장 교수는 자본주의 황금기에서 신자유주의로 넘어가는 중간 단계로서 1970년대 이후 장기불황에 대해서는 깊이 다루지 않는다. 이는 의도와 무관하게 심각한 문제를 야기할 소지가 있다. 먼저 자유시장주의자들의 그릇된 안내가 없었으면 자본주의는 큰 문제가 없었을 것이라는 논지는 역사 인식의 착오를 발생시킬 수도 있다. 역사 인식 착오는 자칫 대안 모색에서의 착오로 이어질 수 있다. 잘 나갔던 시절로 되돌아가면 해답을 찾을 수 있다는 환상을 갖도록 하는 것이다. 하지만 과거 회귀적인 발상으로는 결코 해답을 찾을 수 없다. 그런 태도는 대안을 찾는 데 도리어 장애가 된다.

범케인스주의자들 시각이 일부 학자들에 국한된 것이라면 크게 신경 쓸 필요가 없을 것이다. 문제는 문재인 정부 관계자들 상당수가 그런 시각을 갖고 있다는 데 있다. 분명한 것은 케인스주의 처방은 1970년대에 수명을 다한 구식 무기라는 사실이다. 물론 맨손으로 싸우는 것보다 구식 무기라도 먼지를 닦고 사용하면 더 나을 수는 있다. 하지만 승리를 약속할 수는 없다.

이런 맥락에서 문재인 정부 초반 분위기를 주도했던 소득 주도 성장론을 종합 평가해 볼 수 있다.

소득 주도 성장론은 성장 동력이 소진되고 실물경제와 금융자본 사이 불균형 심화로 저성장 기조가 지속되고 있는 조건에서는 분배조차 여의치 않다는 사실을 간과했다. 설령 분배가 이루어진다고 해도 자동화와 해외 이전 촉진으로 결과가 상쇄될 수 있음을 제대로 고려하지 않았다. 이는 소득 주도 성장론이 그 본래 취지와 무관하게 실질적 성과를 내기 어렵다는 것을 말해준다.

소득 주도 성장론은 별도의 성장 동력이 확보되어 있는 조건에서 분배·성장의 선순환을 뒷받침하는 부속 기제일 뿐이다. 조건부 타당성을 갖는 것이다. 역사적 경험이 말해주듯이 성장 동력이 소진된 저성장 국면에서는 제 기능을 하지 못한다. 별도의 성장 동력 없이도 작동 가능한 독립적 성장 전략이 결코 아니다.

그동안 진보적 지식인들은 무엇보다 세계화에 대해 무기력한 태도로 일관해 왔다. 많은 경우 세계화를 엄두도 내기 어려운 문제로 대하면서 종종 분석 대상에서 생략했다. 불평등 문제를 다룬 장하성 교수의 역작 《왜 분노해야 하는가》조차도 세계화 영향에 대해 매우 소극적으로 다루고 있다. 현실 분석 차원에서는 언급하다가도 대안 모색 과정에서는 생략하는 경우가 많다. 적어도 심각하게 고려하지 않았다.

　앞서 이야기했듯이 2012년 이후 5년 동안 일자리 해외 유출이 136만 개에 이르는 것으로 추정되고 있다. 이 정도면 세계화는 변수가 아니라 항상 고려해야 할 상수이다. 세계화에 대한 고려 없이 짜낸 노동과 복지, 경제 활성화를 위한 이론 정책은 극단적으로 말하자면 주관적 희망 사항을 표현한 것에 불과할 수 있다.

　진보 이론 정책가들이 세계화를 간과한 이유가 뭘까? 짐작해보자면 작용과 반작용의 물리법칙이 빚어낸 결과일 수도 있다.

　보수 이론 정책가들은 표현은 다르지만 세계화가 미치는 영향을 매우 강조한다. 그들은 세계화 압력을 규제 완화와 노동유연화의 불가피성을 뒷받침하는 강력한 근거로 삼아왔다. 기업의 해외 이전을 최소화하면서 글로벌 경쟁력을 갖추려면 규제 완화와 노동유연화가 필수적이라고 주장한다. 그 영향으로 진보 이론 정책가들은 세계화를 강조하는 것에 대해 보수의 농간이라고 여기고 반발할 수 있다. 무의식 중에 세계화를 애써 무시하려는 심리 구조를 가질 수 있는 것이다.

　혹은 의존하고 있는 프레임이 세계화 현상을 포괄하고 있지 않은 탓에 빚어진 결과일 수도 있다. 그 이론적 바탕을 이루는 케인스주의는 세계화를 전혀 염두에 두지 않고 있다. 그럴 필요도 없는 시대에 형성된 이론이었다. 프레임을 바꾸어야 하는데 그럴 엄두가 나지 않으면서 기존 이론에 안주하기 쉬웠다.

군이 비유를 하자면 보수 이론 정책가들은 세계화를 '바다'로 인식하는 경향이 있다. 배를 타고 바다를 건너면 지구 어느 곳으로도 나아갈 수 있다. 바다를 이용하지 않으면 어떤 곳도 건너갈 수 없다. 반면 진보 이론 정책가들은 세계화를 '절벽'으로 인식하는 경향이 있다. 절벽으로 잘못 발을 디디면 굴러 떨어진다. 절벽 앞에서는 섣불리 앞으로 나아가기보다 제자리를 지키는 것이 상책일 수 있다.

어쩌면 진보는 보수보다도 기존 프레임 안에 안주하는 경향이 더 강했는지 모른다. 보수보다 더 보수적인 진보라는 역설적 모습을 보인 것이다. 그래도 보수 정부 시기에는 별 탈이 없었다. 채택되어 검증될 기회가 거의 없었기 때문이다. 하지만 문재인 진보 정부가 출범하면서 사정이 달라졌다.

근대 사회
네 가지 모델의 운명

5장

■

■

앞서 우리는 진보가 못 풀고 있는, 심지어 풀기를 아예 포기해버린 여러 난제들에 대해 살펴보았다. 더불어 그런 난제들이 익숙한 기존 프레임 안에서는 쉽게 답을 찾을 수 없음을 확인했다. 기존 프레임의 종류는 무수히 많을 수 있다. 각각의 것들을 일일이 확인하는 것은 불가능하다. 다만 우리는 기존의 모든 프레임을 포괄하는 '슈퍼 프레임'을 살펴봄으로써 이 모든 수고로움을 대신할 수 있다.

근대 이후 역사를 통해 형성된 것으로 진보의 사유 체계 중 가장 밑바닥에서 작동해온 슈퍼 프레임이 있다. '노동 대 자본 프레임'이다. 진보 세계를 구성해온 각종 관념과 이론, 처방, 그리고 이들의 종합으로서 모델 모두 '노동 대 자본 프레임'을 기초로 형성되었다. 우리는 노동 대 자본 프레임과 그 위에서 형성된 여러 모델들이 여전히 유효한지 보다 심도 있게 따져 봐야 한다. 면밀하게 짚어가다 보면 자연스럽게 근대 이후 지속된 한 시대에 대한 총체적 평가로 이어질 수 있을 것이다.

이러한 작업은 매우 절실한 과제이면서도 시의적절한 도전이 될 수 있다. 현재 진보 세계는 혼돈 속에 빠져 있다. 시대 상황에 비추어 불필요하거나 부적절한 관념들이 어지러이 널려 있다. 새로운 미래 탐색을 방해하고 있다. 총체적 평가는 그러한 관념들을 걸러내고 정돈하는 과정이 될 수 있다.

슈퍼 프레임 '노동 대 자본'의 성립

우리는 앞서 '민주 대 독재'처럼 새 것과 낡은 것의 투쟁을 표현하는 역동적 양자 프레임이 정치 판도를 크게 바꿀 수 있음을 확인한 바있다. 역동적 양자 프레임은 비단 정치 세계에서만 작동하는 것이 아니다. 자연과학의 역사에도 존재한다. 대표적으로 우주론 진화 과정에서 발견된다.

최초의 역동적 양자 프레임은 '지동설 대 천동설'이었다. 오랫동안 유럽 세계를 지배한 것은 천동설이었다. 천동설은 교회가 허락한 유일한 우주론이었다. 지동설이 등장하여 프레임 대결의 구도를 설정한 것 자체가 혁명의 시작이었다. 프레임 안에 존재하는 지동설과 천동설은 대척점에 서 있는 정반대 성격의 패러다임이다. 새 패러다임인 지동설은 낡은 패러다임인 천동설에 맞서 치열한 투쟁을 벌였다. 그 과정에서 지동설 지지자들은 천동설 진영으로부터 가해지는 극심한 탄압을 받아야 했다. 지동설은 끝내 승리했다. 뉴턴은 지동설의 승리를 이론적으로 뒷받침했다.

하지만 여기가 끝이 아니었다. 프레임 자체가 바뀌는 혁명적 변화가 계속 이어졌다. 지동설 대 천동설 프레임은 정반대 성격의 두 세계관이 충돌하는 것이었지만 '절대우주론'이라는 낡은 패러다임을 공통의 기초로 삼고 있었다. 절대우주론은 물체가 운동하는 속도, 방향, 크기가 일정하다고 보는 입장이다. 아인슈타인은 속도는 상대적인 것이며, 빛의 진행 방향과 시공간은 중력의 영향으로 휘어질 수 있고, 크기 또한 고정된 게 아니라는 '상대성이론'을 제시했다. 새 패러다임인 '상대우주론'이 출현한 것이다. 그에 따라 '상대우주론 대 절대우주론'이라는 새로운 프레임이 성립되었다. 새로운 프레임 위에서 두 패러다임이 치열한 대결을 벌였다. 관측 결과를 뒷받침하며 승리한 패러다임은 상대우주론이었다.

천재 과학자 아인슈타인의 역할에도 불구하고 상대우주론 대 절대우주론 프레임조차 낡은 패러다임을 공통의 기초로 삼고 있었다. 우주의 밀도는 일정하다고 보는 '정상우주론'이 그것이다. 여기에 맞서 우주는 한 점에서 폭발해 계속 팽창해 왔다는 '팽창우주론'이 제기되었다. 새로운 패러다임의 등장과 함께 '팽창우주론 대 정상우주론'이라는 이전에 없던 전혀 새로운 프레임이 성립되었다. 팽창우주론과 정상우주론 사이에 지난한 논쟁이 이어졌다. 결국 허블 등의 관측 결과를 뒷받침하며 팽창우주론이 승리했다.

우주론 진화 과정은 프레임의 변화에 대해 세 가지 규칙을 알려준다. 첫째, 패러다임은 개별적이고 독립적으로 존재하는 것이 아니라 일정한 프레임 안에서 새 것과 낡은 것의 대항 관계를 이루며 존재한다. 둘째, 프레임 안에서 새 패러다임과 낡은 패러다임 사이에 지난한 투쟁이 전개되고 최종적으로 새 패러다임이 승리한다. 셋째, 기존 프레임이 기초하고 있던 낡은 패러다임이 드러나고 새 패러다임이 출현하면 그와 맞물려 프레임 교체가 일어난다. 새로운 혁명이 시작된다.

과연 이 같은 규칙을 사회 변화 설명에도 적용할 수 있을까? 한층 복잡하기는 하지만 충분히 가능하다.

결론부터 이야기하면 근대 이후 모든 것을 규정했던 본원적 프레임은 '노동 대 자본 프레임'이었다. 이 프레임은 선험적으로 존재한 것이 결코 아니었다. 특정 개인 작품도 아니었고 어느 한 사건의 결과물도 아니었다. 노동 대 자본 프레임은 지난한 투쟁을 거쳐 형성된 역사적 성취였다.

역사적으로 형성된 노동 대 자본 프레임

19세기가 지나기까지 자본가 계급은 노동자 계급의 실체를 결코 인정하려 하지 않았다. 노동자를 동등한 인격을 지닌 사람으로 대하지 않았다. 노동자들에게는 선거권·피선거권조차 주지 않았다. 노동자는 시장에서 구매 가능한 노동력 상품이었고, 언제든지 투입 가능한 자본 일부였을 뿐이다. 그러한 자본가 계급의 사고 속에 노동을 대등한 한 축으로 인정하는 '노동 대 자본 프레임'이 자리 잡을 여지는 애초에 존재하지 않았다. 노동 대 자본 프레임은 오직 노동자들만이 만들 수 있었다.

노동자 계급은 자신의 실체를 드러내기 위해 치열하게 투쟁했다. 노동자 계급의 투쟁은 여러 나라에서 다양한 형태로 전개되었다. 영국 노동자들은 참정권 확보를 위한 차티스트운동을 전개하기도 했다. 19세기에 가장 처절하면서도 자기희생적으로 투쟁한 사람은 단연 프랑스 노동자들이었다.

프랑스 노동자들은 1789년부터 장장 25년간 지속된 프랑스 대혁명을 거치며 강한 혁명적 열정을 발산했다. 이전 시기 인간으로 취급되지 않았던 노동자들이 대혁명 기간 동안 역사의 무대 중앙에 진출해 주도적인 역할을 수행했다. 그 경험은 너무도 강렬해서 노동자들의 심장을 끊임없이 달구었다.

노동자 계급은 프랑스를 언제 폭발할지 모를 뜨거운 용암 지대로 만들었다. 그 와중에 프랑스 대혁명의 성과가 무색해지는 상황이 발생했다. 1846년 선거법 제정이 문제가 되어 사회적 갈등이 불거진 것이다. 새 선거법에 따르면 3%에 불과한 부유한 성인 남성만이 권리를 행사할 수 있었다. 나머지 97%에 해당하는 노동자와 여성, 하층 계급은 완전히 소외되었다.

1848년 2월, 노동자·학생을 주축으로 한 반정부 세력은 파리 시가를 점령하고 실력 대결에 돌입했다. 52명이 살상되는 유혈 충돌을 겪은 끝에 왕정이 폐지되고 공화정이 수립되었다. 반정부 세력이 승리한 것이다.

프랑스 2월 혁명의 불길은 곧바로 유럽 대륙으로 확산되었다. 불과 몇 주일 만에 유럽의 10개국이 혁명에 휩싸였으며 그 과정에서 쓰러지지 않고 버틴 정부는 하나도 없었다. 양상으로만 보면 '세계혁명'이 일어난 것이다.

부르주아 계급은 봉건 지배세력에 맞서 혁명에 적극 동참했다. 하지만 이들은 혁명 과정에서 노동자와 하층 계급의 폭발적 진출을 목도하면서 극도의 두려움에 사로잡혔다. 그들은 왼쪽의 적이 더 위협적이라고 느꼈다. 부르주아 계급은 방금 전까지 혁명의 적으로 간주했던 봉건 세력과 손잡고 하층 계급을 향해 총을 겨누기 시작했다. 유럽 전역에서 피비린내 나는 반혁명 광풍이 몰아쳤다. 당시 노동자 계급은 그러한 압박을 넘어설 수 있을 만큼 조직화되어 있지 않았다. 반혁명 광풍 속에서 하층 계급 혁명가들이 선택할 수 있는 것은 기껏해야 죽음 아니면 망명뿐이었다.

 '1848년 혁명'의 도화선 역할을 했던 프랑스 노동자들은 맥없이 물러나지 않았다. 그들은 처음 그랬던 것처럼 마지막 순간에도 책임을 다했다. 부르주아 계급의 배신으로 혁명 실패가 확실해지고 있던 6월 무렵, 파리 노동자들은 봉기를 단행했다. 어린 자녀를 포함한 가족들의 도움을 받으며 노동자들은 평등한 재산권 분배를 외쳤다. 당시 너무나 앞서 나갔던 노동자들의 주장은 소시민 계층마저 그들과 거리를 두게 만들었다. 고립된 상황에서 피의 진압작전이 전개되었다. 수천 명의 노동자들이 살해되었고 3,500명 정도가 식민지로 추방되었다. 1948년 혁명의 끝이었던 '6월 봉기'는 그렇게 비극적으로 마무리되었다.

 6월 봉기를 거치며 프랑스 노동자들의 가슴 속에는 쉽게 지워지지 않는 피의 원한이 새겨졌다. 이들에게 운명의 순간이 다가왔다.

 1870년 프랑스가 프로이센과 전쟁을 벌이던 중 나폴레옹 3세가 포로가 되는 사태가 발생했다. 그러자 7월 4일 파리에서는 민중의 주도 아래 공화정이 선포되었고 노동자와 소시민들은 자발적으로 국민군에 지원하여 프랑스 방위에 전력을 다했다. 프로이센 군대가 파리를 포위·압박하고 있는 급박한 상황에서도 파리 민중은 자치 조직을 강화하면서 결사항전을 계속했다.

부르주아 계급을 중심으로 구성된 임시 정부는 노동자의 무장에 두려움을 느낀 나머지 서둘러 프로이센과 강화를 추진했다. 부르주아 계급은 프로이센과의 전쟁을 서둘러 마무리 짓고 총 끝을 노동자를 향해 겨누고 싶었던 것이다. 다음 해인 1871년 1월 부르주아 정부는 알사스·로렌 지방을 양도하고 배상금 50억 프랑을 지불하는 조건으로 프로이센과의 강화조약을 체결했다.

파리 민중은 결사 항전을 고수하며 농성을 지속했다. 부르주아 정부와의 대치 상태가 지속되는 가운데 파리 민중은 3월 28일 전 시민의 보통선거를 기반으로 인류 역사상 최초 노동자 국가인 '파리 코뮌Paris Commune'을 출범시켰다. 파리 코뮌은 인류의 새로운 미래를 탐색하는 전대미문의 실험장이 되었다.

베르사유에 거점을 두고 있었던 부르주아 정부는 5월 21일 고립된 파리를 향해 전면적인 공격을 가하기 시작했다. 최후의 일주일 동안 파리 노동자들은 삶에서도 그러했던 것처럼 죽음 앞에서도 강하고 담대한 모습을 보여주었다. 치열한 전투가 계속되는 가운데 베르사유 측에서는 대략 1,200명이 죽거나 행방불명이 되었다. 코뮌 측의 사람들이 얼마나 죽었는지는 아무도 모른다. 전투가 끝난 후에도 수천 명의 사람들이 학살되었다. 베르사유 측에서는 1만 7,000명을 학살했다고 인정했으나 역사가들은 실제 학살된 수는 그 두 배가 넘을 것으로 보고 있다.

파리 코뮌은 유럽 사회에 엄청난 충격을 안겨다 주었고 한없이 깊은 상처를 남겼다. 유럽의 지식인들은 어느 누구도 파리 코뮌의 영향으로부터 자유로울 수 없었다.

엄청난 희생을 수반하면서까지 노동자 계급의 투쟁이 반복되자 부르주아 계급은 생각을 바꿀 수밖에 없었다. 싫든 좋든 노동자 계급의 실체를 인정하지 않을 수 없었다. 한 걸음 더 나아가 언제 또 발생할지 모를 파국적 상황을 방지하기 위해 노동자 계급을 체제 안으로 끌어들이고자 하는 다양한 노력들이 뒤를 이었다. 노동자 참정권이 점차로 확대되어 갔고 합법적인 노동자 계급 정당 결성도 가능해졌다.

일련의 과정을 거쳐 노동자 계급은 새로운 정치적 실체로 부상했다. 그러한 과정을 거쳐 비로소 '노동 대 자본 프레임'이 확고해질 수 있었다. 노동자들이 이루 헤아릴 수 없이 많은 피를 흘린 대가로 어렵사리 얻어낸 결과였다.

노동 대 자본 프레임이 형성한 네 가지 사회 모델

노동 대 자본 프레임을 이론적·사상적으로 뒷받침하기 위한 다양한 노력들이 동시적으로 진행되었다.

그 과정에서 가장 탁월한 역할을 수행한 인물로 카를 마르크스를 빼놓을 수 없을 것이다. 마르크스 이론의 많은 부분이 오늘날 시대 상황에 맞지 않고 곳곳에서 허점을 드러내고 있지만, 노동 대 자본 프레임 형성에서 그가 기여한 부분만큼은 충분히 평가해주어야 마땅할 것이다. 무엇보다도 마르크스는 노동자가 역사 발전의 주체임을 자각할 수 있는 이론적 무기를 제공했다.

노동 대 자본 프레임 성립은 일련의 혁명 결과였지만 동시에 새로운 혁명의 출발점이었다. 노동 대 자본 프레임은 현실 앞에 굴종했던 수많은 사람들의 상상력을 한껏 고양시켰다. 기존 질서를 뛰어넘는 새로운 세상을 상상하게 했고, 새로운 사회 모델을 실험할 수 있도록 자극했다. 새로운 프레임 확립이 현실 세계를 어떻게 역동적으로 변화시킬 수 있는지를 생생하게 입증했다.

　'슈퍼 프레임'이라는 수식을 붙여도 어색하지 않을 정도가 된 노동 대 자본 프레임은 또 다른 두 가지 프레임을 파생시켰다.

　마르크스주의의 영향으로 노동자 계급 사이에 공장 등 생산수단을 집단 소유로 전화시키자는 급진적 사고가 확산되었다. 자본 진영이 절대시하는 개인 소유에 정면으로 맞선 것이다. 그에 따라 '공유(집단 소유) 대 사유(개인 소유) 프레임'이 형성되었다. 노동자 계급은 자신이 원하는 세상을 만들려면 국가기구를 장악하고 이를 통해 시장을 통제 혹은 폐기해야 한다고 생각했다. 반면 자본 진영은 국가 개입 없이 시장이 모든 것을 조율하는 자유방임을 추구했다. 그로부터 '국가 대 시장 프레임'이 성립했다.

　노동 대 자본, 공유 대 사유, 국가 대 시장 세 가지 프레임은 각각 두 개씩 모두 여섯 개 패러다임을 품고 있다. 이 여섯 개 패러다임은 다양한 조합을 이루면서 상이한 사회 모델을 창조했다. 크게 보면 네 가지였다.

　자본, 사유, 시장 패러다임이 결합하여 자유방임주의와 신자유주의를 포괄하는 시장자본주의 모델을 창출했다. 정반대 편에 있는 노동, 공유, 국가 패러다임이 결합하여 소련의 국가사회주의 모델을 탄생시켰다. 자본, 사유, 국가 패러다임이 결합하여 복지국가 형태의 국가자본주의를 낳았다. 노동, 공유, 시장 패러다임이 결합하여 중국의 시장사회주의 모델을 출현시켰다.

근대 이후 사회 모델에 대한 관념은 대부분 시장자본주의, 국가사회주의, 국가자본주의, 시장사회주의 등 네 가지를 기본으로 탄생한 것이다. 보다 다채로운 사회 모델이 나타나더라도 그 변형이거나 절충이었을 뿐이다.

만약 노동 대 자본 프레임이 성립되지 않았다면 오직 시장자본주의만이 지구를 지배했을 것이다. 국가사회주의, 국가자본주의, 시장사회주의라는 전혀 새로운 모델이 창조될 수 있었던 것은 전적으로 노동 대 자본 프레임 덕분이다. 이 하나만으로도 노동 대 자본 프레임이 어느 정도 창조적 기능을 했는지 알 수 있다.

지금부터 우리는 노동 대 자본 프레임을 기초로 형성된 네 가지 모델에 대해 좀 더 자세히 살펴볼 것이다. 이 작업은 각 모델이 어떤 관념을 생성시켰고 우리 사고에 어떤 식으로 영향을 미치고 있는지 알 수 있게 준다. 더불어 이들 관념이 지금 상황에서 어떤 의미를 갖는지를 객관화시켜 보여준다.

유발 하라리는 《호모 데우스Homo Deus》에서 역사 공부의 일차 목적은 과거로부터 자유로워지기 위한 것이라고 말한 바 있다. 우리는 종종 자신도 모르는 사이에 과거에 갇혀 미래로 나아가지 못하는 경우가 많다. 역사 공부는 그러한 자신을 객관적으로 드러내는 데 많은 도움을 준다. 역사 공부는 이성을 과거의 감옥에서 해방시키고 상상력에 자유의 날개를 달아주기 위한 필수적 과정이다.

우리가 사는 세상에서 생성과 사멸의 법칙을 넘어서는 존재는 그 어디에도 없다. 네 가지 모델 역사에 대한 검토는 해당 모델뿐만 아니라 그것들을 작동시켜 온 노동 대 자본 프레임의 운명까지도 함께 가늠하게 해줄 것이다.

첫째, 자본 왕국: 시장자본주의

근대 이후 새로운 주역으로 등장한 부르주아 계급에게 제1의 신성 불가침 권리는 재산권이었다. 재산권은 모든 권리를 파생시키는 본원적 권리였다. 적어도 19세기까지 부르주아 계급은 일정한 재산을 지닌 사람만이 선거권 등 정치적 권리를 행사할 수 있다는 사실을 한 치 의심도 없이 믿었다. 재산에 따른 차별은 당연한 것이었다. 자본은 그러한 부르주아 계급의 영혼을 품고 있는 것이었다. 끊임없는 자본의 증식과 축적 과정은 부르주아 계급의 삶과 혼연일체가 되었다.

자본 축적의 무대는 시장이었다. 시장은 애덤 스미스가 표현한 대로 '보이지 않는 손'에 의해 자원을 가장 효율적으로 배분하는 최상의 조정자였다. 가장 능력 있는 자에게 승리를 안기는 최고의 심판관으로 간주되었다. 국가 개입은 시장의 효율성을 침해하는 해악이었다. 국가는 자본의 뒷바라지를 해주는 것으로 족했다.

부르주아 계급에게 가장 이상적인 자본주의는 시장이 모든 것을 조절하는 '시장자본주의'였다. 시장자본주의는 20세기 초까지 이어진 자유방임주의와 20세기 후반 출현한 신자유주의의 모습으로 전기와 후기 두 단계를 거쳤다.

무한대의 자유를 누린 시장

전기 시장자본주의인 자유방임주의 단계에서 시장은 거의 무한대에 가까운 자유를 누렸다. 세상에 존재하는 모든 것은 사고팔 수 있었다. 이미 살펴본 것처럼 선거권과 피선거권, 관직, 각종 자격증 등 민주적 관리와 통제가 요구되는 모든 게 매매 대상이었다. 마약 등 신체에 유해한 물질도 돈이 되는 거라면 뭐든지 사고팔았다. 심지어 아프리카 고향에서 가족과 함께 살던 사람들을 잡아다 노예로 팔고 이를 담보로 주식을 거래했다.

자유방임주의 시대 시장을 무대로 새로운 세계를 창조한 주역은 기업이었다. 자본주의 고향이었던 영국은 액면 그대로 기업들이 만들어 간 나라였다. 나폴레옹은 영국을 두고 가게 주인의 나라라고 비꼬았지만 그들의 성장은 예사롭지 않았다. 가게 주인들의 나라가 역사상 가장 넓은 면적을 지닌 대영제국으로 발전했기 때문이다.

대영제국의 기반을 닦은 초기 주역 역시 영국 정부가 아니라 기업들이었다. 최초로 북미를 개척한 것은 런던 사, 플리머스 사, 도체스터 사, 메사추세츠 사와 같은 영국의 주식회사들이었다. 최대 규모를 자랑했던 인도 식민지를 개척한 것 역시 대표적인 주식회사 중 하나였던 동인도회사였다.

동인도회사는 인도를 식민지로 개척한 뒤 약 100년 동안 직접 지배했다. 동인도회사는 막대한 군대를 유지했는데 많을 때는 군인 수만 해도 35만 명에 이르렀다. 영국 왕이 보유한 군대를 상회하는 규모였다. 영국은 세포이항쟁이 일어난 1858년에 이르러서야 인도를 국영 식민지로 전환했다.

당시 영국 정부가 한 일이라곤 물불 안 가리고 기업들의 돈벌이를 뒷받침해주는 것이었다. 대표적 사례로 1840년 아편전쟁을 들 수 있다.

동인도회사를 비롯한 크고 작은 사업체들이 중국에 마약을 수출해 큰돈을 벌었다. 수백만 명의 중국인들이 마약 구입에 물불을 가리지 않았다. 중국 정부는 마약 거래를 금지하는 포고령을 내리고 영국 배에 실려 있던 마약을 압류해 불살랐다. 그러자 영국 정부는 중국을 향해 전쟁을 선포했다. 중국은 영국 신무기의 상대가 될 수 없었다. 영국군은 상하이를 점령하고 난징으로 진격했다. 중국은 굴복했고 불평등한 난징조약이 체결되었다. 중국은 홍콩을 조차지로 영국에 할양했으며 마약 거래를 계속 허용하는 굴욕을 당해야 했다. 결과는 4,000만여 명의 중국인이 마약에 중독되는 것으로 이어졌다.

애덤 스미스는 자본주의 시대가 열리면서 근대 이전 시기 부의 축적과 도덕 사이의 괴리를 극복했다고 보았다. 애덤 스미스가 보기에 자본주의 사회에서 각자는 이타심이 아니라 이기적 욕망에 이끌려 경제 활동을 하지만, 종업원을 고용하고 생산을 확대해 새로 부를 창출하는 시스템을 정착시키며 결과적으로는 사회 전체에 큰 이익을 안겨다 준다. 애덤 스미스가 《국부론The Wealth of Nations》에서 "우리가 매일 식사를 할 수 있는 것은 정육점 주인과 양조장 주인, 그리고 빵집 주인의 자비심 때문이 아니라, 그들 자신의 이익을 위한 그들의 계산 때문이다"라고 갈파한 것은 이를 압축적으로 표현하고 있다.

애덤 스미스는 개인의 이익 추구와 공동체가 획득하는 이익이 시장을 무대로 조화롭게 실현될 수 있을 것으로 믿었다. 하지만 자유방임주의 시대에 실제 양상은 전혀 다르게 흘렀다. 계급 불평등이 극단을 향해 치달았던 것이다.

자본가를 비롯한 부유층들은 별도 구역에 마련된 호화로운 저택에 살면서 막대한 돈을 들여 몸을 치장했고 일상적으로 무도회를 즐겼다. 그 반대편에는 노동자 계급이 소름끼칠 정도로 비참한 삶을 살고 있었다.

19세기 전반기까지 노동자들의 임금은 생존을 위협할 정도로 낮은 수준에 머물러 있었고 그마저 꾸준히 저하되는 경향을 보였다. 온 가족이 노동하지 않으면 생존이 불가능한 상황이었다. 노동자들의 삶의 질은 최악을 달렸다. 대부분의 노동자들이 열악한 작업 환경으로 폐병 등 각종 질환을 앓고 있었고 극심한 육체 마모로 40세만 되면 노인처럼 늙어 있었다. 평균 수명도 농촌 사람들의 절반밖에 되지 않았다. 노동자들은 급수, 청소, 위생 등이 전혀 관리되지 않는 거주지에 살았으며 여기에는 전염병이 빈번하게 휩쓸고 지나갔다. 절망적인 상황에서 노동자들은 고통에서 벗어나기 위해 음주와 폭력에 빠져들었다. 유아 살해, 매춘, 정신 착란, 자살 등이 빈민가를 흉흉하게 만들었다.

노동자들을 보호할 법률과 제도는 전혀 찾아볼 수 없었으며 투표권 또한 주어지지 않았다. 19세기 초 영국에서 투표권을 행사할 수 있는 사람들은 약 10만여 명 정도에 이르는 소수의 부유층 남성들뿐이었다.

자유방임주의 시대 '고삐 풀린 시장'은 정의와는 거리가 멀었으며 야만으로 가득 차 있었다. 시장을 신뢰하고 국가 개입을 터부시했던 자유방임주의는 20세기 초까지 의연히 생명력을 이어갔다. 하지만 1929년 대공황의 기습은 모든 것을 뿌리째 흔들어 놓았다. 대공황은 번영의 시대를 구가하던 신흥자본주의 강국 미국에서 발생하여 짧은 시간 안에 자본주의 세계를 파국으로 몰고 갔다.

대공황 발생 다음 해인 1930년 7월 월가 주가는 1929년 9월 1일의 8분의 1밖에 되지 않았다. 미국 공업생산량은 1929~1931년 기간 동안 약 3분의 1로 줄어들었다. 1925~1929년 세계 공업생산량의 평균을 100으로 볼 때, 1929년 2/4분기에는 113.1이었으나 1932년 3/4분기에는 65.9에 불과했다. 1929~1932년 사이에 세계 무역량은 70.8%나 감소했으며 전 세계적으로 5,000만 명이 넘는 실업자가 발생했다. 어느 누구도 상상조차 못한 끔찍한 일이 벌어진 것이다.[61]

대공황은 생존의 벼랑 끝에 내몰린 유권자들로 하여금 급진주의에 매료되도록 만들었다. 그러한 배경에서 군소정당에 불과했던 나치당의 히틀러가 일거에 중요 정치 세력으로 부상할 수 있었다. 히틀러가 정권을 잡았을 때 독일의 실업자 수는 800만 명을 넘었는데 1936년에 이르러서는 거의 완전고용 상태에 이르렀다. 1938년에는 일손 부족 현상마저 나타났다. 놀라운 경제적 성공(?)은 독일 국민들로 하여금 나치에 열광하도록 만들었다. 하지만 그 과정에서 극단적인 민주주의 파괴와 인권 유린이 발생했고 마침내 600만 명의 유대인에 대한 대량학살로까지 이어졌다.

대공황을 통해 심한 구토를 한 제국주의 열강들은 공백을 메우기 위해 앞다투어 식민지 수탈에 달려들었다. 식민지에 대한 강렬한 욕구는 급기야 침략 전쟁에 불을 붙이고 말았다. 일본, 독일, 이탈리아 등이 침략 전쟁에 돌입하면서 인류 전체를 끔찍한 재앙으로 몰고 간 2차 세계대전이 발발하기에 이르렀다. 대공황 – 파시즘 – 세계대전이라는 지옥의 연쇄 사슬이 이어진 것이다.

2차 세계대전 이후 사람들은 지옥의 연쇄 사슬의 출발점에 대공황이 있음을 잊지 않았다. 대공황은 시장 기능에 대한 불신을 확산시켰으며 그동안 금기시되었던 국가 개입을 선호하는 분위기가 팽배하도록 만들었다. 대공황 충격은 자유방임주의 교리를 일거에 허공으로 날려버렸다.

소련을 중심으로 비약적 확장을 이룬 사회주의 진영의 위협은 또 다른 차원에서 자본주의 내부 개혁을 강하게 압박했다. 사회주의 혁명을 예방하기 위해서는 무엇보다 소득 분배 개선이 절실했다. 이 역시 국가의 시장 개입 없이는 불가능한 일이었다. 때마침 2차 세계대전 종전과 함께 사회민주주의 계열 정당들이 대거 집권에 성공했다. 이들은 공통적으로 국가의 시장 개입을 옹호하는 입장이었다.

이 모든 요인이 작용하면서 2차 세계대전 이후 자본주의는 종전과는 전혀 다른 모습을 보이기 시작했다. 국가는 경제 운영의 중심에 섰다. 적극적 재정정책 덕분에 대공황 재발이 억제된 상태에서 자본주의는 장기호황을 구가했다. 자본주의 황금기를 뒷받침해주던 케인스주의는 절대적 권위를 누렸다. 시장 기능을 강조하는 자유시장 경제학은 설 땅을 잃었다. 프리드리히 하이에크Friedrich Hayek 정도가 외골수 길을 걸으며 일관되게 국가 개입 해악을 비판하며 시장의 효율성을 옹호했을 뿐이다.

주도면밀한 전환

1970년대 이후 장기불황이 내습하자 상황이 급변했다. 앞서 살펴본 것처럼 성장 동력이 소진되고 실물경제와 금융자본 사이 불균형이 심화된 결과였다. 자유시장 경제학자들의 입지가 빠르게 회복되었다. 주변으로 내몰려 있던 하이에크는 세계에서 가장 주목받는 경제학자로 부상했다. 시장은 국가를 밀어내고 다시금 경제 중심에 설 채비를 서둘렀다. 마침내 후기 시장자본주의인 신자유주의로의 전환이 전격 추진되었다.

미국의 레이건 정부와 영국 대처 정부가 주도한 신자유주의는 금융자본 이익 극대화에 모든 초점을 맞추었다. 과잉 축적된 금융자본을 성장 동력으로 전환시킴으로써 실물경제 회복도 꾀하고 둘 사이 불균형도 완화시킨다는 전략이었다. 혁명적이라 할 만큼 파격적 수준에서 발상을 전환한 것이다.

신자유주의로의 전환은 주도면밀하게 이루어졌다. 자유시장 경제학자들이 다투어서 신자유주의를 뒷받침할 이론 장치를 개발했다.

그들은 부자들이 더 부유해지는 길을 열어야 투자 활성화로 모두가 이익을 볼 수 있다는 '트리클다운trickle-down 이론'을 펼쳤다. 이 이론은 기업 감세를 통해 금융자본이 기업에서 보다 많은 이윤을 추출할 수 있도록 해 주었다. 그들은 1970년대 스태그플레이션 기억을 상기시키면서 인플레이션을 경제 최대의 적으로 규정했다. 인플레이션을 수반하는 정부의 경기부양책도 반대했다. 인플레이션으로 돈 가치가 하락함으로써 금융자본 이익극대화가 곤란을 겪지 않도록 하기 위한 장치였다. 그들은 정부의 재정 중심 경기 부양책을 반대하는 대신 '통화주의'를 대안으로 제시했다. 중앙은행이 통화를 신축성 있게 공급함으로써 경기를 조절할 수 있다는 이론이었다. 통화주의는 부자 증세를 초래할 수밖에 없는 정부의 재정 팽창을 원천적으로 차단하는 장벽 구실을 했다.

또 다른 전략가 그룹은 신자유주의를 지구 전체로 확장시키기 위한 작전 계획을 수립했다. 그 결과로 나온 것이 워싱턴 컨센서스 Washington Consensus였다. 워싱턴 컨센서스는 전 세계 개발도상국을 대상으로 한 신자유주의 구조조정 프로그램과 이를 관철시킬 전략을 담고 있었다.

신자유주의 구조조정 프로그램 안에는 탈규제, 긴축재정, 자본시장 자유화와 외환시장 개방, 국가기간산업 민영화, 외국자본에 의한 인수합병 허용 등이 포함되어 있었다. 전략 속에는 개발도상국이 외환위기가 발생할 경우 이를 수습하는 것이 아니라 더욱 심화시켜 신자유주의 구조조정 프로그램을 관철시킬 기회로 삼는 방안이 마련되었다. 더불어 중도개혁 성향 정권이 신자유주의 구조조정을 추진하도록 함으로써 국민들이 이를 개혁 일환으로 인식하고 지지할 수 있도록 유도했다.

기묘하게도 외환위기를 전후해 한국에서 벌어진 일련의 사태는 워싱턴 컨센서스 전략과 너무도 맞아떨어졌다. 한국이 외환위기에 직면했을 때 미국은 일본 등 이웃 나라들의 도움마저 냉정히 차단했다. 외환위기를 더욱 가속화시킨 것이다. 한국 정부는 IMF 구제금융을 제공받는 대가로 신자유주의 구조조정 프로그램을 전격 수용해야 했다. 또한 중도개혁 성향의 김대중 정부가 신자유주의 구조조정을 추진함으로써 국민들은 이를 개혁 일환으로 간주하고 지지를 보냈다.

레이건 행정부가 신자유주의로의 전환을 추진하면서 함께 준비했던 메가톤급 전략계획이 하나 있었다. 레이건 행정부 내 전략기획가들은 신자유주의로의 전격 추진이 불평등 심화로 자칫 사회주의 혁명의 위험성을 증대시킬 수도 있다고 내다보았다. 전략기획가들이 위험 차단을 위해 선택한 것은 놀랍게도 사회주의 혁명 진원지로 여긴 소련을 굴복시키는 것이었다. 실로 대담하기 그지없는 목표였다.

1983년 1월 16일 미국 UPI 통신은 레이건 정부 군사정책 방향을 정리한 문서 〈1984~1988년도 미국방 지침〉을 폭로했다. 문제의 문서는 1982년 3월에 미국 군사 분야 최고위급 관계자들이 참여하여 작성한 것으로 30여 명의 고급 관료들에게만 배포된 그야말로 1급 극비 문서였다. 그 주요 내용은 이러했다.

미국은 (훗날 '스타워즈 계획'이라 불린) 신무기 체계 개발로 우주 공간에서 우월적 지위를 확보한다. 이를 위해 우주무기 개발을 제한하는 제안이나 조약은 모두 거부한다. 1980년대 중반에 소련은 경제적으로 중대한 곤란에 처할 것으로 예상되며, 이 상황을 이용해 소련 무기체계를 무력화시킬 수 있게끔 군비증강 계획을 추진한다. 무제한 군비경쟁으로 소련의 경제·군사적 기반을 약화시켜 사회적 불안을 유도한다. 최종적으로 소련이 미국에 정치적으로 굴복해 들어오도록 만든다.

미국은 소련 굴복을 유도하기 위해 무한군비경쟁 게임을 벌였다. 소련은 그 게임에 완벽하게 말려들어 갔다. 소련은 GDP 30% 정도를 군사비에 쏟아 부으며 과잉출혈을 거듭했다. 내부 모순까지 누적되어 있던 소련은 견디지 못하고 무너졌다. 1991년 소련 붕괴로 신자유주의는 더 이상 거칠 것이 없었다.

　신자유주의로의 전환은 소름끼칠 정도로 공격적이면서도 주도면밀하게 이루어졌다. 흐름을 주도한 자들은 자신들이 의도하는 대로 세상을 바꾸자면 어떤 모습을 보여야 하는지를 과시했다. 그들은 낡은 관념의 포로가 되어 이렇다 할 해법을 제시하지 못한 채 허우적거리는 진보 세계를 마음껏 조롱했다.

　때가 되자 금융자본에 가해졌던 온갖 규제들이 잇달아 철폐되기 시작했다. 금융자본은 기업에서 자유롭게 이윤을 추출할 위치를 확보했다. 막강한 자금 동원력을 바탕으로 인수합병 위협을 가해 기업을 굴복시킬 수 있었고, 주주총회를 장악해 자신들의 원하는 이사회를 구성하거나 경영진을 교체할 수 있었다.

　이윤 획득 기회가 크게 늘면서 금융자본이 활발히 움직이기 시작했다. 1990년대 신자유주의 시스템이 본격 가동되자 미국의 주가는 지속적으로 상승했다. 모든 것이 잘 돌아가는 것처럼 보였다. 여기저기서 환호 소리가 터져 나왔다. 흥분한 일부 논자들은 미국 경제가 완전히 새롭게 작동하기 시작했다며 '신경제'라는 칭호를 부여했다.

거품 위를 향해한 신자유주의

신자유주의는 겉으로는 마냥 잘 나가는 것처럼 보였으나 이면에는 심각한 문제가 도사리고 있었다. 무엇보다 1인당 실질 GDP 성장률이 오르기는 고사하고 도리어 떨어지고 있었다. 신자유주의 전성시대로 일컬어지는 1990년대 미국을 포함한 주요 국가들의 1인당 실질 GDP 연평균 성장률은 최악으로 기억된 1970~1980년대보다도 못한 바닥

（単位: %)

	영국	프랑스	독일	일본	미국	한국
1960년대	2.60	4.85	3.56	11.73	3.42	6.33
1970년대	2.40	3.37	2.97	3.51	2.49	10.66
1980년대	3.14	1.75	1.86	4.14	2.43	10.78
1990년대	2.29	1.30	1.99	0.67	2.02	5.91
2000년대	1.15	0.34	0.62	0.25	0.45	3.51

자료: U.S. Federal Reserve Economic Data(이하, FRED), Real GDP per Capita, UK, France, Germany, Japan, US, Korea.

연도별 주요 국가 1인당 실질 GDP의 연평균 성장률 [62]

수준이었다. 위의 표는 이를 확인해준다.

또 한 가지 사실을 주목할 필요가 있다. 1인당 실질 GDP 연평균 성장률이 바닥을 기고 있는 상황에서도 부유층 소득은 가파르게 상승했다. 다음 그래프는 소득 불평등의 상징 지표인 상위 0.1% 소득집중도 변천 과정을 미국과 한국을 중심으로 보여주고 있다. 20세기 초 높은 수준에 이르렀던 소득 불평등은 자본주의 황금기를 포함하는 1945년 이후부터 1970년대에 이르기까지 상당히 낮은 수준을 유지했다. 그러다 신자유주의로 전환하면서 1980년대 중반 이후 소득 불평등이 급격히 악화되었음을 보여준다.

1인당 GDP가 증가하는 조건에서 상위 계층의 소득집중도가 높아졌다면 소득재분배가 상대적으로 덜 악화되었다고 볼 수 있다. 추가로 창출된 소득이 부자들에게 좀 더 많이 쏠렸을 뿐이기 때문이다. 하지만 1인당 GDP 증가율이 바닥을 기는 수준에서 상위 계층 소득집중도가 크게 높아졌다면 이야기는 완전히 달라진다. 결론적으로 신자유주의 체제 아래서 소득재분배는 극도로 악화되었다. 국민들의 소득 증가

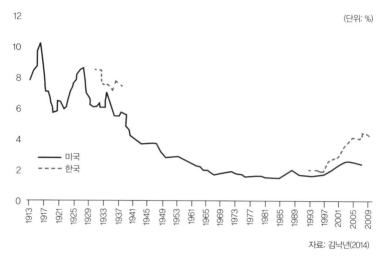

자료: 김낙년(2014)

미국과 한국의 상위 0.1% 소득집중도 변천 [63]

는 억제하면서 소수의 부자들 몫만 늘렸을 가능성이 큰 것이다.

1인당 GDP 증가율은 극히 저조한 상태에서 상위 계층의 소득집중도가 높아졌다는 사실은 신자유주의 신화에 대해 두 가지 사실을 의심하게 만든다. 이는 소득 불평등 악화 메커니즘과 깊은 연관이 있다.

통상 서민들의 삶은 금융자본보다는 근로소득을 발생시키는 실물경제의 동향에 좀 더 직접적으로 의존한다. 신자유주의는 금융자본 투자 활성화가 실물경제의 회복으로 이어질 수 있다고 주장했다. 정말 그랬을까? 이 점은 신자유주의가 기업 주가 상승을 위해 어떤 수단을 동원했는지를 살펴보면 비교적 쉽게 알 수 있다.

미국 기업 경영자들이 주가 상승을 위해 동원한 대표적인 수단은 지속적인 구조조정, 초고배당, 자사주 매입, 장기기술개발 억제 등 네 가지였다. 지속적인 구조조정은 종업원의 충성심과 작업 집중도를 떨어뜨렸다. 초고배당과 자사주 매입은 기업의 투자 능력을 약화시켰다. 장기기술개발 억제는 기업의 경쟁력 약화를 초래했다. 이 모두는 실물 경제 기반을 침식하는 결과로 이어졌다.

이뿐만이 아니다. 미국의 경우 배당과 시세차익을 포함한 주주들의 총지분수익률은 1973~1982년에는 6.6%였으나 1983~1992년에는 16.2%로, 그리고 1993~2003년 21%로 가파르게 증가했다.[64] 높은 수익 증가의 상당 부분은 주주들이 기업 자금을 빼내 자신들의 호주머니를 채운 결과였다. 1981년 이후에는 주식시장에서 기업에 더 많은 자금이 흘러들어간 예가 거의 없었다. 일부 통계에 따르면 1981년 이후 기업과 주주 사이 자금 흐름에서 주주로 흘러간 돈이 5,400억 달러 더 많은 것으로 나타났다.[65] 배당과 자사주 매입 등 합법적 형태로 주주들이 기업을 갈취한 결과였다. 주주들 이익이 증가할수록 부의 창출을 주도해야 할 기업은 더욱 위축될 수밖에 없었다.

신자유주의는 금융자본의 이익 극대화를 위해 실물경제를 희생시켰다. 여러 경로로 기업 발전을 억제했으며 노동자 등 다른 이해당사자들의 몫을 감소시켰다. 서민들의 소득이 늘어나기 어려운 구조였던 것이다.

의심이 가는 또 하나의 지점이 있다. 상위계층 소득이 크게 늘어났지만 이조차도 실질 가치가 아닌 가공의 가치 즉 거품에 의존했을 가능성이 크다.

문제는 비교적 간단명료하게 드러난다. 주가는 기본적으로 기업 가치 즉 이윤 창출 능력에 의해 결정된다. 그런데 앞서 소개했던 주가 상승 수단들은 장기적으로 그러한 능력을 잠식하는 것들이었다. 기업 가치는 상대적으로 하락할 수밖에 없었다. 반면 주가는 계속 올랐다. 기업 가치와 주가 사이 괴리가 커진 것이다. 괴리를 메운 것은 거품이었다. 지속적 주가 상승이 전적으로 거품에 의존했음을 의미한다.

문제의 본질은 일련의 사태를 통해 의심할 여지없이 입증되었다. 거품은 때가 되면 붕괴할 수밖에 없다. 실제로 그런 일이 벌어졌다. 2000년 4월 월가 주가대폭락이 일어난 것이다. 단 하루만에 1조 달러가 허공으로 사라질 만큼 대폭락의 충격은 컸다. 사태 수습을 위해 연방준비은행(FRB)이 나섰다. 연방준비은행은 2000년 한 해 동안 무려 11차례나 금리를 인하했다. 저금리 자금을 무제한으로 푼 것이다. 막대한 자금이 주식시장에 흘러 들어가면서 가까스로 파국이 수습되었다.

과잉 축적된 금융자본은 '기생성'을 발휘하기 쉽다. 금융자본이 실물경제 성장에 생산적으로 기여하고 이윤을 할당받으면 서로에게 이득이 되는 시너지 효과를 발생시킬 수 있다. 반면 금융자본이 생산적 기여 없이 실물경제로부터 과도하게 이윤을 추출하면 문제가 발생한다. 실물경제는 피가 빨리면서 위축될 수밖에 없다. 금융자본이 과잉 축적될수록 이 기생성이 나타날 가능성이 큰 것이다.

신자유주의는 금융자본의 기생성을 제거한 것이 아니라 도리어 강화시키는 방향으로 작동했다. 실물경제를 위축시킴으로써 둘 사이 불균형을 더욱 심화시키는 가운데 거품 위를 항해하다 붕괴에 이르고 말았다.

2000년 주가대폭락 사태 이후에 벌어진 상황 역시 미국 경제가 전적으로 거품에 의존해 돌아갔음을 보여준다.

초저금리로 돈이 왕창 풀리자 덩달아 주택담보대출이 크게 인기를 끌었다. 우후죽순으로 생겨난 대출업체들은 대출 대가로 수수료만 챙기고 원리금 상환 청구권을 투자회사에 팔아 넘겼다. 대출업체들은 상환 여부가 중요하지 않았기에 신용등급을 가리지 않고 대출해 주었다. 대신 신용등급이 낮은 경우는 이자가 비쌌다. 투자회사에 모인 상환 청구권 중에서 낮은 신용등급 비중이 크게 높아졌다. 투자회사는 이들을 등급에 따라 묶은 뒤 파생금융상품으로 만들어 판매했다. 고객 중에는 은행도 포함되어 있었다. 은행들은 만약의 경우에 대비해 AIG 등 보험회사에 위험대비 보험을 들었다.

주택 가격이 계속 상승하면 구입한 주택을 판매해 원리금도 상환하고 프리미엄도 챙길 수 있었다. 하지만 주택 가격이 실수요자들의 구입 능력을 넘어서자 부동산 시장에 형성된 거품이 일시에 꺼지기 시작했다. 주택 가격은 폭락했고 대출 받은 시민들은 주택을 처분해도 원리금을 상환할 수 없었다. 파생금융상품들은 일시에 휴지 조각으로 전락했다. 복잡하게 얽혀 있던 금융 생태계가 파열되면서 월가의 거대 금융기관들이 잇달아 무너져 내렸다. 보험회사들도 한꺼번에 몰려든 고객 청구를 감당 못해 덩달아 나자빠졌다.

사태의 파장이 전 세계로 퍼져나가면서 2008년 한 해 동안 세계 주식시장은 20조 달러 이상 손실을 보았다. 이는 세계 GDP의 거의 절반에 가까운 액수였다. 2008년 글로벌 금융위기가 세계경제를 한 입에 집어삼킨 것이다.

미국 정부는 무너진 금융권을 복원하기 위해 3조 달러가 넘는 천문학적인 자금을 투입해야 했다. 연방준비은행 또한 채권 매입 방식의 양적완화 정책으로 2014년까지만 해도 4조 달러 이상을 풀었다. 이를 위해 1조 달러 규모에 이르던 연간 통화발행을 3조 달러 이상으로 늘려야 했다.

2008년 글로벌 금융위기와 함께 신자유주의는 거품 위를 항해하는 지속가능성이 없는 시스템임이 명확해졌다. 신자유주의가 남긴 잔재는 요소요소에 남아 있지만 그 자체는 더 이상 대세가 될 수 없었다.

장하준 교수도 비슷한 말을 했지만 경제학자들의 가장 중요한 임무는 속이 훤히 들여다보이는 수작들에 대해 그럴듯한 논리의 옷을 입혀주는 것이다. 자유시장 경제학자들은 '주주가치 중심 경영'이라는 고상한 표현을 써가며 기업은 주주 이익 극대화를 중심으로 움직일 때 최선의 결과를 낳을 수 있다는 논리를 만들어냈다. 내용인즉슨 이렇다. 기업의 이해당사자 중에서 노동자나 협력사는 수익에 관계없이 일정한 소득을 얻지만 주주는 수익에 따라 이익을 볼 수도, 손해를 볼 수도 있다. 따라서 기업은 주주 이익 중심으로 접근할 때 수익 창출에 충실해지면서 경영 실적이 호전될 수 있다.

하지만 신자유주의 체제 아래서 주주들은 보다 높은 이윤을 좇아 끊임없이 이동했다. 그들은 기업 입장에서 뜨내기손님에 불과했다. 주주들은 기업의 장기적 발전에 아무런 관심도 없이 오로지 단기이익 극대화에만 골몰했다. 기업들이 주가 상승을 위해 동원한 수단들은 단기 이익 극대화 압박에 따른 것들이었다. 모두 장기적 차원에서 기업의 펀더멘탈을 파괴하는 것으로 이어졌다.

신자유주의는 뜨내기손님들이 짐짓 주인 행세를 하다가 모든 것을 망쳐버린 체제였다. 금융위기가 발생한 일련의 과정을 되돌아보면 신자유주의를 구성하고 있던 관념과 논리들이 얼마나 현실과 유리되거나 배치되는지를 적나라하게 확인할 수 있다.

다시 한 번 곱씹어야 할 사실은 허구적인 신자유주의가 미국에서만 기승을 부린 게 아니라는 점이다. 한국 역시 외환위기를 거치며 미국식 신자유주의가 그대로 이식돼 작동한 곳이었다. 그로 인한 후과는 사회적 양극화와 저성장, 불평등 심화, 청년실업의 형태로 아직까지 지속되고 있다.

후기 시장자본주의인 신자유주의는 몰락의 길을 걷고 있다. 그렇다고 해서 시장자본주의가 완전히 수명이 다 되었다고 단정 지을 수 있을까? 신자유주의와 다르거나 변형된 모습으로 시장자본주의가 부활할 가능성이 얼마든지 있는 것 아닌가? 이론적으로 충분히 그럴 수 있다. 하지만 새롭게 부활한다 하더라도 시장자본주의는 생명력이 길지 않은 흉측한 괴물 모습을 할 가능성이 매우 크다.

둘째, 소련 모델: 국가사회주의

좌파 운동가들에게 소련 붕괴는 가장 치욕적 순간으로 기억되어왔다. 너무 치욕스런 나머지 평가마저 거부하는 경향이 있었다. 많은 사람들이 망한 나라 이야기를 꺼내는 것은 쓸데없는 시간 낭비라고 여겼다. 하지만 소련은 완전히 사라지지 않았다. 진보 세계 안에 소련은 다양한 관념의 파편으로 여전히 살아 있다.

진보 세계에서 벌어지는 토론 중 가장 흔히 나오는 반론의 하나는

"그건 자본의 이윤 추구를 위한 것 아닙니까?"이다. 자본의 이윤 추구가 터부시되고 있다. 자본의 이윤 추구에 기여하는 것이라면 그 자체로 가치를 인정받기 어렵다. 진보 세계에서 어떤 이슈나 사안이 발생할 때마다 마지막 해법으로 나올 가능성이 가장 큰 것은 "정부가 나서라" 혹은 "국가가 책임져라"이다. 은연중에 국가는 모든 것을 책임져야 하고 또한 책임질 수 있는 전능한 존재로 간주된다. 진보 세계에서는 경쟁 자체를 터부시하는 경향이 있다. 연대 협력과 경쟁을 서로 양립할 수 없는 개념으로 보는 경우가 많다.

당사자들은 의식하지 못할 수 있지만 이러한 관념들이 탄생했을 뿐만 아니라 현실로 작동했던 곳이 바로 소련이었다. 적어도 소련과 무관하지 않았다. 관념들의 객관적 타당성을 점검하기 위해서라도 소련의 역사를 살펴야 하는 것이다.

마르크스주의의 철의 원칙 세 가지

소련 창시자들 사유를 지배한 것은 두말할 필요도 없이 마르크스주의 사상이었다. 마르크스주의의 심장 속에 뜨거운 피가 요동치도록 한 역사적 사건은 파리 코뮌이었다. 파리 코뮌을 경험하면서 마르크스주의자들 사이에서 결코 양보하거나 타협할 수 없는 철의 원칙 세 가지가 확립되었다. 파리 코뮌이 성공하기 위해서는 어떤 조건이 필요했는가라는 질문을 던지고 스스로 찾아낸 답이었다.

첫째, 노동과 자본 사이에 화해란 없다. 노동과 자본은 같은 하늘 아래서 평화로이 공존할 수 없다.

마르크스주의에서 자본은 노동을 착취하는 악마적 존재였다. 마르크스주의는 파리 코뮌 진압 과정에서 부르주아 정부의 무자비한 학살을 지켜보며 자본의 본성이 여지없이 폭로되었다고 판단했다. 아울러 마르크스주의는 자본주의가 이전 시기와는 비교할 수 없을 만큼 생산력을 높은 수준으로 끌어올렸지만 궁극적으로 생산력 발전 질곡으로 전락할 수밖에 없다고 파악했다. 이러한 인식을 기초로 마르크스주의는 '착취로부터의 노동자 해방'과 '질곡으로부터 생산력 해방' 두 가지를 논리적으로 결합시켰다.

결론은 '자본 축적의 폐기'였다. 그럴 때 노동자 계급은 진정으로 자유롭게 삶을 영위할 수 있으며, 생산력 또한 무한히 발전함으로써 능력에 따라 일하고 필요에 따라 분배받는 이상적인 사회로 나아갈 것이라 믿었다.

둘째, 한 번 잡은 권력은 절대 놓지 말아야 하며 혁명의 적은 철저히 소멸시켜야 한다.

마르크스주의자들이 파리 코뮌을 통해 얻은 이미지는 수만 가지 격언보다도 강렬한 효과를 발휘했다. 파리 코뮌 경험이 마르크스주의자들의 뇌리에 심어준 결론은 단순명료했다. 한 번 잡은 권력을 빼앗기면 돌아오는 것은 죽음뿐이다. 손에 넣은 권력은 절대 놓아서는 안 된다. 혁명의 적을 그냥 놔두는 것은 반격을 가할 기회를 주는 것이나 다름없다. 혁명의 적에 대해서는 철저한 독재가 필요하며 궁극적으로 소멸시켜야 한다. 이 모든 것은 '프롤레타리아 독재론'으로 정립되었다.

셋째, 기존 권력을 분쇄하고 아래로부터 새로운 권력을 창출할 때만이 사회주의 혁명을 성공시킬 수 있다.

파리 코뮌은 기존의 시 정부기구를 접수한 것이 아니라 이를 분쇄하고 아래로부터 자치 공동체 형태의 새로운 권력을 창출했다. 이는 마르크스와 그 후예들에게 권력 문제에 대해 풍부한 영감을 불어넣었다. 마르크스와 후예들은 자본주의 사회에서 관료 집단이 부르주아 계급과 일치된 이해관계에 있기 때문에 기존의 국가기구는 사회주의 혁명의 도구가 될 수 없다고 보았다. 실제로 사회주의 혁명은 예외 없이 기존의 국가기구를 해체하고 아래로부터 새로운 권력 기구가 창출된 곳에서만 성공을 거두었다.

소련 사회는 세 가지 철의 원칙이 액면 그대로 관철되는 가운데 성립되었다.

소련 경제의 성장과 좌절

1917년 러시아에서 '2월 혁명'이 발생했다. 2월 혁명과 함께 봉건 지배질서를 지탱하던 차르 체제가 붕괴하고 자유주의 성향의 케렌스키 임시정부가 수립되었다. 곧바로 그 맞은편에 노동자·농민·병사 자치 권력기구인 소비에트가 광범위하게 만들어졌다. 같은 해 10월 혁명을 거치면서 케렌스키 임시정부는 전복되었고, 소비에트가 유일한 인민대표 기구로 자리 잡았다. 기존 국가 권력 기구가 모두 분쇄되고 아래로부터 창출된 소비에트가 그 자리를 대신한 것이다. 참고로 소련은 소비에트사회주의연방공화국(USSR)의 약칭이었다.

소련 건설을 주도한 공산당은 이후 유일한 정치적 실체로 존재했다. 프롤레타리아 독재는 공산당 일당 독재로 현실화되었다. 공산당은 소련 사회의 모든 것을 기획·조직하고 전개하는 실질적 권력 주체였다. 소련 사회 주역들은 한 번 잡은 권력을 절대 놓지 않았으며 혁명의 적을 모두 소멸시켰다.

사회주의 혁명이 본격화되면서 자본 축적은 폐기되었다. 사적 이윤 추구와 재투자를 통해 끊임없이 규모를 키워가는 자본 축적 모두 원천적으로 배제되었다. 자본 축적의 역할을 대신한 것은 국가였다.

소련 사회에서 모든 기업은 국가기구의 일부거나 통제 아래 있었다. 국가 계획이 모든 것을 관장하면서 자본 축적의 무대였던 시장도 사실상 폐기되었다. 국가의 공급 체계가 시장 기능을 대신했다. 소련은 국가가 모든 것을 책임지고 인민은 국가에 전적으로 의존하는 전형적인 국가사회주의의 길을 걸었다.

소련 사회의 운명은 국가가 시장 기반의 자본 축적을 대신해 더 나은 결과를 만들어낼 수 있는가에 달려 있었다 해도 과언이 아니다. 지금부터 우리가 집중적으로 살펴봐야 할 지점은 바로 이것이다.

자본주의 사회의 놀라운 생산력은 자본의 이윤 추구가 경제 활동의 동기로 작용하고, 자본 축적이 성장 엔진으로 기능한 데 따른 것이었다. 자본의 이윤 추구와 축적은 하나의 과정이었다. 획득한 이윤을 재투자함으로써 축적이 진행되고 축적을 통해 더 많은 이윤을 획득할 수 있었던 것이다.

사회주의 공업화 초기 단계의 소련에는 국가가 자본의 이윤 추구와 축적을 대체할 수 있는 여지가 충분히 있었다. 국가는 절대빈곤으로부터 탈출하고자 하는 인민의 열망을 자본의 이윤 추구를 대신한 경제 활동 동기로 이용할 수 있었다. 국가의 강제적인 자원 분배가 자본 축적을 대신해 성장 엔진으로 기능했다.

국가는 절대빈곤으로부터 벗어나기를 갈망하는 인민을 조직적으로 동원해 생산 현장에 투입했고 인민은 여기에 적극 호응했다. 처칠의 표현대로 호각 소리 하나에 모든 것이 일사천리로 진행되었다. 국가는 생존에 필요한 최소 수준의 소비재만 공급하고 나머지 자원 모두를 공업화를 촉진하는 데 전격 투입했다. 사회주의 공업화 시기 인민에게 지급된 운동화는 일 년에 한 켤레 정도에 불과했다.

이러한 요인들 덕분에 소련은 자본주의 사회에서는 상상을 초월하는 연간 수십 퍼센트 수준의 초고속 경제성장을 달성할 수 있었다. 적어도 이 시기만큼은 소련 국가사회주의가 자본주의보다 우월한 체제로 비춰지기에 충분했다. 낙후된 농업 국가들에게 소련 모델은 선망의 대상이 되기에 족했다. 심지어 철저하게 자본주의의 길을 걸었던 나라들조차 소련 모델로부터 많은 것을 차용했다. 대표적으로 박정희 정부 이후 1980년대까지 이어졌던 '경제개발 5개년 계획'의 원형은 소련에서 만들어진 것이다.

소련의 사회주의 공업화 초기 단계는 성공적으로 마무리되었다. 공업화 성공은 소련이 2차 세계대전에서 독일과의 전쟁을 승리로 이끄는 밑천이 되었다. 소련은 2차 세계대전 승리의 주역이 됨으로써 미국과 맞서는 초강대국으로 부상했다. 하지만 소련이 성공 문턱을 막 넘어서는 그 순간부터 상황이 반전되기 시작했다.

먼저 절대빈곤에서 벗어나면서 경제활동 동기 유발이 쉽지 않아졌다. 사회주의 공업화 초기 단계가 성공적으로 마무리되자 과거처럼 절대빈곤에서 벗어나고자 기꺼이 고난을 감수하는 모습은 사라졌다. 욕망의 불꽃을 태울 수 있는 새로운 동기 유발이 절실했으나 쉽게 답을 찾지 못했다.

자본주의 사회에서 자본가 계급은 이윤 추구 욕망에 이끌려 엄격한 노동 통제 시스템을 구축했다. 이를 통해 노동생산성을 지속적으로 끌어올림으로써 높은 경쟁력을 확보할 수 있었다. 노동자들은 지루하고 힘든 노동이었지만 참고 견딜 수밖에 없었다. 그렇지 않으면 해고 등 각종 불이익을 받아야 했다.

소련 사회주의 사회에서는 자본주의 사회 수준의 노동 통제 시스템 구축이 거의 불가능에 가까웠다. 명색이 노동자 국가에서 노동자 통제는 심한 반발을 사기 쉬웠다. 최후 수단인 해고도 원천적으로 불가능했다. 기대할 수 있는 것은 오직 노동자가 보다 높은 삶의 질을 위해 자발적으로 노동생산성을 향상시키는 것뿐이었다. 바로 그 지점에서 '상식적 곤란'이 발생했다.

마르크스주의는 착취가 사라진 사회 안에서는 누구든지 공동체를 위해 열정적으로 헌신할 수 있다고 믿었다. 하지만 마르크스주의자들이 고색창연하게 외쳤던 "하나는 전체를 위하여, 전체는 하나를 위하여"라는 슬로건은 현실에서 빛을 발휘하지 못했다. 인간은 적어도 51% 이기적 존재였던 것이다. 소련 노동자들은 자신에게 확실한 이익이 보장되지 않으면 열심히 일하려 하지 않았다.

이러한 조건에서 기계적 평등주의가 작동함에 따라 상황은 마냥 부정적으로 흘렀다. 노동자들이 열심히 일하든지 아닌지에 관계없이 돌아오는 결과가 똑같은 상황에서 굳이 힘들게 노력할 필요가 없다고 생각한 것이다. 그 결과 놀고먹으려는 풍조가 암암리에 퍼져 나갔다. 소련 노동자가 누린 최고의 권리는 '게으를 수 있는 권리'였다.

여기에다 국가사회주의의 고질적 문제가 가세하였다. 중앙집권적 계획경제 아래서 모든 결정은 국가계획위원회 중심의 관료 조직 상층부에서 이루어졌다. 관료 조직은 결정을 체계적으로 아래로 전달하며, 인민은 이를 이의 없이 수행하는 것만이 가능했다. 그 과정이 반복되면서 소련 사회 전체가 위는 아래로 치침을 내리고 아래는 위에서 결정해주기만을 기다리는 데 익숙해져 버렸다.

노동자들은 상부 명령만을 기다리다 주어진 할당량만을 채우는 수동적 존재로 전락해갔다. 할당량 기준이 톤이라면 무게가 많이 나가는 물건을 만들면 되었고, 총 가치 기준이 루블이라면 비싼 자재를 이용해 만들면 되었다. 공장 노동자는 어떻게 하면 좀 더 좋은 품질의 제품을 만들지, 국영식당 노동자는 어떻게 하면 좀 더 맛있는 음식을 만들 것인지 고민하지 않았다.

국가가 자본 축적을 대신해서 성장 엔진으로 기능하는 지점에서도 심각한 문제가 불거지기 시작했다.

소련이 자본 축적을 국가로 대체하면서 그 무대였던 시장마저 폐기한 것은 마르크스주의 이론에서 비롯된 것이었다. 마르크스주의는 자본주의 근본 모순으로 사적 소유와 생산의 사회적 성격 사이의 모순을 꼽았다. 그 요지는 이렇다. 생산력이 발전함에 따라 분업이 고도화되면서 개별 생산의 사회적 의존도는 더욱 높아진다. 이러한 경향은 자본의 사적 소유와 충돌하면서 생산의 무정부성을 키운다. 생산 과정이 사적 자본의 지배를 받는 상황에서 전체적인 조절 통제가 불가능하기 때문이다. 공황은 그로부터 빚어진 현상이다. 마르크스주의는 이러한 모순을 해결하려면 생산수단의 사회화, 즉 집단 소유로 전환시킴과 동시에 시장 기능을 국가 계획으로 대체해야 한다고 보았다.

마르크스주의에서 사적 소유와 생산의 사회적 성격 사이의 모순은 사회주의 혁명의 필연성을 입증하는 핵심 이론이었다. 그러한 모순을 해결하기 위한 과정으로서 시장 경쟁을 국가 계획으로 대체하는 것 또한 필연적 결론이었다.

그런데 마르크스주의 이론이 결정적으로 놓친 지점이 있었다. 장하준 교수도 지적했다시피 분업이 고도화되고 복잡해지면 국가 계획 역시 그만큼 힘들어질 수 있다는 사실을 간과했던 것이다. 이는 결과적으로 치명적 착오임이 드러났다.

소련이 공업화 초기 단계에서 국가의 강제적인 자원 배분을 통해 초고속 성장을 이끌어낼 수 있었던 것은 그만한 이유가 있었다. 당시 생산 품목의 가짓수는 많지 않았고 대부분 질적인 고려 없이 양만 따지면 되었다. 운동화 몇 켤레, 옷감 몇 미터, 철강 몇 톤 하는 식이었다. 국가가 계획을 세우고 집행하기가 그만큼 쉬웠다는 이야기다. 계획 경제가 소품종대량생산 시대에는 효과적으로 작동했던 것이다.

문제는 그다음 단계였다. 제품의 가짓수가 무한히 다양해지고 기능과 디자인이 차별화되는 다품종소량생산 시대로 접어들면서 국가 계획은 갈수록 어려워졌다. 운동화 하나만 보더라도 생활용, 스포츠용, 작업용이 다르고 나이와 성별에 따라 디자인과 기능이 제각각 다를 수 있는데 이를 일일이 국가 계획에 반영하는 것은 거의 불가능에 가까웠다. 그렇다고 계획경제의 원활한 작동을 위해 인민의 요구를 무시하고 소품종대량생산 체제를 유지할 수도 없었다. 계획경제의 비효율성이 갈수록 심화되었다.

더욱이 몇몇 관료가 책상머리에 앉아 계획을 작성하는 것이 습관화되면서 문제는 한층 심각해질 수밖에 없었다. 농업을 예로 들어보자. 소련 당국은 농업생산력을 획기적으로 향상시킨다는 목표 아래 비료 공급을 대대적으로 늘리려고 시도했다. 하지만 비료를 담는 자루와 운송 수단, 보관 시설, 살포 기계 등을 동시에 공급하지 못했다. 중앙 계획 입안자는 단지 상부의 명령대로 비료 생산 증대에만 관심을 가졌던 것이다. 비료의 대부분은 농토에 뿌려지지 않은 채 철도 야적장에 방치되었다.

1960년대까지 소련 인민은 자신들 체제에 대해 상당한 신뢰를 갖고 있었다. 비록 소비 수준은 서방 세계보다 낮은 수준에 머물러 있었지만 인민들의 기본적인 의식주가 보장되고 무상에 가까운 복지가 다양하게 제공되고 있었다. 하지만 1970년대에 접어들면서 상황이 달라지기 시작했다.

한편으로는 경제활동 동기 유발이 제대로 이루어지지 않으면서 노동생산성이 정체되고 있었고 다른 한편으로는 국가계획의 비효율성이 나날이 심화되고 있었다. 그 결과 소련 사회 전체가 정체의 늪에 빠져들면서 갈수록 무기력해졌다. 이 모든 것은 갖가지 경제지표들을 통해 뚜렷하게 드러났다.

국내총생산, 공업생산량, 노동생산성, 1인당 국민소득 등 모든 경제지표에서 소련의 발전 속도는 현저히 둔화되고 있었다. 특히 1950년대까지 서방 세계에 대해 확실한 우위를 지켰던 연간 경제성장률이 연거푸 떨어졌다. 1950년대에 연간 5.7%를 기록했던 소련 GNP 증가율은 1960년대에 5.2%, 1970년대 전반에 3.7%, 1970년대 후반에는 2.6%, 1980년대 전반에는 2%로 계속 떨어졌다.[66]

이 모든 것의 종합적 결과로서 소련 사회주의는 인민의 삶의 질을 개선시키는 능력이 지속적으로 뒤떨어졌다. 단적으로 인민의 삶의 질을 나타내는 지표 가운데 하나인 평균 수명에서 소련이 서방 세계에 뒤지고 있었다.

고르바초프의 개혁 · 개방 정책

소련 사회는 누가 봐도 계속 방치했다가는 매우 위태로워질 수 있는 상태였다. 대대적인 수술이 불가피했다. 가까운 장래에 소련 사회에 커다란 변화가 일어날 것이라는 안팎의 관측이 우세한 가운데 1985년 3월 15일 미하일 고르바초프Mikhail Gorbachev가 새로운 지도자로 등극했다. 고르바초프는 소련 사회의 고질적인 병폐를 전격적으로 고치기 위해 페레스트로이카(개혁)와 글라스노스트(개방)를 내걸었다.

소련은 페레스트로이카 추진에 적합한 국가 기능을 회복하는 것을 목표로 대통령과 의원을 자유선거로 선출하기로 했다. 자유선거를 뒷받침하기 위해 매체와 문화, 학술 분야에서 광범위한 개방이 추진되었다. 그간 금기시되었던 활동들이 폭발적으로 전개되기 시작했다. 저널리스트들은 1920년대 이후 소련에서 실제 생활이 어떠했는지 폭로했다. 상층 관료들의 도를 넘는 부패, 심각한 환경오염, 건강서비스 악화, 널려 있는 빈곤과 미신 등 각종 문제들이 거침없이 제기되었다.

개방 분위기를 타고 그동안 욕구를 억제하는 데 익숙해 있던 인민들은 자신들이 기만당했다고 느끼기 시작했다. 결국 인민들의 요구가 분출되면서 곳곳에서 허가받지 않은 집회와 시위, 파업투쟁이 빈번해졌다.

고르바초프는 그러한 인민을 불온시했고 급기야는 인민을 멀리하면서 당내 다수파를 구성하고 있는 보수파에 기대기 시작했다. 보수파가 요구한 허가받지 않은 시위 금지 법령에 서명하기도 했다. 그러자 인민과 급진개혁파들은 고르바초프를 향해 격렬한 공격을 퍼붓기 시작했다. 소련 사회는 보수파와 급진개혁파로 갈라져 대립했다. 고르바초프는 둘 사이를 오락가락하며 갈피를 잡지 못했다. 고르바초프는 모든 상황을 주도하던 위치에서 아무것도 통제할 수 없는 인물로 전락했다.

소련 사회는 걷잡을 수 없는 혼란 속으로 빠져들었다. 페레스트로이카 추진에 필요한 최소한의 조절과 통제 기능조차 작동을 멈추었다. 1989년부터는 소련 경제정책 골간인 5개년 계획조차 수립되지 못했다.

결국 소련은 스스로 붕괴하고 말았다. 연방을 구성했던 15개 공화국은 각기 독립했다. 소련 연방이 해체된 것이다. 외부 침략이나 내부 반란도 없는 상태에서 붕괴를 맞이한 인류사에 보기 드문 장면이었다. 미국과의 무모한 군비경쟁으로 인한 과잉출혈을 감안한다 해도 그렇다. 어디에서나 있기 마련인 기득권 사수를 위한 유혈 충돌조차 찾아볼 수 없었다. 그렇게 러시아 혁명으로 탄생한 소련은 허망하게 사라져갔다. 소련 주도로 세워졌던 동유럽 일원 사회주의 국가들 역시 연이어 체제 붕괴에 직면했다.

소련의 엘리트 집단은 시종일관 인민을 자신들 지침에 따라 움직이는 수동적 존재로 간주했다. 개혁에 나선 고르바초프조차 인민을 통제해야 할 대상으로만 보았다. 어떤 경우에도 인민을 문제 해결의 자주적 주체로 인정하지 않았다. 이 모든 것은 소련 체제를 붕괴로 몰고 간 근원이 엘리트주의였음을 강하게 암시한다.

셋째, 복지국가: 국가자본주의

자연과학은 주로 원인을 통해 결과를 예측하는 데 집중한다. 반면 역사는 결과를 통해 원인을 추적하는 데 집중한다. 역사가가 아무리 원인을 먼저 밝히고 결과를 도출하는 식으로 기술한다 해도 그의 머릿속에는 결과가 먼저 자리를 잡고 있다. 그래서 역사는 현재와 과거의 대화라고 한 에드워드 카E. H. Carr의 명제는 여러모로 의미심장하다. 중요한 것은 내가 서 있는 현재가 어느 시점이냐는 것이다.

지금 우리는 소련 국가사회주의가 붕괴하고 후기 시장자본주의인 신자유주의가 몰락한 이후의 시점에서 과거와 대화를 시도하고 있다. 우리는 소련 국가사회주의 붕괴와 신자유주의 몰락이라는 결과를 익히 알고 있는 상태에서 그 원인을 추적하는 작업을 수행했다. 만약 소련 사회가 거뜬하게 버티고 있거나 신자유주의가 전성기를 누리고 있는 시점이라면 이야기는 상당히 달라질 수밖에 없을 것이다.

이런 입장에서 보자면 때로는 성공한 역사보다 실패한 역사가 더 의미 있게 다가올 수도 있다. 성공한 역사라고 해서 그 성공이 영원히 지속될 수는 없다. 성공적 결과로 찬양받던 명제도 실패로 전락하면서 얼마든지 비난 대상이 될 수 있다. 하지만 실패는 동일한 방식으로 기억될 가능성이 크다. 붕괴한 소련 국가사회주의와 몰락한 신자유주의가 성공적인 프로그램이었다고 재평가 받을 가능성은 거의 없어 보인다. 그래서 실패의 원인과 교훈은 훨씬 더 깊이가 있고 생명력이 길 수 있다.

우리는 앞서 근대 이후 사회를 떠받친 '노동 대 자본', '공유 대 사유', '국가 대 시장' 세 가지 프레임에 대해 살펴보았다. 각각의 프레임은 대항 관계에 있는 두 가지 패러다임으로 구성되어 있다. 시장자본주의는 모두 오른쪽에 위치한 자본, 사유, 시장 패러다임의 조합으로 이루어졌다. 완전히 오른쪽으로 치우친 모델이었다. 그와는 정반대로 소련의 국가사회주의는 모두 왼쪽에 위치한 노동, 공유, 국가 패러다임의 조합으로 이루어졌다. 완전히 왼쪽으로 치우친 모델임을 알 수 있다.

두 모델 모두 붕괴하거나 몰락했다. 이 결과와 패러다임 조합이 어느 한쪽으로 치우쳤다는 사실 사이에 깊은 함수 관계가 있는 것 아닐까?

저명한 역사가 에릭 홉스봄Eric Hobsbawm은 근대 이후 역사를 다룬 4부작을 남겼다. 《혁명의 시대The Age of Revolution: 1789~1848》, 《자본의 시대The Age of Capital: 1848~1875》, 《제국의 시대The Age of Empire: 1875~1914》에 이어 러시아 혁명 이후 소련 붕괴까지 단기 20세기를 다룬 저서의 제목은 《극단의 시대The Age of Extremes: 1914~1991》였다. 홉스봄은 20세기를 극단주의가 충돌했던 시대로 파악했던 것이다. 국가만능주의라 할 수 있는 소련의 국가사회주의, 시장만능주의라 할 수 있는 미국의 신자유주의는 그 대표적인 경우라 할 수 있다.

극단주의는 복잡하거나 애매한 요소를 제거하고 오직 한 가지 요소만을 집중 강조한다. 단순명료함으로 사람들을 쉽게 매료시킬 수 있다. 어느 정도까지는 강렬한 에너지를 발산하면서 성공 가도를 달릴 수 있다. 하지만 단순명료함은 문제를 제어하고 완충·보완할 장치마저 제거한 결과일 뿐이다. 브레이크 장치 없는 차량이 무서운 속도로 질주하다 대형 사고에 직면하듯 참사를 겪을 수밖에 없다.

소련 국가사회주의와 미국 신자유주의는 바로 왼쪽과 오른쪽으로 치우친 극단주의였다. 그간의 논의를 바탕으로 다시 한 번 정리해 보자.

소련의 국가사회주의는 국가가 자본의 이윤 추구와 축적, 시장 기능을 대체할 수 없음을 입증했다. 자본의 이윤 추구는 여전히 가장 강력한 경제활동의 동기였고, 자본 축적은 그 무엇보다 강고한 성장 엔진이었으며, 다품종소량생산시대의 시장은 다양한 경제 요소를 통합 조율할 수 있는 유일한 기제였다.

신자유주의는 시장의 자기조절능력에 절대적인 믿음을 보였지만 제어되지 않는 시장은 자제력을 상실해 갔다. 금융자본의 이익 극대화는 자신의 존립 근거인 실물경제를 위축시키고 파손시켰다. 무분별한 파생금융상품의 남발은 금융 생태계마저 파괴하면서 모든 게 망가지는 파국을 초래하기에 이르렀다.

극단을 추구했던 국가사회주의와 신자유주의의 몰락은 바람직한 사회 모델이 되자면 최소한 어떤 조건을 갖추어야 하는지를 알려주었다. 첫째, 시장은 반드시 유지되어야 하지만 국가의 적절한 통제 아래 있어야 한다. 둘째, 자본의 이윤 추구와 축적은 어떤 형태로든지 용인되어야 한다. 셋째, 금융자본은 손님답게 굴도록 규제해야 한다.

2차 세계대전 이후 서유럽을 중심으로 성립된 복지국가는 방금 열거한 최소 조건들을 고루 갖춘 모델이었다. 복지국가는 시장자본주의와 국가사회주의는 모두 틀렸고 자신이 답이라고 주장할 나름대로의 자격을 갖추고 있었다.

복지국가를 주도한 세력은 사회민주주의자들이었다. 사회민주주의자들은 국가사회주의와 신자유주의 몰락을 미리 예견할 수 있을 만큼 탁월한 선견지명을 지니고 있던 것일까? 사회민주주의자들이 극단주의자들에 비해 보다 합리적이었다고 인정할 수 있지만 반드시 더 영리했다고 보기는 힘들다. 사회민주주의자들이 복지국가의 길을 걸은 것은 상당 부분 그들의 의지와 무관한 것이었다.

사회민주주의자는 사회주의자와 어떻게 달랐는가

재레드 다이아몬드Jared Diamond의 역작 《총, 균, 쇠Guns, Germs and Steel》는 각 대륙이 문명의 발전에서 큰 차이를 보였던 원인에 대해 뛰어난 분석 결과를 보여주고 있다. 그에 따르면 서로 달랐던 대륙 문명의 발전은 결코 인종 차이에서 비롯된 것이 아니었다. 차이를 낳은 결정적 요인은 작물화·가축화할 수 있는 동식물의 분포였다. 가장 문명이 발달한 유라시아 대륙은 작물화·가축화할 수 있는 동식물이 다른 대륙보다 훨씬 풍부했다. 반면 유럽인들이 침략하기 이전 아메리카 대륙에는 쌀, 보리, 밀이나 소, 돼지, 양, 닭 등이 없었다.

본래 사회민주주의는 소련 창시자들의 신념이었던 사회주의의 별칭이었다. 사회민주주의와 사회주의는 마르크스주의를 뿌리로 하는 동일한 사상 조류였던 것이다. 그랬던 두 조류가 완전히 다른 길을 걸으면서 전혀 다른 사상이 되었다. 도대체 어떤 요인이 둘을 결정적으로 갈라놓았을까? 마찬가지로 환경 차이였다.

문제의 본질을 정확히 이해하자면 어떻게 해서 1917년 러시아 혁명이 소련 체제 수립으로 이어질 수 있었는지 좀 더 자세히 들여다볼 필요가 있다.

　후진국 러시아의 뒤늦은 산업화는 전적으로 차르가 유지했던 국가 권력과 외국자본의 힘에 의존한 것이었다. 부르주아 계급 자생성이 약할 수밖에 없었다. 그러한 상황에서 발생한 1차 세계대전은 차르의 권력 기반을 허물어뜨리는 한편 외국자본과의 연결 고리를 모조리 끊어버렸다. 부르주아 계급이 기댈 언덕이 사라진 것이다. 2월 혁명과 함께 부르주아 계급은 케렌스키 임시정부를 틀어쥐고는 있었지만 정국을 주도하기에는 턱없이 부족했다. 그럴 만한 힘도 없었고 권위 또한 전혀 인정받고 있지 않았다.

　취약하기 그지없었던 기존 체제가 1차 세계대전으로 붕괴하자 그나마 있었던 문제 해결 능력마저 완전히 사라지고 말았다. 그 무엇에도 기댈 수 없는 상황에서 민중은 오직 생존 본능에 이끌리어 급진적인 행동에 돌입했다. 노동자들은 자본가들이 제자리를 지키지 못한 사이 공장위원회 설립을 통해 공장을 장악해 들어갔다. 오랫동안 농노 신세에서 벗어나지 못했던 농민들은 체제 붕괴를 틈타 토지를 점거했다. 병사들은 전쟁 수행 명령을 거부하고 대열에서 이탈해 고향으로 발길을 돌렸다.

　대부분의 정치 세력이 방향을 잡지 못한 채 갈팡질팡하고 있는 사이 유일하게 민중의 흐름에 반응한 것은 소련 공산당 모체였던 볼셰비키Bolsheviks였다. 볼셰비키는 "전쟁 중단", "즉각적인 토지 분배", "모든 권력을 소비에트로"를 슬로건으로 내걸었다. 볼셰비키의 슬로건은 민중 사이에서 강력하고도 광범위한 호응을 불러일으켰다. 10월에 이르러 볼셰비키는 소비에트 군사혁명위원회의 이름으로 무장봉기를 단행, 전광석화처럼 권력을 장악했다. 이로써 세계 최초 사회주의 혁명이 성공 궤도에 올라설 수 있었다.

서유럽 사회민주주의자들이 직면한 상황은 러시아 혁명 시기 소련 창시자들이 경험했던 것과 모든 점에서 달랐다.

먼저 서유럽 부르주아 계급은 러시아와 달리 자생성이 매우 강한 집단이었다. 그들은 어떤 경우에도 쉽게 무너지지 않는 강한 생존 능력을 보유하고 있었고, 세상을 지배할 수 있는 풍부한 자원과 노하우를 축적하고 있었다. 대공황과 세계대전 등으로 정치적 위기를 겪기도 했지만 완전히 무너질 정도는 아니었다.

최악의 상황에서도 서유럽 자본주의는 기본적인 문제 해결 능력을 유지했다. 대공황의 파멸적 영향으로 독일 등에서 일부 급진적 성향이 나타나기도 했으나 반작용으로 나치가 부상했을 뿐이다. 그러한 경험은 서유럽 노동자 계급으로 하여금 급진주의에 거리를 두도록 만들었다.

기존 국가기구가 붕괴되거나 해체될 여지도 없었다. 사회민주주의자들이 무대 위에 본격적으로 모습을 드러냈을 무렵 서유럽 세계 대부분은 합법적 집권이 가능한 수준에서 일반 민주주의가 확립되어 있었다. 이는 합법적 경로 이외의 집권을 허용하지 않는다는 옵션이기도 했다. 사회민주주의들에게 허락된 것은 권력 분쇄가 아닌 기존 권력의 접수였다. 권력을 접수했더라도 관료 집단이 부르주아 계급과 이해관계를 일치시키고 있는 조건에서 기존 국가기구를 이용해 사회주의 혁명으로 나아갈 수 없었다. 사회민주주의자들이 선택할 수 있는 것은 자본주의 안에서의 개혁뿐이었다.

복지국가는 사회민주주의자들이 특별히 의도했던 결과가 아니었다. 그것은 사회민주주의자들이 주어진 환경에서 최선의 해답을 찾아가는 과정에서 만들어진 다분히 우연적인 결과였다. 사회민주주의자들의 선택을 둘러싸고 좌파 운동가들 사이에서 종종 개량주의 시비가 일었지만 그것은 '선택의 여지없는 선택'일 뿐이었다.

달리 보면 사회민주주의자들은 유복한 상속자였다. 그들은 자본주의의 풍부한 생산력을 바탕으로 꿈을 펼칠 수 있었다. 민주주의의 확립 덕분에 합법적인 공간을 이용해 인구 다수인 노동자들을 확실한 자기편으로 만들 수 있었다. 사회민주주의자들은 자신들에게 주어진 기회를 활용하기 위해 세 가지 전략을 구사했다.

사회민주주의자들은 경제 영역에서 자본가 계급 헤게모니를 인정할 수밖에 없고 그렇게 하는 것이 바람직한 결과를 낳을 수 있다고 보았다. 대신 정치 영역에서 노동자 계급 헤게모니를 확립하기 위해 사력을 다했다. 강력한 산별노조가 이를 뒷받침했다. 당시는 생산이 증대하는 것에 비례해 고용이 확대되고 노동이 균등화되고 있는 상황이었기에 산별노조 조직화가 매우 용이했다. 경제와 정치 영역에서 자본가 계급과 노동자 계급 헤게모니의 균점은 사회민주주의를 특징짓는 요소가 되었다.

사회민주주의자들은 계급대타협을 성사시켰다. 자본주의 황금기 도래와 함께 완전고용이 가능해진 조건에서 노동자 계급은 생산성 향상을 위해 적극 노력했다. 그에 대한 반대급부로 자본가 계급은 복지

비용 충당에 필요한 증세에 적극 협력했다. 계급대타협은 각각의 계급 이해를 대변했던 서로 다른 정당들이 의회 안에서 타협과 협력의 정치를 구사할 수 있는 사회적 토대가 되었다.

사회민주주의자들은 시장에 대한 국가 우위를 확보하기 위해 전력을 기울였다. 시장이 여전히 자본가 계급 헤게모니 아래에 있는 조건에서 사회민주주의자들이 사회를 자신의 의도대로 이끌고 갈 수 있는 유일한 길은 국가 우위를 확보하는 것뿐이었다. 사회민주주의자들은 이 점에서 상당한 성공을 거두었다.

서유럽 선진 자본주의 국가들은 황금기를 거치며 국민소득에서 차지하는 정부 재정 비중이 50%를 넘어섰다. 1970년대 후반 스웨덴의 경우는 그 비율이 66%에 이르렀다. 이들 국가 중 상당수가 공공지출의 60% 이상을 복지에 사용했다. 사회복지활동 종사자는 공공부문 중 최대의 고용 집단을 형성했다. 1970년대 중반 영국은 공공부문의 40%, 스웨덴은 47% 정도가 사회복지 분야에 종사했다.

국민경제는 정부 재정의 주도 아래, 정부 재정은 복지 지출을 중심으로 움직였다. 액면 그대로 '복지국가'가 확립된 것이다. 이전 시기 시장자본주의에서 찾아볼 수 없는 모습이었다. 노엄 촘스키Noam Chomsky가 지적한 대로 국가 주도 아래 경제가 돌아가는 전혀 새로운 형태의 '국가자본주의'가 탄생한 것이다.

자본주의 황금기 시절 복지국가도 함께 전성기를 누렸다. 경제는 활력을 유지했고 시장은 적절히 통제되었다. 금융자본의 준동도 없었다. 복지 확대를 통해 소득 분배가 꾸준히 개선되어 갔다. 덕분에 복지국가는 그 어느 곳보다도 사회 구성원들에게 높은 삶의 질을 보장할 수 있었다.

　서유럽 사회민주주의자들은 의도치 않게 소련 사회주의자들과 체제 우월성을 놓고 치열한 경쟁을 벌여야 했다. 가장 정확한 평가를 내릴 수 있는 사람들은 직접 체제를 경험한 당사자들이다. 소련과 동유럽 사회주의권 붕괴 이후 자본주의 체제로 전환한 나라들 중에서 사회주의로 되돌아간 경우는 단 하나도 없었다. 인구 다수가 원치 않았던 것이다. 반면 복지국가를 경험한 서유럽 국민들 사이에서는 기존의 복지체계를 유지하려는 성향이 강했다. 사회민주주의자들이 판정승을 거둔 것이다.

복지국가의 쇠퇴

복지국가는 노동 대 자본 프레임 위에서 작동했던 사회 모델 중 가장 뛰어난 성취임이 분명했다. 그런 점에서 복지국가는 새로운 미래를 기획할 수 있는 역사적 출발점이 될 수 있다. 하지만 지향해야 할 궁극적 목표 지점이 될 수 있는지는 별도로 따져 봐야 한다. 그것은 전혀 다른 차원의 문제이다.

　복지국가는 자본주의와의 관계에서 의존적 존재였다. 단적으로 복지 비용 조달이 기본적으로 자본가 계급의 증세 협력에 의해 좌우되었다. 복지국가는 스스로 성장 동력을 창출하고 이를 바탕으로 복지 확대를 성장 촉진으로 연결시키는 순환 가능한 자율적이고 독립적인 시스템이 아니다.

　역사적으로 복지국가는 자본주의와 운명을 함께해 왔다. 자본주의가 황금기를 누리면 덩달아 황금기를 누렸고, 장기불황으로 고전하면 함께 고전했으며, 신자유주의로 전환하면 그와 타협했다.

복지국가는 1990년대 이후 신자유주의와 타협하면서 한층 시장 친화적인 방향으로 변모해갔다. 해고가 자유로워졌을 뿐만 아니라 실업 탈피와 관련한 개인 노력이 강조되었다. 세계화 압력으로 법인세는 인하된 반면 노동유연성은 증대되었다. 정부 재정 비중이 줄면서 복지 지출이 감축될 수밖에 없었다.

2010년대 접어들어 장기불황이 이어지고 실업자가 계속 증가하자 기존 복지 체계를 유지하는 것마저 어려워졌다. 도리 없이 유럽 복지 선진국들은 새로운 모색을 하기 시작했다. 국가가 조건 없이 일정 수준 이상 소득을 보장하는 기본소득 논의도 그러한 모색의 하나였다. 하지만 논의의 결과는 지금도 명확지 않다.

무엇보다 사회적 동의가 쉽지 않다. 스위스에서는 2016년 6월 정부가 매달 기본소득을 성인에게 2,500프랑(약 300만 원)씩, 18세 미만 어린이 및 청소년에게는 625프랑(약 78만 원)씩 지급하는 방안에 대해 찬반 투표를 실시했으나 76.9%의 반대로 부결되었다. 핀란드에서는 한때 기본소득 안이 69% 정도 지지를 기록했으나 2017년 증세 불가피성이 드러나자 지지율이 절반으로 줄었다.

복지국가들을 가장 곤혹스럽게 만들고 있는 것은 전통적 관점에서 보자면 복지가 가장 절실한 부문이지만 도무지 감당이 안 되는 문제가 발생한 점이다. 거의 대부분의 선진국들이 직면해 있는 저출산·초고령화 문제이다. 출산율은 낮아진 데 반해 평균 수명이 크게 늘어나면서 노령 인구 비중이 비약적으로 확대되었다. 그 결과 연금 등의 복지 체계로 노령 인구를 부양하기가 거의 불가능해지고 있는 것이다.

기본소득 적용의 어려움

■

전 세계적으로 기본소득 지지 그룹의 이념 스펙트럼은 우파 자유주의에서부터 좌파 사회주의에 이르기까지 천차만별이다. 이념 그룹에 따라 기본소득을 이해하는 방식도 크게 다르다. 최대한 단순화시켜 정리하면 이렇다.

좌파들은 누구나 인간으로서 존엄성을 누리도록 국가가 일정 수준 이상 소득을 조건 없이 보장하는 기본소득을 이야기한다. 좌파에게 기본소득은 보편적 생존권을 보장하기 위한 '기본재'이다. 반면 우파에게 기본소득은 공공주택 · 의료지원 · 실업급여 등을 대신해 국가가 일정 소득 이상을 지급하고 나머지는 개인이 알아서 책임지도록 하는 '대체재' 성격이 강하다. 그럴 경우 국가가 기본소득을 일괄 지급하는 것으로 공정이 단순화되기 때문에 복지 효율성을 극대화할 수 있다고 본다.

기본소득은 빈곤 추방, 실업 구제, 복지 효율화 등 다양한 지점에서 대안으로 제기되어 왔다. 하지만 넘어야 할 벽 또한 많다.

첫째, 보편적 적용을 했을 때 반드시 긍정적 효과를 낳을지 미지수이다. 그동안 다양한 실험이 진행되어 왔다고는 하지만 절대적인 표본 수가 크지 않기 때문에 일반화하는 데는 무리가 있다. 해석의 여지가 많다.

둘째, 재원 조달 여부가 불확실하다. 한국의 경우 국민 1인당 월 50만 원씩 지급한다고 가정할 때 연간 소요되는 예산은 300조 원 규모이다. 2018년 중앙정부 예산이 430조 원 수준임을 감안하면 천문학적 수준이라고 할 수 있다.

셋째, 논의 순위에서 문제가 있을 수 있다. 일각에서는 기본소득 도입 필요성의 근거로 4차 산업혁명이 야기할 대량실업 사태를 들고 있다. 과연 기본소득이 대량실업에 대한 해결책이 될 수 있을까? 대량실업 사태를 예견하고 대응책을 강구하는 것은 절실하다. 무엇보다 일자리를 대규모로 창출할 새로운 산업 창출이 필요하다. 그렇지 않고 대량실업 사태를 기정사실화하고 기본소득을 해결책으로 보는 것은 대단히 위험하다. 이런 시각에서 기본소득 논의는 자칫 독이 될 수 있다.

기본소득은 다양한 시각에도 불구하고 기본적으로는 복지국가 패러다임 안에서의 새로운 해법이라고 할 수 있다. 만약 복지국가 패러다임 자체가 낡은 것으로 간주된다면 이야기는 크게 달라질 수 있다.

복지국가는 많은 어려움 속에서도 끈덕지게 생명력을 유지해왔다. 하지만 문제 해결 능력이 갈수록 약해지고 있는 형국이다. 여전히 살아 있지만 나날이 기력이 쇠약해지는 노쇠 현상을 보이고 있다.

2017년 현재 유럽에서 집권에 성공한 사회민주주의 계열 정당은 스웨덴 사회민주당뿐이다. 그마저도 연립정부 형태이다. 대부분 사회민주주의 계열 정당이 권좌에서 멀어져 있고 지지율이 갈수록 떨어지고 있다. 그들이 자랑해왔던 처방이 먹히고 있지 않다는 이야기다. 복지국가의 운명을 암시해준다.

넷째, 중국 모델: 시장사회주의

시장자본주의와 국가사회주의라는 두 극단주의가 한 시대를 지배했다. 그에 대한 반작용으로 자본주의 내부에서는 복지국가 형태의 국가자본주의가, 사회주의 내부에서는 시장사회주의가 태동했다. 국가자본주의는 시장자본주의의 편향을 국가를 통해 제어하고 중화시킨 모델이었다. 반면 시장사회주의는 국가사회주의의 한계를 시장을 통해 완화하고 보충한 모델이었다. 국가자본주의와 시장사회주의는 적어도 '망하는 운명'을 겪지는 않았다. 그런 점에서 보다 우월한 모델임이 분명했다.

오늘날 중국 사회를 특징짓는 시장사회주의 모델을 만들어낸 과정은 일련의 개혁개방이었다. 중국에서 진행된 개혁개방은 새로운 모델로의 전환이었던 만큼 더없이 심오하고도 파격적인 과정이었다.

개혁개방은 인구 대국을 무대로 진행되었음에도 심각한 충돌이나 대립 없이 안정적으로 추진되었다. 이는 매우 놀라운 사실이다. 초강대국 소련이 비슷한 과정에 돌입했다가 붕괴로 치달았음을 상기하면 더욱 그렇다.

일각에서는 소련 효과를 이야기할지도 모른다. 소련이 내부 분열과 혼란으로 붕괴에 이른 점이 타산지석으로 작용한 결과일 수 있다는 것이다. 부분적으로 맞는 이야기일 수 있다. 하지만 개혁개방에 먼저 착수한 쪽은 중국이었다는 점에서 결정적 요인이 될 수는 없다. 개혁개방 총설계사 덩샤오핑鄧小平의 탁월한 리더십이 주효했던 것은 사실이다. 하지만 역사적 과정을 한 사람의 공로로 치부하는 것은 누가 봐도 억지스럽다.

미루어 짐작할 수 있는 것은 하나뿐이다. 중국 사회 전체가 개혁개방 과정을 수긍하고 받아들이도록 한 공동의 경험이 있을 수 있다. 그 경험으로부터 발생한 학습효과가 중국인 전체를 하나의 방향으로 이끌 수 있었을 것이다.

이런 점에서 우리는 개혁개방에 본격 돌입하기 이전 현대 중국 사회에서 어떤 일이 벌어졌는지 들여다볼 필요가 있다. 이 작업은 오늘날 한국 진보 세계를 떠도는 여러 좌편향 관념들을 점검하는 데도 많은 도움을 준다. 중국은 좌파 운동가들이 선망했던 갖가지 실험을 해본 나라이기 때문이다.

마오쩌둥의 농업 집단화에서 문화대혁명까지

1949년 중국공산당은 국민당과의 내전을 승리로 이끈 뒤 베이징에 입성하여 중화인민공화국 탄생을 알렸다. 공산당을 전폭적으로 지지했던 농민들은 토지와 자유를 얻었다. 공산당은 그다음 단계를 준비했다. 공산당은 자신들이 추구하는 사회주의 사회 건설을 위해서는 농업 집단화가 필수적이라 판단했다.

중국공산당은 1955년경부터 전격적으로 농업 집단화를 추진했다. 다만 토지 소유에 대한 농민들의 열망이 뿌리 깊은 점을 고려하여 국영농장이 아닌 50명 정도의 농민을 농업합작사로 묶는 방식을 채택했다.

농업 집단화는 기대만큼 농업 생산성의 급격한 향상을 가져다주지 못했다. 1952년에서 1957년 사이 인구는 30% 정도 늘어났지만 정부의 곡물 징수는 거의 늘어나지 않았다. 농업 생산성이 정체 상태에 빠져든 것이다. 공업화가 미약한 조건에서 기계화 등이 제때에 추진되지 않은 탓도 있었다. 무엇보다 자기 땅에서 농사짓고 싶어 하는 열망이 남아 있으면서 근로 의욕이 감퇴한 것이 주된 요인이었다.

공산당 최고 지도자 마오쩌둥은 농민에게 남아 있는 소자산가 기질을 원천적으로 제거하는 것만이 유일한 해결책이라고 판단했다. 마오쩌둥은 인민 개조와 함께 사회주의 사회 건설에서 제기되는 각종 문제를 일괄적으로 해결한다는 목표 아래 '인민공사'를 중심으로 전대미문 실험에 착수했다.

인민공사는 노동자, 농민, 상인, 학생, 병사 등이 일체화된 체계로서 모든 생산수단은 공사 소유였다. 개인이 가졌던 조그만 땅도 모두 인민공사에 귀속되었다. 식사도 인민공사에서 운영하는 커다란 식당에서 함께하도록 하는 등 가능한 한 가족을 뛰어넘는 공동생활 영역을 확대시키고자 했다. 모든 노동은 공사가 배분하고 통제했으며 임금은 노동성과에 따라 지급하였다. 인민공사는 교역, 조세, 회계 등 경제활동뿐만 아니라 지방 정부 기능인 군사와 보안 업무까지도 떠맡았다. 한마디로 인간의 생활 영역을 두루 포괄하는 공산주의 공동체를 구현하고자 한 것이다.

중국공산당은 1958년부터 인민공사를 기초 단위로 '대약진운동'을 전개하기 시작했다. 대약진운동은 조속한 시일 안에 영국을 추월하여 미국을 따라잡는 것을 목표로 했다. 그러나 얼마 가지 않아 대약진운동을 장식했던 온갖 구호들은 허구임이 드러나고 말았다. 가령 철강 생산의 비약적 증가를 자랑했지만 이는 집안 무쇠 솥이나 농기구까지 쏟아 부어 만든 억지 기록에 불과했다.

의욕을 잃은 인민은 지치다 못해 냉담해졌다. 가장 중요한 농업 생산에서 심각한 차질을 빚었다. 대약진운동이 시작된 다음 해인 1959년부터 농산물 생산이 지속적으로 하락했다. 설상가상으로 대기근까지 덮쳤다. 식량 공급이 차질을 빚으며 수송망이 엉망이 되었고 덩달아 공업도 침체되었다. 그 결과 1960년의 국민총생산은 대약진운동이 출발할 때의 3분의 1로 줄어들었다.

대약진운동은 참담한 실패로 막을 내렸다. 일거에 모순을 제거하고 유토피아로 직행하려는 욕심은 망상임이 드러났다. 공동체 환경이 갖추어지면 인민이 소자산가 기질을 버리고 공산주의 인간형으로 탈바꿈할 것이라는 믿음 역시 허구에 불과했다. 농민은 여전히 자기 땅에 대한 집착을 버리지 않았고 가족 단위 생활에 최고의 가치를 부여했으며, 인민 누구나 각자의 이익을 우선하는 경향을 보였다.

대약진운동 실패 책임을 지고 마오쩌둥은 2선으로 물러났다. 덩샤오핑이 당 총서기를 맡고 류샤오치劉少奇가 국가 주석을 맡는 것으로 새로운 지도부가 출범했다. 덩샤오핑은 대약진운동 실패 과정을 목도하면서 사람은 기본적으로 이기적 욕망을 지닌 존재라고 결론 내렸다. 덩샤오핑의 문제의식은 개인의 욕망을 자유롭게 추구하도록 허용해야 경제도 활성화될 수 있다는 결론으로 이어졌다. 덩샤오핑이 평소 제일의 과제로 꼽았던 빈곤으로부터의 탈출 역시도 그런 조건에서 보다 쉽게 이루어질 수 있다고 보았다.

덩샤오핑 체제는 인민 대중이 각자 자유롭게 자신의 이익을 추구하도록 유도했다. 개인 경작지를 허용했고 자유시장을 활성화시켰으며 독립채산제를 새롭게 도입했다. 인민공사 기능들은 국가행정기관으로 이전시켰다. 참담한 실패를 교훈 삼아 이전과는 정반대 방향으로 흘러간 것이다.

하지만 덩샤오핑은 인민을 차분히 준비시키지 못했다. 모든 것을 국가의 행정기구를 중심으로 추진했고 그마저 너무 성급하게 서둘렀다. 갖가지 문제가 불거지기 시작했다. 당과 정부, 군에 자리 잡은 관료집단은 인민 삶에는 관심을 보이지 않은 채 상층 계급이 되려고 발버둥 쳤다. 완장을 차자마자 노골적으로 특권을 탐내는 혁명의 부작용이 액면 그대로 재현된 것이다. 온갖 불편부당과 부조리가 양산되면서 평등주의 교육에 익숙해 있던 젊은 청년들의 불만이 폭발 일보직전을 달렸다.

정치적 고립 상태에서 벗어나기 위해 절치부심하고 있던 마오쩌둥은 사태를 날카롭게 주시하고 있었다. 마오쩌둥은 덩샤오핑이 소홀히 했던 군부를 일거에 장악했다. 내 말을 듣지 않으면 농민들을 모아 새로 군대를 만들겠다는 마오쩌둥의 말 한마디가 모든 것을 정리시켰다. 군부 총책 린뱌오林彪는 마오쩌둥에게 충성을 다짐했다. 군부 지원을 등에 업은 마오쩌둥은 중국 대륙을 문화대혁명 광풍 속으로 밀어 넣었다.

1966년 마오쩌둥은 저우언라이周恩來 수상 협조를 얻어 전국에 있는 학생들을 베이징으로 불러 모았다. 학생들은 100만 명 단위로 천안문 광장 집회를 거쳐 홍위병을 결성했다. 홍위병 손에는 국방장관 린뱌오가 주도해 만든 《마오쩌둥 어록毛主席语录》이 쥐어져 있었다. 《마오쩌둥 어록》은 불가사의한 힘을 발휘하며 홍위병들을 집단 최면 상태로 몰아넣었다. 1,100만 명에 이르는 홍위병들이 문화대혁명 전위 투사 역할을 했다. 홍위병 손에는 군부에서 제공한 실전용 화기가 쥐어져 있었다. 그들은 또 다른 군대였다.

홍위병들은 4구(4舊: 낡은 이념과 사상, 습관 및 관습)를 대표한다고 간주된 사람들과 사물들을 난폭하게 공격했다. 극단적인 광기가 휘몰아치는 가운데 지식인들과 전문가들을 향한 무차별적인 공격이 이루어졌고 곳곳에서 테러가 난무했다. 사찰 등 각종 문화재들을 낡은 사상의 표본이라 하여 무참하게 파괴했다. 혼란의 와중에 대학과 학교는 여러 해 동안 문을 닫아야 했다. 이 모든 과정은 합법적 절차와 무관하게 진행되었다. 마오쩌둥의 이름으로 처단한다는 말 한마디가 법과 절차를 대신했다.

홍위병의 무분별한 테러로 인해 100만 명이 넘는 사람들이 투옥, 폭행, 고문, 심하게는 살해당했다. 공식 사망자 수만 해도 3만 4,000명에 이르렀다. 실제로는 훨씬 더 많은 수가 살해당했을 것이라는 게 전 반적인 관측이다.

기존 당 지도부는 적위대를 내세워 격렬하게 저항했다. 곳곳에서 적위대와 홍위병 간에 화기를 사용한 전투가 벌어졌다. 비슷한 시기 21개 지방에서 농민들이 홍위병을 향해 공격하는 사태까지 발생했다. 문화대혁명은 내란 상태로 치달았다. 내전은 군부대 개입으로 가까스로 마무리될 수 있었다.

권좌에 복귀한 마오쩌둥은 1968년 가을에 홍위병을 해산시키고 사태 수습에 돌입했다. 홍위병을 포함한 젊은이들은 대거 농촌으로 하방下方되어 노동에 종사했다. 각 급의 학교는 몇 년간의 공백을 거친 뒤 비로소 문을 열었다. 문화대혁명은 1976년 마오쩌둥이 사망하면서 비로소 10년 대란에 마침표를 찍었다.

1977년 중국 공산당 지도부는 문화대혁명을 '국가를 혼란에 빠뜨린 10년간의 재앙'으로 규정했다. 대부분의 중국 인민들 또한 문화대혁명을 떠올리기조차 끔찍했던 대혼란 기간으로 기억했다. 인민들은 극단적 광기가 얼마나 무서운 파괴적 결과를 초래하는지를 뼈저리게 절감했다. 끔찍한 경험을 한 인민들은 차분하면서도 실용적인 관점에서 자신의 삶을 개선할 기회가 열리기를 고대했다.

덩샤오핑의 개혁개방에서 현재에 이르기까지

문화대혁명 시기 권좌에서 밀려난 덩샤오핑은 오랫동안 가택연금 상태에 있었다. 문화대혁명을 주도했던 인물들은 덩샤오핑을 자본주의를 추구하는 '주자파' 우두머리로 지목하면서 죽여 없애야 한다고 주장했다. 마오쩌둥은 중국의 장래를 위해 살려두어야 한다며 덩샤오핑을 두둔했다. 비록 정치적 입장을 달리했지만 마오쩌둥이 인물을 보는 안목에서만큼은 매우 탁월했음을 보여주는 대목이다.

덩샤오핑은 가택연금 상태에서 지난날 실험이 실패한 이유에 대해 끊임없이 곱씹었다. 길고 긴 성찰의 시간을 가진 것이다. 그 과정을 거쳐 향후 개혁개방을 성공시킬 수 있는 새로운 청사진을 그릴 수가 있었다.

1970년대 후반 마오쩌둥 사망과 함께 권력의 핵심으로 떠오른 덩샤오핑은 오랫동안 숙성시켜온 개혁개방 구상을 실행에 옮기기 시작했다. 이번에는 전혀 방식이 달랐다. 조급하지도 않았고 국가기구에만 의존하지도 않았다.

덩샤오핑이 주로 의지한 것은 현장으로 내려가 일정 부분에서 모범을 창출하고 일반화시키는 방식이었다. 이런 전략은 두 가지 효과를 발생시켰다. 먼저 충분히 검증된 결과를 바탕으로 일반화시켰기 때문에 실패할 확률이 매우 적었다. 인민을 점차로 준비시키며 진행했기 때문에 혼란이 발생할 가능성도 적었다. 현장에서 인민과 함께 찾은 해답이었기 때문에 인민의 지지와 동참을 이끌어낼 확률도 높았다. 극단주의의 쓴맛을 본 중국 인민은 그러한 변화에 비교적 쉽게 적응했고 보다 적극적으로 자신의 것으로 만들었다. 이런 식으로 거대한 중국을 비교적 안전하게 개혁개방으로 이끌고 갔다.

덩샤오핑이 가장 먼저 착수한 것은 농촌개혁이었다. 당시 인구의 80%가 농촌에 거주하고 있던 상황에서 농민의 지지와 동참을 이끌어내는 것은 개혁개방의 성패를 가늠하는 절대적 요소였다. 더불어 농업 생산성 향상으로 보다 적은 농민이 보다 많은 식량을 생산해야만 공업화를 안정적으로 뒷받침할 수 있었다.

덩샤오핑은 중국에서 가장 빈곤한 지역으로 알려진 쓰촨성四川省과 안후이성安徽省의 작은 농촌 지역으로 내려갔다. 애써 빈곤 지역을 택한 것은 그 곳에서 성과를 이루어냈을 때 파급 효과가 극대화될 것이라는 기대감에서였다. 덩샤오핑은 장시간 농민들과 동고동락하며 농촌개혁 해법을 찾았다.

덩샤오핑이 찾아낸 농촌개혁의 핵심은 '포산도호包産到戶', 즉 토지에 대한 소유는 기존 공유제를 유지하되 가족 단위 생산을 바탕으로 생산량의 일정 비율을 국가와 공사에 바치고 나머지를 가족 몫으로 하는 것이었다. 일종의 '토지의 소유권과 경영권 분리'라고 할 수 있었다. 새로운 모델은 즉각적으로 빛을 냈다. 안후이성 일대를 급습한 극심한 가뭄에도 사상 최고의 수확량을 기록했다.

시범 사업이 성공을 거두자 덩샤오핑은 가족별 생산도급제를 중국 전역으로 확산시켰다. 농민들은 개혁 모델을 적극 지지했다. 농업 생산량도 빠르게 증가했다. 농촌 개혁은 성공적으로 마무리됐다.

덩샤오핑 앞에 놓인 또 하나의 과제는 상공업 분야 개혁개방을 추진하는 것이었다. 덩샤오핑의 생각은 명확했다. 중국 경제가 활력을 찾으려면 시장경제 도입이 필수적이고 자본 축적과의 재결합을 추진해야 한다. 빈약한 자본을 보충하자면 서방 자본 유치가 필수적이었다. 국가사회주의와의 결별을 시도한 것이다.

사회주의 중국 입장에서 자본주의 시장경제와의 접목은 체제의 근간을 흔드는 위험천만한 도전일 수 있었다. 결코 가벼운 일이 아니었다. 덩샤오핑은 신중하게 접근했다. 홍콩에 인접해 있는 선전深圳 등 몇몇 해안 도시로 내려가 새로운 모델을 실험했다. 역시 성과가 나타나자 상하이 등 해안 여러 도시로 확대 적용한 뒤 다시금 내륙으로 확산시켜나갔다. 그 유명한 '점 선 면 전략'을 선보인 것이다.

중국은 미국과의 국교 정상화를 지렛대로 서방 세계에 문을 활짝 열었다. 이를 두고 싱가포르 국부 리콴유李光耀는 한번 열린 문은 다시는 닫히지 않을 것이라 확신했다. 중국은 한국 산업화 모델을 차용해 수출주도형 공업화 전략을 구사했다. 수출이 급속히 확대되었고 외국 자본 유입이 폭발적으로 진행되었다.

외국자본 유입이 크게 늘었으나 자본의 대외 종속을 우려할 수준은 아니었다. 무엇보다도 개혁개방 초기에 유입된 외국자본 80% 정도는 화교자본이었다. 말하자면 고향을 찾아온 자본이었다. 일본에 버금가는 경제력을 지닌 전 세계 화교 네트워크는 중국 경제 발전의 든든한 배경이 되어 주었다.

중국 경제는 개혁개방 이후 연평균 7~10%에 이르는 초고속 성장을 거듭했다. 실질 구매력 기준 GDP 규모는 이미 미국을 넘어서는 수준에 이르렀다. 2018년 현재 3조 달러를 넘어서는 외환 보유고는 압도적인 세계 1위를 기록하고 있다. 공식적으로는 여전히 사회주의 국가를 표방하고 있음에도 자본 능력에서 세계 최강을 자랑했다. 유럽에서 공장과 부동산 매물이 나오면 거의 중국 자본이 매입했다. 중국이 유럽을 돈으로 사고 있다는 말이 나올 정도였다. 1840년 아편전쟁을 계기로 유럽 세계에 치욕적으로 굴복했던 중국이 보복이라도 하듯 대역전극을 펼쳤던 것이다.

성공 이면의 부산물도 심상치 않았다. 마오쩌둥 시대에 중국은 모두가 가난하다는 점에서 세상에서 가장 평등한 나라였다. 하지만 오늘날 중국은 가장 불평등한 나라 중 하나가 되었다. 해안 도시와 내륙 지방 사이 격차 또한 큰 문제로 부상해 있다. 상상을 초월하는 고위층 부패도 중국을 위협하는 요소의 하나이다.

중국 체제를 이해하는 데서 대부분의 사람들은 혼란에 빠진다. 워낙 큰 나라이고 다양한 얼굴을 지니고 있다 보니 어떤 식으로 접근해도 다 들어맞는 것처럼 보이기 때문이다. 자본주의보다 더 자본주의 같은 나라라고 해도 충분히 수긍 가능하다. 이를 뒷받침할 증거들이 널려 있기 때문이다. 하지만 당사자들은 '중국 특색의 사회주의'를 하고 있다고 강변한다. 중국 특색이란 도대체 무슨 의미일까?

중국 사회를 이해하는 핵심 열쇠는 중국공산당이다. 중국공산당은 당원 수만도 9,000만 명이 넘는다. 중국공산당은 유일한 정치적 실체이다. 공산당이 모든 것을 기획하고 연출하며, 중국 사회 전체가 공산당의 지휘 통제 아래 움직인다. 심지어 외국인 투자업체까지도 공산당의 보이지 않는 통제가 미친다.

중국 정치를 움직이는 원리는 현능주의賢能主義/Meritocracy이다. 중국공산당 내에서 각 단계마다 엄격한 검증을 거친 지도자들이 중국을 이끈다. 현능주의에 대한 중국인들의 지지는 매우 높은 편이다. 동아시아 국가들의 자기 정치 체제에 대한 만족도 조사에서 가장 높은 지지율을 기록한 나라도 중국이다.[67]

중국공산당이 그들 나름대로 사회주의를 만들어갈 수 있는 물적 토대도 분명하게 존재한다. 대륙은 그들의 가장 큰 밑천이다. 토지에 대해서만큼은 사적 소유를 허용하지 않은 채 엄격한 공유제를 유지하고 있다. 갈수록 비중이 커지는 금융이나 각종 기간산업은 물론이고 다수의 기업들이 국가의 소유와 통제 아래 움직인다.

중국은 엄연히 사회주의 국가이다. 중국은 사회주의의 근간을 포기하지 않은 상태에서 시장의 활력을 품고 자본 축적을 성장 엔진으로 장착했다. 그런 의미에서 그 자신의 표현대로 '시장사회주의' 국가이다. 중국은 시장사회주의의 특성을 최대한 살려 강력한 경제성장 능력을 과시했다. 이를 바탕으로 중국은 미국과 쌍벽을 이루는 G2 시대를 넘어 세계 최강을 지향하고 있다.

중국 경제는 온갖 다양한 요소들을 품고 있다. 이는 중국 경제가 상황에 맞게 변신할 수 있는 능력이 매우 풍부함을 암시한다. 중국 경제는 변신을 거듭하며 긴 생명력을 이어갈 것으로 예상된다.

다만 놓치지 말아야 사실은 중국 모델은 그 어느 나라도 쉽게 흉내 낼 수 없는 오직 중국에서만 작동 가능하다는 점이다. 중국은 인구 13억 명이 넘는 대륙 국가로 거대한 잠재력과 풍부한 흡입력을 자랑한다. 중국공산당은 그 어떤 세력도 대체 불가능한 절대적 지위를 구축하고 있다. 이러한 이유로 중국 모델을 차용하고 있거나 희망하는 나라를 찾아보기는 힘들다. 중국 모델은 일반화가 불가능하다. 중국 모델이 인류의 새로운 미래가 되기 어려운 이유이다.

황혼에 이른 슈퍼 프레임

지금까지의 이야기를 간략히 정리해보자. 근대 이후 노동자들은 치열한 투쟁을 거쳐 노동 대 자본 프레임을 성립시켰다. 노동 대 자본 프레임은 사람들로 하여금 새로운 세상에 대해 풍부한 상상력을 발휘하고 다채로운 실험을 할 수 있도록 자극했다. 만약 노동 대 자본 프레임이 만들어지지 않았다면 지구는 시장자본주의라고 하는 한 가지 색깔로 칠해졌을 가능성이 매우 높다.

노동 대 자본 프레임을 바탕으로 기존의 시장자본주의에 덧붙여 국가사회주의, 국가자본주의, 시장사회주의 모델이 창조되었다. 국가사회주의는 소련과 함께 붕괴의 운명을 겪었다. 시장자본주의는 신자유주의가 몰락하면서 한계에 도달하고 있다. 중국 시장사회주의는 여전히 힘을 발휘하고 있으나 일반화가 불가능한 모델이다. 복지국가로 모습을 드러낸 국가자본주의는 한때 높은 삶의 질을 보장했으나 경제의 활력을 유지하는 것조차 어려움을 겪고 있다. 붕괴하지 않은 두 모델 중 중국 시장사회주의는 시간적 연장은 가능하나 공간적 확장이 어렵다. 반면 복지국가는 공간적 확장은 가능하나 시간적 연장이 여의치 않은 상황이다.

과연 네 가지 모델 중에서 선택 가능한 대안이 존재하는 것일까? 국가사회주의와 시장자본주의가 답이 될 수 없음은 재론의 여지가 없다. 중국에만 고유한 시장사회주의 역시 참고할 수는 있어도 선택하기 어렵다. 그나마 남는 것은 복지국가로 표현된 국가자본주의 뿐이다. 과연 복지국가가 대안 모델이 될 수 있을까? 복지국가 모델이 지닌 약점을 보완해서 수명을 연장시킬 방법은 없을까?

복지국가가 대안이 될 수 없는 이유

일각에서는 복지국가를 복지정책 종합세트 혹은 복지가 충만한 국가 정도로 이해하고 있는 경우가 있다. 이는 현실과 괴리된 허구적 관념일 뿐이다. 역사 속 실재로서 복지국가는 자본주의의 한 유형으로 분류되는 체제 개념이다. 단적으로 복지의 양이 더 많을 수도 있는 소련을 두고 복지국가라 부르지는 않았다.

복지국가 모델이 무엇인지 다시 한 번 정리해보자. 복지 국가는 자본 축적 중심의 경제 운영을 전제로 한다. 이를 통해 경제 활력을 유지하면서 국가의 시장 개입을 통한 불평등 완화와 삶의 질 개선을 추구한다. 그 핵심 수단은 증세를 바탕으로 한 복지 확대이다. 복지에 최고 가치를 부여하는 모델이다.

한동안 한국 진보 세계에서 복지국가는 케인스주의 처방과 함께 의심의 여지없는 대안으로 통용되기도 했다. 복지국가는 문제 해결의 상식적 기준이 되었으며 모두 함께 공유할 수 있는 꿈으로 떠올랐다. 수많은 진보적 지식인과 언론인들이 복지국가 메시지를 전파하는 전도사 역할을 자임하기도 했다. 여러 정치 세력들은 더 나은 복지 상품을 개발하기 위해 치열하게 경쟁했다. 그렇다고 복지국가로 가자는 사회적 합의가 명확히 이루어지고 국정 좌표로 확립된 것도 아니었다. 애매함이 있었다.

복지국가가 진정한 대안 모델이 되려면 우선적으로 앞서 제기했던 다섯 가지 난제들에 명확한 해답을 줄 수 있어야 한다. 성장 동력 확보, 실물경제와 금융자본 사이 불균형 해소, 4차 산업혁명에 따른 기술 실업 극복, 세계화 덫으로부터 탈출, 불평등 관계의 해소는 결코 포기하거나 미룰 수 없는 과제들이다. 이 과제들을 해결하지 못하면 삶의 질을 개선하는 것은 불가능하거나 대단히 제한적일 수밖에 없다.

복지국가는 이들 다섯 가지 난제들에 명확한 해답을 줄 수 있을까? 이는 결코 애매하거나 복잡한 문제가 아니다. 역사적으로 상당 정도 검증된 사실이기 때문이다. 하나하나 살펴보도록 하자.

1970년대 이후 장기불황이 선진 자본주의를 엄습했을 때 복지국가가 어떤 모습을 보였는지 떠올려 보자. 성장 동력 소진으로 경제가 기력을 잃었을 때 복지국가는 스스로도 지탱하지 못할 만큼 고전했다. 복지국가는 새로운 성장 동력을 창출할 능력이 없음을 드러냈다. 스웨덴 사회민주당이 성장 동력 관리에서 뛰어난 능력을 발휘했으나 성장 동력이 소진되자 그들 역시도 지쳐 나동그라졌다.

실물경제와 금융자본 사이 불균형이 심화된 현상에 대해서도 복지국가는 이렇다 할 해결책을 제시하지 못했다. 달리 탈출구를 찾지 못한 상태에서 신자유주의가 탄력을 받았을 때 복지국가는 그에 타협하고 굴복했다.

불황으로 실업자가 늘어났을 때 복지국가가 고통을 완화하고 실업 탈출을 도운 것은 사실이다. 하지만 실업 자체를 막는 데서는 뚜렷한 한계를 드러냈다. 현재 한국처럼 경제가 자본 축적 중심으로 움직이고 갈등 지향적인 노사관계가 지배하는 환경에서 4차 산업혁명이 추진될 경우 기술 실업은 비약적으로 증가할 수밖에 없다. 이럴 때 복지국가는 문제 해결에 뚜렷한 답을 주기 어려운 것이다.

세계화는 법인세 인하 등으로 복지비용 감축을 초래하고 노동유연화를 압박했다는 점에서 복지국가에게 상당히 위협적인 요소였다. 그럼에도 복지국가는 세계화 그 자체를 극복할 만한 해답을 제시하지 못했다. 단지 세계화 흐름에 지혜롭게(?) 적응하기 위한 노력을 기울였을 뿐이다.

전통적 관점에서 봤을 때 복지국가가 가장 큰 효과를 본 것은 불평등 완화였다. 하지만 앞서 네 가지 난제가 해결되지 못한 조건에서는 재원 확보의 어려움으로 복지 확대 자체가 여의치 않다. 불평등이 한층 근원적이고 구조적인 문제로 부상하면서 복지를 통한 해결 여지도 줄어들고 있다. 한국 사회가 절실히 경험해왔듯이 사회복지비용 지출 대비 불평등 완화 효과가 상당히 떨어져 있는 현실이다.

결론적으로 복지국가는 다섯 가지 난제에 해답을 주지 못한다. 삶의 질을 근본적으로 개선하는 데 이르지 못한다는 이야기다. 다섯 가지 난제를 해결 못하면 자칫 복지 확대는 고사하고 기존 복지 체계 유지마저 어려워질 가능성도 얼마든지 있다. 복지국가를 답이라 믿고 국정 운영했다가는 실패할 확률이 높다. 세금 더 걷어 복지 늘리면 문제가 해결될 것이라는 소박한 기대마저도 환상에 그칠 수 있다.

복지국가는 우리가 추구해야 할 대안 모델이 아니다. 개별 복지 정책이나 복지론은 여전히 유의미할 수 있으나 체제 개념으로서 복지국가는 더 이상 유효하지 않다. 우리는 새로운 대안 모델을 찾아야 한다. 필요한 복지를 원활하게 확충하기 위해서라도 그렇다. 결과적으로 그러한 선택이 더 나은 복지를 보장할 것이다('복지 무용론'을 이야기하는 게 결코 아니라는 의미이다). 집이 낡아 정상 생활이 어려우면 새 집을

지어 이사를 하는 게 마땅하다.

복지국가를 고수하고 싶은 사람들은 결론에 쉽게 동의하지 않을 수도 있다. 아마도 이런 반론을 펼지 모른다. 복지국가가 다섯 가지 난제들에 대해 뚜렷한 답을 주지 못하는 것은 인정할 수 있다. 그렇다 하더라도 다섯 가지 난제들에 대한 별도 차원의 기술적 해결을 모색하면서 복지국가를 병행 추진할 수 있는 것 아닌가?

우리는 앞서 다섯 가지 난제들이 공통적으로 익숙해 있는 기존 프레임 안에서는 쉽게 답을 찾을 수 없음을 확인했다. 기존 프레임 안에서는 기술적 해결이 불가능하다는 이야기다. 그 프레임 안에 복지국가도 포함되어 있는 것이다. 다섯 가지 난제가 해결되려면 복지국가마저도 뛰어넘는 전혀 새로운 그 무엇을 필요로 한다. 새로운 그 무엇과 복지국가 모델 두 가지를 병행 추진하는 것은 불가능하다. 그것은 헌 집을 그대로 둔 채 새 집을 짓자는 것만큼이나 가당치 않은 이야기다.

노동 대 자본 프레임의 숙명

남은 과제는 새로운 모델을 어디서 창조할 것인가이다. 과연 노동 대 자본 프레임 안에서 새로운 모델을 창조할 수 있을까? 그 역시도 불가능하다. 노동 대 자본 프레임 자체가 수명이 다해가고 있기 때문이다.

다시 한 번 이야기하지만 노동 대 자본 프레임은 역사적으로 노동의 주도적 역할을 바탕으로 성립되었다. 그러면서도 자본 축적의 경제 운영을 공통의 기초로 삼아 왔다. 시장자본주의는 노동의 주도성을 거부하고, 소련의 국가사회주의는 자본 축적 과정을 배제했지만 둘 다균형을 잃고 무너졌다. 모두 노동 대 자본 프레임 '본령'에서 이탈한 결과였다.

노동 대 자본 프레임의 본령은 서로 모순 관계에 있는 노동의 주도성과 자본 축적 중심 경제 운영 사이의 변증법적 통일이었다. 노동 대 자본 프레임을 이해하는 데서 가장 난해하면서도 핵심적인 요소이다. 복지국가는 두 요소의 변증법적 관계를 잘 살려 성공에 이른 모델이라고 할 수 있다. 그런데 노동 대 자본 프레임을 구성하고 있는 두 가지 요소 모두 갈수록 제 기능을 유지하기 어려워지고 있다. 먼저 노동의 주동성이 약화되고 있다. 간략히 이야기하면 이렇다.

2차 산업혁명 때까지 노동의 주류를 이룬 것은 근육 에너지의 지출 과정으로서 육체노동이었다. 생산 확대에 비례해 고용이 늘면서 노동자 수는 계속 증가했다. 마침내 인구의 절대 다수를 차지하기에 이르렀다. 노동은 단순화되고 표준화되었다. 동일노동 동일임금을 적용하기가 좋았다. 단결이 용이해지면서 산별노조가 힘을 발휘할 수 있었다. 노동의 주도성이 발휘될 적절한 환경이 마련된 것이다.

하지만 3차 산업혁명 이후 상황이 크게 달라지기 시작했다. 전통적 의미에서 노동의 비중은 계속해서 감소했다. 반면에 지식 등을 기반으로 한 '창조작업' 비중이 커졌다. 창조작업 종사자들의 특성은 이전 시기 노동자들과는 전혀 달랐다. 그들은 동일성보다는 각자에게 체화된 고유성을 더욱 중시했다. 이러한 이유로 산별노조 기반이 갈수록 축소되었고, 노동계의 영향력도 약화되어갔다. 전 세계적인 현상이다.

한국의 노동계 사정은 더욱 좋지 않다. 2016년 노조 조직률은 10.3%로 상당히 낮은 수준에 머물러 있다. 고용의 대다수를 차지하는 중소기업 노동자의 노조 가입율은 불과 2% 수준밖에 되지 않는다. 대표적인 노동단체인 민주노총마저 외환위기 직후 노동유연화 관련법 도입에 찬성한 이후 배타적 이익 추구를 위한 도구로 전락해왔다. 그로 인해 국민 여론으로부터 고립이 심화되었다.[68] 마지막 출구로 선택했던 노동자 정치세력화 실험도 진보정당운동 내분 등으로 실패하고 말았다. 종합적으로 볼 때 노동을 기반으로 새로운 미래를 기획하기가 쉽지 않은 상황이다.

우주론 진화에서 확인했던 것과 마찬가지로 프레임의 생명은 공통 기초가 되는 패러다임에 크게 좌우된다. 똑같은 현상이 노동 대 자본 프레임에서도 일어나고 있다. 공통 기초인 '자본 축적 중심 경제 운영'이 한계에 직면하고 있는 것이다. 이 역시 3차 산업혁명이 진행되면서 야기된 현상이다.

간단한 징표 하나를 먼저 살펴보자. 클라우스 슈밥의 주장을 빌려 요약하면 이렇다. "과거에는 큰 물고기가 작은 물고기를 잡아먹었지만, 오늘날에는 빠른 물고기가 느린 물고기를 잡아먹는다."

큰 물고기는 규모가 큰 기업을 말한다. 큰 규모는 지속적인 자본 축적의 결과이며 강한 지배력을 의미한다. 과거에는 자본 축적이 안정적인 성장 엔진으로 기능할 수 있었음을 말해준다. 그런데 상황이 크게 달라졌다. 빠른 물고기는 사람들의 요구를 파악하고 신속히 대응할 능력을 지닌 기업을 가리킨다. 그런 기업의 능력은 기본적으로 사람을 중심으로 형성된 네트워크를 발판으로 한다. 반면 규모가 큰 기업은 신속한 대처에서 뒤떨어질 수 있다. 자본 축적의 결과가 순식간에 무너질 수 있다. 자본 축적이 안정적 성장 엔진으로 기능할 여지가 갈수록 줄어들고 있는 것이다.

서울대학교공과대학 교수들이 함께 지은 《축적의 시간》 역시 이와 관련해서 매우 의미심장한 메시지를 던지고 있다. 이 책에 따르면 과거 한국 산업은 선진국을 벤치마킹하며 뒤를 좇는 추격 전략을 바탕으로 성장해왔다. 하지만 추격 전략이 더 이상 통하지 않는 시기가 왔다. 《축적의 시간》은 한국 산업이 살아나려면 시행착오를 반복하는 '창조적 축적'을 통해 독자적인 '개념 설계 역량'을 확보해야 한다고 강조한다.

《축적의 시간》에 따르면 개념 설계 역량은 과제가 주어졌을 때 문제의 속성을 새롭게 정의하고 창의적 해결 방향을 제시할 수 있는 능력을 말한다. 그 구체적인 예로서 독특한 해양 환경에서도 작동 가능한 해양플랜트 개념을 창조적으로 제시할 수 있는 역량, 화학물질 생산 프로세스를 새로이 설계할 수 있는 역량, 사물인터넷을 기술 플랫폼으로 삼는 새로운 비즈니스 모델을 구상하는 역량 등을 꼽을 수 있다. 애플이 스마트폰을 개발하면서 종전 통신기기로서 휴대폰에서 벗어나 '손 안의 컴퓨터'로 새롭게 정의한 것 역시 개념 설계를 대표하는 사례 중 하나라고 할 수 있다.

그동안 한국의 산업은 개념 설계 역량이 절대적으로 취약했다. 개념 설계 대부분을 선진국에 의존해야 했다. 우리가 담당한 설계 영역은 잘 해야 한 단계 낮은 '기본 설계'였고, 그보다 더 낮은 '상세 설계'였다. 그 과정에서 생산된 부가가치의 절대적으로 많은 부분이 해당 선진국 기업으로 흘러들어갔다.

중요한 점은 개념 설계 역량의 비중이 갈수록 커지고 있다는 사실이다. 명실상부한 성장 동력 핵심으로 부상하고 있다. 애플이 상징적으로 보여주듯이 개념 설계 역량을 보유한 기업이 세계 시장을 지배하는 추세이다.

《축적의 시간》에 따르면 개념 설계 지식 대부분은 교과서나 매뉴얼, 논문, 특허에 명시적으로 표현되어 있지 않다. 관련 지식은 사람들 머릿속이나 일하는 방식에 체화되어 있어서 해당 기업을 인수합병해도 흡수하기 쉽지 않다. 돈으로 살 수 없는 지식이다. 개념 설계 역량은 오직 지난한 축적의 시간을 거쳐 획득될 수밖에 없다.

이 사실은 개념 설계 역량과 자본 축적 정도는 비례하지 않는다는 것을 의미한다. 자본 축적 정도가 높아도 개념 설계 역량은 취약할 수 있고, 거꾸로 자본 축적 정도가 취약해도 개념 설계 역량은 뛰어날 수 있다. 성장 동력의 핵심인 개념 설계 역량은 자본 축적에 의해 보장되지 않는다.

이 모든 것은 자본 축적이 더 이상 안정적인 성장 엔진으로 기능하지 않음을 뒷받침하는 뚜렷한 징표이다. 다시 말해 자본 축적을 중심으로 경제를 운영할 수 있는 여지가 갈수록 약해지고 있는 것이다. 일부 좌파 이론가들 중에는 여전히 자본 축적을 절대시하고 신비화하는 경우가 있으나 현실 변화를 도외시한 시각이다.

노동 대 자본 프레임을 성립시켰던 노동의 주도성과 자본 축적 중심 경제 운영 모두 약화되고 있다. 복지국가를 포함해 노동 대 자본 프레임 위에서 작동했던 모델들이 지속성을 발휘하기 쉽지 않다. 그 안에서 새로운 모델을 창조할 여지도 사라져가고 있다. 프레임 자체를 바꾸어야 하는 상황이다.

현재 한국 사회의 동향을 보면 보수와 진보가 제시하는 처방 모두 극도로 앙상해지고 있다. 보수는 '규제 완화를 통한 투자 활성화', 진보는 '정부 재정 투입을 통한 노동 조건 개선' 이외에 달리 뚜렷한 처방을 내놓지 못하고 있다. 이는 노동 대 자본 프레임에 갇혀 있는 한 문제 해결 능력이 극도로 제한될 수밖에 없음을 말해준다.

어느 모로 보나 슈퍼 프레임 '노동 대 자본'은 황혼을 맞이하고 있다. 작별의 시간이 다가오고 있는 것이다.

역사의 과도기,
떠오르는 대안

6장

■

■

　노동 대 자본 프레임 수명이 다 되었다는 것은 근대 이후 지속된 한 시대가 마감되고 있음을 의미한다. 우리는 지금 진행 방향이 급격히 바뀌는 역사의 변곡점을 통과하고 있다. 프레임 교체는 필연이다. 어떻게 프레임을 교체하고 그에 걸맞은 새로운 패러다임을 창조할 것인가? 그 해답 역시 3차 산업혁명에 있다.

　앞서 이야기했듯이 4차 산업혁명은 3차 산업혁명의 연장이다. 이 사실은 매우 중요한 의미를 갖는다. 3차 산업혁명에 대한 기본적 이해 없이 4차 산업혁명에 효과적으로 대응할 수 없다는 것이다.

　또 하나의 문제는 3차 산업혁명이 2층집 위에 3층을 짓는 식으로 진행되지 않는다는 데 있다. 만약 2층집 위에 3층 짓는 식이었다면 2층집은 여전히 존재 가치가 있기에 그대로 유지되어야 마땅하다. 하지만 3차 산업혁명은 2층집을 허물어뜨리면서 새로운 집을 짓는 식으로 진행되었다. 3차 산업혁명은 2차 산업혁명의 부정이었다. 사고가

2차 산업혁명에 머물러 있으면 3차 산업혁명을 결코 이해할 수 없다.

그런데 한국 진보는 3차 산업혁명에 대한 심도 있는 담론화 과정을 거치지 않았다. 3차 산업혁명의 사회역사적 맥락을 분석하고 본질적 의미를 드러내면서 새로운 사회 발전 단계를 기획해본 적이 거의 없다.

진보 세계를 지배하는 관념 대부분은 2차 산업혁명 때 형성된 것들이다. 이는 진보의 사유 체계가 노동 대 자본 프레임 안에 갇혀 있음을 말해주는 것이기도 하다. 2차 산업혁명에 결박되어 있는 진보에게 3차 산업혁명은 매우 낯설고 이질적인 현상으로 다가왔다. 정서적 거부 대상이기도 했다.

그런 상태에서 느닷없이 2017년 벽두부터 4차 산업혁명 담론이 들끓었다. 중등 수업도 들어본 적 없는 학생이 어느 날 갑자기 대학 강의를 들어야 하는 처지가 된 것이다.

4차 산업혁명 담론은 보수 매체가 주도적으로 기획한 측면이 강했다. 4차 산업혁명에 대한 보수 측의 시각은 매우 단순명료하다. 보수는 기술결정론의 입장에서 4차 산업혁명을 대한다. 4차 산업혁명의 핵심은 인공지능, 빅데이터, 사물인터넷, 자율주행자동차, 3D프린터, 드론, 로봇 등 첨단 기술을 확보하는 것이다. 첨단 기술은 높은 수익을 창출할 새로운 사업 기회를 안겨다 줄 것이다. 사업화가 원활하게 이루어지자면 무엇보다도 과감한 규제 완화가 선행되어야 한다.

보수는 4차 산업혁명을 '규제 완화'라는 자신들의 프레임을 확장시킬 수 있는 최적의 계기로 보고 있다. 보수는 그 효과를 극대화하기 위해 절치부심하고 있다. 4차 산업혁명을 둘러싼 보수의 행보는 상당히 공격적이다.

진보는 4차 산업혁명에 대한 자신들만의 고유한 프레임 언어가 없었다. 3차 산업혁명에 대한 담론화 과정을 거치지 않은 데 따른 당연한 결과였다. 보다 심각한 문제는 자신들의 프레임 언어를 개발하려는 노력은 포기한 채 보수 프레임에 쉽게 몸을 싣고 있다는 점이다. 문재인 정부의 '4차산업혁명위원회' 논의 흐름은 보수 프레임 판박이라고 해도 과언이 아니다. '사람 중심'을 강조함으로써 일말의 가능성을 보이기도 했으나 레토릭 수준을 크게 넘어서지 못한 형편이다. 이는 진보 정부가 가랑비에 옷 젖듯 보수 세계로 포섭될 수 있는 매우 불길한 징조이다. 적어도 2017년 한 해 흐름만 놓고 보면 4차 산업혁명을 둘러싼 프레임 전쟁에서 보수가 압승을 거두었다.

많이 늦은 게 사실이다. 그렇다고 게임이 완전히 끝난 것도 아니다. 서둘러서 3차 산업혁명 담론화를 바탕으로 4차 산업혁명에 대한 진보 프레임을 구축해야 한다. 의지만 있다면 충분히 가능한 일이다.

노조를 잠식한 정체불명 바이러스

왜 진보는 3차 산업혁명을 제때에 담론화하지 못했을까? 진보는 앞으로 나아간다는 의미를 갖고 있다. 시대를 앞서가는 것이 진보이다. 진보는 변화에 누구보다 민감하고 빠르게 대응해야 한다. 나아가 변화를 주도해야 한다. 그런데 3차 산업혁명이라고 하는 어느 누구도 무시할 수 없는 현상에 진보는 마냥 둔감했다. 이유가 무엇일까?

인지과학에 따르면 사람들은 자신도 모르는 사이에 특정 프레임의 지배를 받는다. 프레임이 연동시키는 관념과 명제를 근거로 판단한다. 바로 그때 '확증편향'이 발생하기 쉽다. 확증편향이란 심리학 용어로서 어떤 가설이나 명제가 주어지면 그것을 뒷받침할 증거를 찾는 데 몰입하는 경향을 말한다. 확증편향에 사로잡히면 보고 싶은 장면만 보면서 자신의 명제와 어긋나면 아무리 객관적이더라도 무시한다.

심리학 연구에 따르면 사람들은 자신이 꽤나 객관적이고 합리적으로 사물을 본다고 자신하지만 실제로는 그렇지 않다. 거꾸로 매우 불합리하고 편향된 태도를 보일 가능성이 높다. 확증편향 때문이다.

모든 프레임은 확증편향을 수반한다. 확증편향은 특정 프레임을 기반으로 집단을 형성하면 한층 더 강력해진다. 구성원 각자가 서로를 향해 관련 명제의 타당성을 입증하는 증인 구실을 해주기 때문이다. 명제를 포기하는 순간 집단이 해체될 수 있다는 위기의식이 작용하면서 명제는 더욱 굳건해진다. 남들이 보기에는 말도 안 되는 프레임을 기반으로 형성된 사이비 종교 집단이 강한 생명력을 유지하는 이유이다.

진보 세계가 2차 산업혁명 때 형성된 관념에서 벗어나지 못하는 것도 상당 부분 확증편향과 연관이 있을 수 있다.

진보 세계를 구성하는 대표적인 조직인 노동조합을 예로 들어 보자. 노동조합의 근간은 대체로 2차 산업혁명을 배경으로 형성되었다. 산별노조가 이를 대표한다. 금속 · 화학 · 섬유노조 등 이름부터가 2차 산업혁명을 반영하고 있다. 산별노조의 기본 원리인 동일노동 동일임금도 2차 산업혁명 때 액면 그대로 적용하기 좋은 관념이었다. 노동조합은 자연스럽게 2차 산업혁명 때 형성된 관념을 반복적으로 재생산할 수밖에 없었다. 그러한 경향은 노동조합과 밀접한 연관이 있는 진보 세계 전반에 걸쳐 나타났다.

문제는 3차 산업혁명은 2차 산업혁명 기반을 허물면서 영역을 넓혀갔다는 데 있다. 단적으로 전통적인 노동의 영역을 지식 작업으로 대체했다. 3차 산업혁명은 노동조합의 근간을 흔들 수 있는 여지가 매우 많았다. 산별노조의 경계선을 이리저리 넘나들며 동일노동 동일임금 적용을 난해하게 만들어버리기 일쑤였다.

노동조합에게 3차 산업혁명은 독실한 신앙 집단에게 불시에 다가온 이교도와도 같았다. 낯설 뿐만 아니라 불온한 느낌마저 주었다. 진보 세계가 3차 산업혁명을 경계하고 멀리했던 이유이다.

확증편향이 집단 속에서 고착화되면 그로부터 벗어나기가 여간해서 쉽지 않다. 자칫 이탈로 간주되어 비난과 조롱의 대상이 될 수 있다. 기존 흐름에 사사건건 반기를 드는 것으로 비춰질 수 있다.

모든 프레임은 어느 정도 확증편향을 수반하고 사람은 누구나 프레임의 영향을 받는다. 확증편향을 지니고 있다는 문제를 가지고 무조건 비난할 수 없는 이유이다. 하지만 확증편향은 냄비 속 개구리로 만드는 무서운 독소가 될 수도 있다. 노조 안에 깃들어 있던 확증편향도 바로 그런 독소였다. 노조의 기반을 잠식하는 현상이 빠르게 진행되었음에도 이를 충분히 감지하지 못하도록 만든 것이다.

노동운동가들이 우선적으로 힘을 집중했던 곳은 가장 잠재력이 크다고 여긴 대규모 사업장이었다. 하지만 어느 순간부터 노동운동가들은 심각한 혼란 속에 빠져들고 말았다. 대기업 정규직 노동자들이 매우 높은 수준의 삶을 누리고 있던 것이다. 대기업 정규직들은 노조를 배타적 이익 추구의 도구로 활용함으로써 중상류층 수준에 진입했다. 억압받고 착취받는 노동자라는 표현이 나오기 어려운 구조였다.

실망을 느낀 노동운동가들은 중소기업 노동자와 비정규직으로 눈을 돌렸지만 적지 않은 난관이 존재했다.

중소기업 노동자들은 노동운동 좌편향의 반작용으로 조직률이 매우 낮은 수준에 머물러 있었다. 중소기업 노동자들은 사용자와의 정면 대결을 매우 부담스러워하고 있었다. 그들은 자칫 사업장이 문을 닫을 수 있는 상황을 우려했다. 결국 노사가 함께 이익을 볼 수 있는 길을 찾아야 하는데 그게 말처럼 쉽지가 않았다. 노동운동이 중소기업에서 뚜렷한 활로를 찾지 못한 것은 커다란 좌절이었다.

비정규직의 압도적 다수는 외환위기 이후 노동 시장에 유입된 청년들이었다. 이상하게도 이들은 노조운동에 별다른 관심을 보이지 않았다. 우리 사회에서 가장 열악한 처지에 놓여 있던 만큼 누구보다 관심이 높아야 하는데 그렇지 않았다. 비정규직 청년들은 노조 이야기가 나오면 자신이 평생 노동자로 살 사람으로 보이냐며 불쾌한 반응을 보이기도 했다. 비정규직 청년들은 지금 있는 현장을 어쩔 수 없이 잠시 머무는 곳쯤으로 간주했다. 그들은 평생 노동자로 살 의사가 없어 보였다.

빠르게 비중을 넓혀가고 있는 벤처기업 세계는 노동운동가들을 곤혹스럽게 만든 또 다른 지점이었다. 벤처기업에는 노조가 거의 없다. 벤처기업에 종사하는 대부분의 청년 노동자들 사이에서 노조를 만들어야 한다는 의지도 여간해서 발견되지 않았다. 박봉에 빈번한 밤샘작업, 척박한 조직문화 등을 감안하면 노조가 절실할 수 있는데 이상하게도 거리를 두었다. 벤처기업 종사자들은 경영자와의 소통 협력을 더 중시하는 것 같았다.

어느 정도 연륜이 있는 노조 간부들에게 요즘 젊은 청년들의 모습에 대해 물으면 대부분 신경질적인 반응을 보인다. "한마디로 글러 먹었다. 개인주의에 물들어 도무지 단결할 줄 모른다." "고생도 안 해본 것들이 겉멋만 들어가지고 뭐가 뭔지 구별도 못 한다." "법으로 보장된 권리도 못 찾아 먹는 바보 멍청이들이다."

정말 알 수 없는 노릇이다. 지금의 청년 세대는 이전 세대에 비해 대학진학률이 훨씬 높다. 평균적인 지적 수준이 월등히 높다. 알 건 다 아는 세대이다. 인터넷 등의 발달로 정보 흐름에도 이전 세대에 비해 비교할 수 없이 민감하고 해박하다. 권위주의 시대에 순응적 삶을 살았던 이전 세대에 비해 권리 의식도 한층 높은 편이다. 그런 청년들이 노조 활동에서만큼은 소극적 태도를 취한다.

한 설문 조사 결과는 노동운동가들을 혼란에 빠트리고도 남았다. 채용사이트 인크루트가 2010년 11월 직장인 526명을 대상으로 향후 계획에 대한 설문조사를 실시했다. 그에 따르면 창업을 하고 싶다고 답한 응답자가 97.1%에 이르렀다. 실제 창업을 준비 중이라고 말한 응답자는 27.8%에 이르렀다.

이 조사 결과에 대한 해석은 엄정함을 요구한다. 뒤에서 살펴보겠지만 정부의 잘못된 정책으로 청년 세대 사이에서 창업에 대한 부정적 시각이 크게 확산되었다. 창업 촉진에 앞서 필수 생태계 환경을 조성해야 하는데 그렇지 못했던 것이다. 조사 결과는 지금 당장은 아니라 하더라도 언젠가 이루고 싶다는 잠재적 열망 내지는 기대를 드러낸 정도로 이해하는 게 좋을 듯싶다. 물론 그럼에도 조사 결과가 함축하고 있는 메시지에는 주목해볼 필요가 있다.

전통적 시각에서 볼 때 노동자는 노동력을 판매하지 않으면 생존할 수 없는 사람들이다. 좀 어렵게 표현하면 노동자는 생산수단으로부터 분리된 존재이다. 자본과 결합하지 않고는 독자적으로 가치를 창출할 수가 없다. 아무리 손재주가 뛰어난 노동자라도 공장에 취직하지 않고는 혼자 집에서 자동차를 만들 수 없다. 노동자를 '자본 의존적 존재'라고 표현한 것은 이러한 맥락에서이다.

그런데 설문에 응한 직장인들은 가슴 한 편에 노동력 판매와는 전혀 다른 창업의 꿈을 품고 있다. 전통적 시각을 기계적으로 적용하면 사용자 길을 가겠다는 것으로 해석할 수도 있다. 바로 이 지점에서 왜 청년들이 노조 활동에 소극적 태도를 취하고 있는지 일말의 단서가 발견된다. 평생 노동자로 살 수밖에 없다고 여기는 사람들은 노조 활동에 적극적 태도를 보일 확률이 높다. 반대로 사용자의 삶을 그리고 있는 사람이라면 노조 활동에 소극적일 확률이 높다. 청년 세대는 현재가 아닌 미래의 삶을 기준으로 세상을 보는 경향이 있다. 과거 추억에 의존해 사는 노년 세대와 확연히 다르다. 그런 청년들이 가슴 한구석에 창업의 꿈을 품고 있다. 논리적으로 볼 때 노조 활동에 소극적일 가능성이 큰 것이다.

청년들이 가슴 깊이 창업 꿈을 간직하고 있는 이유는 무엇인가? 과거 창업은 돈줄을 끌어들이는 사람이나 할 수 있는 것이었다. 지금 모든 청년들이 그런 능력이 있어 보이지는 않는다. 그러니 더더욱 이해하기 쉽지 않은 현상이다. 무엇이 청년들을 노조 활동보다 창업으로 유도하는 것일까?

청년은 미래 세대이다. 그들의 움직임이 지금은 주변에 머물러 있는지 모르지만 중심부로 진입하는 것은 시간문제일 수도 있다. 아무리 나이든 노조 간부들이 청년들을 못마땅하게 생각하고 질타해도 미래는 그들의 것이다. 물론 노조 활동에 소극적인 청년들 태도가 올바른 것인지는 냉정히 되짚어봐야 한다. 실제 어느 정도 창업에 성공할지도 알 수 없다. 창업이 정말 그들에게 새로운 미래를 약속할 수 있을지 확증하기 힘들다. 중요한 것은 창업의 꿈으로 드러난 청년들 열망의 실체를 이해하는 것이다. 그리고 그러한 열망이 어떤 상황 변화를 반영한 것인지를 파악하는 것이다.

한국의 노조 활동은 상당한 어려움에 직면해 있다. 노동을 기반으로 새로운 미래를 기획하기가 결코 쉽지 않은 상황에 있다. 설상가상으로 변화를 받아들이지 않는 태도가 계속해서 노조 기반을 바이러스처럼 잠식하고 있다. 그럼에도 노조는 노동자 권익 옹호 수단으로 변함없이 소중한 가치를 지닌다. 어떤 형태로든지 활로를 찾아야 한다.

노조가 기존 틀과 관행에 머물면 잠식은 피할 수 없을 것으로 보인다. 그렇다고 너무 비관하지 않기를 바란다. 노조에게는 '점핑 전략'이라는 선택지가 있다. 기존 틀과 관행에서 벗어나 새로운 지점을 향해 비상하는 것이다. 대체로 그런 결단과 선택 다음에는 예상치 못한 전혀 새로운 지평이 펼쳐지곤 한다. 노조는 새로운 시대를 여는 과정에서 매우 의미심장한 역할을 수행할 수도 있다.

노조가 점핑 전략에 성공하려면 중요한 지점에서 태도 변화가 불가피하다. 무엇보다도 3차 산업혁명을 이교도로 대할 것이 아니라 친구로 사귀어야 한다. 결코 쉽지 않겠지만 반드시 거쳐야 할 과정이다. 궁극적인 해답은 앞으로 펼쳐질 이야기들을 참고해서 당사자들이 찾을 수밖에 없을 것이다.

역사의 일부가 된 3차 산업혁명

진보 세계 안에는 3차 산업혁명을 인정하지 않으려는 경향이 여전히 남아 있다. 그에 따르면 세상은 여전히 자본과 노동의 결합을 바탕으로 가치를 창출하고 있다. 3차 산업혁명은 일부 기술 트렌드 변화 수준의 지극히 지엽적이고 부차적인 현상을 가리키는 것에 불과하다. 본질은 달라지지 않았다.

본질이 달라지려면 기존 세계의 지배적 요소를 부정해야 한다. 1·2차 산업혁명 전체를 관통한 지배적 요소는 방금 전 이야기한 자본과 노동의 결합을 바탕으로 한 가치 창출 체계였다. 만약 이 가치 창출 체계를 부정하고 약화시킨다면 그것은 액면 그대로 본질적 변화를 의미한다.

3차 산업혁명은 그러한 본질적 변화를 수반하고 있을까? 이 복잡하고도 난해한 문제에 대한 실마리는 의외로 우리의 일상 세계에서 쉽게 찾을 수 있다.

TV 속에 숨겨진 경제학

TV를 보면 최근 몇십 년 사이에 일어난 놀라운 기술 발전을 실감할 수 있다. 1970년대에 처음 접한 TV는 흑백브라운관 TV였다. 1980년

대 초 컬러브라운관 TV가 나온 것만도 대단한 일이었다. 1990년대 초 극장에서 영화를 보는 것과 같은 고화질 TV가 나올 것이라는 소문이 나돌았다. 아니나 다를까. 얼마 후 이전과는 비교할 수 없는 초고화질의 LCD평면 TV가 등장했다. 여기서 끝이 아니었다. 몇 배 더 선명한 OLED곡면 TV가 등장해 사람들 눈을 즐겁게 했다.

1980년대까지만 해도 사람 숨구멍까지 선명하게 보여주는 TV가 만들어질 수 있다는 것은 상상조차 하지 못했던 일이다. 이제 그런 TV는 엄연한 현실이 되어 우리 눈앞에서 자태를 뽐내고 있다. 지난 몇십 년 사이의 기술 발전이 인간의 상상을 뛰어넘는 수준에서 진행되었음을 암시해준다.

어느 시골에서 있었던 일이다. 최신 TV를 구입한 날 한 노년 부부가 신바람이 나서 떠들어댔다.

"야, 정말 대단한데. 옛날 TV 열 대 줘도 안 바꾸겠다. 이 정도 만들려면 사람 품이 엄청 들었겠는데."

"세상 물정 모르는 소리 하고 있네요. 요즘이야 다들 기계로 찍어내니까 옛날 것보다 오히려 품이 덜 들었을걸요."

소박하고 단순한 대화이다. 하지만 두 사람 대화 속에는 매우 중요한 경제학 지식이 담겨 있다. 옛날 TV 열 대를 주어도 안 바꾸겠다고 하는 것은 사람이 느낄 수 있는 제품 가치에서 최신 TV가 월등히 크다는 것을 말해준다. 문제는 그다음이다. 어느 정도 진보 성향을 가진 사람이라고 한다면 애덤 스미스에서 카를 마르크스로 이어지는 '노동가치설'에 대해 알고 있을 것이다. 애덤 스미스는 부의 원천은 노동이라고 하였으며 마르크스는 상품 가치는 투입된 노동량에 의해 결정된다고 파악했다. 그런데 앞서 대화에서 나타났듯이 자동화 진전으로 최신 TV에 투입된 노동량은 예전 것보다 적을 가능성이 매우 높다. 제품 가치와 투입된 노동량 사이에 반비례 관계가 성립되는 것이다.

만약 제품 가치의 큰 변화 없이 투입된 노동량만 줄었다면 별 문제가 안 된다. 그 경우 제품 가격이 하락하는 것으로 이어질 수 있다. 실제로 성능에서 별 차이가 없던 컬러 TV 가격이 꾸준히 하락한 적이 있었다.

최신 TV는 성격이 다르다. 누가 봐도 제품 가치가 이전 것과 비교할 수 없을 만큼 비약적으로 커졌다. 구식 TV에는 없던 새로운 가치가 창출된 것이다. 투입된 노동량이 감소했는데도 제품 가치가 크게 증가하다니! 이는 전통적인 노동가치설로서는 도무지 설명할 수 없는 현상이다.

이 문제를 규명하려면 불가피하게 노동 이외에 다른 요소에 의해 가치가 창출되었다는 가정을 할 수밖에 없다. 그 새로운 요소는 과연 무엇일까? 발상의 전환이 절실한 시점에서 큰 기여를 한 인물은 현대 경영학 대부로 알려진 미국의 피터 드러커Peter Drucker였다. 드러커가 제시한 새로운 요소는 '지식'이었다.

드러커는 지식이 새로운 가치 창출의 요소로 등장했으며 그 비중이 빠르게 증가하고 있다고 파악했다. 궁극적으로 지식 기반 가치 창출의 체계가 자리 잡는 '지식사회'가 도래할 것임을 예견했다. 그에 따르면 지식사회 도래와 함께 자본과 노동의 결합을 바탕으로 가치를 창출했던 산업사회는 종말을 고한다. 1990년대에 접어들며 드러커의 지식 사회론은 일반적 동의를 얻기에 이르렀다.

지식이 가치 창출의 기초로 떠오름에 따라 3차 산업혁명의 결정적 계기가 마련되었다.

사람의 몸을 기준으로 말하면 1·2차 산업혁명은 '팔다리 능력'을 비약적으로 강화시키는 과정이었다. 1·2차 산업혁명을 이끌었던 기계들은 대부분 인간의 팔다리 역할을 대신하는 것이었다. 물건을 찍어내는 공장 기계들은 팔 역할을 대신했고 차량 등 수송기계들은 발 역할을 대신했다. 기계들은 인간보다 훨씬 강력하고 빠르고 정확했다. 인간 홀로 생산했던 것과는 비교할 수 없이 높은 생산성을 과시했다.

그러던 중 기계의 역사에서 아주 특별한 녀석이 출현했다. 컴퓨터였다. 컴퓨터는 기존 기계들과 달리 '두뇌' 역할을 대신했다.

컴퓨터는 무서운 속도로 진화했다. 인간 두뇌 능력의 점점 더 많은 부분을 대신했으며 개별적인 정보 처리 능력에서는 인간을 압도하는 수준에 이르렀다. 인간이 사회를 형성하듯이 컴퓨터들 또한 서로 연결되어 인터넷이라는 새로운 세상을 만들었다. 컴퓨터를 기반으로 디지털 문명이 꽃을 피웠다.

디지털 문명은 단순 동작을 반복했던 '기계적 경제'를 한층 고도화되고 유연해진 '지능적 경제'로 전환시켰다.

정보화·자동화를 통해 1인당 생산량이 비교할 수 없이 높아졌다. 컴퓨터와 기계를 연결시킴으로써 동일한 기계가 다양한 디자인과 기능을 지닌 제품을 생산할 수 있게 되었다. 디지털 문명은 지식을 생산에 적용하고 이를 바탕으로 가치 창출이 가능하게 했다. 모든 제품에서 지식 가치가 차지하는 비중이 갈수록 높아졌으며 제품 품질을 좌우하는 결정적 요소가 되었다. 지식 그 자체가 제품이 되는 경우도 빠르게 늘었다. 콘텐츠, 소프트웨어, 지적 소유권 등은 이를 표현한다.

한때 경제를 관장했던 한국 정부 부서를 지식경제부라 부를 만큼 지식의 가치는 집중적인 주목을 받았다. 하지만 어느 순간부터 지식만을 강조하는 것은 하나의 편향으로 간주되기 시작했다. 지식 못지않게 감성이 중시된 것이다. 디자인의 강조와 함께 제품에 스토리를 담으려는 노력은 이를 반증한다.

문제는 여기서 그치지 않았다. 가치를 좌우하는 결정적 요소는 지식도 감성도 아닌 상상력임이 재차 드러난 것이다. IT 역사를 새로 쓴 것으로 평가받은 애플의 아이폰은 이를 입증하는 상징적 존재가 되었다. 이상하게 들릴지 모르지만 아이폰에는 특별히 새로운 기술이 없었다. 단지 PC, 와이파이, MP3, 스크린터치 등 기존에 나와 있던 기술을 잘 버무려 소비자들을 혹하게 만들 새로운 제품을 만들었을 뿐이다. 바로 여기서 결정적 역할을 한 것이 상상력이었다.

결론적으로 오늘날 가치 창출을 주도하는 것은 지식과 감성, 상상력이다. 이 중에서 상상력은 특별한 역할을 수행한다. 똑같은 지식과 감성도 상상력을 어떻게 발휘하는가에 따라 결과가 크게 달라질 수 있다. 상상력은 가치를 증폭시키는 구실을 하는 것이다. 이를 하나의 식으로 표현하자면 다음과 같다.

$$가치 = (지식 + 감성) \times 상상력$$

지식과 감성, 상상력은 가치를 창조할 수 있는 인간에게 내재된 능력이다. 우리는 그것을 '창조력'이라고 부를 수 있을 것이다. 결국 3차 산업혁명은 창조력을 가치 창출의 기반으로 삼는 전혀 새로운 경제를 출현시킨 것이다. 우리는 이를 창조력 기반 경제, 간단히 줄여 '창조경제'라 부를 수 있다.

3차 산업혁명과 함께 창조경제가 출현했다는 사실은 노동과 자본의 결합을 바탕으로 가치를 창출하던 산업사회와의 점진적 작별을 알리는 것이다(노동과 자본의 결합을 강조하는 것은 자본과의 결합 없이 노동 홀로 가치를 창출할 수 없기 때문이다). 창조경제는 3차 산업혁명 이후 '탈산업사회'의 실체를 드러낸다.

노동과 자본의 결합을 바탕으로 한 가치창출은 1·2차 산업혁명 전체를 통틀어 가장 지배적인 요소였다. 3차 산업혁명은 그 지배적 요소를 부정하고 약화시킨다. 이는 3차 산업혁명이 본질적 변화를 수반하고 있음을 말해준다. 산업사회에서 탈산업사회로의 전환은 불연속적인 질적 변화를 함축하고 있다. 3차 산업혁명은 결코 지엽적이거나 부차적인 현상이 아니다.

덧붙여 진보 성향 지식인들 중 3차 산업혁명을 인정하지 않는 의견에 대해 좀 더 살펴보겠다. 그들은 가치 창출의 주요 원천은 여전히 노동이며 산업의 중심은 변함없이 제조업이라는 관점을 유지하고 있는 경우가 많다. 이러한 관점은 두 가지 사실을 놓치고 있다.

먼저 노동 자체가 진화하고 있다는 사실을 간과하고 있다. 산업사회 노동 구성에서도 지식 등 창조력 비중이 꾸준히 증가해왔다. 지식노동자 혹은 지능노동 등은 이를 반영한 용어들이다. 창조력 구성 요소의 지속적인 양적 증가는 노동의 질적 변화로 이어질 수밖에 없다. 즉 양적 비중에서 창조력에 의지하는 활동이 육체노동을 압도할 때 노동은 더 이상 전통적 의미에서의 노동이 아니다.

제조업도 마찬가지다. 제조업이 여전히 산업의 근간을 이루어야 하는 것은 맞는 이야기일 수 있다. 하지만 제조업 자체도 가치 창출의 근본에서 변화를 거듭하고 있음을 주목할 필요가 있다. 제조업에서도 연구개발, 디자인, 정보 처리, 마케팅 등 창조력을 가치 창출의 기준으로 삼는 분야가 빠르게 비중을 키워왔다. 반면 육체노동에 의존하는 분야는 자동화 등으로 그 비중이 계속해서 줄고 있다. 제품 구성 요소에서도 창조력의 소산인 ICT 비중이 급격히 커지고 있다. 2차 산업혁명을 대표했던 자동차조차도 자율주행자동차의 출현으로 IT기기로 탈바꿈하고 있는 실정이다. 제조업이 전통적 의미의 굴뚝산업에서 탈피하고 있음을 말해준다. 과거 틀로 제조업을 대해서는 곤란하다.

미래를 품은 벤처 세계

3차 산업혁명의 발원지는 미국 실리콘밸리였다. 실리콘밸리를 무대로 3차 산업혁명을 선도한 기업은 대부분 벤처기업이거나 그 출신이었다. 도대체 3차 산업혁명과 벤처기업 사이에는 어떤 상관관계가 있는 것일까?

본질적 의미에서 볼 때 벤처기업은 창조력을 가치 창출의 근본으로 삼는 기업을 가리킨다. 벤처기업의 활동 무대는 창조경제이다. 그런 점에서 벤처기업은 3차 산업혁명의 주역이다. 벤처기업이 지닌 이러한 특성은 2차 산업혁명을 무대로 활동해온 일반 기업과 비교되는 매우 중요한 차이를 낳는다.

먼저 우리에게 익숙한 일반 기업이 어떻게 만들어지는지를 간단히 살펴보자. 일반 기업의 출발점은 자본 형성이다. 유럽의 경우 소규모 가내 수공업에서 출발해 장기간에 걸쳐 자본 축적이 이루어졌다. 지멘스, 푸조처럼 가문 이름을 기업 명칭으로 사용한 것은 이런 배경에서였다. 압축 성장을 거친 한국은 유럽과 다르다. 산업화 초기에 대기업들은 일차적으로 해외 차관 도입을 통해 초기 자본을 형성했다. 중소기업가들은 개인과 친인척 자금을 긁어모아 자본을 형성하는 경우가 일반적이었다. 대기업·중소기업 할 것 없이 필요한 기술은 해외에서 사들였다. 여기에 노동자만 고용하면 기업이 만들어질 수 있었다. 그러다 보니 비교적 노동과 자본 사이 경계선이 뚜렷했다.

벤처기업의 출발점은 자본 형성이 아니라 3차 산업혁명 이후 새로운 가치 창출의 기준으로 떠오른 창조력 형성이다. 창업자는 자신이 지니고 있는 아이디어, 기술, 콘텐츠 등을 밑천으로 벤처기업을 만든다. 대표적인 예를 들자면 벤처기업으로 출발해 세계 IT업계의 기린아로 우뚝 선 구글의 창업 밑천은 레리 페이지Larry Page, 세르게이 브린Sergey Brin 두 창업자가 공동 개발한 초고속 검색엔진 프로그램이었다.

창업자들은 대체로 큰 밑천 없이 시작한다. 자본 능력은 창업을 좌우하는 결정적 변수가 아니다. 실리콘밸리를 아로새긴 벤처 기업들이 종종 차고에서 출발한 것은 이를 상징적으로 보여준다. 오늘날에는 컴퓨터 한 대만 놓고 글로벌 시장을 대상으로 사업을 펼쳐 성공한 사례도 적지 않다. 필요한 자본은 투자를 받는 식으로 외부에서 유치한다.

창조력을 지닌 사람이 먼저이고 자본이 그다음이다.

가치 창출을 주도하는 것 역시 창조력을 지닌 창업자이다. 직원들은 함께 가치를 창출하는 협력자 지위를 갖는다. 그러다 보니 일반 기업에서와 같은 노동과 자본의 관계가 뚜렷이 형성되지 않는다.

이론적으로 볼 때 아이디어와 기술, 콘텐츠만 있으면 벤처 창업이 가능하다. 청년들은 대체로 이 지점에서 상당한 자신감을 갖고 있다. 청년들이 당장의 실현 가능성을 떠나 창업의 꿈을 간직할 수 있는 중요한 이유 중 하나일 수 있다.

그런데 왜 하필 벤처기업으로 불리는가? 그것은 벤처기업의 출발점인 창조력의 특성으로부터 비롯된다. 창조력 발산으로서 창조는 미지의 영역에 뛰어들어 무에서 유를 일구어내는 과정이다. 기성의 것을 반복하는 것을 두고 창조라고 하지는 않는다. 미지의 세계로의 도전은 언제나 실패의 가능성을 안을 수 있다. 그런 점에서 창조의 과정은 모험일 수밖에 없다. 모험은 창조경제의 고유 속성이다. 그 주역인 기업들을 가리켜 '벤처기업'이라고 부르는 이유가 바로 여기에 있다.

모험을 속성으로 하는 벤처기업은 늘 실패를 반복할 수밖에 없다. 실패는 벤처기업의 숙명이다. 그러다가 성공하면 대박을 터뜨린다. 미지의 영역에서 새로운 것을 일구어냄으로써 선점 효과를 톡톡히 누릴 수 있기 때문이다. 창업자들이 웬만큼 실패를 감수할 수 있는 것도 대박에 대한 기대감 덕분이다.

3차 산업혁명이 가속화되면서 벤처기업 비중이 빠르게 커지고 있으며 궁극적으로 주류로 자리 잡을 것이 분명하다. 전 세계적으로 벤처 창업은 여타 분야를 압도할 만큼 급팽창하고 있다. 2015년의 경우

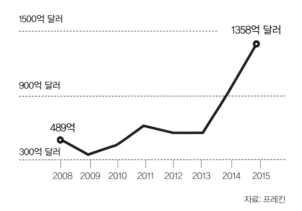

1500억 달러 -

1358억 달러

900억 달러 -

489억

300억 달러 -

2008 2009 2010 2011 2012 2013 2014 2015

자료: 프레킨

전 세계 벤처 투자 규모 추이 [69]

전 세계적으로 초기 벤처기업인 스타트업의 투자가 무려 45%나 증가했다. 위의 그래프는 전 세계의 벤처 투자 규모가 얼마나 늘어나고 있는지 그 추이를 보여주고 있다.

세계 각국의 경제에서 활력을 띠고 있는 영역은 대부분 벤처 창업과 연관이 있다. 각국 정부 또한 벤처 창업을 신성장 동력으로 간주하고 집중적으로 지원하고 있다. 경제 대국으로 부상한 중국 또한 이 점에서 조금도 다르지 않다. 정부의 전폭적인 지원 아래 하루 1만 개 꼴로 창업이 이루어지고 있다.[70] 그 모두가 벤처 창업이라고 보기는 힘들더라도 창업 열기가 상당한 것은 분명하다. 베이징 중관춘中關村과 선전 등에는 미국 실리콘밸리에 필적할 창업 생태계가 잘 형성되어 있다.

한국의 사정은 어떠한가? 벤처기업을 둘러싼 환경만 놓고 보면 한국은 자타가 공인하는 완전한 후진국이었다. 다소 개선의 조짐은 보이지만 여전히 해결해야 할 과제가 더 많은 상태이다. 아직 가야 할 길이 먼 것이다.

벤처기업은 나 홀로 질주하는 기존 기업과 달리 벤처 생태계 안에서 발육·성장하는 특성을 지니고 있다. 미국 실리콘밸리와 중국의 중관춘 등은 벤처 생태계가 어떻게 작동하는지를 잘 보여주고 있다. 대학과 각종 연구소 등은 신기술 개발을 주도함으로써 창업의 모태 구실을 하고 있다. 벤처 캐피탈이 풍부하게 형성되어 있기 때문에 투자 중심의 자금 조달에 별 어려움이 없다. 주식 투자는 결과를 함께 책임지기에 실패하더라도 창업자가 빚을 떠안을 염려가 없다. 경험을 중시하는 환경에서 실패한 창업자는 기업들이 우선적으로 채용한다. 이른바 '실패의 사회적 자산화'가 잘 이루어져 있기에 실패를 두려워할 이유가 없다. 은퇴자가 주축이 된 에인절 투자자angel investor들은 풍부한 경험과 노하우, 네트워크를 바탕으로 투자와 마케팅 등을 책임지는 세대 협력을 통해 젊은 창업자의 약점을 보완해준다. 인수합병이 왕성하게 이루어짐으로써 신생 벤처 기업의 성공을 돕는다. 이렇듯 다양한 요소들이 유기적인 상호 작용을 통해 벤처 생태계가 왕성하게 살아 숨 쉬도록 만든다.

한국은 바로 이러한 벤처 생태계 형성에서 극도의 취약성을 보여주었다. 판교 등 일부 지역에 벤처기업이 다수 몰려 있기는 하지만 산업화 시대의 유산을 재현한 벤처 공단에 가깝다.

벤처 생태계 필수 요소인 실패의 사회적 자산화도 제대로 이루어지지 않고 있다. 그동안 한국 벤처기업들은 필요한 자금 대부분을 결과를 함께 책임지는 주식 투자가 아니라 창업자 연대 보증을 전제로 한 차입 형태로 조달해왔다. 한 번 실패하면 평생 빚쟁이에 쫓기는 신세가 될 수밖에 없는 구조였다.

벤처 투자를 전문으로 하는 벤처 캐피탈이 어느 정도 형성되어 있었으나 무늬만 벤처 캐피탈이었을 뿐이다. 벤처 캐피탈은 해당 기업의 잠재력을 보고 투자하는 것이 기본인데 한국의 벤처 캐피탈은 실적을 위주로 판단했다. 벤처기업 입장에서는 실적을 만들어내는 단계에서 투자 유치가 절실한데 정작 벤처 캐피탈은 실적이 없다는 이유로 투자하지 않았다. 벤처는 없고 캐피탈만 있었던 것이다. 그 결과 세계 시장에서 충분히 통할 수 있는 기술을 개발하고도 사장되는 경우가 허다했다.

그동안 대기업들은 실리콘밸리에서처럼 벤처기업 기술이나 제품을 고가에 인수하는 식으로 보상하지 않았다. 벤처기업의 성공 보증수표인 인수합병도 없었다. 대기업들은 기술 인력 빼돌리기 식으로 성과를 가로챘다. 갈취당한 벤처기업은 일거에 나락으로 굴러 떨어졌다. 대기업은 벤처기업들에게 저승사자나 다름없는 존재였다.

벤처 생태계가 제대로 형성되지 않음으로써 갖가지 부작용이 일어났다. 뛰어난 기술을 개발하고도 국내에서 활로를 찾지 못해 중국 선전 등 해외로 빠져나가는 경우가 비일비재했다. 한국 경제의 성장 잠재력에서 심각한 손실이 발생해온 것이다.

또 다른 부작용으로 청년 창업의 왜곡을 들 수 있다. 그동안 정부는 새로운 성장 동력 발굴과 청년실업 해소를 목적으로 청년 창업 활성화 정책을 다양하게 펼쳐왔다. 하지만 생태계 환경 조성을 우선하지 않은 채 개별 창업을 지원하는 데 치중되었다. 정책 입안자들 사고 속에서 생태계 개념이 아예 작동하지 않았다고 보는 것이 정확하다. 그 결과 청년 창업 상당수는 벤처 창업과는 거리도 멀뿐더러 과당경쟁에 노출되어 있는 자영업 등에서 이루어졌다. 처음부터 자생력을 갖기 어려운 구조였다. 실패는 예정된 것이었다.

생태계 환경 조성을 우선하지 않은 채 청년 창업을 부추기는 것은 청년들을 사지로 내모는 것에 다름 아니다. 잘못된 정부 정책은 청년 세대 사이에 창업에 대한 부정적 시각을 확산시키면서 창업 의지를 말살시키는 데 기여하고 말았다. 아예 추진하지 않은 것만도 못한 결과를 낳은 셈이다.

벤처 생태계 형성은 경제 체질과 시스템을 통째로 바꾸는 고난이도 과정이다. 그만큼 많은 시간과 노력을 요구한다. 문제는 정책 입안자들의 관점과 태도, 의지였다. 생태계 환경 조성을 우선하거나 적어도 병행하려는 노력 없이 눈앞의 실적에만 매달리며 시간을 허비해온 게 문제의 근원이었다.

여러모로 환경은 열악하기 그지없었다. 그럼에도 한국의 벤처기업은 끈질긴 생명력을 발휘하면서 꾸준한 성장을 이어왔다. 벤처기업의 왕성한 생명력과 성장 잠재력을 역설적으로 입증해온 것이다. 2010년 2만 4,000개 수준이었던 벤처기업 수는 2016년 3만 개를 훌쩍 넘어섰다. 매출 1,000억 원 이상 벤처기업 중에서 세계 시장 점유율 1위인 기업도 44개에 이르렀다.

벤처기업이 크게 고전하던 시기인 2006~2009년 동안에도 매출 1,000억 원 이상 벤처기업들은 대기업보다 평균 고용증가율이 3배가량 높았다.[71] 벤처기업이 일자리 창출을 주도할 가능성을 내비친 것이다. 2015년 기준 벤처기업 1곳 평균 매출액은 71억 9,000만 원으로 전년(64억 7,000만 원)보다 11.2% 늘었다. 대기업(-0.4%)이나 중소기

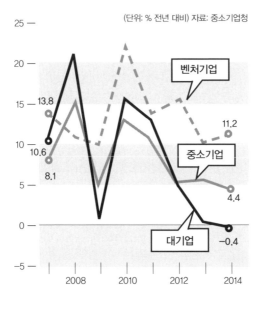

(단위: % 전년 대비) 자료: 중소기업청

대 · 중소 · 벤처기업 매출 증감률 비교 [72]

업(4.4%)보다 증가율이 훨씬 높았다. 2009년부터 6년째 이어진 추세이다. [73]

2015년 기준 벤처기업은 기술 혁신을 위해 총매출액 2.9%를 연구개발(R&D)에 투자한 것으로 나타났다. 매출액 대비 연구개발비 비중이 중소기업(0.8%)이나 대기업(1.4%)보다 2배 이상 높았다. 같은 해 매출액 영업이익률(5.8%)과 매출액 순이익률(4.1%)에서도 대기업(4.4%, 2.7%)과 중소기업(3.1%, 2.1%)보다 모두 앞섰다. [74]

모든 지표는 벤처기업이 한국 경제 성장의 새로운 견인차로 떠오르고 있음을 입증한다. 고용의 중심축은 이미 대공장에서 벤처기업으로 빠르게 이동하고 있다. [75] 대공장은 자동화 설비투자에 집중하면서 고용을 축소시키고 있다. 반면 벤처기업은 사람이 지닌 창조력에 의존하면서 일자리를 큰 폭으로 늘려가고 있다. 매우 열악한 환경에서 일구어낸 것이기에 더욱더 빛이 난다. 환경만 획기적으로 개선된다면 벤처기업이 성장 잠재력을 폭발적으로 발산할 여지가 충분하다. 산업사회를 지배했던 대공장 중심의 구세계는 둥근달인데 반해 벤처 중심의 신세계는 초승달이다. 역전은 시간문제다.

과거와 미래 사이의 장벽

벤처기업이 3차 산업혁명의 주역이자 새로운 경제성장의 견인차로 떠오르고 있다. 하지만 노동계 인사들 중에서는 벤처기업 이야기를 꺼내면 무의식 중에 정서적 거부감을 표시하는 경우가 적지 않다.

노동계 인사들이 벤처기업에 대해 불편한 시선을 거두지 못하는 것은 나름대로 뿌리 깊은 요인이 작용한 결과이다.

산업혁명 이후 신사로 불린 부르주아 계급은 노동을 천하고 불명예스런 것으로 간주했다. 영국의 작가 조셉 에디슨Joseph Addison은 《스펙테이터Spectator》에 기고한 글에서 "토지를 소유하고 다른 사람을 부리는 것은 부를 쌓는 유일한 길이며 그 밖의 직업은 비천하고 비굴한 면을 갖고 있다"라고 언급하기도 했다.

부르주아 계급에 맞서 노동자 권익을 옹호한 운동은 노동에 가치를 부여하는 것으로부터 시작되었다. 사회주의자들은 노동에 절대적 가치를 부여했고 신성시하기까지 했다. 반면에 지식의 가치는 상대적으로 평가 절하되었다. 사회주의 사회에서 지식인들은 노동을 체험함으로써 자신을 교화할 것을 요구받기도 했다.

그 과정에서 극단적인 편향이 나타났다. 사회주의 사회 일부에서 지식인은 재앙의 근원으로까지 취급되었다. 중국 문화대혁명 과정에서 지식인들은 집중적 탄압의 대상이 되어 다수가 살해되기까지 했다. '킬링필드'로 불린 더 끔찍한 비극이 동남아시아의 작은 나라 캄보디아에서 일어났다. 1975년 폴 포트Pol Pot가 이끄는 크메르 루주는 정권을 잡은 뒤 농민 천국을 만든다는 목표 아래 인구 4분의 1에 해당하는 100만여 명을 학살했다. 학살 대상에는 교사들을 포함해 지식인들 다수가 망라되어 있었다.

극단적 편향과는 거리가 멀었지만 한국 노동운동 흐름 속에서도 노동에 우선적 가치를 부여하면서 지식인을 경원시하는 분위기가 적지 않게 존재했다. 지식인에 대한 경멸이 담긴 용어 '먹물'은 이를 압축적으로 보여준다.

이런 분위기에 익숙한 노동계 인사들이 보기에 벤처기업은 먹물 냄새가 물씬 풍겨나는 곳이었다. 벤처 세계에서 지식과 창의적 능력은 높이 평가받는 반면 전통적 의미의 노동이 가치를 인정받을 여지는 별로 없어 보였다. 구성원들의 노동관도 흐릿해 보였다. 자본에 대한 긴장도 없이 소통과 협력만을 앞세운다. 노동 환경이 매우 열악함에도 이를 개선하기 위한 노력을 기울이지도 않는다. 대표적인 벤처 무대인 판교 밸리 한복판에서 노동단체 집회가 열린다는 것은 상상조차 쉽지 않아 보인다.

이런 시각이 팽배한 상황에서 노동계 인사들이 벤처기업을 긍정적으로 대하기를 기대하기는 쉽지 않다. 도리어 벤처기업이 주도하고 있는 3차 산업혁명조차 낯설고 이질적인 현상으로 받아들일 가능성이 컸다. 이래저래 진보 세계가 3차 산업혁명을 제때에 담론화하기 쉽지 않은 상황이었다.

어느 누구도 의도하지 않았지만 노동계 중심의 전통 진보 세계와 벤처 신세계 사이에 드넓은 시간의 장벽이 형성되어 있다. 과연 이 벽을 어떻게 허물 것인가. 향후 진보의 운명을 좌우하는 요소가 아닐 수 없다.

일반적으로 진보는 선진 생산력을 담당하는 선진 주체의 이해와 요구를 대변하면서 형성된다. 2차 산업혁명 때까지 선진 생산력을 담당했던 곳은 대량생산 체제를 주도한 대공장이었다. 대공장 노동자는 대표적인 선진 주체였다. 3차 산업혁명으로 야기된 생산력 발전의 새로운 단계는 창조경제로 표현되며 그 주역은 벤처기업이다. 선진 생산력을 담당하는 선진 주체는 벤처기업을 중심으로 형성된다. 벤처 세계는 부단한 성장을 거듭하면서 미래를 주도할 것이다. 미래 사회를 지배할 진보적 가치와 규범은 벤처 세계를 중심으로 창출될 수밖에 없다. 벤처 세계를 도외시하고 진보를 이야기할 수 없다.

관련해서 노동계 인사들에게 묻고 싶다. 과거 노동운동가들이 노동의 온전한 해방을 위해 추구했던 전략 목표로는 사회주의 사회와 복지국가 두 가지가 있었다. 이 두 가지는 더 이상 해답이 될 수 없다. 노동운동가들은 노동자가 진정으로 세상의 주인이 될 수 있는 새로운 전략을 갖고 있는가?

노동계 인사들로서는 도무지 이해할 수 없는 일이겠지만 노동해방 출구를 품고 있는 곳은 다름 아닌 벤처기업이다.

새로운 대안, 사람 중심 경제의 탄생

새로운 미래를 열기 위해서 과거로부터 자유로워야 함은 매우 분명해 보인다. 과거에 갇혀서는 안 되며 과거에 발목 잡혀서도 안 된다. 하지만 이를 단순하게 기억 속에서 과거를 지우는 것으로 잘못 이해해서는 곤란하다. 아무리 잘난 척 해봐야 우리 모두는 과거 유산에 의지해 미래로 나아갈 수밖에 없기 때문이다. 과거로부터 자유로워진다는 것은 계승과 혁신의 지점을 정확히 구별하는 것이다.

싫든 좋든 자본주의 사회를 살아온 우리가 가장 의지할 수 있는 것은 복지국가가 남긴 유산이다. 우리는 궁극적으로 복지국가의 한계를 뛰어넘어야 하지만 그를 위해서라도 유산을 착실히 챙길 필요가 있다.

복지국가가 우리에게 남긴 가장 소중한 유산은 복지 제도 자체가 아니라 그것을 가능하게 했던 사회적 대타협의 정신이었다. 노동자와 자본가 계급이 대타협을 통해 모두가 이익이 되는 복지국가를 만들어 간 점을 가장 주목해야 하는 것이다. 오늘날의 시각에서 보더라도 이 대목은 여전히 중요한 의미를 갖는다.

프랑스 올랑드 사회당 정부 이야기를 해보자. 올랑드 정부는 취임 초 재정적자 타개를 목표로 100만 유로(약 15억 원) 이상 초고소득자에게 최고 세율 75%를 부과하는 부자 증세에 나섰다. 이에 프랑스 부자들은 앞다투어 벨기에 등 이웃나라로 국적을 바꿨다. 5만여 명에 이르는 금융엘리트들은 런던으로 활동 거점을 옮겼다. 부자들의 대대적인 탈주로 조세 수입이 거꾸로 줄어들고 말았다. 당황한 올랑드 정부는 사태를 수습하겠다며 30조 원 규모의 기업 감세를 추진했다. 이번에는 전통적 지지층이 강하게 반발했다. 올랑드 정부는 페이스를 잃고 갈팡질팡했다. 올랑드 정부 말기 지지율은 4%로 주저앉았다.[76] 2017년 연이어 치러진 대선과 총선에서 사회당은 궤멸 수준의 참패를 겪었다. 편향된 낡은 프레임 안에 갇혀 왼쪽과 오른쪽을 오락가락하다 몰락한 전형적인 경우라 할 수 있다.

한국은 프랑스와 다를 수 있다. 어떤 지점에서는 한국이 나을 수도 있다. 거꾸로 불리한 지점이 있을 수도 있다. 중요한 사실은 한국이 그 어느 나라보다도 세계화에 대한 노출 정도가 심하다는 사실이다.

진보 세력은 사용자 입장을 고려하지 않은 채 노동자 이익을 배타적으로 옹호하는 경향이 있다. 비슷한 맥락에서 복지비용 조달 목적으로 공격적인 법인세 인상을 꾀하기도 한다. 애초 의도와 무관하게 이러한 시도는 자동화와 해외 이전을 촉진함으로써 일자리가 줄어드는 결과를 초래할 가능성이 높다.

이와 정반대 현상이 존재한다. 보수 세력은 기회만 있으면 노동유연화를 외친다. 노동유연화가 이루어지면 기업의 해외 이전이 줄어들 뿐만 아니라 나갔던 기업도 되돌아올 수 있다고 주장한다. 사실상 노동자를 희생양 삼아 시장을 살리자는 발상이다. '나쁜 일자리'를 양산하는 것에서 해법을 찾는다.

진보는 일자리 창출에서 한계를 보이고 있다. 보수는 잘해봐야 나쁜 일자리만을 약속할 수 있을 뿐이다. 이 모두를 지양할 수 있는 결론은 매우 단순명료하다. 노동자와 사용자 중 어느 한쪽 입장만을 반영하지 않는 것이다.

오늘날의 환경에서 실현 가능한 대안 모델이 되자면 반드시 세 가지 요건을 충족시켜야 한다. 첫째, 이해당사자 모두에게 플러스 이익이 되어야 한다. 둘째, 특정 영역에 국한되지 않고 충분히 일반화할 수 있어야 한다. 셋째, 사회적 합의를 이룰 수 있어야 한다. 이 세 가지 요건을 갖추면 대안 모델로서 일차적인 자격을 획득할 수 있다. 관련된 구체적 이야기는 3부에서 다루는 것으로 하고 여기서는 원론적 접근을 해보자.

모두에게 플러스 이익이 될 수 있는가?

대안 모델이 되기 위한 첫 번째 조건에 대해 살펴보자. 과연 이해당사자 모두에게 플러스 이익이 될 만한 지점이 존재하는가?

인간에게는 가치를 창출할 수 있는 요소로 노동력과 창조력 두 가지가 있다. 노동력은 기계 등 다른 작업 수단에 의해 끊임없이 대체되어 왔다. 그로 인해 일시적인 기술 실업이 발생하기도 했지만 인류는 고된 노동으로부터 벗어나는 진보적 과정으로 인식하고 있다. 반면 창조력은 기계에 의해 대체되지 않는다. 대체 가능하다면 본래적 의미에서 창조력이라고 말하기 곤란하다. 이런 이유로 창조력을 가치 창출의 근본으로 삼는 '창조경제'는 사람이 경제 활동의 중심에 설 가능성을 품는다.

보다 명확한 해답을 잉태하고 있는 곳은 창조경제의 주역인 벤처기업이다. 벤처기업은 창조력을 가치 창출의 근본으로 삼는다. 벤처기업의 생산성은 창조력 발산이 얼마나 극대화되는가에 따라 좌우될 수밖에 없다.

창조력 발산은 구성원이 자발적 열정을 갖고 몰입할 때 극대화될 수 있다. 중요한 것은 구성원이 어떤 조건에서 자발적 열정을 갖고 몰입할 수 있는가이다. 이에 대한 해답을 찾는 데 복잡한 경제학 이론은 아무런 도움이 되지 않는다. 필요한 것은 사람을 이해할 수 있는 인문학적 소양이다.

거꾸로 접근해보자. 자신이 돈벌이 수단으로 간주되고, 조직 부속품으로 전락해 있으며, 권력 행사의 대상이 되어 아무런 결정권을 발휘할 수 없을 뿐만 아니라 기여에 상응하는 충분한 보상조차 이루어지지 않는 조건에서, 자발적 열정을 갖고 몰입할 수 있을까? 상식적으로 볼 때 그것은 불가능한 일이다.

구성원이 자발적 열정을 갖고 몰입하자면 그 자신이 돈벌이 수단이 아닌 목적으로 간주되어야 한다. 부속품이 아닌 조직의 중심에 서야 한다. 권력 행사의 주체가 될 수 있어야 한다. 기여에 상응하는 충분한 보상이 이루어져야 한다. 이는 경제 활동이 사람을 중심으로 전개되어야 함을 의미한다.

그동안 자본주의 사회에서 기업의 경제 활동은 자본의 흐름을 중심으로 이루어졌다. 자본의 이윤 추구가 목적이었고, 자본의 흐름 관리가 조직의 중심을 이루었으며, 주주라는 이름의 자본 소유주가 권력을 행사했다. 가치 창출에 종사하는 구성원은 돈벌이 수단이고 조직 부속품이며 권력 행사 대상에 불과했다. 이윤 극대화 논리가 작동하면서 기여에 상응하는 충분한 보상이 이루어지지도 않았다. 구성원이 자발적 열정을 갖고 몰입하기가 원천적으로 불가능한 구조였다.

바로 이 지점에서 질적 변화가 요구되는 것이다. 결론적으로 자본 자리에 사람이 들어설 때 창조력 발산이 극대화된다. 그럴 때 기업의

	자본 중심 경제	사람 중심 경제
경제활동	수단	목적
조직	부속품	중심
권력 행사	대상	주체

자본 중심 경제와 사람 중심 경제의 차이

경영 실적이 호전됨으로써 이해당사자 모두의 이익이 증대될 수 있다.

3차 산업혁명은 창조력을 가치 창출의 근본으로 삼는 창조경제를 출현시켰다. 창조경제의 주역은 벤처기업이다. 벤처기업은 자본이 아닌 사람을 중심으로 움직일 때 최상의 결과를 낳을 수 있다. 이는 자본을 중심으로 움직였던 기존의 경제와는 질적으로 다른 '사람 중심 경제'의 태동을 알리는 것이다. 창조경제는 사람 중심 경제라는 새로운 환경에서 온전히 꽃을 피울 수 있다.

사람 중심 경제의 출발점은 각자가 기계는 물론이고 타인에 의해서도 대체될 수 없는 자신만의 고유한 창조력을 지니는 것이다. 이를 보장할 전 사회적인 교육훈련 시스템 구축이 필수적이다. 이러한 전제 조건이 충족되면 4차 산업혁명의 기술 발전은 사람이 단순 작업을 기계에 맡기고 고차원적인 창조 작업에 집중할 수 있게끔 만들 수 있다. 독일에서 선보인 사람과 로봇의 협업도 한층 높은 차원에서 구현할 수 있다. 4차 산업혁명을 그런 방향으로 적극 활용해야 한다.

자신만의 고유한 창조력을 바탕으로 사람이 경제 활동의 목적이 되며, 조직의 중심에 서고, 권력 행사 주체로서 충분한 보상을 받는다면 진정한 의미에서 '좋은 일자리'가 될 수 있다. 결론적으로 사람 중심 경제는 '좋은 일자리 창출을 우선하는 경제'이다.

사람 중심 경제에서 모든 이해당사자들은 각자의 이익 증대를 위해서라도 좋은 일자리를 만들고자 함께 노력한다. 만약 갈등이 격화되고 서로를 배척한다면 좋은 일자리 만들기가 어려워지면서 모두의 이익이 잠식당하고 만다. 그에 따라 갈등 지향적 노사관계와 작별을 고하고 신뢰를 기반으로 대등한 입장에서 파트너십을 발휘하는 협력적 관계를 지향한다. 노사관계 프레임의 전환은 필연이다.

좋은 일자리 창출을 우선하는 사람 중심 경제를 통해 자본과 노동 양측 모두를 포괄하는 변증법적 지양이 이루어진다. 지양은 기존의 것에 대한 자기부정의 과정이다. 그러한 부정을 통해 더욱 높이 고양된다.

사람 중심 경제에서 자본의 이윤 추구는 경제활동의 우선적 목표가 아니라 부수적 결과이다. 자본이 이윤 추구를 우선하면 할수록 사람을 대상화하고 도구화함으로써 창조력 발산을 제약할 가능성이 커진다. 그에 따라 결과적으로 이익이 감소할 수밖에 없다. 자본은 더 큰 이익을 위해서라도 이윤 추구를 우선 목표로 내세우지 않는다. 그런 점에서 자기부정을 통한 지양을 겪는다.

사람 중심 경제에서 노동은 여전히 존중되지만 더 이상 절대시되지 않는다. 단순 반복적인 노동은 벗어나야 할 그 무엇으로 간주되며 노동자는 창조적인 작업 주체로 진화한다. 그런 의미에서 자기부정을 통한 지양을 겪는다. 지양을 거친 노동자는 세상의 중심에 섬으로써 온전히 해방된다. 기계의 부속품이기를 강요받은 소외된 노동에서 벗어나 잃어버린 인간성을 되찾는다.

노동 대 자본 프레임 안에서 노동자는 진정한 의미에서 세상의 중심이 될 수 없다. 노동은 독자적 가치 창출 능력이 없는 자본 의존적 요소이다. 노동자가 노동력을 판매해야만 생존할 수 있는 이유이다. 소련의 국가사회주의는 국가가 자본 축적을 대신하는 것으로 해결하려고 했으나 실패했다. 노동 대 자본 프레임에 갇혀 자본 의존 상태를 유지한 채 노동 중심을 이야기하는 것은 자기모순을 드러내는 것이다.

노동자가 세상의 중심에 설 수 있는 것은 오직 사람 중심 경제를 통해서뿐이다. 노동자에게 부합하는 최상의 좌표는 '사람 중심 노동 존중'이다. 사람 중심은 지향해야 할 궁극적 목표이며 노동 존중은 출발점이자 기본 전제이다. 노동 존중 없는 사람 중심 경제 운영은 쉽게 자기 기만에 빠진다.

덧붙여 사람 중심 경제와 깊은 연관이 있는 범주로 '사회적 기업'과 '협동조합'에 대해 알아보자. 사회적 기업은 자본의 이윤 추구보다 일자리 창출을 포함한 사회적 이익을 우선한다. 그런 점에서 사람 중심 경제의 요소를 다분히 품고 있다.

협동조합은 사람 중심 경제의 특성을 가장 순수한 형태로 구현하고 있다. 협동조합의 주인은 조합원이다. 협동조합의 목표는 특정 개인의 이윤 획득이 아니라 조합원 공동의 이익 추구이다. 협동조합의 최고 의사결정구조는 1인 1표 원리에 입각한 조합원 총회이다. 돈이 아닌 사람 중심의 원리가 관통하고 있다. 조합원 사이에 고용 - 피고용 관계도 성립되지 않는다. 원칙적으로 조합원 모두는 각자의 영역에서 중심에 서 있는 경영 주체이다. 공동의 목표를 향해 수평적으로 협력하는 파트너이다.

일반화가 가능한가?

사람 중심 경제가 대안 모델이 되자면 두 번째 조건을 충족시킬 수 있어야 한다. 과연 사람 중심 경제는 일반화가 가능한가?

열쇠를 쥐고 있는 곳은 중소기업이다. 고용의 85% 이상을 차지하는 중소기업을 포괄할 수만 있다면 사람 중심 경제의 일반화는 충분히 가능하다. 중소기업 중에는 3차 산업혁명의 영향을 깊이 받은 곳이 있는가 하면 여전히 전통 산업 틀 안에 머물러 있는 곳도 있다. 이런 점을 감안해 중소기업 영역에서 사람 중심 경제로의 전환 가능성을 타진하자면 보다 일반적인 기준이 필요하다.

사람은 비용인가, 자산인가?

중소기업 경영자는 직원을 비용으로 간주할 수도 있고 자산으로 간주할 수도 있다. 비용으로 간주한다면 최대한 줄이기 위해 노력할 것이다. 반면 자산으로 간주한다면 가치를 최대한 높이기 위해 노력할 것이다. 똑같은 사람을 두고 어떤 시각으로 보는가에 따라 전혀 다른 처방이 나온다.

외환위기를 거치며 신자유주의가 유입됨에 따라 미국 식 경영 논리가 크게 성행했다. 그 요체는 사람을 철저하게 비용으로 간주하고 최대한 절감함으로써 경영 효율성을 극대화하는 데 있었다. 이를 위해 동원된 수단은 크게 세 가지였다. 첫째, 비정규직을 확대하는 것이었다. 둘째, 사람을 싼 기계로 대체하는 자동화 추진이었다. 셋째, 글로벌 경영 차원에서 인건비가 싼 해외로의 생산라인 이전이었다.

이러한 과정을 거쳐 중소기업들은 비용을 크게 절감할 수 있었다. 하지만 비용 절감이 경쟁력 강화로 이어졌다는 증거는 어느 곳에도 없다. 도리어 기초 체력 약화와 함께 글로벌 경쟁력에서 크게 고전하고 있는 실정이다. 단적으로 비정규직 양산은 기업 구성원들의 투지와 열정, 창의성 모두를 약화시켰다.

문제의 본질이 무엇인지를 드러내는 정반대 현상이 존재한다. 세계 시장 점유율 1~3위를 차지하는 독일 강소기업들의 약진이다. 유럽 최고의 경쟁력을 장기간 이어온 독일 경제의 주축이 작지만 강한 경쟁력을 지닌 강소기업들임은 주지의 사실이다. 이들 강소기업들이 강력한 경쟁력을 가질 수 있었던 비결은 무엇일까?

독일은 2008년 글로벌 금융위기를 극복하는 과정에서 '사람 얼굴의 자본주의'를 본격 추진하기 시작했다. 그 중에서도 강소기업들은 사람을 철저하게 자산으로 간주하는 사람 중심 경영을 추구했다. 독일 강소기업들은 모두가 높은 수준의 지식과 기능을 보유하도록 사람에게 집중 투자했다. 결과는 기업 경쟁력이 강화되면서 일자리 증가로 이어졌다. 2007년 63% 수준이었던 독일 고용률은 10% 정도 상승했다.[77]

독일 사례는 전통적인 제조업에 종사하는 중소기업에서도 가치 창출의 주요 원천이 노동력에서 지식 등으로 바뀌어가고 있음을 입증한다. 3차 산업혁명의 파장은 모든 경제 영역을 포괄하는 방향으로 진행되고 있다.

높은 지식과 기능은 노동력보다는 창조력의 일부이거나 그에 가깝다. 창조력 발산이 극대화되려면 벤처기업에서 제기되었던 조건들을 동일하게 갖추어야 한다. 직원은 경제 활동의 목적이 되어야 하고 조직의 중심에 서야 하며 권력 행사의 주체가 되어야 한다. 더불어 기여한 만큼 충분한 보상을 받을 수 있어야 한다. 한마디로 중소기업 역시 좋은 일자리 창출을 우선적 목적으로 삼아야 하는 것이다. 그럴 때 중소기업 역시도 청년들이 기꺼이 찾는 곳으로 변신할 수 있다.

일본 중소기업의 사례 역시 이와 관련한 의미 있는 메시지를 던지고 있다. 일본 호세이대학 사카모토 코지坂本光司 교수 연구팀이 불황에 관계없이 꾸준히 높은 이익을 내는 중소기업들을 일괄 분석해본 결과 공통적으로 직원 행복을 우선함이 확인됐다. 가톨릭대 김기찬 교수는 이를 두고 '사업 중심 경영'에서 벗어나 직원을 동반자로 보는 '사람 중심 경영'의 결과라고 평가했다.

김기찬 교수가 신문에 기고한 글 〈종업원을 춤추게 하라, 그러면…〉 내용 일부를 소개하면 다음과 같다.

일본 호세이대학 사카모토 코지 교수가 회장으로 있는 '사람을 소중히 하는 경영학회'에서는 지난 40년간 7,000여 개 중소기업을 연구한 결과를 담은 책을 내고 있다. 2008년 이후 70만 권이 팔린 이 시리즈를 통해 사카모토 교수 연구팀은 20년 이상 지속적으로 흑자를 내고, 매출액 대비 이익률이 5% 이상을 유지하는 기업을 분석했다. 그 결과 불황에 관계없이 꾸준한 이익과 일자리를 만들어내는 중소기업은 직원을 끝까지 소중히 여기고, 행복하게 느끼도록 해준다는 특징이 있는 것으로 나타났다. 이른바 '사람 중심 경영'을 하는 기업들이다.

일본 국세청의 2012년 보고서에 따르면, 386만 개의 일본 기업 가운데 70% 이상이 이익을 내는 데 실패했다. 적자를 내는 기업들은 거의 대부분이 기업 내부 문제가 아니라 외부 상황이 좋지 않기 때문이라는 반응을 보였다. 불경기, 정부 정책, 업종 자체의 불황을 이유로 들거나 교외에 큰 쇼핑센터가 생긴 탓이라는 식으로 변명하고 있다.

과연 외부 상황만이 문제일까? 업무 성과가 좋지 않다는 이유로 정리해고를 하거나, 거래처·협력업체 직원의 봉급을 낮추는 기업들은 예외 없이 좋지 않은 결과를 내고 있었다. 사람을 중시하는 것이 아니라 업무 성과를 중시하는 '사업 중심 경영'의 한계인 것이다.

이제까지 경영학의 정설은 주주가 가장 중요하거나 고객이 가장 중요하다는 것이었다. 사원과 협력업체 직원은 이들을 위한 도구, 수단이라고 생각했다. 또 장애인 등 사회적 약자에 대한 고용과 책임은 경제적 여유가 있는 회사가 사회적 책임의 차원에서 나서야 한다고 생각했다.

그러나 일본에서의 연구 결과는 '주주와 고객'이 아니라 '직원과 협력업체'에 진심을 다해야 한다는 것이었다. 기업의 리더가 가장 중시해야 하는 사람은 사원과 그 사원을 열심히 지지하고 있는 가족들이다. 직원은 도구나 수단이 아니라 가장 소중한 동반자라는 철학을 가져야 한다.[78]

불가피하게 대기업 영역은 숙제로 남겨두는 것이 좋을 것 같다. 굳이 따지자면 대기업이 사람 중심 경제에 합류할 확률은 반반이다.

대기업은 자본 지배력이 굳건한 영역이다. 더욱이 자본의 세계화로 국제금융자본의 영향력이 강하게 작용하고 있다. 앞서 살펴본 것처럼 국제금융자본은 철저하게 단기 이익 중심으로 움직인다. 그들 입장에서 결과를 믿을 수 없는 사람 중심 경제로의 전환을 지지할 가능성은 높지 않다. 효과가 즉각적이고 확실한 구조조정에 집착할 확률이 더욱 높다. 이는 사람 중심 경제와 전면 배치된다.

대기업이 장애 요인을 극복하고 사람 중심 경제로 합류하려면 사회적 환경, 정부 정책, 경영자 의지 등 많은 요인들이 복합적으로 작용해야 한다. 분명한 사실은 대기업이 사람 중심 경제로의 전환을 주도하기는 어렵다는 사실이다. 최악의 경우 사람 중심 경제로의 전환 과정에서 투쟁 대상으로 전락할 수도 있다.

사회적 합의를 이룰 수 있는가?

대안 모델이 되기 위한 세 번째 조건을 살펴보자. 과연 사람 중심 경제에 대한 사회적 합의가 이루어질 수 있을까?

사람 중심 경제로의 전환은 오직 이해당사자들의 자발적 협력을 바탕으로 구현될 수 있다. 결코 국가가 일방적으로 이끌고 간다고 되는 것도 아니고 시장이 알아서 하도록 내맡긴다고 되는 것도 아니다. 사람 중심 경제로의 전환은 지난한 토론과 상호 설득을 통한 사회적 합의를 바탕으로 이루어질 수 있다.

논리적으로만 보면 사회적 합의는 충분히 가능하다. 사람 중심 경제는 노동자와 경영자, 자본 소유자 모두에게 플러스 이익을 안겨다 주기 때문이다. 문제는 곳곳에 짙게 배여 있는 낡은 관습과 타성이다. 단적으로 척박한 자본주의 사회를 거쳐 오면서 오직 돈만을 최고로 여기는 습성이 곳곳에 배여 있다. 이는 쉽게 바뀌지 않는다.

낡은 관습과 타성을 걷어내고 사람 중심 경제로의 전환에 대한 사회적 합의를 이끌어내려면 강력한 추진력이 형성되어야 한다. 그 추진력은 어느 곳보다 청년 세대 안에 풍부하게 깃들어 있다.

사람 중심 경제가 보편적 가치를 지니려면 사람이 특정 소수 엘리트를 지칭하는 것이어서는 안 된다. 사람 중심 경제는 궁극적으로 모든 사람이 저마다의 영역에서 중심이 되어 움직이는 경제여야 한다. 각자가 중심인 조건에서 사람들이 관계를 맺을 수 있는 방식은 원칙적으로 수평적 관계뿐이다. 수직적 위계질서를 허물고 수평적 관계를 지향할 때 각자가 중심에 서서 창조력 발산을 극대화할 수 있다.

반대로 접근하면 수평 지향성은 각자가 중심이 되고자 하는 열망이다. 이러한 열망이 경제활동 영역에서 표출되면 사람 중심 경제의 추진력으로 발전할 수밖에 없다. 청년 세대는 바로 그 수평 지향성이 유별나게 강하다.

다음 표는 직장인 500명을 대상으로 실시한 설문조사 결과이다. 직장 생활에서의 소망이 세대별로 큰 차이가 나는 것을 보여주고 있다. 40대 이상은 매출이 늘고 안정돼 수입이 많이 오르는 것을 가장 원했다. 반면 20~30대는 인간적이면서도 서로 존중하는 수평적 직장을 가장 원했다. 최대한 단순화시켜 비교하자면 40대 이상은 돈을 가장 중시한 반면 20~30대는 사람 관계를 우선했다.

설문조사 결과를 놓고 아직 세상 물정 모르는 20~30대 청년들이 순진한 열망을 드러낸 것이라고 해석할 수도 있다. 하지만 20~30대 청년들의 강한 수평 지향성은 연령 특성이 어느 정도 작용한 것은 사실이지만 다분히 역사적 산물이다. 단적으로 1980년대 20대 청년들

	20대	30대	40대	50대	60대 이상
1위	인간적이며 서로 존중하는 수평적 직장 (31%)	인간적이며 서로 존중하는 수평적 직장 (28%)	매출이 늘고 안정돼 수입이 많이 오르는 것 (37%)	매출이 늘고 안정돼 수입이 많이 오르는 것 (36%)	매출이 늘고 안정돼 수입이 많이 오르는 것 (34%)
2위	비전 공유하며 성장하는 직장 (25%)	일과 가정이 양립 가능한 직장 (25%)	비전 공유하며 성장하는 직장 (17%)	비전 공유하며 성장하는 직장 (16%)	비전 공유하며 성장하는 직장 (19%)
3위	일과 가정이 양립 가능한 직장 (18%)	매출이 늘고 안정돼 수입이 많이 오르는 것 (23%)	인간적이며 서로 존중하는 수평적 직장 (14%)	인간적이며 서로 존중하는 수평적 직장 (12%)	인간적이며 서로 존중하는 수평적 직장 (7%)

2015년 일터에 대한 세대별 소망 [79]

은 수평 지향성이 그다지 강하지 않았다. 진보 성향 학생운동조차도 선후배 간에 엄격한 위계질서를 유지하고 있었다.

청년 세대가 이전 세대와 확연히 다른 특성을 보이기 시작한 것은 한국 사회가 새로운 국면에 접어든 1990년대 이후부터였다. 1990년대에 접어들면서 냉전체제가 해체되고 민주화가 정착되었으며 경제 성장의 성과가 가시화되었다. 1자녀에서 2자녀가 보편화되고 인터넷 확산 등 디지털 문명이 본격적으로 꽃을 피우기 시작했다. 크게 달라진 환경에서 청년 세대는 자신을 중심으로 세상을 보는 데 익숙해졌다. 인터넷의 영향으로 정보를 수집하고 가공·유통시키는 등 개인의 힘으로 해결할 수 있는 영역도 급속히 확장되었다. 대학교육 일반화로 평균적인 지적 능력 역시 기성세대에 비해 월등히 높아졌다.

청년들에게 '나'는 모든 것의 출발점이자 중심이고 목표가 되었다. 각자를 세상의 중심으로 삼는 조건에서 서로 맺을 수 있는 것은 수평적 관계뿐이다. 일상생활에서 온라인 활동 비중이 커지면서 수평적으로 소통하는 데 한층 익숙해지기도 했다. 청년들은 수평 지향성이 강할 뿐만 아니라 그런 방향으로 훈련된 세대였다. 집단 가치를 우선하고 위계질서에 순응했던 이전 세대와 확연히 다른 모습이었다.

청년들이 가슴 속 깊이 간직하고 있는 창업의 꿈도 수평 지향성과 밀접한 연관이 있다. 청년들은 수직적 위계질서에 속박되는 것을 견디지 못한다. 청년들은 평생 남 밑에서 사는 것을 끔찍하게 여긴다. 잘리지 않고 정년 은퇴할 때까지 안전하게 직장 생활하기를 갈구했던 이전 세대와 확연히 다르다. 창업에 대한 청년들의 꿈은 모든 속박에서 벗어나 자신만의 세계를 펼치고자 하는 독립적 열망의 표현일 수 있다.

젊은 시절을 산업화와 함께 보낸 기성세대는 2차 산업혁명 세대라고 할 수 있다. 감성 구조와 사유 체계가 2차 산업혁명을 배경으로 형성되었다. 그로부터 형성된 특징은 큰 변화 없이 유지되고 있다. 반면 청년 세대의 감성 구조와 사유 체계는 3차 산업혁명을 배경으로 형성되었다. 사람 중심 경제는 3차 산업혁명을 기반으로 만들어지는 새로운 경제 패러다임이다. 여러 모로 사람 중심 경제의 추진력은 3차 산업혁명 세대인 청년들 속에서 풍부하게 형성될 수밖에 없다. 인간미 넘치는 수평적 직장 문화에 대한 청년 세대의 열망은 사람 중심 경제에 부합한다.

촛불시민혁명, 사람 중심 경제, 청년 세대는 하나로 연결되어 있다. 촛불시민혁명은 세상을 수평하게 바꾸라는 메시지를 던졌다. 이를 경제 영역에 적용할 때 자연스럽게 도달할 수 있는 지점은 사람 중심 경제이다. 촛불시민혁명에서 표출된 것과 마찬가지로 청년 세대 안에 존재하는 사람 중심 경제에 대한 갈망 또한 매우 강력할 수 있다. 여론과 지지를 바탕으로 사람 중심 경제에 대한 사회적 합의를 이끌어내기에 충분하다.

사람 중심 경제로 나아가는 일차 관문은 '큰 틀에서의 방향 전환'에 대한 사회적 합의를 이루는 것이다. 진보 정부가 우선적으로 수행해야 할 핵심 과제이다. 사람 중심 경제에 대한 사회적 합의만 이루어지면 사회구성원들의 자발적 협력이 고취될 수 있다. 사람 중심 경제는 오직 그러한 자발적 협력을 바탕으로 구체화되고 발전한다. 사회적 합의는 사회구성원들의 자발성을 고취시키는 정치적 모티브이다.

촛불시민혁명은 박근혜가 주도한 좌우 프레임을 해체시키고 압도적 다수의 시민들을 공통의 목표 아래 통합시켰다. 그런 점에서 사람 중심 경제에 대한 사회적 합의는 촛불시민혁명 정신을 온전히 계승하는 과정이 될 수 있다. 시민들이 사회경제 영역에서도 분열과 갈등의 늪을 넘어 공동의 목표를 향해 협력하도록 이끌 수 있을 것이다.

다섯 가지 난제에 해답을 줄 수 있는가?
사람 중심 경제가 대안 모델로서 온전한 자격을 갖추려면 통과해야 할 관문이 또 하나 있다. 앞서 제기한 다섯 가지 난제에 해법을 줄 수 있어야 한다. 지금까지 그러했던 것처럼 지극히 원론적 수준에서 정리해보도록 하자.

첫째, 성장 동력 확보에 답을 줄 수 있는가?

2017년 7월 25일 국무회의에 제출된 보고서 〈새정부 경제정책방향)은 한국 경제가 그동안 물적 자본[*] 투자 중심의 양적 성장을 추구했으나 더 이상 유효하지 않다고 진단하고 있다. 이 진단은 정확한 것이다. 전 세계적으로 보더라도 자본 축적이 성장을 좌우하는 시대는 확실히 지나가고 있다.

새로운 성장 동력은 사람으로부터 나오고 있다. 지식, 기술, 콘텐츠 등 성장을 가능케 하는 모든 에너지는 사람 안에서 태동하고 사람 안에 축적된다. 앞서가는 기업들은 사람 중심의 개방적 네트워크로 빠르게 변모해가고 있다. 《축적의 시간》에서 이야기한 축적의 주체는 자본이 아니라 사람이다. 시행착오 반복을 거쳐 개념 설계 능력을 축적할 수 있는 것은 오직 사람뿐이다. 아무리 높은 수준에서 자본 축적이 이루어져도 그런 능력이 획득될 수 있다는 보장이 없다. 경제성장은 사람의 성장에서 비롯된다.

좋은 일자리 창출을 우선하는 사람 중심 경제는 사람의 성장을 중심에 놓으면서 사람 안에 내재된 창조력의 숙성과 발산에 최적의 환경을 제공한다. 사람 중심 경제는 성장 동력 확보에서 절대적 우위를 점할 수 있다.

둘째, 실물경제와 금융자본 사이 불균형을 해소할 수 있는가?

사람 중심 경제는 성장 동력 확보로 실물경제를 회생시켜준다. 이

◆ 물적 자본은 사실상 자본과 동의어이다. 통상 물적 자본이라는 표현은 인적 자본과 구별하기 위해 사용한다. 하지만 인적 자본은 엄밀한 의미에서 적절한 표현이 아니다. 자본은 이윤 추구를 통해 자기증식하는 존재이다. 인적 자본에는 창조력을 지닌 사람과 그들의 네트워크가 주요하게 포함되는데 이들을 이윤 추구를 통해 자기 증식하는 존재로 단정 지을 수는 없다. 인적 자본으로 표현되는 것들이 반드시 자본인 것은 아니다.

는 곧바로 과잉 축적된 금융자본에게 풍부한 투자 기회를 제공할 것이다. 더불어 과잉 축적된 금융자본을 경제의 질곡에서 원군으로 탈바꿈시킨다.

사람 중심 경제에서 자본의 이윤 획득은 부수적 결과로 간주된다. 그럴 때 더 많은 자본 이득을 보장받을 수 있다. 자본은 이를 수긍하고 받아들이는 지난한 과정을 거쳐 스스로를 '순치'한다. 사람 중심 경제에 내포된 비전 공유를 바탕으로 가치 창출에 대한 기여를 우선한다. 금융자본은 투기 자본에서 생산 자본으로 변신한다. 1,000조 원이 넘는 시중 부동자금은 폭발적인 창업을 뒷받침할 든든한 젖줄이 될 수 있다.

셋째, 4차 산업혁명에 따른 기술 실업을 극복할 수 있는가?

사람 중심 경제의 출발점은 기계나 타인에 의해 대체할 수 없는 자신만의 고유한 창조력을 갖추는 것이다. 이를 바탕으로 사람은 단순 반복 작업을 기계에 맡기고 한층 창조적인 작업에 전념할 수 있다. 2차 산업혁명 시기에 굳어진 낡은 관습과 타성에서 벗어나 발상을 전환하면 그 가능성은 무궁무진하다. 노동의 기술적 대체도 이러한 전환을 뒷받침하는 과정의 일부로 재규정된다.

인공지능, 빅데이터, 로봇 등 4차 산업혁명의 핵심기술 종사자들이 이야기하는 것들에는 공통점이 있다. 이들은 기술을 개발하는 과정에서 인간이 지닌 놀라운 능력을 새롭게 깨닫는다고 한다. 간단한 예로 로봇 공학자는 계단을 오르며 쉽게 균형을 잡는 인간의 능력에 놀라워한다. 4차 산업혁명은 인간의 잠재력에 새롭게 눈 뜨도록 만들고 있다. 더불어 그 잠재력을 개발할 수 있는 기술적 환경을 제공하고 있다.

사람 중심 경제에서 4차 산업혁명은 인간이 고도의 창조적 주체로 비상하도록 기술적 뒷받침을 한다.

사람 중심 경제는 기술 실업을 촉진했던 갈등 지향적 노사관계도 혁신적으로 변화시킨다. 좋은 일자리를 만들기 위해 함께 노력하는 과정에서 상호 신뢰를 바탕으로 한 협력적 관계가 확립된다. 그러한 조건에서 인간과 기계가 맺을 수 있는 최상의 관계가 무엇인지를 함께 찾아갈 수 있다.

넷째, 세계화 덫으로부터 탈출할 수 있는가?

노동을 세계화 덫에 빠트린 것은 자본의 세계화와 생산의 세계화 두 가지였다. 두 측면 모두에서 살펴보자.

사람 중심 경제에 대한 사회적 합의가 이루어지면 좋은 일자리 창출을 우선하면서 자본 이윤 획득을 부수적 결과로 보는 사회적 인식이 확산될 것이다. 이는 고스란히 세계화된 자본으로부터 가해지는 구조조정 압력을 강력히 거부하는 것으로 이어질 수밖에 없다. 제도적 대응책 마련이 남는 과제가 될 것이다.

생산의 세계화와 관련해서 주목해야 할 사실이 하나 있다. 그동안 대대적인 해외 이전이 이루어졌던 일자리들은 대부분 '교환 가능성'이 높은 단순 노동이었다. 한국 노동자를 베트남 노동자로 대체해도 아무런 차이가 없는 경우였다. 사람 중심 경제가 우선하는 좋은 일자리는 기계나 타인에 의해 대체되지 않는다. 해외 노동자에게 쉽게 넘길 수 없다. 원칙적으로 교환 가능성이 제로다. 생산의 세계화는 억제된다.

사람 중심 경제는 창조력을 지닌 사람들의 네트워크를 떠나 작동할 수 없다. 단적인 예로 영화나 음악 관련 문화콘텐츠 산업이 생산 기지를 해외로 옮기는 경우는 거의 없다. 고도의 지식과 기술력을 바탕으로 한 벤처산업 역시 마찬가지다. 사람 중심 경제는 떠돌이 경제와 선을 긋고 정착형 경제로 변신한다.

다섯째, 불평등 문제를 근원적으로 해소할 수 있는가?

그동안 불평등 해소를 위한 소득재분배는 세 가지 차원에서 이루어졌다. 1차 분배는 경제활동 현장에서 임금 상승 형태로 이루어졌다. 2차 분배는 소득이 많은 사람에게 더 많은 조세를 부과하는 형태로 이루어졌다. 3차 분배는 빈곤 계층을 향한 복지지출을 확대하는 형태로 이루어졌다. 문제는 2·3차 분배 수단에 의한 불평등 해소가 갈수록 한계를 드러낸다는 데 있다.

불평등 해소는 경제활동 현장에서부터 원천적으로 이루어져야 한다. 사람 중심 경제는 좋은 일자리 창출을 우선함으로써 그에 대한 분명한 답을 준다. 좋은 일자리는 기여한 것에 상응하는 충분한 보상을 포함한다. 더욱 중요한 것은 사람 중심 경제에서 좋은 일자리란 각자가 조직 중심에서 권력 행사의 주체가 되는 것을 전제로 한다는 점이다. 권력의 수평적 분배를 추구하는 것이다. 권력이 있는 곳에 소득이 따르기 마련이다. 권력의 수평적 분배는 불평등의 원천적 해소를 이끄는 가장 확실한 동력이다.

사람 중심 경제는 본성적으로 수평적 관계를 지향한다. 그럴 때 높은 생산성을 발휘하면서 왕성한 활력을 유지할 수 있다. 사람 중심 경제가 성숙될수록 사회는 더욱더 수평해지는 방향으로 나아갈 것이다. 이는 곧 수직적 위계질서에 근거한 불평등 재생산 구조를 근원적으로 해체시키는 과정이다.

새로운 패러다임의 출현과 프레임 전환

지금까지의 논의를 바탕으로 사람 중심 경제의 핵심 요지를 최대한 단순화시켜 몇 가지 명제로 정리해보자. 문제를 보다 명료하게 드러내기 위해 체제 개념으로서 복지국가와의 질적 차이를 중심으로 접근해보자. 과연 사람 중심 경제와 복지국가는 문제를 대하는 관점에서 어떻게 다를까?

사람 중심 경제는 좋은 일자리 창출을 바탕으로 사람 안에 잠재해 있는 무한한 에너지를 성장 동력으로 삼는다. 성장 동력을 자본 축적에 의존했던 기존 복지국가와의 근본적 차이점이다.

사람 중심 경제에서 성장 동력 관련 정부의 최우선 임무는 사회구성원들이 대체 불가능한 창조력을 갖도록 교육훈련 시스템을 구축하는 것이다. 과거 복지국가의 모범인 스웨덴 사회민주당 정부가 원활한 자본 축적을 뒷받침하기 위해 산업경쟁력 강화에 초점을 맞추었던 것과 뚜렷이 구별된다.

사람 중심 경제는 좋은 일자리 창출을 통해 경제가 활성화됨으로써 사회 전체가 함께 이익을 보는 구조이다. 좋은 일자리 창출을 우선적 목표이자 문제 해결의 핵심 수단으로 간주한다. 복지 확대를 문제 해결의 핵심 수단으로 삼았던 복지국가와 다른 점이다. 자치단체장이 주어진 예산을 좋은 일자리를 창출하는 환경 조성에 쓸지 통상적인 복지 확대에 쓸지는 분명히 다른 우선순위이다.

복지국가를 고수하고 싶어 하는 사람 중에는 좋은 일자리 창출을 복지의 일환으로 간주하고 싶어 할지 모른다. 좋은 일자리 창출과 복지는 깊은 연관이 있을 수 있으나 본질적으로 다른 범주에 속한다. 좋은 일자리 창출은 '가치 창조' 범주에 해당하는 데 반해 복지는 '가치 분배' 범주에 속한다.

사람 중심 경제는 좋은 일자리 창출로 가치 창조 과정을 혁명적으로 재구성함으로써 문제의 근본적 해결을 시도한다. 반면 복지국가는 가치 창조 영역에서 발생한 모순을 복지 형태의 가치 분배를 통해 완화시키고자 한다.

둘 사이의 차이는 2차 산업혁명과 3차 산업혁명의 차이로부터 비롯된 것이다. 2차 산업혁명 시기 노동은 단순 반복의 기계적 동작에 불과했다. 지루하고 딱딱하기 그지없는 것으로 자발적 열정을 갖고 임하기도 어려웠다. 수직적 위계질서에 입각한 엄격한 통제 시스템만이 높은 노동생산성을 보장할 수 있었다. 권력의 위계질서가 불가피한 상태였기에 가치 창조 영역에서의 근본적 모순 해결은 불가능했다. 반면 3차 산업혁명은 권력의 위계질서를 허물고 각자가 중심일 수 있는 조건을 창출했다.

이러한 맥락에서 사람 중심 경제 안에서는 비정규직 문제 또한 근원적 해결의 길이 열린다. 비정규직 문제의 본질은 비정규직을 사람이 아닌 쓰다 버릴 소모품으로 간주한다는 데 있다. 사람 중심 경제는 바로 이 지점에서 질적 변화를 압박한다. 자연스럽게 갈등 관계에 있던 비정규직과 정규직이 공동의 목표 아래 연대·협력할 수 있다. 정규직은 더 이상 현재의 자리를 사수해야 할 그 무엇으로 사고하지 않고 혁신적 일자리 창출에 기여한다.

사람 중심 경제는 좋은 일자리 창출을 통해 국가에 크게 의존하지 않고 사회구성원이 자주적으로 문제를 해결할 수 있도록 한다. 그럴 때 삶의 질이 고양될 수 있다고 믿는다. 국가의 재정 수단에 의존해 문제 해결을 추구했던 복지국가와 구별되는 지점이다. "사회구성원이 문제 해결의 주체인가 대상인가"라는 본질적 시각 차이가 내재해 있다. 단적으로 저출산·고령화 문제에 대한 해결책을 둘러싸고 이 차이는 확연하게 드러난다(관련된 사람 중심 경제의 해결 방안은 3부에서 다룰 예정이다). 사람 중심 경제에서 국가는 문제를 대신 해결해주기보다 스스로 해결할 수 있도록 도와준다.

사람 중심 경제에서 복지는 여전히 중요하나 부차적이고 보조적인 수단으로서 의미를 갖는다. 좋은 일자리 창출을 다각적으로 뒷받침하는 구실을 한다. 더불어 좋은 일자리 창출을 통해 해결되지 않았던 빈 공간을 채워준다. 모든 초점을 좋은 일자리 창출에 맞추면서 복지가 이를 뒷받침해주는 구조이다. 복지의 성격도 국가 주도의 시혜성 복지에서 민관 협력에 기초한 공동체 복지로 바뀐다.

지금까지 사람 중심 경제와 복지국가의 차이를 살펴봤지만 어느 쪽이 우월한지 따지는 것은 더 이상 의미가 없다. 복지국가는 다섯 가지 난제들에 뚜렷한 해답을 줄 수 없기 때문이다. 다섯 가지 난제를 해결하지 못하면 삶의 질을 개선할 수 없다. 복지 확대도 쉽지 않다. 반면 사람 중심 경제는 다섯 가지 난제에 답을 준다. 복지국가는 쇠락해가는 과거형 모델이고 사람 중심 경제는 떠오르는 미래형 모델이 될 수 있다.

우리가 사람 중심 경제로의 전환을 받아들일 수밖에 없는 또 하나의 중요한 이유가 있다. 한반도 냉전체제가 해체되면 통일은 꿈이 아닌 현실 과제로 떠오른다. 문제는 남북 간의 상이한 이념과 체제이다.

단언컨대 북한은 그들 방식의 사람 중심 경제를 추구할 것이다. 일각에서 이야기하는 중국식 개혁개방은 결코 북한에 적용될 수 없다. 중국 모델은 중국에서만 작동될 수 있을 뿐이다. 사람 중심 경제는 남북 사이의 체제 대립을 완화·해소하고 수평적 융합에 기초한 통일을 가능하게 한다.

이 모든 것은 사람 중심 경제가 20세기와는 전혀 다른 원리와 방식으로 문제를 해결하고 새로운 세계를 펼쳐낼 수 있음을 알려준다. 결론적으로 사람 중심 경제는 온전한 의미에서 새로운 패러다임으로 자리 잡을 수 있다.

지동설 대 천동설 프레임 안에서는 새로운 패러다임 지동설이 치열한 투쟁을 거쳐 궁극적 승리를 거두었다. 하지만 이 프레임은 절대우주론이라고 하는 패러다임을 공통 기초로 삼고 있었다. 절대우주론은 낡은 패러다임으로 대상화되고 상대우주론이 새로운 패러다임으로 등장해 그에 맞서는 프레임을 형성했다. 그러한 과정이 반복해서 이루어진 것이 우주론 진화 과정이었다.

비슷한 과정이 인간 사회에서도 일어나고 있다. 노동 대 자본 프레임의 공통 기초는 자본 축적 중심의 경제 운영이었다. 3차 산업혁명과 함께 창조력이 가치 창출의 새로운 원천으로 떠오르면서 자본 축적 중심의 경제 운영은 낡은 패러다임이 되었다. 여기에 맞서 사람 중심 경제가 새로운 패러다임으로 떠올랐다.

이로부터 노동 대 자본 프레임을 대체하는 '사람 중심 대 자본 중심'이라는 새로운 프레임이 생성되고 있다. 노동 대 자본 프레임이 사람 중심 대 자본 중심 프레임으로 바뀌는 것은 근대 이후 지속된 한 시대에서 벗어나는 거대환 전환이다. 우리가 역사의 변곡점을 통과하고 있음을 알리는 가장 명확한 징표이다. 그동안 우리에게 익숙했던 진보 세계의 관념을 일제히 낡은 것으로 만드는 강력한 충격파다.

'사람 중심 대 자본 중심 프레임' 안에서 사람 중심 경제가 자본 중심 경제의 지배를 극복하기 위한 치열한 투쟁을 전개할 것이다. 사람 중심 경제는 투쟁을 통해 성장·발전할 수밖에 없다. 사람 중심 경제에 대한 사회적 합의는 도약을 위한 결정적 디딤돌이자 미래 사회로 나아가는 청사진이 될 것이다.

지난한 여정을 거쳐 사람 중심 경제가 주도적 위치에 올라서고 자본 중심 경제가 부차적 지위로 내려앉을 때 온전한 의미에서 세상이 바뀐다. 여전히 인간 사회라는 점에서 새로운 모순이 발생하고 많은 지점에서 한계를 노정하겠지만 이전의 경험과는 차원이 다른 새로운 세상이 가능해진다.

진보는 상대적 개념이다. 시공간을 초월한 절대적 진보는 존재하지 않는다. 새로운 패러다임이 창조되고 프레임이 교체되는 것에 발맞추어 진보의 정체성 또한 재구성되어야 한다. 낡은 껍질을 깨뜨리고 새롭게 태어나야 한다.

무엇보다도 '진보의 함정'을 경계해야 한다. 스스로 진보적이라고 생각하는 사람일수록 과거의 틀에 갇혀 있으면서도 시대를 앞서가고 있다는 착각에 빠질 가능성이 크다. 의외로 그런 경우가 매우 많아 심각한 문제가 되고 있다.

지금까지 진보는 노동 대 자본의 프레임 안에서 노동 편에 서는 것을 의미했다. 이제부터 진보는 프레임 자체의 전환을 주도하면서 (변함없이 노동을 존중하며) 사람 중심 경제의 편에 서는 것을 의미한다. 진보의 본령은 시대 변화를 선도하는 데 있다. 기존 프레임 안에 갇혀 있는 낡은 진보는 진정한 진보가 아니다. 붕괴의 운명에 직면한 낡은 집이 언제까지 집으로 간주될 수 있겠는가?

제 3 부

새로운
프레임의
형성

지금부터 우리는 이론과 현실의 간극을 헤치고 사람 중심 경제로 다가가기 위해 풀어야 할 기본적 과제들을 살펴볼 예정이다. 과제들을 해결할 수 있는 여건이 성숙되고 있다는 사실도 함께 확인해볼 것이다. 사람 중심 경제로의 전환은 일정한 노력만 뒷받침되면 충분히 실현 가능한 목표임을 알 수 있을 것이다.

앞으로 다룰 이야기는 다분히 미래와 관련된 것들이다. 미래는 검증되지 않은 영역이다. 미래는 예상할 수 없는 수많은 변수로 가득하다. 정밀한 설계를 허용하지 않는 가역적 영역이다. 미래에 관계된 이야기 속에는 여백이 넘쳐나야만 정상이다. 그 여백이야말로 자유로운 상상을 자극하는 공간이다.

모두가 유념했으면 하는 사실이 하나 있다. 현재 한국 사회가 직면한 가장 심각한 문제의 하나는 상상력이 고갈되어 있다는 점이다. 현재의 조건을 뛰어넘어 새로운 세계를 상상하는 데서 상당한 빈곤을 드러내고 있다. 진보하고 도약하는 사회는 예외 없이 상상력이 넘쳐났다. 미지의 세계에 대한 호기심과 모험심이 사람들을 끊임없이 자극했다. 다시금 상상력에 불을 지펴야 할 때다.

사람 중심 경제는
어떻게 현실화되는가

7장

■

．

■

　사람 중심 경제는 비록 담론 수준이기는 하지만 필자의 전작에서 여러 차례 제출된 바 있다. 많은 사람들이 방향은 수긍이 가지만 막연하다는 반응을 보였다. 무엇을 어떻게 해야 할지도 감이 잘 잡히지 않는다고 했다. 일선 현장에 있는 사람들과 이 문제를 두고 상당히 깊은 고민을 나누었다. 그 결과 총론과 현장 사이를 이어줄 중간 범주가 필요하다는 결론에 도달했다. '사람 중심 정책', '사람 중심 산업', '사람 중심 경영'은 바로 그에 해당하는 것들이다.

　그동안 진보 일각에서 협동, 사회, 공정 등 '착한 가치'를 추구하는 대안 경제를 모색해왔다. 대체로는 소수의 뜻 있는 사람들에 의존하는 예외적 영역으로서 성격이 강했다. 그 자체로 의미가 충분하고 발전시켜야 할 가치가 있지만 소수의 경제를 크게 벗어나지 못한 것 또한 사실이다.

　사람 중심 경제는 그와는 전혀 다른 의미에서의 대안적 경제체제이다. 사람 중심 경제는 기존 경제체제 안에 존재하는 섬이 아니라 전체를 대체하는 지배적 범주로서 대안적 경제체제다. 이상을 품지만 지극히 세속적인 경제 모델이다. 자본의 이윤 추구를 배척하지 않고 용인하며, 시장 경쟁에서 벗어나는 것이 아니라 그 안에서 작동한다. 이기적 욕망을 지닌 인간들이 충분히 지지하고 수용할 수 있는 경제이다.

이런 맥락에서 사람 중심 경제가 새로운 경제 패러다임으로 안착하려면 '사람 중심 원리'가 정부 정책, 산업 구조, 기업 경영 등 필수 경제 영역에서 두루 구현될 수 있어야 한다. 사람 중심 정책, 사람 중심 산업, 사람 중심 경영 등은 바로 이를 가능하게 해준다. 사람 중심 경제를 현실로 만들어준다.

사람 중심 정책

한국 사람들이 모였을 때 자주 입에 오르내리는 화젯거리는 정치이다. 왜 사람들은 직업 정치인도 아니면서 정치를 자기 일처럼 여기며 그렇게 관심을 갖는 것일까? 사회적 약자들의 개입과 참여를 극대화시키기 좋은 영역이 정치이기 때문이다. 바로 민주주의의 힘이다.

합법적인 절차에 따라 특정 기업의 경영에 개입하려면 상당한 수의 주식을 보유하고 있어야 한다. 그러자면 거액의 자금력을 갖추지 않으면 안 된다. 삼성전자를 예로 들어 보자. 2018년 2월 삼성전자의 주가는 1주당 230만 원 정도였다. 시가 총액은 약 300조 원 정도였다. 대한민국 국민 모두가 1인당 삼성전자 주식 1주씩 구입해도 전체 주식의 3분의 1을 조금 넘는 수준이다.

정치는 다르다. 돈이 없어도 무력을 갖추지 않아도 개입할 여지가 있다. 소중한 한 표가 있기 때문이다. 그 표를 모으면 강력한 정치적 영향력을 행사할 수 있다. 대통령을 잘 뽑기만 하면 거대한 정부 조직을 움직일 수 있고 수백조 원에 이르는 재정 지출을 좌우할 수 있다. 강력한 구속력을 지닌 법 제도를 만들 수도 있다.

이런 이유로 사람 중심 경제로의 전환을 이야기할 때 가장 먼저 떠올리는 것이 정부 정책이기 쉽다. 정부의 강력한 의지를 담은 사람 중심 정책이야말로 사람 중심 경제로의 전환을 알리는 확실한 징표일 수 있다.

이어서 다룰 사람 중심 산업과 사람 중심 경영 역시 관련 정책을 마련하고 집행하는 것으로부터 현실화되기 시작한다. 그런 점에서 이번 장에서 다루는 사람 중심 정책, 사람 중심 산업, 사람 중심 경영 모두는 일차적으로 정치적 리더십에 의해 그 성공 여부가 크게 좌우되는 영역이라 할 수 있다.

사람 중심 정책은 철저히 사람에게 초점을 맞춘다. 사람이 경제 활동의 목적이면서 원동력이라는 전제에서 출발한다. 일자리·교육·복지 등 삶과 직결되는 과제가 중시되는 것은 물론이고 성장 동력 확보조차도 사람을 중심에 놓고 접근한다. 삶의 질 개선에 직접적으로 기여하면서 사람이 작업의 중심인 '신성장산업'을 육성하고, 사람의 창조적 에너지 고양에서 생산성 향상 원동력을 찾도록 정책을 펼친다.

방향에는 충분히 공감할 것으로 믿는다. 문제는 이를 어떻게 정책으로 구체화시킬 것인가에 있다. 적어도 정책 개발 능력은 큰 걱정을 안 해도 될 것 같다. 정부에는 방향만 주어진다면 정책 아이디어를 쏟아낼 뛰어난 인재들이 많다. 앞서 소개한 〈새정부 경제정책방향〉도 이를 입증해주고 있다.

〈새정부 경제정책방향〉은 그간 물적 자본 축적 중심 성장 전략이 한계에 봉착했다고 결론 내리고 경제 패러다임의 전환을 추구하면서 그 해답으로 '사람 중심 경제'를 제시했다. 〈새정부 경제정책방향〉은 사람 중심 경제로의 전환을 뒷받침하기 위해 네 가지 하위 범주를 설정하고, 각 범주마다 세부 정책을 제시하고 있다. 네 가지 범주는 새정부 경제정책의 골격을 이루는 것으로서 '소득 주도 성장', '일자리 중심 경제', '공정 경제', '혁신성장' 등으로 이루어져 있다. 핵심 요지는 이렇다.

소득 주도 성장은 가계 소득을 새로운 성장의 기초로 삼는 것에 초점을 맞추고 있다. 최저임금 시급 1만 원 달성, 공적 임대주택 공급 확대 등을 통해 가계 실질 가처분소득의 증대를 유도한다. 실업급여 의무가입을 100% 실현하고, 생애주기별 맞춤형 소득지원제도 등의 사회안전망 구축으로 취약 가구의 적정 소득을 보장한다. 어린이집 누리과정을 전액 국고 지원하고, 평생교육 예산 확대 등 인적 자본 투자 확대로 가계 소득의 기반을 강화한다.

일자리 중심 경제는 일자리 창출과 성장 사이 선순환 관계를 복원하는 데 초점을 맞추고 있다. 예산 · 세제 등 모든 정책 수단을 일자리 중심으로 재설계함으로써 고용친화적인 경제 · 사회 시스템을 구축한다. 국민안전 · 치안 · 복지 · 교육 분야 공무원의 일자리를 대폭 확충함으로써 공공부문이 모범 고용주의 역할을 선도하게끔 한다. 비정규직 감축과 차별 철폐를 유도할 제도 도입 등으로 사용자 중심 노동시장 관행과 제도를 개선한다. 직업훈련 프로그램을 혁신함으로써 적극적 노동시장 정책을 강화한다.

공정 경제는 경제 주체 간 합리적 보상 체계를 정립하는 데 초점을 맞추고 있다. 고질적인 갑을관계 해소를 위한 제도 개선 및 법 집행 강화 등으로 불공정 거래 관행을 근절한다. 그 일환으로 공정위 전속고발권을 개선한다. 독과점을 야기하는 각종 진입ㆍ영업 규제를 전면 재점검하고 담합 행위를 근절하고 소비자 권익을 옹호한다. 기업 지배구조를 개선함으로써 과도한 경제력 집중을 완화한다. 동반성장을 촉진하고 골목상권을 보호한다. 협력ㆍ포용 성장의 새로운 주역인 사회적 경제를 활성화시킨다.

혁신성장은 3% 성장 능력을 갖추는 것을 목적으로 한다. 일자리 창출 능력이 뛰어난 중소기업을 새로운 성장 동력으로 육성한다. 네트워크 기반의 협업을 강화함으로써 규모화를 통한 중소기업 경쟁력 제고를 이끈다. 온라인 통합 플랫폼 구축 등으로 중소기업 글로벌 시장 진출 지원을 강화한다. 성장 단계별 혁신 창업을 활성화하고, 투자 중심의 창업 생태계를 구축한다. 경제ㆍ산업 전 영역에 걸쳐 4차 산업혁명 대응 태세를 강화한다.

〈새정부 경제정책방향〉은 저성장과 양극화의 동시 극복을 목표로 삼고 있다. 경제성장에 대해서는 수요 측면 소득 주도 성장과 공급 측면 혁신성장을 결합한 쌍끌이 방식 성장 전략으로의 전환을 추구한다. 이를 바탕으로 분배, 성장이 선순환하는 사람 중심의 지속 경제 구현을 목표로 삼는다.

여러 한계가 있을 수 있지만 〈새정부 경제정책방향〉에 담겨 있는 정책이 액면 그대로 실행될 수 있다면 대한민국 경제가 획기적으로 개선될 것이라 기대된다. 사람 중심 경제로의 패러다임 전환을 천명하고 일자리를 중심으로 정책을 운용하고자 한 점은 우리의 문제의식과도 상당히 밀접하게 맞닿아 있다. 사람 중심 정책 수립이 충분히 가능하다는 것을 확인해주고 있다.

하지만 자세히 들여다보면 곳곳에서 약점이 발견된다. 일차적으로 〈새정부 경제정책방향〉이 담고 있는 정책들이 얼마나 실효성을 갖고 있는지 의문이다. 우리를 둘러싸고 있는 현실 속에는 정책 실효성을 제약하는 요소들이 매우 많다. 정책이 아무리 좋아도 말잔치에 그칠 수 있다. 일부 실행되더라도 애초 취지와는 상당히 다른 결과를 낳을 수도 있다.

정책의 실효성을 제약하는 가장 큰 요소는 재원이다. 대부분의 정책들은 재원 뒷받침 없이는 실행되기 곤란하다. 그런데 정책 입안 과정에서부터 재원 문제를 둘러싸고 종종 허점이 드러난다.

정부 정책 입안자들은 전체 상황에 대한 고려 없이 자기 분야에 갇히기 쉽다. 자기 분야만 고민하다 보니 재원 확보에 대해 비교적 쉽게 결론 내린다. 가령 자기 분야 사안을 해결하는 데 1조 원의 예산이 들 것으로 예상하면서 이 정도는 전체 예산 규모에 비추어 볼 때 약간의 세출 절감만 해도 확보에는 큰 어려움이 없을 것이라 판단한다.

문제는 사안이 한두 가지가 아니고 수백 가지일 수 있다는 데 있다. 모든 관계자들이 동일한 방식으로 접근해서 소요 예산 1조 원씩을 책정했다고 가정해보자. 사안이 100가지라면 소요 예산은 모두 100조 원이 된다.

엉뚱한 이야기로 비춰질 수 있으나 현실에서 종종 일어나는 현상이다. 노무현 정부 시절인 2006년도에 청와대 정책실 주도로 2030년까지 대한민국의 발전 전망을 담은 연구보고서 〈비전2030〉이 작성되었다. 오늘날 시각에서 보더라도 꽤 쓸 만한 정책 대안을 다수 포함하고 있었다. 문제가 된 것은 재원 조달이었다. 전체 소요 재정이 모두 1,100조 원에 이르렀는데 뚜렷한 재원 조달 방안을 제시하지 않았던 것이다. 결국 〈비전2030〉은 비현실적인 것으로 판단되어 폐기되었다. 이와 마찬가지로 과연 〈새정부 경제정책방향〉이 담고 있는 정책 하나 하나가 확고한 재원 뒷받침이 마련되어 있는지 촘촘히 따져봐야 한다.

정책의 실효성을 제약하는 또 하나의 요소는 입법화와 관련이 있다. 문재인 정부가 제시한 국정 100대 과제가 실현되기 위해서는 465건의 법률이 제·개정되어야 한다. 마찬가지로 기업투자촉진법(가칭)을 비롯하여 〈새정부 경제정책방향〉에 제시된 정책 중 상당 부분은 법률 제·개정이 필요할 수 있다. 2018년 현재 정부 여당은 소수 정당이다. 야당의 협력 없이는 국회의 벽을 넘을 수 없다. 그 과정에서 야당 요구를 일정 정도 반영하지 않을 수 없다. 애초 취지에서 멀어질 소지가 충분한 것이다.

설령 재원이 마련되고 법률 제·개정 뒷받침을 받는다 해도 정책이 그대로 실현된다는 보장이 없다. 현실의 다양한 요인들에 의해 취지가 실종되거나 크게 왜곡될 소지가 얼마든지 있는 것이다. 우리는 이런 경험을 매우 자주 한다. 앞서 이야기했던 노무현 정부 때 제정된 비정규직 관련법도 그러한 사례 중 하나이다.

사람 중심 정책은 수립 단계에서부터 실효성을 제약할 요소들을 충분히 계산에 넣고 있어야 한다. 더불어 이를 극복할 수 있는 방안도 함께 포함하고 있어야 한다. 그럴 때만이 말잔치가 아닌 실효성을 갖춘 정책으로서 온전한 자격을 갖출 수 있다. 우리가 집중적으로 고민해야 할 지점이다.

사람 중심 정책들이 실효성을 제약하는 요소들을 극복하면서 충분히 실행 가능한 것이 되자면 기본적으로 네 가지 전제를 갖추어야 한다.

첫째, 사람 중심 정책에서 가장 중요한 것은 이름 그대로 '사람'에 대한 정책이다. 모든 사람이 집중적인 교육훈련을 통해 (기계나 다른 사람에 의해) '대체 불가능한 창조력'을 획득할 수 있도록 '전 국민 교육훈련 시스템'을 구축해야 한다. 이를 바탕으로 국민 각자가 지속적으로 가치 창출에 참여할 수 있는 포괄적인 방안을 마련해야 한다. 이 조건이 갖추어지지 않으면 나머지 정책들은 별 의미가 없다. 지금까지의 평생교육 정책을 훨씬 뛰어넘는 혁명적 수준의 모색이 필요하다. 〈새정부 경제정책방향〉은 이 점에 관해 구체적이면서도 명확한 방안을 제시하지 못하고 있다.

둘째, 사람 중심 정책은 사람 중심 산업을 창출하고 사람 중심 경영을 정착시키기 위한 노력과 통합적으로 추진되어야 한다. 그럴 때 사람 중심 정책이 실행될 수 있는 한층 유리하면서도 풍부한 조건을 확보할 수 있다. 〈새정부 경제정책방향〉의 가장 큰 약점 중 하나도 산업 구조 및 경영 기조와 유기적 연관을 맺지 못하고 있다는 점이다. 이는 경제정책의 실현을 크게 제약하거나 왜곡시킬 요인이 될 수 있다.

셋째, 선택과 집중이 필요하다. 아무리 노력해도 재원과 인력은 늘 부족하고 한계가 있을 수밖에 없다. 이러한 한계를 극복하기 위해서는 연쇄적인 파급 효과가 가장 큰 곳에 재원과 인력을 집중 투입해야 한다. 〈새정부 경제정책방향〉처럼 선택과 집중 없이 여러 정책들을 나열해 놓는 식이 되어서는 곤란하다.

넷째, 사람 중심 정책 수립은 큰 방향에 대한 사회적 합의를 전제로 이루어져야 한다. 어떤 정책이든지 사회구성원들의 적극적인 지지와 협력이 이루어질 때 실효성이 크게 높아진다. 입장이 다른 정당의 협력을 이끌어내기도 한결 쉬워진다. 그러한 조건을 극대화하는 것이 바로 사회적 합의이다. 사회적 합의 도출은 고도의 정치 행위이다. 정책은 그러한 정치 행위와 결부될 때 힘을 발휘할 수 있다. 〈새정부 경제정책방향〉의 한계는 정치 기반 없이 정책만으로 접근한다는 데 있다.

위의 네 가지는 정부 정책 수립에서 기본에 해당하는 사항들이다. 〈새정부 경제정책방향〉은 기본에서부터 취약했던 것이다. 《축적의 시간》 표현을 빌리자면 개념 설계를 담당할 핵심 역량이 부족했던 것이다. 이 점은 소득 주도 성장론과 혁신성장론 개념 설계에서도 그대로 드러난다.

기본이 부실하면 개별 정책이 아무리 정교하고 훌륭하더라도 큰 효과를 기대하기 어렵다. 현실은 강고한 구조로 형성되어 있기 때문이다. 구조 변화를 이끌어내려면 기본이 튼튼해야 한다. 사람 중심 정책은 기본 바탕 위에서 밑그림을 다시 그려야 할 것이다. 핵심 역량을 더욱 강화할 필요가 있다.

사람 중심 산업

개인이든 정부든 실패에 직면하는 이유에는 비슷한 구석이 있다. 관련해서 영국의 저명한 역사가 아놀드 토인비Arnold J. Toynbee의 말을 떠올려 보자. "역사적 성공의 반은 죽을지도 모른다는 위기에서 비롯되었고, 실패의 반은 찬란했던 시절에 대한 기억에서 시작되었다." 많은 개인이나 정부가 과거 성공의 추억에 집착하다가 실패의 쓴맛을 보았다. 이명박 정부도 과거 산업화 성공의 재현에 집착하다가 실패했다.

성공의 추억에 대한 집착은 유사한 과정을 반복하려는 강력한 관성을 낳는다. 그러한 관성은 새로운 성장 동력을 찾는 데서도 어김없이 나타났다. 그동안 한국 경제를 떠받쳐온 성장 동력은 대부분 제조업에서 나왔다. 그러다 보니 전문가들 사이에서는 제조업에서 성장 동력을 찾는 관성이 생겼다. 오늘날까지도 차세대, 프리미엄, 친환경 등 미래형을 뜻하는 수식어만 붙인 채 반도체, 가전, 자동차, 선박 등 기존 주력 산업에서 새로운 성장 동력을 찾는 경우가 매우 일반적이다. 사고가 오직 '어떤 물건을 만들어 팔 것인가'에 갇혀 있다. 제조와 판매 이외에 다른 상상을 하지 못한다.

제조업이 중요하기는 하지만 한계 또한 뚜렷하다. 무엇보다 앞서 살펴본 대로 일자리 창출 능력이 급격히 떨어지고 있다. 기계에 의한 인간 노동의 대체 가능성이 가장 높은 분야가 제조업이다. 4차 산업혁명이 가속화되면 제조업의 일자리 창출 능력이 그만큼 약화될 소지도 많다. 기존 제조업 틀에 갇혀 있으면 4차 산업혁명 기술 실업에 대한 대응책을 찾기가 어려워질 수도 있다.

제조업만으로 국제 경쟁력을 확보할 수 있을지도 의문이다. 제조업은 그 어떤 분야보다 글로벌 경쟁에 심하게 노출되어 있다. 이 지점에서 중국의 움직임이 예사롭지 않게 다가온다. 중국 제조업이 무서운 기세로 치고 올라오고 있다. 한국의 주력 산업 대부분을 추월하는 추세다. 중국은 기술 축적에서 제기되는 시간적 한계를 공간적 확대로 극복하고 있다. 동시다발적 축적을 통해 최단 기간 안에 목표를 달성한다. 중국과의 맞겨루기에 마냥 집착하다가는 낭패를 겪을 공산이 매우 클 것이다. 역발상 지혜가 절실한 상황이다.

물론 제조업은 모든 산업의 근간이기에 이를 포기하고 서비스업 중심으로 산업 생태계를 재편하는 것은 결코 답이 아니다. 그렇다고 마냥 제조업만 붙들고 늘어지다가는 이래저래 실패할 확률이 매우 높다. 이 시점에서 한국 경제가 그동안 어떤 과정을 거쳐 왔고 지금 어느 지점에 서 있는지를 되짚어보면 문제 해결의 실마리가 보인다.

1960년대에서 1980년대까지는 철저히 제조업을 중심으로 산업 생태계가 형성되었다. 불도저 감수성이 강조된 시기였다. 1990년대 이후에는 3차 산업혁명 파고를 타고 ICT 산업과 문화콘텐츠 산업이 급속히 발전하면서 기존 제조업과 결합해 종전과는 사뭇 다른 산업 생태계를 구축하였다. IT 감수성이 집중적으로 강조되던 시기였다. 그 당시 기존 제조업만을 고집했다면 한국 경제는 일찌감치 추락했을 것이다. 이제 한국 산업 생태계의 역사에서 전혀 새로운 세 번째 국면을 열어야 하는 시기가 되었다.

시대의 흐름은 모든 문제 해결에 있어 '융합'을 강조하는 쪽으로 흐르고 있다. 산업 생태계 역시 마찬가지이다. 제조업과 모든 산업의 기반 기술인 ICT, 서비스업의 '3각 융합'을 통해 새로운 성장 산업을 창출해야 한다. 동시에 다양한 영역을 연결하여 포괄적 서비스를 제공하는 플랫폼 기업이 출현해야 한다. 나아가 '사람은 무엇을 갈구하는 존재인가'에 대한 성찰을 바탕으로 인문학을 결합시켜야 한다. 이 모든 과정을 한데 아우르는 산업 생태계를 '사람 중심 신성장산업'이라 부를 수 있다.

과연 사람 중심 신성장산업에는 구체적으로 어떤 분야가 있을까? 비교적 쉽게 상상할 수 있는 산업으로는 뷰티산업, 건강산업, 재생산업, 문화산업, 관광산업 등 다섯 가지를 꼽을 수 있다.

뷰티산업과 건강산업

뷰티·건강산업은 분리되어 있던 여러 산업이 '아름다움과 건강의 추구'라는 인간의 욕망을 매개로 융합된 새로운 산업이다.

뷰티산업에서 관련 플랫폼 기업은 빅데이터 기술을 기반으로 고객에게 최적화된 화장품, 패션 스타일, 미용·성형 서비스 등을 제공한다. 이를 매개로 종전까지 화학산업으로 분류되었던 화장품업계, 섬유산업으로 간주되었던 패션업계, 의료산업에 속했던 성형업계, 일반 서비스업에 속했던 미용업계가 뷰티산업이라는 전혀 새로운 산업 생태계로 융합될 것이다. 비즈니스 모델 또한 그 연장선상에서 만들어질 것으로 예상된다. 플랫폼 기업을 통해 판로를 확보하고 제품의 피드백을 받을 가능성이 커진다. 그 결과 플랫폼 기업 시장이 성장할 수 있는 여지가 더욱 많아진다.

과학기술이 발전하고 소득 수준이 높아지면서 건강하고 아름다운 삶에 대한 욕망은 더욱더 상승하고 있다. 이미 글로벌 기업들은 앞다투어 건강 관련 제품 생산에 뛰어들고 있다. 미국의 스타트업 시장 조사기관인 CB인사이트에 따르면 미국 상위 10대 기술 기업들의 헬스케어 투자는 2012년 2억 7,700만 달러에서 2017년에는 270억 달러를 훌쩍 넘기면서 5년 만에 100배가량 급증했다.[80]

단언컨대 건강산업은 향후 최대 성장산업으로 부상할 것이다. 그 징표는 이미 곳곳에서 나타나고 있다. 2017년 말 현재 코스닥 상장업체 중 시가 총액 10위 안에 드는 기업 7개가 건강 관련 기업인 것도 그러한 징표 가운데 하나이다. 바이오 벤처기업 셀트리온이 시가 총액에서 제조업 대표주자 중 하나였던 현대자동차를 추월한 것 역시 향후 추세를 가늠하게 하는 상징적인 사건이 아닐 수 없다.[81]

재생산업

재생산업 또한 사람 중심 신성장산업 중 하나가 될 것으로 보인다. 재생산업은 지자체가 주도한 도시재생 사업 등이 새로운 산업 생태계로 발전한 경우이다. 민간이 주도적 역할을 할 수 있는 여지도 매우 많다.

재생산업은 기존 건설업과 달리 공학과 인문학, 문화예술, 생태환경 등이 어우러져 공간의 가치를 재창조하는 산업이다. 평범한 유흥지를 세계적인 관광 명소로 재탄생시킨 남이섬은 재생산업의 선구자라고 할 수 있다. 재생산업은 도시와 농촌, 섬과 삼림 등을 아우르는 광범위한 산업으로 발전할 수 있다.

재생산업의 강점은 한 번의 이벤트로 끝나버리는 재개발과 달리 연쇄적으로 가치를 창출한다는 점에 있다. 이는 도시재생 사업을 선도해 온 서울시 사례를 통해 뚜렷이 확인할 수 있다. 서울역 앞 '서울로'는 낡은 고가도로를 재생시킨 것이다. 서울로 효과는 인근 지역으로 확대되어 '걷는 도시'로의 패러다임 전환을 촉진했다. 해당 지역 상권이 되살아났을 뿐만 아니라 혁신적인 상업 모델 출현도 가능해졌다.

재생산업은 도시와 마을, 산천 곳곳을 다양한 치유 프로그램이 결합된 '힐링 공간'으로 만들 수 있다. 인간이 생명을 불어넣은 공간이 거꾸로 인간에게 새로운 생명을 불어넣어 줄 수 있는 것이다.

사람은 공간을 떠나 존재할 수 없다. 공간 가치 재창조는 삶의 질에 직접적이면서도 강력한 영향을 미친다. 재생은 글자 그대로 공간에 새로운 생명을 불어넣어 재탄생시키는 과정이다. 재생된 공간에 머물 때 차가운 콘크리트 벽에 갇혀 있을 때와는 확연히 다른 느낌을 받는다. 사람들은 직간접적 경험을 통해 이 사실을 깨달았다. '도시재생 뉴딜 정책'이 커다란 호응을 얻은 것은 이를 반증한다.

재생산업은 고도의 상상력과 풍부한 인문학적 소양, 문화적 감수성, 생태 친화력을 발휘하지 않으면 결코 성공할 수 없다. 창의적인 인간이 작업의 중심을 이룰 수밖에 없다. 이래저래 일자리 창출 능력이 뛰어난 사람 중심 산업으로서 전망이 매우 밝다.

문화산업

사람 중심 신성장산업으로서 문화산업을 빼놓을 수 없다. 한류 열풍과 함께 성장 잠재력이 풍부하게 입증된 상태이다. 더 이상 긴 설명이 필요 없는 분야이다.

문화산업은 액면 그대로 사람의 창조력이 고도로 응축된 산업이다. 영화 제작에서 컴퓨터 그래픽 비중이 커지는 등 기계 활용 정도가 높아지고 있으나 이 역시도 인간의 창조력을 바탕으로 한 것이다. 거꾸로 가상현실 등의 기술이 인간의 창조력을 고도화시킬 새로운 지평을 열어주고 있다.

소득 수준이 높아지고 여가 시간이 늘어날수록 소비 패턴은 물질적 소비에서 문화적 향유로 중심이 옮겨가기 마련이다. 삶의 질은 문화 소비 지출에 비례한다고 해도 크게 틀리지 않다. 그런 점에서 문화산업은 물질적 소비와 연관된 영역보다 훨씬 빠른 속도로 발전할 수 있다.

문화산업은 다른 사람 중심 신성장산업과 융합해 가치를 증폭시킬 수 있는 여지가 매우 많다. 재생산업을 갖고 이야기를 해 보자. 수많은 사례가 입증하듯이 문화는 공간을 재탄생시키는 생명과 같은 요소이다. 재생산업이 문화산업에게 공간을 제공한다면 문화산업은 재생산업에게 혼을 불어넣어 주는 역할을 할 수 있다.

관광산업

뷰티산업, 건강산업, 재생산업, 문화산업 등은 모두가 복합 관광 인프라로서 높은 가치를 지닌다.

의식주가 기본적으로 해결되었을 때 가장 크게 솟구치는 열망은 여행이다. 1990년대 이후 한국인 소비 지출 내역 중 가장 빠르게 커진 부분 중 하나도 여행비다. 이는 전 세계적인 현상이다. 여행객이 급증하면서 각국은 관광 인프라 구축에 열을 올리고 있다. 이런 추세는 더욱 가속화될 것으로 보인다.

사실 자연 환경이나 문화유산 측면에서 한국이 관광 대국으로 발돋움할 수 있는 여지는 크지 않다. 한국이 세계적인 관광대국으로 부상하자면 사람의 원초적 욕망을 충족시킬 수 있는 새로운 자원이 필요하다. 뷰티산업, 건강산업, 재생산업, 문화산업 등의 사람 중심 신성장산업은 그 점에서 훌륭한 답이 될 수 있다. 그동안 한국을 찾는 외국인 관광객이 늘어날 수 있었던 것도 상당 부분 한류 열풍 덕분이었다.

이들 산업이 본격적으로 꽃을 피울 때 한국은 세계인이 꼭 찾고 싶은 나라가 될 것이다. 사람 중심 신성장산업이 한국을 매력 넘치는 나라로 만들 수 있는 것이다. 한국은 어디를 가나 편안히 머물 수 있는 '힐링 공간'이 넘치는 나라이며, 소중한 건강과 아름다움을 되찾도록 해주고, 풍부한 문화를 마음껏 즐길 수 있는 나라가 될 것이다. 이 모두는 국경을 넘어 세계인을 폭넓게 끌어들이는 매력을 발휘할 수 있다.

관광산업 그 자체도 사람이 중심이 되어 다양한 서비스를 제공하는 사람 중심 산업 가운데 하나다. 마찬가지로 일련의 조건을 충족시켰을 때 폭발적 성장 잠재력을 과시하는 신성장산업으로 자리 잡을 소지가 매우 많다.

공급 측면에서 바라본 신성장산업

지금까지는 주로 수요 측면에서 다섯 가지 사람 중심 신성장산업에 대해 살펴보았다. 공급 측면에서 보면 다섯 가지 신성장산업의 잠재력이 한층 더 분명해진다. 한국인에게는 사람 중심 신성장산업을 발전시킬 수 있는 풍부한 잠재력이 내재되어 있기 때문이다.

한국의 의료진 시술 능력은 세계 최고 수준이다. 한국을 세계적인

'의료 메카'로 성장시킬 수 있는 요소이다. 인공지능 기술과 관련해서 한국이 미국과 중국을 위협할 수 있는 가장 확실한 분야도 헬스케어로 꼽히고 있다.[82] 한국은 약초가 풍부하게 자라고 있는 '약의 땅'이다. 한국을 의료 메카로 만들 수 있는 매우 귀중한 자산이다. 여기에 다양한 문화 체험과 치유 프로그램을 융합시키면 금상첨화다. 이미 2009~2016년 사이 외국인 환자가 6배 이상 급증할 만큼 '의료 한류'가 현실화되고 있다.[83]

한국인의 뛰어난 문화적 감수성은 문화산업은 물론이고 뷰티산업 발전의 강력한 자양분으로 작용하고 있다. 화장품·패션·성형·미용 등의 분야는 세계적인 경쟁력을 갖추어가고 있는 추세다. 서울은 이미 세계 패션계가 주목하는 도시가 되었다. K팝에 이어 'K패션'이 세계적인 영향력을 발휘하고 있다.[84]

이러한 맥락에서 사람 중심 신성장산업은 처음부터 세계 시장을 겨냥해야 한다. 세계인을 불러 모으는 것을 목표로 해야 하고 거꾸로 글로벌 네트워크를 기반으로 전 세계를 향해 뻗어나가는 원대한 구상을 품고 있어야 한다.

1990년대 후반 한국의 IT산업은 아이디어와 기술 측면에서 세계 시장을 선도할 수 있는 잠재력이 충분했다. 페이스북 등으로 대표되고 있는 SNS의 원조도 싸이월드 등을 선보인 한국이라고 할 수 있다. 하지만 얼마 지나지 않아 대부분의 주도권을 실리콘밸리에 빼앗기고 말았다. 여러 가지 이유가 복합적으로 작용한 결과지만 무엇보다도 글로벌 시장을 겨냥하지 않고 좁은 국내시장에 갇혀 혈투를 벌인 것이 패인이었다. 시야가 좁았던 것이다. 이를 반복해서는 안 된다.

사람 중심 신성장산업이 본격 가동되면 연쇄적으로 파급 효과를 일으킬 수 있을 것이다. 각각의 영역들이 상호 융합을 통해 끊임없이 새로운 가치를 창조해낼 수 있다. 간단한 예로 패션산업과 문화산업, 재생산업이 융합해 '거리 패션 공연'이라는 관광 자원을 만들어낸다. 관련 제조업 또한 새로운 비즈니스 모델을 기반으로 탄력을 받을 것이다. 새로운 아이디어가 끊임없이 공급되면서 신제품 개발을 풍부하게 자극할 것이다. 관광객이 늘면서 관련 서비스업이 번창할 수 있다. 궁극적으로 시장이 연쇄적으로 확대되면서 국민경제 전체가 활성화될 수 있다.

그동안 나누었던 사람 중심 신성장산업에 대한 이야기들 중 현실에서 어긋나는 지점들이 충분히 발생할 수 있다. 그럼에도 지금 우리에게 절실한 것은 산업 생태계에 대한 낡은 관성에서 벗어나는 자유로운 상상력이다. 우리에게는 대범하게 실험하면서 지난한 축적의 시간을 가질 수 있는 여유로운 환경이 필요하다.

사람 중심 경영

사람 중심 경영은 사람 중심 경제의 원리에 들어맞는 경영을 의미한다. 사람을 경제 활동의 목적으로 삼으며, 사람을 중심으로 조직을 운영하고 사람을 권력 행사의 주체로 간주한다. 한마디로 좋은 일자리 창출을 우선하는 경영이다. 궁극적으로 구성원 모두 경영의 주체, 경영의 동반자이기를 지향한다. 사람 중심 경제의 원리가 경영의 영역

깊숙이 내면화된다. 이를 통해 이해당사자 모두 함께 이익을 누린다.

사람 중심 경제를 향한 모든 탐색이 최종적으로 집약되는 지점은 사람 중심 경영이다. 말하자면 사람 중심 경영은 사람 중심 경제의 실체인 것이다. 사람 중심 경영을 떠나 사람 중심 경제를 이야기할 수 없다. 사람 중심 경제로의 전환을 '경영혁명'이라고 표현해도 크게 틀리지 않을 것이다.

뜬구름 잡는 이야기로 다가올 수도 있다. 특히 험악한 직장생활 기억이 가득한 사람 입장에서는 더욱 그럴 수 있다. 돈독이 잔뜩 올라 있는 사장이나 자기 입지만 생각하는 상사 생각을 하면 어림도 없는 이야기일 수 있다. 현실과 동떨어진 몽상으로 느껴질 수 있다.

더욱이 진보 세계에서는 기업 경영을 다루는 것 자체가 쉬운 일이 아니었다. 진보 세계의 한 축을 형성해온 좌파 운동가들에게 기업 경영은 자본가가 노동가를 착취하는 영역에 불과했다. 비즈니스라는 용어는 좌파 운동가인지를 구별하는 리트머스 시험지로 통한다. 비즈니스라는 말에 거부감을 보이면 좌파 운동가일 가능성이 매우 높다는 의미이다. 굳이 좌파 운동가가 아니더라도 어느 정도 진보적인 사람이라면 갈등 지향적인 노사관계가 지배적인 환경에서 기업 경영을 거북하게 느낄 여지가 많다.

기업 경영에 대한 정치권의 무관심과 무지, 소극적 태도도 문제이다. 한국의 정치권은 기업 경영을 정치와는 동떨어진 영역으로 간주하는 경향이 강하다. 정치적 리더십을 발휘해야 할 지점을 사고하지 않는다.

이래저래 사람 중심 경영을 위해서는 넘어야 할 산이 매우 많다는 것을 알 수 있다. 매우 원론적인 이야기일 수 있지만 사람 중심 경제로의 전환은 근대 이후를 지배해 온 노동 대 자본 프레임으로부터의 탈피를 전제로 한다. 관점에서의 총체적 변화를 요구한다. 기업 경영에 대한 시각 전환도 그 중 하나이다. 당연히 사람 중심 경영 정착은 노사관계 프레임 재정립과 맞물려 진행될 수밖에 없다. 이 모두를 인정한다 해도 문제는 여전히 남는다. 과연 사람 중심 경영이 가능한 일인가?

이 지점에서 큰 도움이 되는 것은 독일의 사례이다. 앞서 살펴보았듯이 독일은 '사람 얼굴의 자본주의'를 지향하면서 철저하게 사람을 자산으로 간주하는 경영을 정착시켰다. 또한 '인더스트리 4.0' 정책을 추진하면서 사람과 로봇의 협업 시스템을 바탕으로 일자리의 양과 질 모두를 개선시키는 데 성공했다.

독일의 사례는 두 가지 중요한 시사점을 던져주고 있다. 독일에서 사람 얼굴의 자본주의와 인더스트리 4.0 정책을 주도한 것은 정부였다. 이는 정치적 리더십을 제대로 발휘하면 기업 경영 기조의 전면적 변화를 얼마든지 이끌어낼 수 있음을 말해준다. 독일 경제는 사람 중심 경영을 추구하여 가장 강력한 경쟁력을 획득했다. 사람 중심 경영이 성공적인 결과를 낳을 수 있음을 확증해준 것이다.

독일 사례를 드는 것에 대해 반론이 있을 수 있다. 독일은 독일이고 한국은 한국일 수 있다는 이야기다. 기업 문화가 엄연히 다른 독일 사례를 한국에 적용하는 것은 무리라는 논리이다. 과연 한국은 도무지 그 가능성을 엿볼 수 없는 사람 중심 경영의 불모지일까? 결코 그렇지 않다.

척박한 환경을 지닌 한국에서도 사람 중심 경영의 싹들이 적지 않게 자라왔다. 그 싹들이 잘 자라서 성공 가능성을 보였느냐가 모든 것을 판정하는 기준이다. 성공을 예고하는 싹이라면 무한한 번식력을 자랑하며 퍼져나갈 것이다.

창조력을 가치 창출의 원천으로 삼아온 벤처기업 중에서 사람 중심 경영의 원형을 보여주는 곳이 여기저기서 발견되었다. 이들 기업은 공통적으로 직원의 행복에 최고의 가치를 부여하고 있다.

지금부터 소개하는 사례들은 모두 언론 보도를 통해 접한 것들이다. 언제나 그렇듯이 언론 보도와 실제는 차이가 있을 수 있다. 해당 현장 근무 경험이 있는 사람들 입장에서는 다르게 느껴지는 지점이 얼마든지 있을 수 있다. 그럼에도 불구하고 기업 경영은 경영자가 어떤 관점을 갖느냐에 따라 완전히 달라질 수 있음을 다음 사례들이 뚜렷이 보여준다.

벤처기업의 사례

아이온커뮤니케이션즈(이하 아이온)는 행복한 기업 문화를 끊임없이 창조하는 소프트웨어 기업이다. 회사 옥상에 바비큐 파티를 벌일 캠핑장을 만들고, 지하에 캔맥주를 가득 채운 냉장고를 배치했다. 회사 대신 영화관으로 출근하는 '무비 데이'를 매달 열었고, 맹인 안마사를 채용해 안마를 받으며 잠잘 수도 있다. 중요한 것은 이 모든 활동이 꼭 '근무시간 내'에 이뤄져야 한다는 점이었다. 아이온에서 정해진 규칙은 딱 하나 있다. '저녁 7시 퇴근'이다. 출근 시간은 마음대로지만 퇴근은 대표가 직접 사무실을 돌며 챙긴다. 3년 이상 근무하면 '방학'이 주어진다. 15일 유급휴가에 최대 150만 원 휴가비를 지원하는 제도다.

매년 4억 원이 지출되었지만 아끼지 않았다. 한국과 일본 시장점유율 1위로 입지를 굳혔다. 미국, 인도네시아, 말레이시아 등으로 시장을 넓히며 '글로벌 소프트웨어 100대 기업'으로서의 목표도 차근차근 이뤄가고 있다.[85]

전자문서 솔루션 분야 국내 선두를 달려온 포시에스는 직원들과 그들의 가족을 배려하는 기업 문화를 간직하고 있다. 4명으로 시작한 회사가 꾸준히 성장해 2015년 직원이 110명에 이르렀다. 영업이익률은 36.9%(2011~2013년)로, 소프트웨어 평균 이익률 6배를 훌쩍 뛰어넘는 수준이었다. 승승장구의 비결은 차별 없는 기업 문화였다. 남성과 여성 가리지 않고 업무에 맞게 적재적소에 인재를 등용했다. 직원 중 34%가 여성이다. 20명이 결혼했고, 과장과 팀장급 3분의 1이 여성이다. 이곳에서는 출산으로 인한 경력 단절, 육아로 인한 부담을 걱정하지 않는다. 출산 및 육아휴직 후 100% 본업으로 복귀했다. 워킹맘을 위한 시차 근무 제도를 보편화했다. 인사상 불이익은 전혀 없었다.[86]

영림원소프트랩은 회사 목표에 따른 개인별 목표를 스스로 세우게 하고 직위에 상관없이 호칭을 '님'으로 통일해 수평적 사고를 이끌었다. 5년 이상 근무자에겐 대학원 학비를 전액 지원했다. 직원 중심 '꿈의 직장'이라는 입소문이 나며 인재가 몰렸다. 이직률은 불과 6.75%에 불과했다.[87]

티맥스소프트에서는 성과에 따라 매년 네 차례씩 연봉의 최대 100%를 인센티브로 지급한다. 임원보다 높은 연봉을 받는 개발자가 여럿 있다. 개발자에겐 걸어서 15분 거리의 고급 빌라를 제공하고 있으며, 반바지를 입고 실내화를 신은 채 오후 3시에 출근해도 문제 되지 않는다. 1인 1실, 또는 2인 1실로 사용하는 연구실은 하나하나가 '개발자를 위한 공간'으로 꾸며져 있다. 벽지·조명·장식물까지 모두 자율적으로 바꿀 수 있다. 근무시간 중 취미 생활도 보장한다. 누구는 장난감을 조립하며 집중력을 높였고, 누구는 악기 연주로 스트레스를 풀기도 했다. 마음 맞는 사람끼리 자발적으로 만든 동호회도 보드게임, 음악연주 등 20개 정도다. 이 중 봉사 동호회 '나누미'는 성남시와 협약해 차상위 계층 학생을 대상으로 'IT 희망학교'를 운영했다.[88]

소셜 크리에이터 플랫폼 기업으로서 고속 성장을 거듭해온 오지큐(OGQ)의 모습도 주목할 만하다. CEO와 직원들은 위아래가 아니라 동지적 관계다. 사무실엔 CEO 책상이 따로 없다. 빈자리에 컴퓨터를 놓고 일하면 그곳이 자리다. 사무실 분위기는 대학 동아리방 같다. 자유 복장에 출퇴근 체크도 없다. 모두 알아서 한다.[89]

교육 앱을 개발하는 모바일 벤처기업 스마트스터디도 파격적인 기업 문화를 선보여 왔다. 특징적인 것은 휴가가 '무제한'이라는 점이다. 힘이 들면 집에 가서 샤워하고 맥주 마시며 작업하는 경우도 있다. 구성원들이 진행 중인 프로젝트 내용을 서로 잘 아는 투명한 구조 탓에 별 문제 없다. 결과는 구글 플레이스토어, 애플 앱스토어 등 주요 앱 장터에서 다운로드 세계 수 위를 달리는 것으로 나타났다.[90]

위의 사례들은 그동안 우리가 이야기해온 '좋은 일자리'를 만들기 위한 노력을 보여준다. 그 결과는 구성원들이 자발적 열정을 갖고 몰입하는 것으로 이어졌다. 창조력 발산이 극대화되었고 높은 생산성을 바탕으로 기업 경영 실적은 꾸준히 개선되었다. 덕분에 모두가 이익을 보는 구조가 만들어졌다. 그동안 이론적으로 제기해왔던 사항들이 액면 그대로 현실화될 수 있음을 입증해주고 있다.

　자연스럽게 그다음 질문이 이어질 수 있다. 사람 중심 경영은 벤처기업에서만 가능한가? 육체노동 중심 전통 산업에서는 불가능한가? 정태적 접근에서 벗어나 역동적 변화를 추구한다면 얼마든지 가능하다.

전통 산업의 사례

외환위기 이후 유한킴벌리는 새로운 패러다임을 적용하면서 일반 공장에 비해 현장 인력을 33% 증원해 가동했다. 반면 작업 일수는 연간 180일로 대폭 줄였다. 이를 바탕으로 다양한 근무 교대 방식을 통해 일자리 나누기 구조조정을 실시함과 동시에 학습 훈련을 집중적으로 강화했다. 아울러 종신고용 보장을 통해 직원들로 하여금 해고 불안에서 벗어나 회사에 더욱 헌신하도록 만들었다. 이러한 과정은 인건비 증가를 뛰어넘는 생산성 향상으로 이어졌고 이전보다 더 좋은 실적을 내면서 고용을 추가적으로 창출시켰다. 유한킴벌리 생산성은 세계 최고 수준에 이르렀다.[91]

　유사한 사례들이 곳곳에서 이어졌다. 철강포장 전문업체인 포스코 계열사 삼정P&A(현 포스코엠텍)도 그 중 하나이다. 삼정P&A는 2007년 3개조가 돌아가면서 작업하던 3조 3교대 근무 형태를 2개조가 번갈아 작업하고 나머지 2개조는 휴무를 하는 4조 2교대제로 전환했다. 근무 형태를 전환하면서 삼정P&A 연간 근무일은 317일에서 174.5일로 줄었고, 반대로 휴무일은 48일에서 190.5일로 크게 늘어났다. 1년 중 절반 이상이 휴무일인 것이다. 연간 근무시간 또한 2,324시간에서 1,920시간으로 줄었다.

이런 조건에서 삼정P&A는 연간 1인당 학습시간을 300시간으로 대폭 늘렸다. 그 결과 학습 효과가 가시화되면서 직원들의 자격증 취득 건수가 2010년 837개로 근무 형태 전환 이전에 비해 10배 정도 늘었다. 결과는 직원들이 단순 포장공에서 자동포장 설비를 개발·운영하는 엔지니어로 탈바꿈하는 것으로 나타났다. 삼정P&A가 2009년 세계 최초로 철강제품을 자동포장하는 로봇 결속기를 개발한 것 역시 그 과정에서 얻어진 성과였다. 덕분에 삼정P&A는 자체 기술로 철강 포장라인 전체를 자동화하는 데 성공했고 이를 일괄 판매할 수 있는 수준에 이르렀다.

일련의 과정을 거쳐 삼정P&A는 단순포장 작업을 하던 업체에서 자동포장 설비를 개발·운영·판매·서비스하는 전문적인 엔지니어링 회사로 변신했다. 상당수 직원이 철강포장설비 전문 컨설턴트 지위를 갖기에 이르렀다. 생산성 또한 현저히 개선되었다. 직원들의 혁신 역량이 강화되면서 4년 만에 1인당 철강 포장량이 38%나 늘었다. 이런 성과는 지속적인 경영 실적 향상과 직원들의 임금 상승으로 이어졌고 이는 직원들의 역량을 더욱 성숙시키는 선순환 구조를 낳았다.[92]

두 사례의 핵심은 학습 훈련을 통한 '노동의 진화'였다. 삼정P&A의 경우는 단순 육체노동 종사자에서 고도의 전문성을 지닌 엔지니어로 탈바꿈하기도 했다. 이는 가치 창출의 원천이 노동력에서 창조력으로 탈바꿈했음을 의미한다. 사람의 성장을 통해 기업이 발전하고 모두 함께 이익을 보는 구조가 만들어졌다.

지역공동체 활성화와 세대 분업

사람 중심 경영은 자영업으로 불리는 소상공업에서도 새로운 돌파구가 되고 있다. 그동안 시장은 물건과 돈만 오가는 공간으로 인식되기 쉬었다. 사람들 관계를 매개하는 기능은 간과되었다. 하지만 일부 선구적 실험은 전통시장 혹은 골목시장이 지역공동체 문화 플랫폼으로 기능할 수 있음을 입증해주었다.

한 예로 인천 부평 '문화의 거리'를 들 수 있다. 문화의 거리 상인들은 골목 안에 화단과 공연장 등을 꾸미고 관련 기관 협조 아래 차 없는 거리로 만들었다. 문화의 거리는 지역 명소로 소문나면서 사람들 왕래가 크게 늘었고 덕분에 상권 또한 활성화될 수 있었다. 서울 서촌 통인시장은 물건을 사고파는 것조차도 문화 체험의 일부가 되도록 함으로써 지역문화 플랫폼으로 거듭났다.

사람 중심 경영은 삶과 경제의 활동을 통일적으로 접근한다. 무엇보다도 일을 자아실현의 과정으로 만든다. 삶의 사이클을 반영하기도 한다. 그럼으로써 삶의 문제를 해결함과 동시에 경제에 새로운 활력을 불어넣어 준다. 복지 선진국조차 답을 찾지 못해 전전긍긍했던 초고령화 문제는 그 대표적인 경우이다.

1960년 52.6세였던 한국인 평균수명은 2013년 81.9세로 OECD의 평균을 앞질렀다. 1960년에 비해 무려 29년이나 늘어난 것이다. 반면 한국의 합계 출산률은 1970년 4.53명에서 2016년 현재 1.17명이다. 저출산 초고령화로 노년층과 경제활동 인구 사이 균형이 심각하게 무너졌다. 통계청 자료에 의하면 한국은 경제가 역동적으로 발전하던 1990년에는 고령자 1명을 경제활동인구 13.5명이 부양했다. 그런

데 2030년에는 고령자 1명을 2.6명이 부양해야 한다. 노령층을 부양 대상으로 간주해서는 문제 해결이 근본적으로 불가능해진 것이다.

어느 모로 보나 발상의 전환이 불가피하다. 평균 수명이 늘어나는 것은 노년만 늘어나는 것이 아니다. 청년과 장년 기간도 함께 늘어난다. 30년 전 60세는 완전한 노년층에 속했지만 요즘은 장년층에 가깝다. 평균 수명 연장과 함께 경제활동 가능 기간도 그만큼 증가했음을 의미한다. 그렇다고 정년 연장으로 문제를 해결하려 하면 젊은 세대 일자리를 감소시킬 가능성이 있다. 정년 연장은 답이 아니다. 해답은 인생 이모작이다. 인생 후반기에 새로운 경제활동을 시작하자는 것이다.

《은퇴가 없는 나라》를 통해 인생 이모작을 주장해온 김태유 교수는 보다 구체적인 해법으로 '세대 간 분업'을 제시했다. 그 요지는 이렇다. 젊은 층은 창의성과 연관된 유동지능fluid intelligence이 높고 고령층은 경험과 관련된 결정지능crystallized intelligence이 높다고 한다. 이를 감안하면 젊은 층은 유동지능과 관련된 과학 · 첨단 기술 · 회계 · 산업디자인 등의 '가치를 창출하는 일모작 직업'에 종사하는 것이 좋다. 반면 고령층은 결정지능이 필요한 행정 · 관리 · 헬스케어 등 서비스 분야에서 '가치를 이전하는 이모작 직업'에 종사하는 것이 좋다. 이와 같이 세대 간 분업이 이루어지게 되면 국가 경제의 효율이 획기적으로 높아질 수 있다는 게 김태유 교수의 주장이다.[93]

남는 과제는 이러한 세대 분업이 효과적으로 펼쳐질 수 있는 무대를 어디서 마련할 것인가이다. 해답은 앞서 이야기했던 뷰티 · 건강산업에서 관광산업까지를 아우르는 사람 중심 산업이다.

제조업과 ICT, 서비스업의 융합에 기초한 사람 중심 산업은 크게 봐서 성격을 달리하는 두 분야 일자리를 만들어낸다. 하나는 인공지능, 빅데이터 등을 기반으로 새로운 산업기반을 구축하는 일자리이다. 이는 첨단 기술에 익숙하고 모험심이 강한 청년층 몫이다. 또 하나는 원숙한 서비스를 제공해야 하는 일자리이다. 이는 풍부한 경륜을 간직한 노년층 몫이다. 자연스럽게 세대 분업이 가능해진다.

세대 분업을 바탕으로 노년층은 단순한 부양 대상에서 벗어나 상당 정도 자신의 삶을 책임진다. 혹자는 노년이 되어서도 일을 해야 한다는 사실을 끔찍스럽게 여기기도 한다. 정작 당사자들이 끔찍해하는 것은 평균 수명이 크게 늘어난 상태에서 하는 일 없이 긴 세월 빈둥거리며 지내는 것이다.

사람 중심 경영이 정착되어 가면 기업 경영의 사회정치적 의미가 완전히 달라질 수밖에 없다. 앞서 이야기했듯이 좌파 운동가들에게 기업 경영은 부의 창출보다는 자본가가 노동력을 착취하는 무대로서의 성격이 강했다. 실제로도 기업 경영은 보수적 담론을 재생산하는 공간으로 기능한 측면이 강했다. 바로 이 점에서 질적 변화가 일어날 수 있다. 사람 중심 경영이 정착되면 기업 경영은 진보적 담론 생산의 주요 공간이 될 수 있다. 이는 진보 시대 30년을 뒷받침하는 강력한 동력이다.

새롭게 펼쳐지는
프레임 전쟁

8장

■

■

개별 사례들을 보면 사람 중심 경영은 충분히 실현 가능한 목표임이 확인된다. 그래도 여전히 의문은 남는다. 사람 중심 경영이 어떻게 일반화될 수 있을까? 이는 결코 간단치 않은 문제다.

독일 사례에 비추어 보면 정부가 주도적으로 나서 여건을 조성하면 사람 중심 경영의 일반화도 충분히 기대할 수 있다. 하지만 독일과 한국의 환경 차이를 간과해서는 안 된다. 아무래도 독일에 비해 한국은 사람 중심 경영의 정착을 방해하는 요소가 훨씬 더 많을 것이다. 이를 극복하기 위한 전 사회적 노력이 병행되어야 한다.

세상에 존재하는 새로운 질서는 모두 낡은 질서와의 치열한 투쟁을 통해 생성·발전한다. 그 투쟁 과정에서 점점 더 많은 사람들이 합류하면서 새로운 흐름이 확고한 대세를 형성할 때 세상은 바뀐다. 사람 중심 경영 역시 사회구성원의 압도적 다수가 기꺼이 원하고 함께 만들고자 할 때 현실이 될 수 있다.

우리는 이 모든 과정을 잘 기획된 프레임 전쟁을 통해 예술적으로 펼쳐내야 한다. 무엇이 쇠락의 운명에 직면한 낡은 것이고 무엇이 미래를 이끌어 갈 새로운 질서인지를 명료히 드러내도록 프레임을 짜야 한다.

그 해답으로 '사람 중심 대 자본 중심', '수평 대 수직', '생태계 대 포식자' 세 가지 프레임을 꼽을 수 있다. 이 세 가지 프레임 전쟁이 성공적으로 진행되면 사람 중심 경영, 사람 중심 경제가 자연스럽게 안착될 수 있는 사회적 환경이 만들어질 것이라 믿는다.

프레임 전쟁의 주체는 촛불시민혁명 주역인 시민들이다. 시민들은 각자 삶의 영역에서 다종다양한 형태로 프레임 전쟁을 수행할 것이다. 그럼으로써 능동적이고 주도적으로 사람 중심 경제의 여건을 성숙시켜 나간다. 이는 곧 일시에 멈추어 섰던 촛불시민혁명이 일상의 영역에서 지속성을 회복하고 발휘하는 과정이다.

사람 중심 대 자본 중심 프레임

사람 중심 대 자본 중심은 노동 대 자본 프레임이 그러했던 것처럼 새로운 프레임을 파생시키는 본원적 프레임이다. 사람들의 사고를 규정짓는 일차적이면서도 근원적인 요소로 작용할 것이다. 그런 만큼 사람 중심 대 자본 중심 프레임 전쟁에서 사람 중심 패러다임이 우위를 점하게 되면 사회 지형에서 근본적인 변화가 일어날 수밖에 없다. 사람 중심이 자본 중심을 대신해서 절대적 가치 기준으로 통용되는 순간 세상은 전혀 다른 원리와 방식으로 움직이기 시작할 것이다.

하지만 사람 중심 대 자본 중심 프레임을 제기했을 때 그 유효성을 둘러싸고 만만치 않은 반론이 제기될 수 있다. 가장 자주 나오는 반론은 사람 중심이라는 표현이 너무 당연해서 하나마나한 이야기라는 논리이다. 세상은 어차피 사람을 중심으로 돌아가지 않느냐는 것이다. 정말 세상이 사람을 중심으로 돌아갈까?

가슴이 아프지만 잠시 세월호 참사를 떠올려 보자. 2018년 새해 벽두부터 수십 명의 목숨을 앗아간 제천·밀양 화재도 함께 떠올려 보자. 참사 원인을 추적해 들어가다 보면 공통적으로 만나는 지점이 있다. 바로 돈이다. 자본 중심의 논리이다. 사람보다 돈을 중시한 데서 비롯된 참사들이었다. 자본의 이윤 추구를 모든 것에 우선한 결과였다. 세상은 결코 사람을 중심으로 돌지 않았다.

사람 중심 대 자본 중심 프레임은 세상이 얼마나 지독하리만치 자본을 중심으로 돌아가고 있는지를 폭로한다. 세상이 자본을 중심으로 돌아가면 얼마나 야만적일 수 있는지를 폭로한다. 그러한 지속적 폭로를 통해 사람 중심이 무엇을 의미하며 왜 그토록 절박한 과제로 다가오고 있는지를 드러낸다.

사람 중심 대 자본 중심 프레임을 이야기하면 쉽게 나오는 반론 중 하나는 '엄마 좋아, 아빠 좋아' 식 논리 아니냐는 것이다. 사람과 자본 모두 중요한데 양자택일 문제로 몰고 가는 것은 합당치 않다는 이야기다. 의미 있는 지적이다. 사람과 자본 모두 중요하다. 바로 그 점에서 자본 중심 패러다임은 정반대 현실을 보여주고 있다. 자본 중심 패러다임은 사람과 자본을 분리·대립시킨다.

앞서 다루었던 이야기를 다시 끄집어내 보자. 자본의 세계화와 함께 국제금융자본은 한국 경제에 절대적 영향력을 행사해왔다. 국제금융자본은 뛰어난 이동성을 바탕으로 단기이익 극대화를 추구한다. 결과가 불투명한 장기 기술개발 투자나 경영 전략은 이들로부터 환대받기 어렵다. 사람 중심 경영 역시 마찬가지다. 국제금융자본 입장에서 사람 중심 경영은 결과를 믿을 수 없는 선택이다. 국제금융자본이 가장 선호하는 것은 주가를 즉각적이면서 확실하게 상승시킬 수 있는 인력 구조조정이다. 국내자본 역시 주가 상승 이해에 이끌려 국제금융자본에 동화되어 왔다.

이러한 요인의 작용으로 국제금융자본의 직접적 영향력 아래 있는 대기업에서는 일자리가 꾸준히 감소해왔다. 단적으로 2016년 한 해 동안 대기업 일자리는 9만 개 줄어들었다. 불황 탓도 있었겠지만 그것만으로는 설명이 어렵다. 같은 기간 동안 중소기업 일자리는 32만 개 늘어났기 때문이다.[94]

지속적 구조조정 결과 일자리 질도 함께 떨어져 왔다. 상대적으로 열악한 일자리로 취급받는 간접고용 비중은 5,000인 이상 대기업이 1,000인 이하 기업보다 2배 정도 더 높았다. 대우조선해양, 포스코건설, 현대건설, 대림산업 등 유수 대기업은 70%가 비정규직으로 채워졌다.[95] 대기업은 곧 좋은 일자리라는 등식은 깨진 지 오래다.

자본 중심 패러다임은 일자리 감소 형태로 사람을 배제해 왔다. 남아 있는 일자리마저 나쁜 일자리 비중이 커지는 쪽으로 흐르고 있다. 규제 완화와 노동유연화로 돈 벌기 쉽도록 하자는 보수 논객들의 반복되는 주장은 이러한 양상을 더욱 부채질하고 있다. 보수 논객들의 논리 속에서 사람은 그저 제물일 뿐이다. 현재의 조건에서 4차 산업혁명이 가속화되면 이런 양상은 더욱 극단으로 치달을 것이다.

사람 중심 패러다임은 사람을 중심에 놓지만 자본을 배제하지 않는다. 사람과 자본의 상생을 추구한다. 좋은 일자리 창출을 우선함으로써 노동자와 자본 소유자를 포함한 다양한 이해당사자가 함께 이익을 누린다.

상생 과정의 일환으로 중소·벤처기업 노사관계가 질적으로 달라진다. 전통적인 노동 중심 패러다임으로는 노동자와 중소·벤처기업 경영자가 연대하기는 거의 불가능하다. 경영자가 받아들일 가능성이 없다. 하지만 사람 중심 패러다임으로는 충분히 가능하다. 노동자는 창조력을 지닌 사람으로 진화함으로써 온전히 경제활동의 중심에 설 수 있다. 경영자는 사람을 중심에 놓고 경영함으로써 최상의 성과를 일구어낼 수 있다. 공동의 목표를 향해 노사가 연대·협력할 수 있다.

사람 중심 패러다임이 투쟁 대상으로 삼는 것은 자본 자체가 아니라 배타적인 자본 중심 패러다임이다. 그런 점에서 사람 중심 패러다임은 과거 자본 자체를 적대시하고 배격했던 교조적 마르크스주의와 확연히 다르다.

사람 중심 대 자본 중심 프레임은 이 글에서 처음 제안한 게 아니다. 그것은 이미 다양한 영역에서 싹을 틔워 왔다.

2008년 글로벌 금융위기는 사람들의 사고에 의미심장한 변화를 초래했다. 그 중 하나로 적지 않은 경영자들은 금융자본 이익 극대화를 중심으로 움직이면 기업의 지속가능성을 보장받을 수 없음을 절감했다. 새로운 해답을 찾는 과정에서 사람 중심 관점이 크게 각광을 받았다. 경영자 대상 인문학 강좌 열풍은 이를 반영한 현상이었다. 문재인 정부가 새로운 경제 패러다임으로서 사람 중심 경제를 반복해서 강조한 것도 그러한 흐름을 탄 보다 진전된 현상이라고 할 수 있다.

이 모든 것은 사람 중심 대 자본 중심 프레임 전쟁이 본격화되면 사람 중심이 대세가 될 수 있음을 보여준다.

과거 민주 대 독재 프레임 전쟁에서 민주 세력이 승리했다. 뒤이어 민주화된 새로운 세상이 열렸다. 마찬가지로 사람 중심 대 자본 중심 프레임 전쟁이 본격화되면 압도적 다수 시민들이 사람 중심 패러다임을 지지할 것이라 믿는다. 더불어 자본 중심 패러다임을 기득권 논리로 규정짓고 해당 세력을 소수파로 만들 것이 틀림없다. 사람 중심 패러다임의 승리와 함께 사람 중심 경영, 사람 중심 경제가 새로운 흐름으로 자리 잡는다.

수평 대 수직 프레임

촛불시민혁명은 수평 대 수직의 투쟁이었다. 수평지향적인 시민들이 수직적 위계질서의 정점을 타격한 투쟁이었다. 촛불시민혁명을 통해 표출된 수평 대 수직 프레임은 사회경제 영역에서도 여러 검증 과정을 거쳐 왔다.

사람 중심 패러다임은 모든 사람이 저마다의 영역에서 중심이기를 지향한다. 모든 사람이 중심인 조건에서 맺을 수 있는 관계는 수평적 관계뿐이다. 자본 중심 패러다임은 자본의 지배를 유지하기 위해 사람을 종속시키고 통제하고자 한다. 수직적 위계질서를 유지하려는 경향이 강하다. 이러한 이유로 사람 중심 대 자본 중심 프레임은 '수평 대 수직'이라는 또 다른 프레임을 파생시킨다.

뒤에서 살펴볼 생태계 대 포식자 프레임은 주로 기업의 외적 영역에서 작동한다. 그에 반해 수평 대 수직 프레임은 주로 기업 내부에서 작동한다. 중요한 사실은 이미 기업을 무대로 수평 대 수직 프레임이 작동해왔다는 점이다. 사회경제 영역에서 수평 대 수직 프레임은 결코 낯선 이야기가 아니다. 그동안 수평 대 수직 프레임은 기업 내부 곳곳에서 수평적 조직 문화 정착을 위한 노력의 형태로 작동해왔다. 기업들이 그러한 노력을 기울이게 된 결정적 모티브는 청년 세대의 강한 수평 지향성이었다.

청년 세대는 수평 지향성이 강했다. 청년 세대는 권위주의에 입각한 수직적 위계질서에 심각한 거부 반응을 보였다. 상사에 의한 일방적인 회식 결정에 대해 개인 생활을 침해한다며 강한 불만을 토로하고 불참을 선언하기도 했다. 수직적 통제 시스템 아래에서는 업무 수행도 매우 서툴렀다. 반면 수평적 네트워크를 바탕으로 새로운 업무 영역을 개척하는 데서는 뛰어난 능력을 발휘했다.

전혀 다르게 사고하고 행동하는 청년 세대의 출현은 수직적 위계질서에 익숙해 있던 기존 근무자들을 몹시 곤혹스럽게 만들었다. 청년 세대가 기존 조직 문화에 적응하지 못하고 반발하고 있는 조건에서 기업 시스템의 정상 작동은 기대하기 힘들다. 해결책은 기업 스스로가 조직 문화를 바꾸는 것뿐이다.

이에 따라 기업들 사이에서 청년 세대 특성에 맞도록 수평적 조직

문화를 정착시키고자 하는 다양한 시도들이 잇달았다. 여러 기업으로 확산된 호칭 파괴는 그러한 시도의 일환이었다. 일부 기업에서는 호칭에서 직급을 떼고 '님'으로 통일했다. 부장 이하 직원 호칭을 매니저로 통일한 곳도 있다. 아예 신입사원이 중심이 되어 수평적 방향으로의 조직 문화 개선책을 마련하도록 한 기업도 있다.

수평적 조직 문화 정착을 위한 노력은 사람 중심 경제로 나아가는 과정에서 매우 낮은 수준에 해당하는 것일 수 있다. 전체적으로 볼 때 일부 기업에서 시도하고 있는 것에 불과할 수도 있다. 수직적 위계질서에 입각한 엄격한 통제 시스템이 불가피했던 전통 산업에서는 아예 엄두도 내지 못하고 있는 실정이다. 호칭 파괴를 시도했다가 부작용이 커서 원상태도 되돌아간 곳도 여러 군데이다.

중요한 것은 변화의 방향이다. 수평적 조직 문화 정착을 위한 노력은 시간이 갈수록 높은 단계로 발전할 것이며 더욱 널리 확산될 것이다. 이유는 간단하다. 3차 산업혁명이 진전되면서 창조력을 가치 창출의 주요 원천으로 삼는 영역이 늘어나기 때문이다. 그런 영역은 수평적 조직문화가 정착될수록 생산성과 경쟁력 모두에서 앞서간다. 그렇지 않으면 뒤처진다. '사용자 경쟁'이라는 채찍이 수평적 변화를 강제할 수 있는 것이다.

이 지점에서 심각한 문제제기가 뒤따를 수 있다. 앞서 자본 중심 패러다임은 수직적 위계질서를 유지하려는 경향이 강하다고 말했다. 그렇다면 수평적 조직 문화 정착을 시도하고 있는 기업들에서 경영자들이 자본의 지배를 포기 혹은 거부하고 있는 것인가? 수평적 조직문화 정착을 시도하고 있는 기업들은 대체로 3차 산업혁명을 기반으로 삼고 있다. 이 사실로부터 이런 의문을 품을 수 있다. 혹시 3차 산업혁명이 자본의 지배력마저 약화시키는 작용을 하고 있는 것이 아닐까? 이 문제에 대한 해답의 실마리를 찾기 위해 피터 드러커의 주장에 귀 기울일 필요가 있다.

피터 드러커는 지식이 새로운 가치 창출의 기초로 부상한 사실을 처음 파악함으로써 3차 산업혁명의 도래를 알린 인물이다. 피터 드러커는 지식의 기능에 주목하면서 지식이 새로운 생산수단임을 간파했다. 이는 진보 세계의 통념을 뒤집는 매우 심각한 문제제기였다.

먼저 생산수단의 의미부터 살펴보자. 생산수단은 가치 창출에 필수적인 작업 수단(도구)과 작업 대상을 아우르는 개념이다. 자본주의 사회에서 가장 중요한 생산수단은 건물, 기계, 부품, 원자재, 노동력 등을 구매할 능력을 지닌 자본이다. 자본을 보유하고 있으면 생산에 필요한 모든 요소를 구매해 가치를 창출할 수 있다.

노동력은 생산수단이 아니다. 앞서 이야기한 것처럼 노동력은 자본과의 결합 없이는 홀로 가치를 창출할 수 없다. 노동자가 노동력을 판매해야만 생존할 수 있는 이유이다.

그렇다면 지식이 정말 생산수단일 수 있는가? 현실은 이를 긍정하는 방향으로 흐르고 있다. 3차 산업혁명은 지식을 생산에 적용하고 지식을 기반으로 가치를 창출할 수 있는 기술적 환경을 급속히 개선시켰다. 아이디어, 기술, 콘텐츠만 있으면 자본에 의지하지 않고도 가치 창출이 가능한 영역이 빠르게 확대되고 있다. 자본이 필요하다면 외부에서 유치할 수 있다. 지식은 의심할 여지없는 새로운 생산수단이 되었다. 더불어 그 비중이 급격히 커지면서 주도적 위치에 오르고 있다.

새로이 등장한 생산수단은 과거 자본이 그러했듯이 보다 강력한 힘을 발휘한다. 지식이 자본보다 우월한 것이다. 이는 벤처기업 자본 유치 과정에서도 드러난다. 통상적으로 자본 투자자의 지분은 창업자의 몫을 넘지 않는다. 가령 1998년 구글이 자본을 유치했을 때 자본 투자자 지분은 25%였고 나머지 75%는 창업자 몫이었다. 구글 창업자가 다수 지분을 확보할 수 있었던 근거는 창업의 밑천인 초고속 검색엔진 지식이었다. 기업 가치 구성에서 지식이 자본을 훨씬 능가했던 것이다. 자본은 이윤 추구 수단으로 지식을 지배하려 하지만 궁극적으로는 지식을 가진 자가 자본을 지배한다. 3차 산업혁명과 함께 시대의 흐름은 명확히 그런 방향으로 가고 있다.

기업 경쟁력 역시 마찬가지다. 지식 축적에서 앞선 기업이 자본 축적에서 앞선 기업을 일순간에 추월한다. 그런 현상이 비일비재하게 일어나고 있다. 빠른 물고기가 느린 물고기를 잡아먹는 시대라는 클라우스 슈밥의 표현은 이를 묘사한 것이다. 기업의 운명을 좌우하는 것은 자본 축적보다는 지식 축적이다.

3차 산업혁명에 기반을 둔 기업의 경영자라면 이 모든 사실을 상식 수준에서 이해하고 있을 것이다. 지식 축적은 사람들과 그들의 네트워크를 바탕으로 이루어진다. 이는 경영자가 지식 축적을 담당하는 구성원을 어떻게 대해야 하는지를 알려준다. 드러커의 이야기를 계속 들어보자.

마르크스주의는 생산수단의 보유 여부를 기준으로 계급을 분류했다. 자본을 보유한 계급은 자본가 계급으로, 자본을 갖지 못한 계급은 무산계급으로서 프롤레타리아가 되었다. 드러커는 이 관점을 그대로 계승했다. 드러커는 새로운 생산수단으로서 지식을 보유한 새로운 계급의 탄생을 알렸다. 드러커는 새로운 계급에게 '지식근로자Knowledge Worker'라는 명칭을 부여했다. 지식근로자는 생산수단을 보유하고 있다는 점에서 생산수단을 갖고 있지 않은 전통적 노동자와는 질적으로 구별되는 계급이다.

드러커는 지식이 새로운 가치 창출의 주요 원천으로 떠오르면서 기업에서 지식근로자의 지위와 역할, 관계 모두가 이전 노동자와는 달라질 수밖에 없다고 보았다. 드러커의 주장을 간략히 재구성하면 이렇다.

육체노동자가 주류였던 산업 사회에서 기획·관리 등의 정신노동과 물건을 만들고 나르는 육체노동은 엄격하게 분리되었다. 그와 달리 지식근로자는 정신노동과 육체노동을 통합적으로 수행한다. 기계와의 관계에서도 다르다. 산업 사회에서는 기계가 사람의 동작과 형태, 속도를 결정하였다. 사람이 기계의 하인으로서 봉사했다. 지식근로자가 수행하는 지식작업은 사람이 기계의 움직임을 지배한다. 지식작업에서는 사람이 생산 활동의 중심에 서고 기계가 사람의 하인으로 봉사한다.

기업 경영자들이 사람을 대하는 시각도 달라져야 한다. 그동안 경영자들은 노동자를 비용의 일부로 간주해왔지만 지식근로자는 비용이 아니라 자산으로 간주해야 한다. 그동안 경영자들은 노동자를 경영 대상으로 간주했지만 지식근로자는 경영의 능동적 주체로 대해야 한다. 그동안 경영자들은 노동자를 주로 통제 대상으로만 대해 왔지만 지식근로자는 협력적 관계에 있는 파트너로 받아들여야 한다. 그럴 때 지식근로자는 제 역할을 충실히 수행할 수 있고 높은 생산성을 발휘할 수 있다.

만약 우리가 드러커의 주장을 인정한다면 몇 가지 중요한 결론에 도달할 수 있다.

지식근로자는 노동자보다 진화된 존재이다. 노동자는 자본과의 결합 없이 독자적으로 가치를 창출하지 못한다. 지식근로자는 생산수단을 체화함으로써 독자적 가치 창출 능력을 갖고 있다. 자본 의존적 존재에서 벗어날 수 있는 것이다. 청년 세대는 전통적 노동자보다는 지식근로자 정체성을 갖고 있을 가능성이 높다. 많은 청년들이 창업의 꿈을 가지는 본질적 이유일 수 있다. 청년 세대의 강한 수평 지향성은 자기 영역을 책임지는 동시에 경영의 능동적 주체이고 싶어 하는 열망의 표현일 수 있다.

이런 맥락에서 보자면 수평적 조직 문화 정착의 최종 목표는 구성원 모두가 협력적 관계에서 경영 동반자가 되는 것이다. 그럴 때 진정한 의미에서 수평적 관계가 성립된다고 볼 수 있다. 자연스럽게 사람 중심 경제의 핵심인 좋은 일자리의 의미도 분명해진다. 좋은 일자리는 자기 영역을 책임지는 경영 주체가 되도록 하는 것이다. 좋은 일자리 창출을 우선하는 것은 구성원을 경영 동반자로 만드는 과정이다. 노동의 진화를 전제한다면 이는 기존 노동자들에게도 적용 가능하다. 보편 타당한 방향인 것이다.

여기서 약간의 보완이 필요하다. 그동안 3차 산업혁명과 함께 창조력이 가치 창출의 주요 원천으로 부상해왔다고 이야기했다. 지식은 창조력의 중요한 구성 요소이지만 전부는 아니다. 결국 드러커가 이야기한 '지식'에 '창조력'을 대입시키는 재구성 작업이 필요하다. 다만 지식근로자를 어떻게 표현할지는 과제로 남는다.♦

이 모든 사실로부터 분명해진 지점이 하나 있다. 수직적 위계질서를 지향하는 자본 중심 패러다임은 쇠락하는 과거를 대변한다. 반면 수평적 관계를 지향하는 사람 중심 패러다임은 떠오르는 미래를 대변한다. 수평 대 수직 프레임 전쟁에서 수평의 승리는 필연이다. 사람 중심 경영, 사람 중심 경제의 여건은 더욱 강력히 성숙할 것이다.

생태계 대 포식자 프레임

사람 중심 대 자본 중심 프레임으로부터 파생된 또 하나의 프레임은 '생태계 대 포식자'이다.

사람 중심 경제의 핵심은 좋은 일자리 창출을 우선으로 삼는 것이다. 얼마나 더 좋은 일자리를 만들어낼 수 있느냐의 여부는 기업 경쟁력과 불가분 관계에 있다. 경쟁력 없는 기업이 좋은 일자리를 만들어내기는 쉽지 않다. 살아남기조차 버겁다. 사람 중심 경제의 주축인 중소·벤처기업이 경쟁력을 강화하자면 다양한 경제 주체들이 상생을 지향하는 방향에서 수평적 협력 관계를 고도화해야 한다. 이러한 '유

♦ 피터 드러커가 제시한 지식근로자는 새로운 가치 창출의 기초로 창조력의 일부인 지식만을 반영한 한계가 있다. 필자의 전작에서는 '창조력'을 온전히 반영하기 위해 '창조근로자', '창조자'라는 용어를 사용하기도 했으나 검증이 필요한 대상이다.

기적 협력관계의 복합체'가 생태계이다. 그 반대편에서 생태계를 교란하고 파괴하려는 존재가 포식자이다.

생태계 대 포식자 프레임 역시 여기서 처음 제안하는 것이 아니다. 그것은 이미 자연발생적으로 폭넓게 형성되어 왔다. 수많은 사람들이 생태계 대 포식자 프레임에 기초하여 문제를 살피고 탐색해오던 중이었다. 특히 경제 일선에 있는 사람들에게 상당히 익숙한 프레임이다.

흥미롭게도 생태계 대 포식자 프레임 형성 가능성을 먼저 내비친 것은 세계 시장을 무대로 움직이는 주류 사회다. 과거 시장을 지배했던 것은 제품 대 제품, 기업 대 기업의 경쟁 구도였다. 그러던 세계 시장이 생태계 대 생태계 경쟁 구도로 빠르게 바뀌기 시작했다. 변화를 촉발시킨 주역은 애플이었다.

그동안 모바일 소프트웨어 개발자들이 주로 의존했던 유통망은 이동통신사들이었다. 가격은 주로 이동통신사들이 자신들의 입맛에 맞게 정했고 수익 대부분도 그들의 몫이었다. 대략 수익의 70% 정도를 이동통신사들이 가져갔던 것으로 보인다. 이를 180도 뒤집은 곳이 애플이었다.

2008년 7월 애플은 온라인 앱 장터인 앱스토어 개장을 공식적으로 알렸다. 애플은 개발자가 만든 애플리케이션을 일정한 심사를 거쳐 앱스토어에 올릴 수 있도록 했고, 판매 수익 70%를 개발자가 가져갈 수 있도록 했다. 군소 개발자들에게 최소의 비용으로 세계 시장을 상대로 한 마케팅을 펼칠 수 있는 길을 열어준 것이다.

그동안 시장 진출과 수익 창출에서 심각한 어려움을 겪어왔던 군소

개발자들이 다투어서 애플리케이션을 앱스토어에 등록했다. 사용자들의 애플리케이션 다운로드 또한 폭발적으로 증가했다.

애플은 판매 수익금의 30%를 챙겼는데 앱스토어 유지에 필요한 수준이었다. 앱스토어 자체로는 수익이 없었던 것이다. 애플의 수익 장치는 다른 곳에 있었다. 애플은 앱스토어 애플리케이션을 오직 자사 제품인 아이폰을 이용해 다운로드받을 수 있도록 했다. 결과는 아이폰의 폭발적 판매와 엄청난 수익으로 이어졌다.

여기서 중요한 것은 앱스토어가 플랫폼 기능을 했다는 사실이다. 플랫폼은 다양한 지점을 연결시켜 생태계를 형성하는 열린 장이다. 앱스토어가 플랫폼이 되어 애플과 개발자, 사용자들이 거대한 생태계를 형성했다. 생태계를 기반으로 애플, 개발자, 사용자 모두가 이익을 보았다. 애플은 가장 강력한 시장 경쟁력을 확보할 수 있었다. 생태계를 관통하는 기본 원리는 함께 이익을 보는 '상생'이었다.

플랫폼 기반 생태계 전략의 위력을 거듭 입증해준 기업은 구글이었다. 구글은 전형적인 플랫폼 기업이었다.

압도적 우위를 점하고 있는 검색엔진, 대표적 동영상 사이트 유튜브, 전 세계 공간을 지리적으로 표시하고 있는 구글 맵, 모바일 운영체제 안드로이드 등이 대표적인 플랫폼이라고 할 수 있다. 구글은 이들 모두를 무료 서비스로 운영하고 있다. 안드로이드 운영체제는 이동통신사와 모바일 제조업체들이 무료로 사용한다. 덕분에 사용자 수에서 안드로이드 진영이 애플을 능가할 수 있었다. 구글은 이들 플랫폼들을 기반으로 전 세계를 아우르는 강력한 생태계를 형성해왔다. 그 결과 구글은 막대한 광고료 수입을 얻을 수 있었다.

플랫폼 기반 생태계 전략은 IT산업을 넘어 거의 모든 분야로 확산되고 있다. 신흥 경제대국 중국도 이에 발 빠르게 대응하고 있다. 세간의 이목을 집중시켜온 전자 상거래업체 알리바바도 그 중 하나이다.

알리바바는 그 자신이 플랫폼이 되어 수많은 생산업자, 유통업체, 배송업체, 소비자를 아우르는 거대한 생태계를 형성하고 있다. 알리바바는 플랫폼의 핵심 요소를 잘 살렸다. 다양한 경제 주체들이 효과적으로 연결될 수 있는 최적의 환경을 갖춘 것으로 평가받고 있다. 대금 결제는 소비자가 반송 여부를 판단할 수 있는 시점 이후에 진행하도록 함으로써 반송으로 인한 불편도 최소화했다.

플랫폼 기반 생태계는 시장에 대한 기존 통념을 뒤집는다. 과거 시장을 지배한 기본 원리는 만인과 만인이 투쟁하는 무한 경쟁의 장이었다. 생태계 전략은 이와 달리 연대·협력이 최고의 경쟁력임을 알려준다. 경쟁 구도 속에서도 주어야 얻을 수 있고 나눌수록 커진다는 전혀 새로운 원리를 선보였다.

그렇다고 너무 순진하게 받아들여서는 곤란하다. 주류 사회가 주도한 플랫폼 기반 생태계 전략은 상당한 이중성을 보여주었다. 생태계 전략의 선구자인 애플은 그 대표적인 경우이다. 애플은 한때 전 세계 스마트폰 수익의 80%를 쓸어갈 정도로 포식자 본능을 강력히 드러냈다. 그 과정에서 납품업체들은 뼈를 앙상하게 드러낸 채 말라갔다. 스마트폰을 조립해 애플에 납품해온 중국 폭스콘 사 노동자들이 고통을 견디다 못해 잇달아 자살한 것은 그러한 배경에서 일어난 사태였다.

한국으로 돌아와 보자. 한국은 플랫폼 기반 생태계 전략을 구사하는 데서 매우 뒤처져 있는 나라이다. 삼성전자가 제대로 된 생태계 기반 없이 국제 경쟁력을 유지해온 것이 기이할 정도이다. 한국 경제가 국제 경쟁력을 상실해온 이유 중 하나로 꼽을 수 있다. 도대체 왜 이런 현상이 나타난 것일까? 재벌 기업들이 독불장군 식으로 포식자 본능을 발휘하는 데 익숙해 있는 것 말고 또 다른 요인이 있을까?

과거 재벌이 국민경제 성장의 견인차 구실을 한 것은 어느 정도 진실이다. 재벌이 불법을 저질러도 국민들이 관용을 베푼 이유이다. 하지만 어느 순간부터 재벌은 포식자로 돌변했다. 그 결과는 국민경제 생태계를 황폐화시킨 것으로 나타났다. 그 실태를 간략히 소개하면 이렇다.

그동안 재벌 기업들은 중소 협력업체 납품 단가를 최대한 낮추어 왔다. 매년 단가를 깎아온 경우가 허다했다. 아울러 문어발 확장을 통해 중소기업 영역을 거침없이 잠식했다. 계열사들끼리 일감 몰아주기 식으로 다른 중소기업의 설 땅을 빼앗아버렸다. 기업형 슈퍼마켓을 앞세워 골목 상권에까지 파고들어 영세한 상인들마저 초토화시켰다. 중소·벤처기업이 천신만고 끝에 새로운 제품 개발에 성공하면 개발팀을 통째로 빼간 뒤 자신들이 출시했다. 중소·벤처기업의 싹을 거침없이 잘라온 것이다.

두 가지 과제가 함께 해결되어야 한다. 한편으로는 정부가 나서서 재벌 기업들의 포식자 행태를 최대한 억제시켜야 한다. 더불어 중소 경제 주체들이 플랫폼 기반 생태계 전략을 바탕으로 강력한 연합 함대를 구축해야 한다. 다양한 방안이 모색될 수 있다. 생산과 유통 문제를 함께 해결할 공용 플랫폼 건설도 그 중 하나이다. 그럼으로써 이

중성을 극복한 중소 경제 주체 중심의 온전한 생태계를 선보일 수 있다. 이를 뒷받침하기 위해서는 반드시 국가와 시장의 관계가 재정립돼야 한다.

진보의 뇌리를 지배해온 국가 개입 대 시장방임 프레임은 시대에 맞지 않는 낡은 것으로 전락하고 있다. 국가 개입과 통제가 필요한 영역이 여전히 존재할 수 있지만 그게 전부가 아니다. 보다 중요한 점은 국가와 시장이 협력해 생태계를 형성하는 것이다. 생태계 형성을 기반으로 포식자에 맞서 함께 투쟁해야 한다.

국가와 시장이 협력해 생태계를 형성하는 것도 결코 새로운 이야기가 아니다. 이미 상당한 역사를 갖고 있다. 클러스터cluster는 그 대표적인 경우이다. 클러스터는 특정 지역 공간이 플랫폼으로 형성되는 경제 생태계의 한 유형이다. 특정 공간 안에 연관된 대학, 연구소, 기업, 정부기관이 모여 정보·기술·인프라를 공유하고, 유기적 협력을 고도화하는 것이 핵심이다. 일본 도요타자동차 클러스터, 미국 할리우드영화 클러스터, 중국 상디전자 클러스터 등은 대표적인 예라고 할 수 있다.

한국에서도 가능성을 풍부하게 보여준 곳이 있다. 한국 화장품산업의 거점으로 부상한 이른바 'K뷰티벨트'이다. K뷰티벨트는 충북 지역에 위치한 오송생명과학단지, 오창과학산업단지, 청수시 흥덕구, 음성, 괴산, 제천 등 서로 인접해 있는 지역에 형성되어 있다. 2010년 이후 전 세계적으로 기능성 화장품이 떠오르고 화장품 관련 업체와 관련 기관들이 몰려들면서 자연스럽게 '화장품 클러스터'로서 꼴을 갖추어 갔다. K뷰티벨트 안에는 2015년 131개에 이르는 화장품 업체와 연구소 등이 밀집했으며 이후 그 수가 빠르게 증가했다. 또한 이곳에는 각종 바이오 관련 연구소와 정부 지원 기관들이 자리 잡고 있어 연구개발에 최적의 환경을 제공해주고 있다. 이 점을 십분 활용해 관련 업체와 기관들이 수시로 협의하고 정보를 공유하며 기술을 교류하고 있다. 업체 간의 역할 분담과 협력도 활발하다. 명실상부한 한국 뷰티산업의 메카로 떠오르고 있는 것이다.[96]

시민들은 생태계 형성을 지지하면서 재벌 기업 중심의 기득권 세력을 포식자로 규정해야 한다. 생태계 형성을 문제 해결의 보편적 기준으로 받아들이면서 포식자를 공공의 적으로 삼아야 한다. 중소 경제 주체가 중심이 되어 생태계가 절대 우위를 확보할 수 있도록 해야 하며 이를 바탕으로 포식자가 생태계에 순응하도록 유도해야 한다. 군사 독재는 타도하면 그만이지만 경제는 다르다. 역기능은 제거하되 순기능은 살려야 하는 게 경제다. 재벌 기업은 그들대로의 역할이 있다.

사람 중심 대 자본 중심, 수평 대 수직, 생태계 대 포식자 프레임은 수준의 높고 낮음, 범위의 크고 작음을 떠나 이미 현실 한복판에서 싹을 틔우고 작동하기 시작했다. 이는 사람 중심 경제로의 전환이 막연히 먼 미래 이야기가 아니라 이미 시작된 현재진행형 이야기임을 말해준다.

사람 중심 대 자본 중심, 수평 대 수직, 생태계 대 포식자 프레임은 전쟁의 운명을 좌우할 전략무기이다. 이 프레임들이 제대로 작동된다면 중간 세력은 물론이고 합리적 보수 세력 상당 부분의 합류를 이끌어낼 수 있다. 액면 그대로 진보의 절대 우위를 보장할 수 있는 전략무기이다.

경제민주화의 복잡한 사정

■

독자들이 의아해 하는 대목이 있을 수 있다. 왜 사람 중심 경제를 떠받치는 프레임에는 경제민주화가 포함되어 있지 않을까? 경제민주화를 시대정신을 담은 과제로까지 여겨왔는데 좀 이상하지 않은가?

경제민주화의 뿌리는 정치민주화이다. 정치가 민주화되었으니 그 연장에서 경제도 민주화되어야 한다는 요구가 표현된 것이다. 그만큼 호소력을 갖기가 쉬웠다. 문재인 정부 출범과 함께 상당한 기능을 수행하기도 했다. 경제민주화 요구는 고질적인 갑질과 대기업의 중소ㆍ벤처기업 기술 갈취 등을 근절하고 경제력 집중을 완화함으로써 공정 경제를 구현하는 출발점이 되었다.

하지만 경제민주화가 사람 중심 경제를 선도하는 프레임으로 작동하기에는 간단치 않은 문제들을 안고 있다. 문제의 근원은 정치와 경제가 '민주주의'와 '자본주의'라고 하는 전혀 다른 원리에 기초해 움직여왔다는 데 있다.

민주주의는 모든 권리가 사람으로부터 나오며 사람은 누구나 동등하다고 여기는 '사람 중심 원리'에 기초하고 있다. 1인 1표에 입각한 보통선거제는 민주주의 특성을 압축적으로 표현하고 있다. 반면 자본주의는 1주 1표에 입각한 주주총회 의결구조에서 드러나듯이 모든 권리는 자본으로부터 나오며 자본 규모에 따라 권리가 달라지는 '자본 중심 원리'에 기초하고 있다. 완전히 다른 원리가 작동하는 것이다.

그럼에도 민주주의와 자본주의가 파경에 이르지 않고 불안정한 동거를 유지할 수 있었던 것은 자본주의가 과거 특권층만 누리던 기회를 대중에게 선사하는 방식의 '부의 민주화'를 통해 민주주의 요구를 수용했기 때문이다.

서로 다른 원리를 바탕으로 작동하기 때문에 경제 분야에 민주주의를 적용하다 보면 적지 않은 혼란과 난관이 발생할 수 있다. 일부 학자와 정치인들은 재벌로의 경제력 집중을 완화하고 자유 경쟁 체제를 복원하는 시도를 경제민주화로 표현했다. 하지만 이는 민주화보다는 '자유화' 담론에 한층 가까운 것이었다.

이러한 이유 등으로 경제민주화 담론은 백인백색 말하는 사람마다 의미가 다 달랐다. 생각과 달리 의미가 뚜렷하지 않다. 사람 중심 경제로의 전환을 뒷받침하는 프레임으로 작동하기가 쉽지 않은 이유이다.

새로운 프레임 전쟁에서 일차적 과제는 진보가 사람 중심, 수평, 생태계, 상생을 확실한 자신의 프레임 언어로 굳히는 것이다. 보수는 프레임 전쟁에서 진보보다 경험도 풍부하고 기량도 우월하다. 호락호락 물러날 입장이 아니다. 그들은 교란, 희석, 탈취를 위한 다양한 작전을 전개할 것이다. 과거 진보의 대응은 한마디로 수준 이하였다. 자신의 언어를 상대가 사용하면 오염되었다며 쉽게 포기했다. 무기를 내던지거나 상대에게 헌납했다. 상생, 경제민주화, 창조경제 등에서 그런 일들이 다반사로 일어났다. 프레임 언어의 중요성에 대해 무지했거나 그에 앞서 프레임 전쟁 자체에 대한 이해 부족이 낳은 결과였다.

진정으로 승리를 원한다면 프레임 언어 한 발이 얼마나 무서운 폭발력을 지닐 수 있는지 깨달을 필요가 있다.

마지막 퍼즐,
사상문화의 최적화

9장

■

■

 새로운 세계의 밑그림을 그리기 위한 마지막 퍼즐은 '사상문화의 최
적화'이다. '마지막'이라는 표현에는 각별한 의미가 담겨 있을 수 있다.

 관련해서 과거 민주 대 독재 프레임과 개혁 대 수구 프레임이 겪은
운명의 차이를 주목할 필요가 있다. 민주 대 독재 프레임은 당시 군사
정권의 집요한 교란 작전과 압박에도 불구하고 의연히 상황을 헤쳐
나갔다. 반면 개혁 대 수구 프레임은 박근혜 그룹의 좌우 프레임 공세
에 쉽게 무너졌다.

 사상문화의 차이가 둘의 운명을 갈랐다. 민주 대 독재 프레임에는
민주주의 사상문화가 확고하게 장착되어 있었다. 민주주의 사상문화
는 지지자들에게 목표와 방향을 뚜렷이 제시해주었고 대의명분에서
도 확고한 우위를 보장해주었다. 다양한 이념 스펙트럼에도 불구하고
민주화 세력으로서 강한 동질감을 갖게 해주었다. 반면 개혁 대 수구
프레임에는 사상문화가 확고하지 않았다. 노무현 정부 관계자들은 신

자유주의를 개혁 이데올로기로 착각하는 등 개혁 방향을 둘러싸고 상당한 사상적 혼란이 있었다. 곳곳에서 균열이 발생했던 것만큼 개혁 세력으로서 동질감도 상당히 약했다.

역사적 경험은 프레임 전쟁에서 확고한 우위를 점하자면 그에 맞는 사상문화를 장착해야 함을 알려준다. 하지만 이조차도 사상문화 최적화의 부분적 의미만을 드러낼 뿐이다. 결정적 의미는 그보다 높은 곳에 있다.

중대한 변화를 모색하는 과정에서 우리는 늘 사람이 바뀌지 않는데 세상이 어떻게 달라질 있느냐는 소박한 질문에 봉착한다. 사람이 바뀌는 것은 그 무엇보다 고차원적이고 심도 있는 변화이다. 사람은 모든 사회 변화를 지배하는 존재이다. 사람이 바뀌면 모든 게 달라질 수 있다.

과연 사람을 어떻게 변화시킬 수 있는가? 무엇이 바뀌어야 사람이 달라질 수 있는가? 사상문화 최적화는 그에 대한 해답을 준다.

산업혁명의 결정적 요소

자본주의 사회에 살면서 돈과 권력의 위력을 절감해온 사람들의 입장에서 사상문화의 힘은 대수롭지 않게 여겨질 수 있다. 어쩌면 관념 세계에서 노는 지식인들의 어설픈 사치 행각 정도로 간주할지 모른다. 하지만 이러한 관점은 사상문화에 대한 완벽한 무지나 오해에서 비롯된 것이다.

프레임은 여러 명제들을 연동시키는 언어 구조물이다. 사상은 고차원 복합 프레임으로 인간의 사고와 행동에 가장 규정적인 영향을 미쳐왔다. 사상은 세계에 대한 총체적 인식을 바탕으로 사물에 대한 통일되고 일관된 관점과 태도를 갖게 해주며 일정한 방향을 향해 자발적으로 움직이도록 만든다.

사상문화는 사상이 체질화되고 생활화된 상태를 가리킨다. 사상문화는 강제력을 수반하는 법보다 사람을 움직이는 힘이 훨씬 강하다. 살아 있는 황제가 죽은 공자를 능가할 수 없었던 이유이다.

사상문화의 강력한 작용은 그 영향이 가장 적을 것이라 짐작되는 영역에서 역설적으로 확인할 수 있다. 철저히 물질적 이해를 우선함에 따라 사상문화가 지극히 부차적인 요소로 간주되는 대표적인 영역으로 경제 분야를 꼽을 수 있다. 하지만 1 · 2 · 3차 산업혁명은 우리에게 전혀 다른 사실을 알려준다.

먼저 1차 산업혁명이 영국에서 시작된 결정적 이유가 무엇인지 확인해볼 필요가 있다. 영국은 교역에 유리한 지리적 위치를 차지하고 있지도 않았다. 지하자원이 남달리 풍부한 나라도 아니었다. 과학기술이 앞섰거나 교육 제도가 잘 갖추어져 있던 것도 아니다. 이 점에서는 도리어 프랑스가 앞서 있었다. 경제적 관점에서 볼 때 영국이 특별히 우월한 점은 별로 없었다.

영국이 1차 산업혁명의 발흥지가 될 수 있었던 결정적 요인은 전혀 다른 곳에 있다. 영국 출신의 저명한 역사가 에릭 홉스봄이 정확히 지적했듯이 돈 버는 것에 최고의 가치를 부여하고 마음만 먹으면 크게 돈을 벌 수 있는 부르주아 사상문화의 확립이 바로 그것이었다. 가톨릭교회의 영향 등으로 상업적 이윤 추구를 금기시했던 유럽 대륙과 사상문화 환경이 크게 달랐던 것이다.

2차 산업혁명은 노동생산성의 획기적 상승을 불러온 테일러-포드 시스템 도입을 계기로 미국에서 본격화되었다. 하지만 2차 산업혁명이 절정에 이른 곳은 태평양을 사이에 두고 있던 일본이었다. 2차 산업혁명의 말기라고 할 수 있는 1980년대에 일본은 막강한 경쟁력을 바탕으로 세계 시장을 석권할 수 있었다. 경쟁력의 원천은 타의 추종을 불허하는 높은 노동생산성이었다. 일본 기업들은 도요타자동차가 전형적으로 보여주었듯이 마른 수건도 쥐어짜는 기세로 노동생산성을 극한으로 끌어올렸다.

이 모든 걸 가능케 했던 것은 조직을 위해 개인의 희생을 기꺼이 감수하는 일본 특유의 기업 문화였다. 전통적인 사무라이 사상문화가 기업 문화로 깊이 뿌리내리고 있었던 것이다. 이를 입증하는 현상으로 한 해 1만여 명 수준에 이르렀던 과로사를 들 수 있다. 과로사에는 공통점이 하나 있었다. 힘들어 죽겠다는 말 한마디만 해도 살 수 있는데 모두가 그 말을 못하고 죽어갔던 것이다. 그만큼 개인의 희생을 절대시하는 사상문화가 사회 전반에 걸쳐 강력히 작동하고 있었다.

3차 산업혁명의 발원지는 미국 실리콘밸리이다. 왜 다른 곳도 아니고 하필 실리콘밸리였을까? 3차 산업혁명을 촉발시킨 PC 출현으로부터 이야기를 시작해보자. 1978년 처음으로 PC를 세상에 내놓은 곳은 당시로서는 작은 규모의 벤처기업인 애플이었다. 애플이 출시한 PC '애플Ⅱ'는 대박을 터뜨렸다. 이런 질문이 가능하다. 자금력과 기술력, 인재풀 등에서 애플을 압도하는 거대한 기업들이 즐비했는데 그들은 왜 PC를 만들어 팔 생각을 못했을까? 결정적 요인은 컴퓨터를 대하는 시각 차이였다.

당시 주류 사회는 컴퓨터를 정부 기관과 기업이 정보를 독점적으로 관리하는 도구로 인식했다. 개인용 컴퓨터란 상상도 할 수 없는 것이었다. 그것은 비현실적일 뿐만 아니라 불순하기까지 한 것이었다. 애플 창업자들이 PC를 만들 수 있던 것은 그러한 주류 사회와 전혀 다른 사고를 하고 있었기 때문이다. 애플 창업자들의 사상적 뿌리는 히피문화였다. 히피문화를 구성하고 있던 한 축은 정보 공유였다. 애플 창업자들은 정보 독점에 맞서 정보 공유를 옹호했고 그 수단으로 PC를 떠올렸던 것이다.

정보 공유 사상은 마이크로소프트(MS)와 구글 창업자들의 사고로 이어졌다. MS 창업자 빌 게이츠는 정보 공유가 온전히 이루어지기 위해서는 PC 안에서 모든 것을 해결할 수 있어야 한다고 믿었다. 이를 뒷받침하기 위해 모든 프로그램이 구동 가능한 개방형 운영체제(OS)를 출시했다. 구글 창업자들의 목표는 세상의 모든 정보를 집대성해서 누구나 쉽게 이용할 수 있도록 하는 것이었다. 구글 창업자들은 이를 위해 무료로 접근 가능한 다양한 온라인플랫폼을 선보였다.

애플과 마이크로소프트, 구글 창업자들은 정보 공유를 위한 기술적 환경을 혁명적으로 개선시켰고 그 대가로 거대한 부를 손에 넣었다. 정보 공유와 자본주의의 절묘한 결합이 이루어진 것이다. 결국 실리콘밸리가 3차 산업혁명의 발원지가 될 수 있었던 결정적 요인 역시 사상문화 환경이었다. 보수적 문화가 지배하고 있던 미국 동부 지역과 달리 개방적이면서도 혁신적인 사상문화가 널리 퍼져 있는 곳이 실리콘밸리였다.

이상의 사실은 사상문화가 최적화된 환경에서 산업혁명이 꽃을 피운다는 점을 보여준다. 사회의 많은 영역이 정부가 일일이 조율하고 통제하지 않아도 일정한 규칙 아래 스스로 움직인다. 사상문화의 힘이 작용한 결과다. 사람 중심 경제로의 전환 역시 그에 적합한 사상문화가 널리 확립되어야 한다. 사람을 움직이는 힘의 크기에서 조직이 '1'이고 정치가 '3'이라면 사상문화는 '5'이다.

사상문화혁명의 시대

역사를 되돌아보면 군사정치의 지배는 단기간 안에 끝나지만 사상문화의 지배는 장기간 지속됨을 확인할 수 있다. 중국의 역사를 살펴보자. 중국 역사는 북방 민족의 군사 지배로 점철되어 있다. 진한 시대 이후 한족이 지배한 시기는 얼마 되지 않는다. 하지만 북방 민족의 지배는 중국 사상문화의 심연 속에 용해·흡수되었다. 세계 최대 인구 대국이자 문명대국 중국 형성의 원동력은 군사정치가 아닌 사상문화의 힘이었다.

돈과 권력을 요리하는 데 익숙한 보수 지도자들은 누구보다도 사상문화가 지닌 막강한 위력을 깊이 체득하고 있다. 그들은 사람의 선택을 좌우하는 최종 요소는 물질적 이해가 아니라 두뇌 속에 새겨진 사상·관념이라고 보고 있다. 관념이 존재를 지배한다고 보는 관념론 철학은 이를 뒷받침해준다.

보수 지도자들이 지닌 사고의 유효성은 유권자들의 투표 성향을 통해 탄탄하게 입증되어 왔다. 가난한 유권자들은 종종 자신들을 곤경에 빠트린 보수 정치를 지지했다. 자기 배반적인 선택을 한 것이다. 진보 성향 정치학자들을 끊임없이 곤혹스럽게 만든 현상이었다. 유권자들이 경제적 이해에 따라 합리적 선택을 할 것이라 믿은 진보 정치 이론은 현실에서 쉽게 무력해졌다. 유권자들의 선택을 좌우한 것은 정체성이었으며 그를 규정한 핵심 요소는 사상·관념이었다. 수십 년 동안 보아왔듯이 저열하기 짝이 없는 지역주의조차도 투표 성향에 결정적 영향을 미쳤다.

박근혜 탄핵 추진을 반대하며 개최되었던 일명 '태극기 집회'를 보자. 태극기 집회는 촛불시민혁명 대척점에 있던 지극히 보수적인 집회였다. 그렇다고 참가자들이 반드시 우리 사회의 기득권층 집단에 속했다고 보기 힘들다. 태극기 집회 주축은 보수적 유교 사상을 지닌 노인층과 반공주의 성향이 강한 보수적 기독교 세력이었다. 모두 경제적 이해보다는 사상·관념에 이끌려 참가했을 가능성이 높다.

전 지구적으로 시야를 확장시키면 보수적 지도자들이 사상문화에 얼마나 절대적 중요성을 부여했는지 알 수 있다. 유럽인들이 전 세계에 걸쳐 식민지를 건설하던 당시 그림자처럼 따라붙었던 존재는 선교사들이었다. 유럽인들은 식민지 건설을 기독교 사상 전파를 통해 미개인들을 교화하는 과정으로 치장했다. 그럼으로써 침략과 약탈로 점철된 식민지배의 추악한 모습을 은폐하고 자국민으로부터 손쉽게 동의를 얻을 수 있었다.

미국은 2차 세계대전 이후 자본주의 세계에서 패권 국가로 군림했다. 당시 미국은 국제적인 영향력 행사를 공산주의 위협에 맞서 민주주의와 인권, 자유를 수호하는 과정으로 치장했다. 미국의 전략은 일부 반미주의 저항에 봉착하기도 했지만 상당한 성공을 거두었다. 미국은 소련 사회주의권 붕괴와 함께 유일 초강대국으로 등극하면서 자신이 앞세운 가치의 역사적 정당성을 확증시켰다.

1997년 외환위기 이후 신자유주의 바람이 일거에 한국 사회를 집어삼킨 과정을 상기하면 끔찍하기조차 하다. 신자유주의는 돈에 최고의 가치를 부여하면서 승자독식을 찬미 대상으로 삼도록 했다. 신자유주의는 속물주의를 절묘한 사상문화로 포장해 전파했다. 수많은 사람들이 짧은 시간 안에 신자유주의의 사상문화에 감염됐다.

보수적 지도자들은 사상문화를 매개로 인간의 두뇌를 조종하면 능히 세상을 지배할 수 있음을 잘 알고 있다. 그들은 침략과 약탈, 억압과 지배 등 야만적 행위마저도 고결한 사상의 자기 전개 과정으로 교묘히 치장한다.

맞은편에 있는 진보 세계는 어떠한가. 냉전 시대 진보 세계는 마르크스주의 사상을 무기로 지구 절반에 대해 영향력을 행사하고 있었다. 진보 세계는 사상에 살고 사상에 죽을 정도로 철저한 사상 본위 입장을 견지했다. 하지만 소련 사회주의권 붕괴 이후 모든 것이 달라졌다. 진보 세계의 사상문화는 일시에 황폐해졌다. 일부 자기들끼리 통하는 사상문화가 있는지 모르지만 전염성 강한 바이러스 생성 능력은 거의 제로다. 화석화된 관념만이 남았을 뿐이다.

진보 세력은 사상문화 영역에서 새로운 무기를 개발하는 데 뚜렷한 성공을 거두지 못했다. 전 세계 진보가 무력해져 있는 중요한 요인 중

하나다. 2008년 글로벌 금융위기는 진보가 약진할 수 있는 절호의 기회였으나 전 세계적으로 이를 살리는 데 성공한 경우는 거의 없었다. 세계를 새롭게 해석하고 기획할 수 있는 사상문화 기반의 취약성이 빚어낸 결과라고 볼 수 있다.

이 모든 결과로 인해 진보 세계는 사상문화와 관련해 상당한 패배의식에 젖었다. 사상문화를 무기로 세상을 바꾸겠다는 생각에서 아예 멀어져 있다. 과거 세상을 바꾸기 위해 사용했던 가장 강력한 무기를 포기한 것이다. 그 여파로 진보 세계는 인식의 총체성이 붕괴되면서 파편화된 사고가 만연했다.

여기서 사람 중심 경제로의 전환이 어떻게 가능한지 다시 한 번 짚어보자. 사람 중심 경제로의 전환에서 필수 요소는 사람 중심 경영 정착이다. 그러자면 경영자를 포함한 이해당사자들이 사람 중심 경영에 대한 확고한 입장과 의지를 가져야 한다. 이는 경제 활동을 대하는 관점과 태도에서 혁명적 변화가 일어나야 함을 의미한다. 이해당사자들이 어떻게 그런 입장을 갖도록 할 것인가?

역사적으로 모든 혁명적 변화의 앞자리에는 새로운 사상의 확산이 있었다. 단적으로 근대 시민혁명 앞에는 계몽주의 사상이 있었고, 사회주의 혁명 앞에는 마르크스주의 사상이 있었다. 식민지 독립운동에 불을 붙인 것은 민족자결주의 사상이었다. 민주화 운동의 승리는 민주주의 사상 확산 없이는 기대할 수 없었다.

사람 중심 경제에서 사상문화의 역할은 이전 시기 혁명적 변화 과정에서 보여준 것보다 한 단계 위라고 할 수 있다. 사상문화 최적화는 프레임 전쟁에서의 승리를 뒷받침함으로써 사람 중심 경제로의 전환에 유리한 사회정치적 지형을 창출한다. 뿐만이 아니다. 사상문화 최적화는 한층 중요한 '내면의 변화'를 이끌어낸다. 사람 중심 경제에 부합하는 사상문화가 최적화되었을 때 이해당사자 모두 좋은 일자리 창출을 우선적 목적으로 삼는 걸 매우 자연스럽게 체질화하고 생활화할 수 있다. 그 일환으로 사람 중심 경제에 부합하는 새로운 유형의 '기업가 정신'이 폭넓게 뿌리내릴 수 있다.

사상문화가 최적화되었을 때 모든 변화를 지배하는 존재로서 사람 자체가 달라진다. 그럼으로써 사람 중심 경제로의 전환은 이해당사자들의 자발적 협력을 바탕으로 자연스럽게 이루어질 수 있다. 그러한 길 말고 사람 중심 경제로의 전환을 뒷받침할 방법은 달리 없다. 사람 중심 경영이 법과 제도로 강제하고 재정으로 유인한다고 정착될 수 있겠는가?

역사가들은 프랑스 대혁명을 '정치혁명'으로 분류한다. 정치권력 교체를 통한 제도 환경 변화에 주력한 혁명이었다는 의미이다. 러시아 혁명 이후 사회주의 혁명은 '사회혁명'으로 분류한다. 공장과 토지 등 생산수단의 집단화를 바탕으로 사회경제체제의 변화를 추구한 혁명이었다는 의미이다.

사람 중심 경제는 어느 경우에 속할까? 물론 둘 다 아님을 직감했을 것이다. 사람 중심 경제로의 전환을 가능케 하는 결정적 요소는 사상문화의 최적화이다. 우리가 가고자 하는 길은 사상문화로 사람을 변화시켜 세상을 바꾸는 것이다. 우리는 지금 정치혁명과 사회혁명 시대를 지나 사상문화혁명 시대로 진입하고 있다.

선진 시민의 위대한 임무

그간의 논의를 바탕으로 사람 중심 경제로의 전환을 가능케 하는 요소들이 서로 어떻게 연관을 맺고 있는지 종합 정리해 보자.

사람 중심 경제를 기획하고 이끌어야 할 일차적 책임은 정치적 리더십에 속한다(정치적 리더십이 제대로 발휘되자면 법 제정과 재정 수단에만 의존하지 않고 토론과 설득을 통해 변화를 이끌어 낼 수 있을 만큼 스스로를 업그레이드해야 한다). 시민주의 관점에서 보았을 때 정치적 리더십은 시민 실천에 의지할 때 빛을 볼 수 있다. 시민 실천은 프레임 전쟁으로 집약된다. 전쟁의 성패를 좌우하는 요소는 사람을 변화시키는 사상문화의 최적화이다.

사람 중심 경제에 필요한 최적의 사상은 이전에 없었던 전혀 새로운 사상일 수밖에 없다. 생명 진화로 비유하자면 '새로운 종의 사상'이다. 문제는 누가 어떻게 새로운 종의 사상을 정립할 것인가이다. 풀어야 할 마지막 퍼즐이다. 만약 이 퍼즐을 풀지 못하면 그간의 모든 논의가 헛수고가 될 수도 있다.

먼저 누가 이 어려운 작업을 감당할 수 있을까? 위대한 사상가의 출현을 학수고대해야 하는가? 그러다가는 세월이 다 지나고 말 것이다. 결론적으로 새로운 종의 사상을 정립하는 데 주도적 역할을 할 수 있는 사람들은 '선진 시민'이다. 촛불시민 중에서도 목적의식이 강하고 일상의 정치적 실천에 대한 의지와 열정이 높으며 네트워크가 비교적 탄탄한 사람들이다. 시민 리더십이 제시한 길을 앞장서서 개척하는 사람들이라고 할 수 있다. 선진 시민은 특정 부류로 고정되어 있는 게 아니라 지속적으로 생성된다.

과연 선진 시민들이 새로운 종의 사상 정립이라는 고난도 과제를 해결할 수 있을까? 100% 충분히 가능하다. 선진 시민들이 자신의 사상을 정립하는 것은 이미 나와 있는 묘목을 키우는 과정에 해당한다. 말하자면 공정의 90%가 진행된 것이다. 《축적의 시간》에서 이야기한 개념 설계와 관계가 있다. 그동안 한국의 기업들은 개념 설계를 선진국에 의존한 채 벤치마킹에 치중해왔다. 하지만 독자적인 개념 설계 역량 확보 없이는 미래를 보장받을 수 없는 상황이 되었다. 사상문화가 처해 있는 상황 역시 이와 매우 유사하다고 볼 수 있다.

과거 한국은 사상문화 형성에 있어 대부분을 외부로부터의 유입에 의존했다. 정치사상과 경제사조의 대부분이 서구 사회에서 유입되었다. 독창적 정립을 위한 노력이 없었던 것은 아니지만 대세가 되지 못했다. 하지만 이제 사상문화 형성을 외부에 기대서는 더 이상 미래를 점치기 어려운 시기가 되었다. 서구 사상 대부분이 노동 대 자본 프레임을 바탕으로 형성된 것들로서 유효성이 사라지고 있기 때문이다. 벤치마킹 대상이 될 새로운 사조가 등장하고 있지도 않다. 창조적 축적을 통한 사상문화의 독창적 정립이 불가피해진 것이다.

사상문화 영역에서 개념 설계 역량은 특정 개인이나 소수 그룹이 아닌 '시민' 수준에서 형성될 수 있다. 1945년 해방 이후부터 촛불시민혁명에 이르기까지 지난한 역사는 개념 설계 역량을 형성하는 축적의 시간이었다. 동시에 온갖 시련과 역경 속에서 새로운 사상 개념을 잉태하는 과정이기도 했다. 촛불시민혁명은 다수 시민이 문자가 아닌 집합적 행위를 통해 새로운 사상의 개념을 선보인 역사적 사건이었다.

새로운 사상은 이미 확인한 바 그대로 '시민주의'였다.

촛불시민혁명은 인류사에서 그 예를 찾아볼 수 없는 높은 수준에서 시민 리더십을 발휘했다. 영국의 역사가 아놀드 토인비는 인류 역사를 1%에 해당하는 '창조적 소수'가 주도했다고 파악했다. 토인비 주장을 인정한다면 '창조적 다수'가 리더십을 발휘한 시민주의의 출현은 인류사의 거대한 반전에 해당한다. 시민주의는 대반전을 통해 미래 사회를 관통할 새로운 원리를 선보였다.

촛불시민혁명의 무대인 광장에서 모든 사람들은 오직 사람이라는 이유 하나만으로 서로를 동등하게 대했다. 사람 중심 원리가 철저히 관철되었다. 재산이나 지위, 권력 그 어떤 기준으로도 사람을 나누는 것을 허락하지 않았다. 폐쇄적 장벽도 수직적 위계질서도 허락하지 않았다. 오직 모두에게 열린 개방성과 개성 극대화 및 다양성을 바탕으로 수평적 관계만을 지향했다. 엘리트주의가 설 자리는 전혀 없었다. 모두가 기획·연출하는 리더이자 상황을 주도하는 중심이었다.

물론 광장에서 형성된 새로운 질서가 당장 실현 가능한 세계를 선보인 것은 아니다. 그것은 미래 사회가 지향해야 할 궁극적 지점을 드러냈다고 보는 게 합당하다. 말하자면 시민주의 이념을 밝힌 것이다. 광장은 불확실성의 커튼을 제치고 살짝 미래를 선보였다.

중요한 점은 현재의 위치와 시민주의 이념을 연결시키면 우리가 따라가야 할 변화의 방향이 드러난다는 사실이다. 촛불시민혁명이 던진 "세상을 수평하게 바꿔라"라는 메시지는 변화의 방향을 집약적으로 표현한 것이다. 사람 중심 경제는 그러한 변화의 방향을 경제 영역에 적용한 결과라고 할 수 있다.

시민주의가 내포한 사람 중심 원리는 '사람들은 저마다 우주를 품고 있다'는 철학적 인식에 기초하고 있다. 물리학자들이 원자 핵 안의 가공할 에너지를 간파했듯이 사람 안에 세상을 바꿀 무한한 에너지가 잠재해 있음을 알린다. 사람은 서푼어치 자본과는 비교할 수 없는 무게를 지니고 있음을 깨우쳐 준다. 진정으로 이익을 탐한다면 자본이 아닌 사람을 중심으로 접근하도록 가르친다. 사람 중심 경제는 이익 추구를 자제하도록 하는 것이 아니라 더욱 많은 이익을 안겨다 준다.

　촛불시민혁명을 거치며 시민주의의 씨앗이 광범위하게 뿌려졌다. 씨앗은 경이로울 만큼 왕성한 생명력을 품고 있다. 싹을 틔우고 묘목을 키워 '사상의 나무'로 키우는 주체는 바로 선진 시민이다. 선진 시민들은 일상의 영역에서 시민주의가 내포한 사람 중심 원리를 바탕으로 세상을 보다 수평하게 만들기 위해 노력할 것이다. 그 과정에서 어떤 삶을 살아야 하는지 되돌아보고 새로운 화법으로 사람들과 만남을 이어갈 것이다. 선진 시민들은 축적된 경험을 해석하고 이를 생동감 있는 언어로 공유할 수 있다. 만약 그 누가 자신의 실천 경험을 근거로 시민주의를 감동적인 몇 문장으로 표현했다면 그는 한 그루 사상의 나무를 키운 셈이 된다. 사상의 나무는 이렇게 자라난다.

　수많은 사상의 나무들이 더불어 '사상의 숲'을 이룰 수 있다. 사상의 DNA가 일치하는 선진 시민들이 키운 나무들이기에 쉽게 어우러질 수 있다. 도리어 저마다 자라난 사상의 나무들 모양이 다를수록 사상의 숲은 더욱 풍성하고 생명력으로 넘쳐날 수 있다. 사상의 숲은 사람들을 변화시키는 강력한 마력을 발산한다. 아무리 작은 숲이라도 거대한 변화를 일으킨다. 사상문화가 지닌 강한 전염성 때문이다.

사상의 숲 형성과 함께 시민주의가 사상문화의 바이러스를 퍼뜨리면 최적화가 본격적으로 진행된다. 사상문화 최적화는 사람을 변화시키고 프레임 전쟁 승리를 보장하며 이는 다시 정치적 리더십의 성공을 뒷받침해준다. 사람 중심 경제로의 전환은 거역할 수 없는 대세로 굳어진다. 사상문화 최적화는 문제 해결의 출발점이자 완숙 단계, 처음이자 끝을 의미한다.

이 모든 사실은 정치권과 노동계가 어떻게 자신을 혁신해야 할지도 말해 준다. 정치권은 엘리트주의와 결별하고 시민주의에 귀의하면서 쌍방향의 수평적 리더십을 갖추어야 한다. 노동계는 보편적 시민권을 획득하기 위해 투쟁하면서 선진 시민 양성 기관이 되어야 한다. 그럴 때 시대를 이끄는 주역의 하나로 거듭날 수 있다.

프레임 전쟁을 통해 시민 리더십은 일상적으로 구현된다. 그 반대편에 정치적 리더십이 작동한다. 선진 시민은 두 종류 리더십을 매개하고 통일시킨다. 선진 시민이 얼마나 풍부하게 형성되고 제 역할을 하는가에 따라 역사의 향방이 좌우된다고 해도 크게 틀리지 않는다.

각자 삶의 영역에서 시민 네트워크를 기반으로 한 그루 사상의 나무를 키우자. 작아도 좋다. 굽어도 좋다. 그 자체로 소중하다. 서로 다툴 일도 없다. 모든 선진 시민이 '사상의 농부'가 될 수 있다. 감동적인 문장들로 표현될 수 있는 사상의 나무를 키우자. 세상을 바꾸는 가장 확실하면서도 빠른 길이다. 역사 무대의 주인공으로 설 수 있는 지름길이기도 하다. 위대한 선진 시민에게 부여된 임무이자 기회이다.

"한 그루 사상의 나무를 키워라!"

■ 미주

1) 조중식, "1등 하던 조선업, 中에 밀렸고 1등 할 생명공학, 日이 선점했다", 조선일보,
   2010.10.04.
2) 장하성, "'잃어버린 10년', '잊어버리고 싶은 10년'", 중앙일보, 2016.03.03.
3) 송승환·문현경, "김기춘 지시로 좌편향 단체 3,000곳─인사 8,000명 DB 구축", 중앙일보,
   2017.02.01.
4) 미시시피 버블 사건에 대해서는 유발 하라리의 《사피엔스》(조현욱 옮김, 김영사, 2015)
   456~549쪽 참조.
5) 김중기, "탄핵 표결 직전 박근혜 대통령 지지율 5% 부정률 91%… 탄핵 찬성 81%", 뉴스인
   사이드, 2016.12.09.
6) 김상수, "'지지율 5%' 박근혜 정부 운명은 어디로… 촛불집회 분수령", 헤럴드경제,
   2016.11.05.
7) 강찬호, "자유한국당, 해체가 답이다", 중앙일보, 2017.08.25.
8) 박보균, "절대반지 핵무기의 마법", 중앙일보, 2017.09.14.
9) 박보균, "박정희 김일성 눌렀다… 마법의 북핵으로 남북경쟁 재개", 중앙일보, 2017.10.12.
10) 한상준, "푸틴 '北, 풀 뜯어먹더라도 핵 포기 안 해'… 대북제재 '러시아 변수'", 동아일보,
   2017.09.06.
11) 정지섭, "러 외무 '美, 北 핵무기 보유 확신… 그래서 공격 안할 것'", 조선일보, 2017.09.26.
12) 장하성, 《왜 분노해야 하는가》, 헤어북스, 2016, 52쪽.
13) 류이근·김경락, "실질임금 1% 늘어나면 경제성장률 1% 상승한다", 한겨레, 2014.07.12.
14) 박국희, "최저임금·정규직화, 빈대 잡으려다 초가삼간 태울라", 조선일보, 2017.11.25.
15) 김도년, "위원장도 그 나물에 그 밥이라는 혁신성장 계획", 중앙일보, 2017.12.01.
16) 조지 레이코프, 유나영 옮김, 《코끼리는 생각하지 마》, 와이즈베리, 2017, 21~23쪽 참조.
17) 박건형·조재희, "중국 LCD의 역습… 한국 디스플레이가 심상찮다", 조선일보, 2017.12.13.
18) 김윤태, 《시민의 세계사》, 휴머니스트, 2018, 381쪽.
19) 김창석, "민주노총의 대약진", 한겨레21, 1997.01.30.
20) 이진순, "386의 무용담은 사양합니다", 한겨레, 2013.05.16.
21) 최현준, "50대 10명 중 7명 일하고… 청년 10명 중 6명 백수", 한겨레, 2012.07.11.
22) 신창운, "철도파업 찬성 39% 반대 61%", 중앙일보, 2013.12.30.
23) 이현주, "지난해 제조업 가동률 71.9%… 외환위기 이래 최저", 한국일보, 2018.01.31.
24) 장가람, "반도체·IT 빼면 1,800P… 증시 양극화 심화", 뉴스웨이, 2017.10.30.
25) 신은진·곽래건, "1兆 클럽 작년 영업이익 73조… 고용은 1만 5,000명 줄어", 조선일보,

2017.05.20.

26) 김유경·윤정민, "제조업 생산 설비 30% OFF … 굴뚝 vs 비굴뚝 불균형 심화", 중앙일보, 2017.09.25.

27) 윤종희, 《현대의 경계에서》, 생각의 힘, 2015, 466쪽.

28) 윤종희, 《현대의 경계에서》, 생각의 힘, 2015, 467쪽.

29) 김토일, "'저금리에 시장도 불안'… 단기 부동자금 1,000조 원 돌파", 연합뉴스, 2017.02.12.

30) 이근홍, "시중 부동자금 1,000조 돌파… 한은 통화정책기능 약화 우려", 뉴시스, 2017.03.06.

31) 김신영·박유연, "수신王 사라진 은행… 굴릴 곳도 없는데 제발 예금 받지 말아라", 조선일보, 2014.10.29.

32) 전정윤, "4차 산업혁명 주역 실리콘밸리는 왜 기본소득에 주목하나", 한겨레, 2017.11.26.

33) 김기홍, "알파고의 습격… 8년 내 1,600만 명 일자리 넘본다", 조선일보, 2017.01.04.

34) 위의 기사.

35) 세계로봇연맹(IFR) 2016년 자료 참조. https://ifr.org/

36) 곽노필, "한국 로봇밀도 7년째 세계 1위", 한겨레, 2018.02.09.

37) 방현철, "수출 잘 되는데도 일자리 안 늘어나는 3가지 이유", 조선일보, 2017.04.25.

38) 신은진·곽래건, "1兆 클럽 작년 영업익 73조… 고용은 1만5000명 줄어", 조선일보, 2017.5.22.

39) 박건형, "4차 산업혁명, 제조업 강국인 한국에 절호의 기회입니다", 조선일보, 2017.08.12.

40) 이봉현, "로봇과 협업, 사람 중심 조직화… 일자리 줄지 않았다", 한겨레, 2017.10.30.

41) 박건형, "연구 투자 15조, 연구 인력 국내외 9만 3,200명", 조선일보, 2017.10.27.

42) 곽정수·이완, "뇌물혐의 삼성, 글로벌 시장에서도 부메랑 맞나", 한겨레, 2017.01.17.

43) 박건형, "3년간 현금배당 30兆… 삼성전자의 딜레마", 조선일보, 2017.11.01.

44) 이철호, "삼성전자 주가에 숨겨진 불길한 징조", 중앙일보, 2017.10.25.

45) 박태희·윤정민, "한국, 규제 탓에 매력 떨어져… 기업 해외 고용 매년 9% 증가", 중앙일보, 2018.03.16.

46) 권순원, "노조가 배타적 이익에 몰두하는 사이, 일자리는 해외로", 중앙선데이, 2017.07.09.

47) 성호철·임경업, "채용 더 늘리기 힘들어… 중소기업, 떠밀리듯 한국 떠난다", 조선일보, 2018.03.22.

48) 김승욱, "DJ·盧 상하이, MB 칭다오, 朴 시안, 文 충칭… 동선의 외교학", 연합뉴스, 2017.12.12.

49) 신은진, "최근 5년간 일자리 136만 개 해외로 빠져나갔다", 조선일보, 2017.07.20.

50) 홍정표, "수출액 감소에 국내 제조업 희비 엇갈려", 머니투데이, 2015.11.04.

51) 신은진, "최근 5년간 일자리 136만 개 해외로 빠져나갔다", 조선일보, 2017.07.20.

52) 공동취재, "외환위기 20년 고용 불안정·소득 불평등 심화… 풀지 못한 숙제들", 연합뉴스, 2017.11.19.

53) 류이근, "소득 하위 20%, 실질소득 14년간 24% 줄었다", 한겨레, 2012.10.24.

54) 특별취재팀, "가계부채 관리―부동산 부양책 '충돌'", 동아일보, 2016.12.19.

55) 양모듬, "100만원 벌면 빚 갚는데 27만원 쓴다", 조선일보, 2016.12.21.

56) 이철호, "빚 내서 집 사라더니 곡소리 나나", 중앙일보, 2017.01.03.

57) 류이근 · 김경락, "위기의 한국 경제, 가계소득 높여야 산다", 한겨레, 2017.07.13.

58) 안선희, "6% 성장할 때도 중산층·서민엔 찬바람 쌩쌩", 한겨레, 2012.11.12.

59) 남종석, "한국경제, IMF 이후 노동소득분배율 지속적 악화", 레디앙, 2015.07.20. 홍장표
(2014) 자료 참조.

60) 홍정규, "자영업자 20% 연 1,000만 원도 못벌어… 생존율도 갈수록 하락", 연합뉴스,
2017.10.03.

61) 유시민, 《거꾸로 읽는 세계사》, 푸른나무, 1993, 85쪽.

62) 윤종희, 《현대의 경계에서》, 생각의 힘, 2014, 418쪽.

63) 김낙년, 〈한국의 소득분배 장기 추이와 국제비교〉, 이영훈 엮음, 《한국형 시장경제 체제》,
서울대출판문화원, 2014, 272쪽의 그래프를 재구성.

64) 권우현, 〈금융주도 축적체제의 미사―거시 연관 분석〉, 김형기 엮음, 《현대자본주의 분석》,
한울아카데미, 2007, 459쪽.

65) 마저리 켈리 지음, 강현석 옮김, 《자본의 권리는 하늘이 내렸나》, 이소출판사, 2003, 80쪽.

66) 에릭 홉스봄, 이용우 옮김, 《극단의 시대: 20세기 역사 하》, 까치, 1997, 551쪽.

67) 김의겸, "1인 1표 민주주의에 도전하는 중국 모델?", 한겨레, 2017.06.29.

68) 박태우, "왜 노동계에 돌을 던질까", 한겨레, 2017.11.3.

69) 방현철, "전 세계 스타트업 붐… 작년 투자액 45% 급증", 조선일보, 2016.01.27.

70) 정철환, "지금 중국은… 하루 1만개씩 創業 빅뱅", 조선일보, 2015.08.19.

71) 권오성, "벤처 1,000억 기업 고용증가율 대기업 3배", 한겨레, 2012.07.09.

72) 위의 기사.

73) 윤영미, "벤처 양적·질적 성장… 한국경제 '견인차'로", 중앙일보, 2015.12.29.

74) 위의 기사.

75) 성호철·조재희, "대기업서 벤처로… 고용의 축이 움직인다", 조선일보, 2018.03.30.

76) 김영진, "올랑드 실패가 떠오르는 이유", 조선일보, 2017.07.27.

77) 곽정수, "사람 얼굴의 자본주의 실천한 독일 발전 주목해야", 한겨레, 2014.09.11.

78) 김기찬, "종업원을 춤추게 하라. 그러면…", 중앙선데이, 2017.05.14.

79) 김성민 · 이기문, "20·30代 인간미 넘치는 일터로… 40代 이상 돈 좀 더 벌었으면", 조선일
보, 2015.01.02.

80) 박건형, "5년새 투자 100배… 공룡들의 헬스케어 전쟁, 조선일보, 2017.12.28.

81) 이현, "시총 현대차 제친 셀트리온… 공매도 공세 이겨내나", 중앙일보, 2018.01.09.

82) 이창균, "무한진화 AI 생태계 한국은 쫓기는 토끼", 중앙일보, 2017.12.12.

83) 남정호, "침 맞으러 몰려오는 외국인 환자들… 의료 한류 꽃 핀다", 중앙일보, 2018.05.07.

84) 류정화, "한국 패션도 K팝처럼 세계 흔들 것", 중앙선데이, 2013.12.08.

85) 박정렬, "꿈의 직장 토종 SW 기업 4곳 구글·페이스북 부럽지 않다", 중앙선데이,

2015.04.27.

86) 위의 기사.

87) 위의 기사.

88) 위의 기사.

89) 염태정, "1,700만 다운로드… 안드로이드 무료 앱 1위", 중앙선데이, 2013.02.02.

90) 권오성, "휴가 무제한인 회사… 그래도 잘 나가요", 한겨레, 2015.04.13.

91) KBS일요스페셜팀 취재, 정혜원 글, 《대한민국희망보고서 유한킴벌리》, 거름, 2005.

92) 곽정수, "새해엔 1년 중 절반만 출근하세요", 한겨레21, 2011.01.10.

93) 김태유, "저출산 고령화, 세대 간 분업으로 풀자", 중앙일보, 2016.12.26.

94) 금원섭·최종석, "대졸자는 줄을 섰는데… 대기업 일자리 9만 개 줄었다", 조선일보, 2017.11.22.

95) 전종휘, "대기업이 나쁜 일자리 더 많다", 한겨레, 2014.07.30.

96) 김강한, "오송의 천지개벽… 뷰티산업 메카로 떠오르다", 조선일보, 2017.01.02.

두 번째 프레임 전쟁이 온다

진보 VS 보수 향후 30년의 조건

1판 1쇄 인쇄 2018년 5월 28일
1판 1쇄 발행 2018년 6월 8일

지은이 박세길
펴낸이 고병욱

기획편집실장 김성수 **책임편집** 김경수 **기획편집** 허태영
마케팅 이일권, 송만석, 김재욱, 김은지, 양지은 **디자인** 공희, 진미나, 백은주 **외서기획** 엄정빈
제작 김기창 **관리** 주동은, 조재언, 신현민 **총무** 문준기, 노재경, 송민진

펴낸곳 청림출판(주)
등록 제1989-000026호

본사 06048 서울시 강남구 도산대로38길 11 청림출판(주)
제2사옥 10881 경기도 파주시 회동길 173 청림아트스페이스
전화 02-546-4341 **팩스** 02-546-8053

홈페이지 www.chungrim.com
이메일 cr2@chungrim.com
페이스북 https://www.facebook.com/chusubat

ISBN 979-11-5540-130-9 03300